GLOBAL

Una novela sobre el mundo financiero

Isabel Alba

Global – Una novela sobre el mundo financiero
por Isabel Alba - correo: Isabel.Alba@ymail.com
© 2005. I.O.D. Standard Copyright License
Reservados los derechos de autor.
2a. Edicion Febrero 2009
ISBN: 978-0-578-00091-6
US Library of Congress Control Number: 2008911957
Idioma: Español
País Impresión: USA

A todos los Juanes y Juanas
de este mundo, en cualquiera de sus idiomas:
Hannah, Hwan, Ian, Iván, Jan, Jana, Jane,
Janette, Jhumar, Joana, João, John, Juma, Jun,
Yanni, Yenni, Yohan, Yuan...

La aldea global

Si el mundo fuera una aldea de 100 personas:

60 serian Asiáticos
13 serian Africanos
12 Europeos
9   Latinoamericanos
5   Norteamericanos
1   de Oceanía

51 serian hombres y 49 mujeres, dado el infanticidio femenino
10 serian homosexuales
10 tendrían discapacidades físicas o mentales

10 poseerían el 85% de toda la riqueza de la aldea
50 vivirían por debajo de la línea de la pobreza

Solo 33 tendrían trabajos formales remunerados
17 adultos serían analfabetos, la mayoría mujeres
Solo 1 persona tendría educación universitaria

80 vivirían en viviendas substandard
50 estarían malalimentados, y 13 no tendrían que comer
30 tendrían un refrigerador lleno de comida
7   acceso a internet

25 se morirían de infecciones y parásitos
9   de manera violenta
5   mujeres y niños morirían en el parto
5   de tuberculosis y malaria
5   de SIDA, y todas esas muertes podrían ser evitadas

Este es el mundo a principios del siglo XXI.

Fuente: Actualización del texto preparado para la Conferencia de las Naciones Unidas sobre el Medio Ambiente y el Desarrollo celebrada en Río de Janeiro, Brasil, Junio 1992.

GLOBAL

ഐരു ഐരു ഐരു ഐരു ഐരു ഐരു ഐരു ഐരു ഐരു ഐരു

Indice

ഐരു ഐരു ഐരു ഐരു ഐരു ഐരു ഐരു ഐരു ഐരു ഐരു

Capítulo 1

Rupias por dólar americano: 2.895

Dejó que el agua de la ducha fría cayera sobre ella. Necesitaba reducir el sudor y la temperatura del cuerpo, aún no acostumbrado al calor del trópico. Hacía pocas horas que Joana había aterrizado en Yakarta, pero debía reponerse del cansancio y la falta de sueño inmediatamente. Las cosas iban desmoronándose por momentos, las monedas desplomándose, el dinero perdiendo valor, y la inseguridad contagiando los países de Asia. El trabajo que empezaba al día siguiente iba a ser a presión, lleno de tensiones y conflictos. Le esperaba una mañana pesada, conocer a todo el mundo en la Oficina de las Naciones Unidas, en el Gobierno, y de colofón la conferencia de prensa por la noche.

Se puso una bata de toalla del hotel, sacó una bebida del mini-bar, y se acercó a la gran cristalera que tenía por ventana. La habitación daba a la parte de atrás, en vez de la gran avenida Jalan Thamrin, y se veían los tejados sucios y los patios de las casas posteriores, más alguna chabola ocasional que había logrado pasar desapercibida a la policía en una zona tan central de Yakarta. El altavoz de alguna mezquita cercana comenzó a cantar el *mu'ha-din*. *"Allaaabu Akbaaaar... Allaaabu Akbaaaar..."*. Los ojos de Joana intentaron identificar la mezquita entre todos los edificios, pero la mezquita parecía escondida. Su ausencia hizo que aquella voz pareciera aún más sobrenatural, venida de las entrañas de la tierra, llamando a los fieles con palabras secretas que sólo ellos conocían, recordándoles la omnipresencia de Alá. *"Ash'hadu an laa ilaaha illallaah... Ash'hadu anna Muhammadar-rasulullaah..."*

Aquella voz gutural que llamaba lentamente a la oración llenó a Joana de inquietud. Indonesia, con más de 215 millones de habitantes esparcidos por miles de islas, era el cuarto país del mundo en población. El cuarto país del mundo, y sin embargo, qué poco se sabía de él. Ahora tendría que aprender a marchas forzadas, y en el contexto de una gran crisis.

"Haya 'alas-salaah... Ilaya 'alal falaah... Laa ilaaha illallaah..."

La crisis… ¿Qué estaba pasando realmente? ¿En qué consistía aquella emergencia internacional, por la cual la habían hecho ir a Yakarta tan urgentemente? Se volvió y miró todos los documentos sobre la mesa, que había leído en el avión. A pesar de tanto papel, la verdad es que en aquellos momentos se sabía muy poco de lo que estaba sucediendo, sólo lo que había sido informado por Bancos Centrales. Una ola de catástrofes financieras, un *tsunami* que estaba arrasando países imparablemente.

Todo había empezado en Tailandia. A mitades de mayo, la moneda tailandesa, el *baht*, comenzó a caer. Inversores nacionales e internacionales, preocupados por el ralentizamiento de la economía, comenzaron a vender sus inversiones en *bahts*. Pronto la preocupación se convirtió en pánico, en el temor de que aquello fuera el fin de la burbuja de dinero fácil en la que Tailandia y toda Asia había vivido. En cuestión de días, grandes cantidades de *bahts* aparecieron en el mercado, todo el mundo quería deshacerse de ellos y convertirlos en otras monedas. El gobierno tailandés, ayudado por el de Singapur, tuvo que comenzar a comprarlos, utilizando reservas públicas en dólares, para intentar evitar que la moneda se hundiera. Miles de millones de dólares que podían haberse utilizado en muy necesarios proyectos de desarrollo fueron gastados en comprar *bahts* e intentar mantener la confianza en la moneda nacional. Inútilmente. A finales de junio, el Ministro de Finanzas dimitió, y el 2 de julio el Banco Central de Tailandia anunció que las reservas públicas estaban agotadas y el gobierno no podía sostener más el *baht*, dejando caer la moneda.

Pocos días después, el efecto se extendió a los países vecinos. El Banco Central de Malasia, *Bank Negara*, tuvo que intervenir apoyando al *ringgit* malayo. Inútilmente. El 24 de julio el valor de la moneda malaya seguía cayendo vertiginosamente dado que miles de inversores estaban intentando vender sus *ringgits* a toda costa. El Primer Ministro, Mahathir Mohamed, condenó amargamente la amoralidad de los especuladores, culpándolos de la catástrofe económica.

El Banco Central de las Filipinas, un país donde la mitad de la población es pobre, gastó dos mil millones de dólares en intentar sostener el *peso*, hasta que también terminó devaluándolo. ¿Dónde fueron a parar aquellos miles de millones de dólares? A las manos de la clase alta filipina, de compañías extranjeras o simplemente de especuladores, que lograron cambiar los *pesos* por dólares. El gobierno se quedó con un montón de papeles de menor valor, los billetes de *pesos*, y una gran crisis fiscal que Filipinas tardará décadas en recuperar:

dos mil millones de dólares perdidos en un país hambriento de inversiones sociales.

En Indonesia, a principios de agosto la *rupia* comenzó a caer y el 14 de agosto, en vista de las experiencias de los países vecinos, el gobierno dejó de apoyarla. La *rupia* pasó de 2.350 por dólar a 2.682. Lo que no se sabía en aquel momento era que iba a seguir cayendo dramáticamente, a 4.000 en diciembre, a 14.000 en enero, y más aún, a 16.000 *rupias* por dólar en junio de 1998.

Lo que tampoco se sabía entonces es que aquella iba a ser la peor crisis económica del siglo XX tras el crack del 29 y la Gran Depresión. Una crisis que iba a derribar naciones como si fueran pequeñas piezas de dominó: primero Tailandia, luego Malasia, Filipinas, Indonesia, Hong Kong, Singapur, Corea, y más tarde Rusia y Brasil, conmoviendo los cimientos del mundo entero.

Y, como en la Gran Depresión que siguió al crack de la bolsa en 1929, las consecuencias sociales iban a ser devastadoras. Millones de personas perdieron sus empleos, pasaron hambre, y sus hijos dejaron de atender al colegio para intentar sobrevivir. Millones de personas fueron empujadas a la miseria y a la pobreza. Años después, millones de personas siguen sufriendo las consecuencias de una crisis de la cual no se han pedido responsabilidades públicas, ni se han encontrado a los verdaderos culpables.

Los gobiernos de Asia y los grupos militares nacionales culparon a la globalización o a las nebulosas finanzas internacionales, los organismos internacionales y Wall Street a la ineficiencia y corrupción de los gobiernos asiáticos. Las recriminaciones fueron múltiples, complejas y difusas, hasta se acusó al fenómeno climatológico de *El Niño*; y ante la falta de un sistema de gobernabilidad global que pidiera responsabilidades e impartiera justicia, los culpables desaparecieron, ocultos tras el disfraz de lo abstracto.

Pero el sufrimiento y la miseria de millones de personas en la calle fue real.

৪৩ ৪৩ ৪৩ ৪৩ ৪৩ ৪৩ ৪৩ ৪৩ ৪৩ ৪৩ ৪৩

Corría. Corría con todas sus fuerzas, y le faltaba el aliento. Podía oír su propia respiración, entrecortada, intentando llevar oxígeno a sus pulmones desesperadamente, mientras el corazón daba latigazos de sangre para hacerle correr más. "Pah, pah, pah" oía sus zapatos golpeando el suelo, espoleados por el miedo.

Iwan Bolkiah corría para salvar su vida. Podía escuchar a lo lejos las pisadas de otros hombres que lo perseguían. No sabía por qué iban tras él, pero la vida vale muy poco en Indonesia: debía correr. Era muy de noche y la calle estaba mal iluminada. Se metió en otra calle más pequeña y más oscura a su izquierda, esperando no haber sido visto. Mientras intentaba retomar el aliento, se preguntó qué habría sido de su amigo Santoso Wanandi.

Santoso y él eran colegas, y aquella noche, como muchas otras, habían salido a tomar unas copas. Eran muy malos tiempos, con la crisis todo se estaba derrumbando, así que habían decidido ir a beber y quemarse en unos bares baratos de putas. Qué error. Habían aparecido los dos trajeados en un local tumefacto, donde unas chicas bajas y gorditas se les habían sentado en sus rodillas, mientras ellos se reían de la situación, tomaban whisky y hablaban de la crisis monetaria. Las chicas les cantaron canciones en el kareoke hasta que ellos se hartaron y se fueron sin ellas.

A pocos metros de la salida del bar, unos matones los habían asaltado. Iwan y Santoso les habían dado el dinero que llevaban encima, pero aquellos tipos se pusieron agresivos y parecían querer pelea. Iwan, más joven y más borracho que Santoso Wanandi, se defendió lanzando a un tipo sobre el otro, y en la confusión, comenzaron a correr, separándose en un momento dado, una estrategia para que al menos uno de los dos saliera de aquella.

Ahora Iwan sabía que el superviviente era él. Miró a la entrada de la calle, por donde había venido. No se oía nada. Quizás sus perseguidores lo habían dejado ir. ¿Qué hacer? Le temblaban las piernas del esfuerzo y del miedo, pero sabía que debía volver a por su amigo. Dió un último respiro, se armó de valor, y salió hacia la calle principal.

Comenzó a correr por donde había venido, retrocediendo sus pasos, intentando que sus zapatos no hicieran ruido sobre la acera. Miraba por las calles laterales, creía recordar que su amigo se había metido por una de ellas.

Finalmente, pudo distinguir unos bultos a lo lejos. Sus ojos vieron una escena que lo llenó de horror. Su amigo estaba de rodillas en el suelo, con las manos en el vientre, conteniendo el dolor. Los cuatro matones lo rodeaban.

— ¡Santoso! —gritó Iwan.

Todo pasó en unos instantes. A veces, la vida nos marca en unos instantes. Iwan tenía dos opciones, pero ni siquiera pensó en ellas, fue el instinto el que lo guió. Podría haber ido a ayudar a su amigo, pero al ver a los matones levantar la cabeza, mirarlo y arrancar hacia él, sintió una oleada de pánico, el sentido de la supervivencia fustigándole, y sus pies corrieron —ironía de los nombres— hacia la Plaza de la Amistad, abandonando a su amigo.

Y así siguió corriendo calle arriba, perseguido de nuevo por dos hombres. Sus pies volaban, atizados por el pánico. Corrió hasta que sus zapatos quemaban y ya ni siquiera los notaba. Corrió sin que el corazón se quejara, sin saber ni por donde iba. Corría por salvar su vida, guiado por el pensamiento único de sobrevivir.

Vió las luces del Hotel Pancasila. Cruzó entre los coches, casi siendo atropellado, y se dirigió de lleno hacia la caseta de los guardias que custodiaban el hotel. Estos se quedaron extrañados de ver venir a un hombre corriendo de aquella manera y apuntaron con sus pistolas.

— ¡Socorro! — gritó Iwan con el poco aliento que le quedaba, y se tiró al suelo. Uno de los guardias le apuntó mientras el otro mantenía el arma en alto, mirando a lo lejos, entre las penumbras, sin lograr distinguir a nadie. Luego miró a Iwan, agotado en el suelo, y llamó a la policía. Cuando ésta llegó, era demasiado tarde. Iwan había rogado cien veces ayuda para su amigo a los guardias, pero éstos no podían abandonar el hotel.

El cadáver de Santoso Wanandi fue hallado donde él había descrito. La policía tomó nota, y todo quedó como un atraco callejero a dos empresarios de mala moral: uno sobreviviente, y el otro, fallecido.

Iwan se quedó aquella noche en ese hotel, no tenía fuerzas para ir a casa. Estaba exhausto, y muy afectado psicológicamente. Un sobreviviente, y un fallecido. Podria haber sido al revés: su amigo Santoso vivo, sintiéndose a salvo en el hotel Pancasila, e Iwan muerto.

Pero no era así, y la culpabilidad iba a perseguir a Iwan Bolkiah durante mucho tiempo.

ෂාෆ ෂාෆ ෂාෆ ෂාෆ ෂාෆ ෂාෆ ෂාෆ ෂාෆ ෂාෆ ෂාෆ ෂාෆ

El Hotel Pancasila en la avenida Jalan Thamrin, junto con el Hotel Indonesia en la plaza de la Amistad de Yakarta, eran dos instituciones nacionales. Construidos en los años sesenta, con ese aspecto soviético que tienen las edificaciones de la época, aquellos hoteles habían querido representar la modernidad del país y habían alojado a un sinfín de celebridades, desde los Kennedy hasta los Bee Gees.

El lobby del Hotel Pancasila tenía un mural enorme, que representaba al General Suharto guiando el desarrollo de Indonesia a través de sus planes quinquenales, o *Rapelitas,* desde 1965 cuando llegó al poder. Joana lo miró con detalle, aquel mural no tenía desperdicio. En la parte izquierda, un militar —posiblemente Suharto— leía un discurso, y unos campesinos felices sonreían mientras recolectaban trigo y arroz, eran los Rapelitas I y II, centrados en la agricultura, iniciados en 1969 y 1974. En la parte derecha, el mural mostraba a Suharto y su esposa guiando a los trabajadores de Indonesia hacia un futuro industrial lleno de fábricas modernas, polución y humo. Debajo indicaba que eran los Rapelitas III y IV, centrados en el desarrollo industrial, iniciados en 1979 y 1984. Joana se dijo que aquel hotel, con aquel mural tan desarrollista, era muy propio para las misiones de la ONU.

Las organizaciones de desarrollo, las Naciones Unidas, el Banco Mundial, las agencias bilaterales, frecuentemente contratan a equipos de consultores independientes para que realicen trabajos específicos. Joana había recibido la propuesta de la ONU en su correo electrónico mientras estaba en España. El departamento de las Naciones Unidas en Nueva York había sido extremadamente receptivo a sus sugerencias y juntos habían elegido a los otros dos consultores que formarían el resto del equipo: Klaus Helsenberg, alemán, experto en sondeos y estadística, y Yanni Ben Younes, argelino, sociólogo y economista. Apenas si se habían comunicado entre ellos, sólo un par de correos electrónicos, tal era la emergencia con los que los habían contratado a todos.

—¿Joana Arteaga? —oyó una voz pronunciar su nombre. Se volvió y vio a un hombre árabe, alto, elegante, vestido impecablemente con chaqueta y corbata.

—Buenos días, Yanni.

Se dieron la mano, mientras intercambiaban las frases de rigor. Yanni Ben Younes se fijó en que el apretón de manos Joana era fuerte y enérgico, típico de mujer ejecutiva que tiene que vérselas en un mundo competitivo de hombres. "Pobres mujeres profesionales" pensó Yanni, sintiendo la mirada seria y penetrante de Joana. "No sólo les toca trabajar más duro, sino que encima lo tienen que demostrar constantemente".

—Por cierto ¿has visto a Klaus Helsenberg?

—No. Parece que, para romper estereotipos, nuestro colega alemán va a llegar tarde.

Rieron. Siempre era extraño el primer día con un nuevo equipo. Joana sabía que, con el tiempo, pasarían juntos muchas tensiones y horas de trabajo, y al final serían como familia, como hermanos, conocerían al dedillo los defectos y las virtudes de los otros. Pero hoy todo sería un poco extraño.

Finalmente llegó Klaus Helsenberg, pidiendo disculpas por el retraso. Su avión había llegado de madrugada y con el *jetlag* apenas si había podido dormir.

—Hoy va a ser un día pesado, con mucho protocolo —dijo Joana, después de que todos se hubieran presentado cordialmente—. Sugeriría que dejáramos la división de trabajo y conversación seria para mañana. No tenemos mucho tiempo ahora, de todas maneras —añadió mirando el reloj—, la primera reunión en la Oficina de la ONU es en media hora.

Joana sintió que la química entre ellos iba a ser positiva y se sintió aliviada. A veces no era fácil dirigir un equipo cuyos miembros eran hombres mayores que ella; algunos tendían a no aceptar órdenes de mujeres más jóvenes. Pero ambos asintieron afablemente. Recogieron sus maletines y se dirigieron a la puerta de entrada del hotel. Mientras cruzaban el lobby, Joana cogió del brazo al alemán y le dijo:

—Klaus, me temo que el día de hoy requiere corbata.

—*Ia* —respondió Klaus— La llevo aquí dentro, en el maletín ¡siempre preparado!

Al salir, el calor y la humedad les abofetearon la cara, recordándoles que estaban en los trópicos. Tomaron un taxi. El tráfico era terrible y caótico, y se dieron cuenta de que la Oficina de las Naciones Unidas en Yakarta, un edificio cuadrado y feucho de ladrillos pintados de color blanco y azul celeste, estaba en la misma avenida Jalan Thamrin donde estaba el Hotel Pancasila, y de que hubiera llevado menos tiempo ir andando.

Pasaron los controles de seguridad y los escoltaron hasta la secretaria de Chowdhury, el director de la Oficina de la ONU. La secretaria, una joven indonesa de clase media, llena de cadenitas y pulseritas de oro y de aspecto amable, les informó que debían esperar, que el señor Chowdhury estaba al teléfono. Joana suspiró aliviada porque habían llegado tarde. Les habían dicho que Chowdhury había convocado una reunión de la Oficina entera para hacer una presentación formal de los consultores.

Se sentaron. Al cabo de unos momentos se abrió la puerta, y un hombre que parecía indio, alto y corpulento, con gruesas gafas de concha, los recibió.

—Perdónenme —dijo, dándoles la mano— no hemos podido organizar la reunión con todo el personal porque andamos muy ocupados con la conferencia de prensa internacional de esta noche.

—No se preocupe —contestó Joana— ya nos presentará en otra ocasión, la conferencia de prensa es lo importante ahora.

Después de intercambiar tarjetas, Joana siguió:

—Con respecto a la conferencia de prensa, quería preguntarle cuál va a ser el mensaje de la ONU, había pensado que una estrategia sería...

—La conferencia de prensa es un asunto interno de Naciones Unidas —le cortó el director, sorprendido de que una consultora contratada pretendiera influirle.

— Por supuesto, *Sir* —Joana utilizó su acento más humilde, no quería crear ninguna hostilidad—, por supuesto. Quería sencillamente ofrecerle algunos de los datos y escenarios de otras crisis financieras...

—Escuche —le volvió a cortar el director, agresivamente— Usted ha sido contratada por Nueva York para hacer su informe, y así esperamos que lo haga. Y que lo haga bien, no queremos uno de esos documentos insignificantes que a veces producen muchos consultores, sino un informe sólido, que la ONU pueda mostrar. Para eso va a tener todo el apoyo necesario de nuestra parte. Pero la conferencia de prensa es asunto de la Oficina de la ONU en Yakarta. Tenemos una situación de emergencia en Indonesia y un balance de poder muy delicado entre las distintas delegaciones internacionales. Este es un asunto de alta diplomacia fuera de sus términos de referencia, ¿comprende?

Era lo último que Joana esperaba oír en aquel encuentro. Creemos que empezamos de cero al llegar a un nuevo lugar, pero nos equivocamos, siempre nuestra imagen evoca recuerdos, siempre hay batallas heredadas. Joana intuyó que aquél era un problema que le antecedía, posiblemente el típico conflicto entre delegaciones y sede central. Quizás, también, un problema de discriminación: era posible que a un hombre indio de edad como Chowdhury no le gustaran las mujeres profesionales. En todo caso, algo que Joana no podía resolver ahí mismo. En unos segundos, calculó que estrategia seguir con un tipo así. "Alejarse del estereotipo de mujer profesional a la que quizás disfruta machacar", pensó intuitivamente, "mostrar que no hay conflicto con Nueva York, traerlo a nuestro lado". Joana lo miró profundamente a los ojos, para intentar establecer un lazo personal entre ellos, y le dijo:

—*Sir*, yo he sobrevivido un cáncer y le aseguro que no tengo tiempo para hacer informes insignificantes —Joana notó un leve estremecimiento, un cambio en la actitud agresiva de Chowdhury—. Klaus Helsenberg, Yanni Ben Younes y yo hemos sido enviados aquí para apoyarle en todo lo que sea necesario...

—Bien, bien, veo que nos entendemos, se lo agradezco —Chowdhury utilizó esta vez un tono afable—. Ahora, si me excusan, debo volver a mi trabajo.

Se despidieron. Joana se sintió fatal por haber recurrido a una mentira para conseguir la simpatía de Chowdhury, nunca había tenido cáncer. "Que patético que las mujeres tengamos que recurrir a cosas así", se dijo. Sea como sea, había funcionado, así que apartó el remordimiento de su cabeza.

Estaban de camino a la salida, cuando la secretaria los detuvo.

—Han sido días muy tensos —disculpó a su jefe, de manera amable—. Déjenme que les presente al personal de la Oficina de manera informal. Mi nombre es Merpati...

Fueron por los distintos despachos. Como en tantas empresas, la secretaria parecía ser el aceite de la oficina, gracias a la cual el motor funcionaba, cubriendo la falta de tacto humano de su jefe. Merpati era una mujer chispeante, como los reflejos de las cadenitas de oro que llevaba; llevaba simpatía allí donde fuera, y a todo el mundo parecía caerle bien. Joana automáticamente sintió apego por ella.

—¿Están bien en el hotel? Es muy antiguo, muy de los años sesenta, y algunos consultores nos han comentado que hay cucarachas... Pero nos hacen una tarifa tan barata, con tanto descuento...

—El hotel está muy bien, gracias, y como dice, es muy conveniente pues está cerca de la Oficina de la ONU —respondió Klaus.

Luego de presentarles a todo el personal de la Oficina, les asignó un ordenador viejo en una habitación común con otras secretarias y asistentes técnicos. Tendrían que compartirlo entre los tres.

—Llevamos años pidiendo más ordenadores, pero ya se sabe, hay tan pocos recursos en la ONU...

Los expertos se miraron, acostumbrados a escenas similares: la falta de financiación de la ONU es celebérrima. Los gobiernos no pagan y, cuando pagan, sus contribuciones son ridículas. El gasto anual de la ciudad de Nueva York —sólo de la ciudad— es cuatro veces superior al gasto de todos los proyectos de la ONU en todos los países del mundo. No hizo falta hablar: era imposible trabajar en una habitación con otras seis personas y un ordenador paleolítico. Intentarían encontrar otro lugar.

Se despidieron cortésmente de Merpati, debían partir, pues quedaba poco para la próxima reunión de la mañana, y el tráfico era terrible en Yakarta. Salieron y tomaron otro taxi. Una vez cerraron las puertas, Joana pensó que era el momento de crear espíritu de equipo:

—Menudo elemento este Chowdhury... Burócrata capullo de categoría A...

—Ia —apoyó Helsenberg— "Burrócrata" de la administración india, estoy seguro, suelen ser un problema en los proyectos de desarrollo, no es accidental que la India tenga tantos pobres...

—Siendo el director de la ONU en Indonesia, nos va a tocar no sólo tragarlo, sino además intentar traerlo a nuestro lado.

—Ia... Pero me sorprende que no venga hoy a las reuniones de protocolo... —respondió Helsenberg con cierta preocupación.

—Bah, mejor —siguió Joana con un gesto de indiferencia— Estará demasiado preocupado con "el delicado balance de la alta diplomacia". O quizás las reuniones de hoy las coordinaron desde Nueva York y ni siquiera se ha enterado. Mejor. Una preocupación menos para el resto del día.

Yanni Ben Younes estaba sorprendido con el tono de la conversación. Era la primera vez que trabaja en una misión de la ONU y estúpidamente había imaginado un trabajo diplomático de guante en blanco, en vez de un equipo de carne y hueso. Durante unos instantes había estado tentado a decirle a Joana que lo había hecho muy bien con Chowdhury. Pero pasó el momento y no le pareció adecuado; esas cosas o bien se dicen espontáneamente en la conversación o es mejor callárselas.

Aprovechando el pequeño silencio, Joana sacó la lista de los oficiales del gobierno indonesio con los que se iban a reunir e intentó memorizar sus nombres, algo que su experiencia en desarrollo le había enseñado que era muy útil. "Wurawari Kartosuwiryo, Ministro de Asuntos Sociales; Abdurachman Surdaso, Vice Ministro de Asuntos Sociales; Sumitro Soedjatmoko, Director del Departamento de Planificación..."

Aquellos nombres eran tan extraños que memorizarlos era realmente difícil. "Abdurachman Surdaso, Abdurachman Surdaso,

Abdurachman   Surdaso" repetía mentalmente, mientras avanzaban lentamente por las gigantescas avenidas de Yakarta. De pronto se dio cuenta que Yanni Ben Younes la estaba mirando y compartió con él el documento.

—Es la lista de los oficiales del gobierno indonesio con los que vamos a reunir —explicó—. No sé si os la han pasado... Mi intención en la reunión, a aparte de hacer las presentaciones de rigor, es alertar al gobierno de la gravedad de la situación y comenzar a discutir no sólo cómo podemos trabajar juntos, sino ver si tienen algún plan social de emergencia. No sé si tenéis alguna idea o sugerencia adicional...

Yanni Ben Younes negó con la cabeza y le pasó la lista a Klaus Helsenberg, que estaba absorto mirando el caos del tráfico, sentado en el asiento delantero. Yanni sintió una sensación de desasosiego, de extrañeza. Asia era muy diferente de como la había imaginado. Tenía en la cabeza esa imagen cultural que tanto se exporta de Asia, la mística minimalista, la paz espiritual, la serenidad del junco inclinado junto al pequeño manantial. Cosas que existen en los templos y en algún rincón exquisito, pero no en las calles de Asia, abigarradas, sobrecargadas por las masas de gente y el calor asfixiante, repletas de miles de coches, de niños pobres mendigando, de carritos vendiendo calamares y fritos, de cientos de edificios construidos sin ton ni son, de avenidas interminables de oficinas y apartamentos... La avenida Jalan Thamrin, donde estaba el Hotel Pancasila, tenía nada menos que diez carriles, llenos permanentemente de coches y autobuses, emitiendo humos sin un respiro. Era tanta la contaminación que al mezclarse con la humedad creaba una especie de neblina permanente sobre la ciudad, como el antiguo *smog* de la Inglaterra industrial, y el sol se veía normalmente velado. Se preguntó que es lo que estaba haciendo allí.

ೞೞ ೞೞ ೞೞ ೞೞ ೞೞ ೞೞ ೞೞ ೞೞ ೞೞ ೞೞ ೞೞ

Iwan Bolkiah miraba gravemente la pared llena de títulos, mientras asentía por teléfono. Era muy difícil hablar con Aaron Goldstein, estaba fuera de sí al ver cómo todas las inversiones que habían realizado peligraban en Indonesia. Debía ser medianoche en Nueva York e Iwan pensó que el cansancio de una dura jornada en Wall Street no ayudaba a que Goldstein fuera racional, de ahí aquella lluvia de ira que estaba cayendo sobre el, como si él fuera el culpable de la crisis financiera.

—¡Vende, vende a toda costa! —le gritaba la voz de Aaron Goldstein por el teléfono— Quiero ver resultados mañana por la mañana hora Nueva York. ¡Dios mío, qué va a pasar con los fondos, qué les vamos a decir a los clientes! Puedes llamarme a mi móvil en caso de duda, a cualquier hora del día o de la noche, ¿has entendido?

Iwan colgó el teléfono. Llevaba treinta y seis horas sin dormir, y aun estaba muy afectado por la muerte de su amigo Santoso. Aunque la falta de sueño se había convertido en un patrón de conducta durante las últimas semanas, desde que la rupia indonesa fuera atacada a mitades de agosto. Intentaría vender pero era difícil. Se sentía en medio de arenas movedizas.

Se preguntó que hubiera hecho su padre. Sus ojos fueron automáticamente a una foto colgada en la pared, de cuando su padre aún vivía. Su padre, enorme para los estándares indonesios, estaba junto a él, los dos serios en aquella foto de grupo, en medio de otros hombres de negocios y oficiales de los Ministerios de Industria y Finanzas, los dos altos y corpulentos, los dos con aire desafiante. O, al menos, así él había intentado imitar a su padre.

Desde que tenía uso de razón, Iwan Bolkiah había ido en busca del mundo de su padre. Todo había empezado por unas postales. Su padre viajaba por negocios y le mandaba postales de todo el mundo. Hong Kong, Singapur, Tokio, Londres, Nueva York... El pequeño Iwan se pasaba horas y horas mirándolas, imaginando a su padre en esos lugares exóticos, llenos de brillos extraños, donde los asuntos debían ser reales e importantes. Confinado en el mundo sentimental de la madre, en la rutina de la casa y el colegio en Yakarta, Iwan se evadía de la monotonía de la vida diaria imaginando el glamour del reino de su padre. Un reino donde el padre era el rey y él tenía el derecho a ser el príncipe heredero. Toda su adolescencia había sido un largo cabalgar y luchar para conseguir su trono. No iba a aceptar nada menos. Aquello le había dado una fuerza interna increíble; había ganado todos los premios del colegio, había estudiado en el extranjero, había triunfado en todos los trabajos en que lo habían empleado. Pero su objetivo no eran los premios, los estudios, o un trabajo excepcional. El objetivo era seguir subiendo, seguir luchando para alcanzar el reino de su padre.

Ahora, ya adulto, Iwan Bolkiah quizás ya lo había conseguido. En un entorno de especulación loco, había subido como la espuma, amasado un capital importante, conseguido mujeres, coches y brillo. Iwan Bolkiah se había convertido en un hombre envidiado por muchos. Sin embargo, seguía insatisfecho. Como los salmones que instintivamente luchan contra corriente, seguía luchando mecánicamente por subir y ganar un reino que cada vez estaba más alto. No veía ni la envidia de los otros, ni el éxito ni el lujo de su vida. Llevaba la lucha en la sangre, era un guerrero que seguía río arriba.

Volvió a mirar la pared donde estaban colgados sus diplomas, años de trabajo y de suerte. Ahora de golpe todo se estaba derrumbando, como un castillo de naipes.

Volvió a sonar el teléfono.

—Iwan Bolkiah —respondió. Estaba agotado por la falta de sueño y tanta llamada.

—*Bapak*[1] Iwan Bolkiah —dijo una voz en *bahasa*—, un gusto hablar con usted, soy *Bapak* Rahardjo Wiradikarta.

Rahardjo Wiradikarta... una de las manos derechas del Presidente Suharto. Iwan Bolkiah sintió un escalofrío, el presentimiento de que se avecinaban más problemas. ¿Por qué lo estaría llamando a él?

—*Pak* Iwan, tengo que pedirle un pequeño favor.

—Por supuesto, será un honor, dígame.

—Esta noche hay una conferencia de prensa internacional y nos gustaría que la moderara –Iwan Bolkiah no pudo evitar sorprenderse ante el uso de la palabra "nos", como significando Wiradikarta y el Presidente Suharto juntos.

—Sin problema. ¿Cuál es el tema?

—Verá, se trata de una conferencia de prensa de los organismos internacionales en Indonesia, el Banco Mundial, el Fondo Monetario Internacional y las Naciones Unidas...

—*Pak* Rahardjo, antes que siga hablando, debo informarle que yo no sé absolutamente nada de lo que pasa con los organismos internacionales y que no merezco el honor de...

—Precisamente, precisamente. Usted no sabe nada, es neutral, una cara nueva. No le oculto que las relaciones entre el gobierno y los organismos internacionales han sido un poco tensas durante estas últimas semanas...

Iwan Bolkiah volvió a sentir otro escalofrío, le sonaba a encerrona.

—Nosotros pensamos que los organismos internacionales deberían dedicarse a la ayuda humanitaria para asistirnos ante los problemas sociales que puedan ocurrir por la crisis. No sé si lo sabe,

---

[1] *Bapak* o *Pak* es el equivalente a "Señor" en idioma *bahasa* indonesio, literalmente significa "Padre", lo mismo que *Ibu* (en páginas posteriores) significa "Madre".

19

pero hay una misión de Naciones Unidas que precisamente ahora está discutiendo esto con varios ministerios, estamos completamente de acuerdo con esa misión de la ONU, que nos ayuden a distribuir arroz a los pobres y cosas por el estilo. Pero con el Banco Mundial y el Fondo... ha habido serias disputas, quieren reorganizar nuestros bancos, privatizar nuestras fábricas, en fin, no nos interesa nada esa línea, y dada la falta de entendimiento, me temo que nadie aquí deba asistir a esa conferencia de prensa. Habrá corresponsales, desde la BBC hasta el *Wall Street Journal*, y ya sabe que estos periodistas extranjeros son muy agresivos en sus preguntas, no tienen ningún respeto. Habíamos pensado que usted, con sus estudios en América, con su inglés correcto y con su distanciamiento del tema, podría ser perfecto.

Hubo un silencio.

—*Pak* Rahardjo, ¿ha pensado qué pasará si esas preguntas agresivas son dirigidas a mí? Yo no tendré capacidad de responder...

—Me han dicho que usted habla muy bien en público. Sencillamente, les dice que usted es el moderador y no un representante del Gobierno.

De nuevo hubo otro silencio. *Pak* Rahardjo Wiradikarta podía sentir que Iwan Bolkiah no quería la responsabilidad que acababa de caer sobre él, pero fingió que no se daba cuenta.

—Por cierto —añadió— Habrá un representante del Gobierno, *Pak* Abdurachman Surdaso le ayudará a moderar la conferencia de prensa.

—¿Abdurachman Surdaso? ¿No es el Viceministro de Asuntos Sociales? Tampoco él sabrá responder muchas de las preguntas, sobre todo si se refieren al sector financiero o industrial...

—Correcto. Abdurachman Surdaso podrá responder a lo que consideramos adecuado para los organismos internacionales, los asuntos sociales y la futura ayuda humanitaria. Es ahí donde queremos se dirija la conferencia de prensa —al ver que Iwan Bolkiah no contestaba, Rahardjo Wiradikarta decidió zanjar el tema—. *Pak* Iwan, le agradecemos mucho este pequeño favor. Un mensajero le traerá un sobre con la invitación oficial y los detalles logísticos. Tráigase a su prometida, me han comentado que su hermana trabaja en Naciones Unidas, también estará allí. Ya vé, todo cuadra por su lado. Que Alá vaya contigo.

Sonó un "click" al otro lado del auricular. Había colgado. Iwan Bolkiah se quedó pensando. Una nueva sorpresa. Aunque por una parte era bueno que alguien tan alto en la jerarquía se hubiera fijado en él, por otra parte era un asunto feo y una presión innecesaria en un momento ya muy tenso. Pero no se podía decir que no a la Oficina del Presidente, el nido de la araña, el centro del poder en Indonesia. De nuevo se sintió sobre arenas movedizas.

Encendió un cigarrillo. En las horas que quedaban, debía intentar vender rápidamente y volver a hablar con Aaron Goldstein en Nueva York. La conferencia de prensa era lo que le faltaba, horas perdidas en un asunto que no le interesaba y del que encima podía salir altamente perjudicado. En un país tan nacionalista como Indonesia, podían asociarlo con los extranjeros más de lo que ya estaba. Aún peor, en una nación donde la prensa estaba totalmente controlada y donde un desliz de la lengua podía costarle la carrera a uno, podía ser asociado con "el libertinaje" de la prensa internacional. Además podía responder mal a las preguntas de los periodistas, ya tenia suficiente experiencia como para saber que una entrevista puede ir mal muy rápido. Miró su reloj. Le quedaba una larga jornada por delante.

ഌരു ഌരു ഌരു ഌരു ഌരു ഌരു ഌരു ഌരു ഌരു ഌരു ഌരു ഌരു

Estaban esperando en una de las salas de reuniones de BAPPENAS, la Agencia Nacional de Planificación Indonesa. Klaus Helsenberg sacó un montón de documentos de su maletín, y los colocó a su lado. Joana lo miró.

—Ya sé, ya sé —masculló Klaus— Los leí todos en el avión, pero a pesar de tanta información, me siento inseguro, me hace falta mas tiempo para digerirla… Tú tuviste mucha suerte de que tu vuelo aterrizara antes en Yakarta, seguro que ayer por la tarde pudiste analizarlo todo con calma…

Joana sonrió enigmáticamente. No les había contado su pequeña escapada. Joana tenía un pequeño ritual: siempre que empezaba en un país nuevo, se iba a ver una zona pobre nada más llegar. No era curiosidad, la pobreza es pobreza allá donde vayas. Era algo mucho más personal, íntimo, emocional. Joana había trabajado en muchos proyectos, sabía que las cosas tienden a complicarse muy rápidamente. Y había aprendido que cuando los momentos difíciles llegan, cuando estuviera llena de dudas y dilemas, las imágenes de aquella gente humilde eran muy poderosas, la guiaban, le daban fuerzas. Esas familias pobres eran la única verdad, lo único realmente importante: debía trabajar para que la vida de aquella gente fuera menos miserable.

Así que Joana se había escapado la tarde anterior, nada más llegar, a una enorme villa miseria en las afueras de Yakarta. No se arrepentía de haber tenido menos tiempo para los documentos, pues aquella pequeña visita y las personas que había conocido no paraban de fustigarla internamente.

Ya la primera imagen de la villa miseria había sido sobrecogedora. Ella y el traductor que la acompañó se quedaron en silencio al salir del taxi, viendo aquel mar de bidones, chapas y dolor humano.

De pie junto a la carretera, Joana se había fijado en un anciano cerca de ellos, sentado en un taburetito de plástico roñoso, sorbiendo té en lo que podría llamarse la barra de un bar ambulante o *hawker*. El hombre iba descamisado, por el calor y por la pobreza, vestía un *sarong*[2] a cuadros verdes, chancletas de plástico, y bebía un té rehervido mil veces en silencio, con aire de tristeza. ¿Qué pensaría? Podía sentir la soledad del anciano, su marginalidad, su aislamiento, alejado de las cosas importantes, olvidado por el desarrollo y por el mundo. Joana tuvo una sensación de *dejá vu*; aquel anciano le recordó a su propio abuelo en España. Con todas las diferencias, del bar La Pilareta —donde su abuelo mataba muchas tardes— a la barra ambulante del hawker; del coñac Fundador con el que su abuelo se quemaba la garganta, al té hervido mil veces que este anciano tomaba, aquel hombre viejecito y arrugado le evocó a su abuelo Juan. Joana se preguntó si aquel anciano indonesio sería como su abuelo.

—Hablemos con él —le dijo al traductor.

El anciano indonesio se quedó sorprendido de ver que un hombre de negocios y una mujer blanca gigante, como caídos del cielo, se acercaban a él. Primero desvió la mirada, para pasar desapercibido. Pero se dio cuenta de que realmente venían a por él. ¿Por qué él? Por simple precaución intentó irse, pero el hombre de negocios lo llamó y le pidió amablemente en idioma *bahasa* indonesio que se esperara. Después añadió que la mujer gigante se llamaba *Ibu* Joana, trabajaba para Naciones Unidas y estaba visitando aquel *kampung*[3] en la periferia de Yakarta. El anciano se vio obligado a responder que su nombre era Jusuf y a darles los buenos días.

—*Selamat pagi* —respondió Joana, buenos días en *bahasa*— El señor Jusuf... ¿y su apellido?

El traductor miró a Joana con sorna.

---

2 Ropa enrollada alrededor de la cintura, como si fuera una falda, cubriendo normalmente hasta por debajo de la rodilla.

3 *Kampung* es "villa" en bahasa, y *kampung kumuh* significa, literalmente, "villa sucia" o villa miseria.

—No tiene apellido. En este sitio nadie tiene apellido.

El anciano los miraba sin comprenderlos, se sentía intimidado por aquellas personas. Joana le pidió al traductor que le explicara que ella estaba visitando brevemente la zona y que le interesaría saber cuáles eran, en la opinión y experiencia del anciano, los principales problemas del *kampung*. Al traductor le llevó un rato explicarlo, incluyendo una breve aclaración de lo que eran las Naciones Unidas. Jusuf no sabía muy bien por dónde empezar pero, de alguna manera, le hizo sentirse importante.

—Mire, hay tantas cosas... —contestó— El trabajo está mal. La comida es cara, ya ve como está el precio del arroz... ¡por no mencionar la carne! La vivienda es también muy cara. Los *kreteks*[4] cuestan mucho. Los jóvenes no trabajan ni rezan, no son como antes...

A Joana le hizo gracia oír aquello de que "los jóvenes no son como antes", el "nada es lo que era" de su abuelo Juan. Sintió más simpatía por el anciano, mientras escuchaba con atención la lista de problemas.

Qué difícil es la comunicación cuando se viene de culturas tan ajenas. Ahí estaba aquel hombre, descamisado, casi sin dientes, con la piel arrugada como una tortuga, con un idioma y unos valores completamente distintos a los de ella. ¿Cómo la vería? Joana intuía que, para él, ella debía ser como un marciano bajado de una nave espacial, de una vida que era tan desconocida para el anciano como el planeta Marte. Pero, aún así, hay códigos universales: al sonreír Joana, el anciano le devolvió la sonrisa. Y aunque la comunicación fuera tosca y chapucera, era mejor imperfecta que inexistente. Era precisamente el aislamiento lo que fomentaban las clases altas de Indonesia: los ricos en su jardín, los pobres en su villa miseria.

Observando cómo el anciano le hablaba, mirándola hacia arriba por la diferencia de estatura, Joana no pudo evitar sentir el latigazo de la mala conciencia: las diferencias de clase, la pobreza, se reflejan en todo. Hasta en el cuerpo. Si fueran desnudados y puestos en fila, sin ninguna posesión o referente material, uno podría distinguir inmediatamente quién ha tenido una infancia rica y una pobre. Los que como Joana han sido bien alimentados de pequeños, han crecido físicamente en todo su potencial; los pobres se quedan enclenques y pequeños, debilitados por enfermedades mal curadas, sin germinar completamente por falta de proteínas y vitaminas. La educación hace el resto. A los ricos se les enseña a ser seguros, a maniobrar sin miedo

---

[4]   Cigarrillos aromáticos de clavo, los más consumidos en Indonesia.

en el sistema, y los mejores —los más inteligentes— cambian el sistema a su favor. Mientras que a los pobres no se les enseña gran cosa, se les deja ahí abajo, lejos del poder. Aunque aprendan a leer y a escribir, nadie les educa a superar los miedos, y terminan internalizando que son inferiores, que el mundo importante no es de ellos, sumergidos en culturas de pasividad y silencio.

Joana odiaba la mala conciencia, pero ahí estaba, en mayúsculas: ¿Por qué estaba el anciano mirándola para arriba? ¿Por qué la trataba con tanto respeto? Es como si ella, al ser más alta, más blanca y más rica, fuera superior. "En vez de mirarme así, deberías estar robándome," pensó, "sería justo".

Aquel hombre sin dientes sabía por lo que luchar: la supervivencia. Aunque él no sabía lo que el abuelo Juan conocía muy bien: que podía luchar por mucho más, que no había necesidad de vivir con miedo, que un mundo mejor era posible para los suyos. El abuelo de Joana había sido sindicalista e influido mucho en ella desde pequeña.

—Por favor, pregúntele si seria tan amable de dejarnos visitar su casa —dijo Joana al traductor.

El traductor volvió a mirar a Joana con cara de compasión.

—De verdad, creo que no es adecuado...

—Mire —Joana pensó que una explicación ayudaría a combatir resistencias—, no sabe lo que le agradezco que me esté acompañando. Sólo van a ser quince minutos, media hora a lo sumo. Acabo de llegar a Indonesia y no sabe lo importante que es para mí tener esta experiencia antes de empezar con el trabajo pesado —vió que el hombre calibraba la explicación, indeciso, así que Joana siguió—. He estado en muchas villas miseria alrededor del mundo y no pasa nada; además, comprendo que usted no esté acostumbrado a venir a estos sitios, le pagaré el doble.

El traductor se sintió obligado a decir que no era necesario pagarle más, que era parte del trabajo, y finalmente, sin estar muy convencido, le pidió al anciano si podían visitar su casa.

—¿Mi casa? —Jusuf se preguntó qué interés podía tener para aquellos ricos; dudó por un momento, pero no intuía nada malo de ellos— Bueno...

—Estupendo, muchas gracias —respondió Joana— Quizás su familia agradezca que llevemos alguna cosa, algo de comida, un pequeño obsequio, pero no hemos traído nada. Debe haber alguna tienda en el *kampung* ¿Podríamos pasar?

El anciano asintió, y se adentraron en la villa miseria. El *kampung kumuh* era un laberinto de chapas, plásticos, hierros y construcciones de ladrillo y madera a medio hacer. Cualquier material era válido para aislar un pequeño espacio y montar una nueva chabola en medio de aquella masa humana. Familias enteras emigraban huyendo de la pobreza del campo en Indonesia, y allí terminaban, unas sobre otras, conviviendo con las ratas, la suciedad y el sufrimiento, sin tener ningún otro lugar al que poder huir de nuevo. Era la estación final de la pobreza, no había ningún otro destino después. Y así las villas miseria seguían creciendo y creciendo, nutriéndose diariamente de nuevas familias pobres, como cánceres dolorosos extendiéndose entre los músculos y arterias de la ciudad de Yakarta.

El calor era asfixiante, llevaban toda la ropa húmeda, impregnada de sudor. El ambiente estaba enrarecido por la falta de ventilación y desagües y por el amontonamiento humano. Joana iba despacio, mirando discretamente al interior de las chabolas, e intentando no pisar los riachuelos malolientes del suelo. Aquél era un grupo poco común en el *kampung kumuh*, así que muchos salían a mirarles sorprendidos; algunos saludaban y el anciano, el traductor y Joana devolvían cortésmente el saludo. Pronto tuvieron un grupo de niños siguiéndolos, se reían y corrían cuando tocaban los pantalones o el brazo de Joana.

Joana se dijo que aquellas imágenes tenían mucho que ver con las descripciones de la condición de la clase obrera industrial en el siglo XIX en Europa. Se le vino a la cabeza el famoso informe *La situación de la clase trabajadora en Inglaterra*, e imaginó a su autor, Frederick Engels, recorriendo las villas miseria de los alrededores del río Irk o de Saint Giles en Inglaterra, atiborradas de familias pobres emigradas, mano de obra barata para las fábricas de Londres y Manchester. ¿Habría ido el joven Engels caminando despacio, mirando discretamente al interior de las chabolas, e intentando no pisar los riachuelos malolientes del suelo, tomando notas para su informe de 1845, tal y como ella estaba haciendo?

También los *kampungs kumuh* surtían de mano de obra barata a las fábricas del cinturón de Yakarta, desde multinacionales como Nike, Gap o Sony a los *sweatshops* o "sudaderos" locales, llamados así por las condiciones inhumanas de trabajo, jornadas laborales de 12 horas pagadas a sólo uno o dos dólares por día. Uno o dos dólares es muy por debajo del salario mínimo, insuficiente para mantener a una familia, y por ello todos sus miembros —incluidos los niños— debían trabajar en lo que podían, vendiendo cigarrillos o cerillas o trozos de sandía en las calles, sin tiempo para estudiar o jugar. Es como si Engels hubiera descrito los *kampungs kumuh* de Yakarta. Es como si, a finales del siglo XX, aquél fuera el verdadero proletariado del mundo, y no, como diría el abuelo Juan, los trabajadores consumistas aburguesados de Occidente.

Joana interrumpió sus pensamientos, sintió su cuerpo tensarse en alerta. Se trataba de un hombre recio, vestido con pantalones, cazadora y botas militares, estaba fumando un cigarrillo de filtro, y los miraba venir con expresión hostil. Joana percibió que Jusuf detenía el paso un momento, dubitativamente, pero siguió adelante. A medida que se acercaban, se fijó que aquel hombre tenía una cicatriz que le cruzaba el ojo y la ceja, dándole un aspecto aún más agresivo. Se trataba de un *preman*, un mafioso local que vivía de extorsionar a los pobres. En la mayoría de las villas miseria se encargan de pedir el "alquiler" de las chabolas y de otros abusos; dado que todos eran ocupantes ilegales, si a alguien debían pagar era al dueño del terreno, no a la mafia local.

Al pasar al lado del mafioso, el anciano Jusuf inclinó levemente la cabeza a modo de saludo, que no fue respondido por el *preman*. Joana miró por el rabillo del ojo mientras pasaban de largo, el mafioso seguía con la mirada fija en ellos. Se dio cuenta que de que el *preman* estaba parado ahí controlando una casa de empeños. La casa de empeños, el "banco" local, consistía en una construcción de cemento algo más grande de un metro cuadrado, dentro de la cual había alguien sentado, detrás de una rejilla. El mafioso estaba apoyado en una de las paredes.

El mundo desarrollado piensa que las villas miseria son sólo un cúmulo de familias pobres viviendo unas sobre otras. Se equivocan. Las villas miseria son pequeñas ciudades, tienen de todo: tiendas, bancos, escuelas, dentistas, mercados, cooperativas... la calidad es muy baja, pero ofrecen servicios a sus habitantes que de otra manera tendrían que desplazarse muchos kilómetros para obtener. Y no por ser los clientes pobres, los servicios son baratos. La casa de empeños, que hacía la función de banco, posiblemente diera créditos por nada menos que el 20% ó el 30% mensual.

Llegaron a la tienda. La tienda era similar al banco sólo que mucho más grande y estaba abierta, llena de latas, sobres de sopa, paquetitos de detergente, bolsitas de plástico de champú e incienso para los mosquitos. Joana preguntó al anciano Jusuf si le podía aconsejar que era lo que le gustaría a la madre de la familia y él señaló latas de atún. Joana compró varias y unos paquetes de cigarrillos *kreteks.* Salieron y al poco se dio cuenta de que el anciano se había parado en una de las chabolas de al lado. Había quitado una madera de la pared, que debía ser la puerta, y la había dejado al lado, de nuevo apoyada en la pared. Le estaba ofreciendo la entrada para que pasara primero.

Joana agachó la cabeza y entró por el agujero. La casita estaba hecha con maderas, chapas y plásticos. Los plásticos cubrían el techo por dentro, para evitar goteras, y hacían de cristales en las ventanas, cortados en rectángulos alargados y clavados por la parte de arriba, para dejar pasar el aire. Joana se irguió y su cabeza chocó con el techo, así que se encorvó un poco para que su estatura pareciera normal. El traductor era un poco más bajo así que entró sin problema. El calor dentro de la chabola era aún más asfixiante que afuera, Joana notó como el sudor le caía por la frente y la espalda.

Una mujer salió de la parte de atrás de la chabola, y los miró atónita. Debía ser la hija del anciano Jusuf, o su nuera. Un bebé desnudo salió gateando de la cocina, y también se los quedó mirando asombrado mientras babeaba. El anciano comenzó a explicar en *bahasa*, la mujer escuchó atentamente mientras se arreglaba el pelo con una mano, y luego discretamente siguió aseándose el vestido, estampado a flores y de confección muy simple, intentando mejorar su aspecto para la visita. Joana sintió simpatía por la escena ¡tan universal! Podía imaginar a la señora quejándose después de haberle traído invitados justo hoy que la casa no estaba arreglada, que el niño iba sucio, y cosas por el estilo.

La verdad es que la casa estaba muy ordenada porque había muy pocas cosas. Unas esterillas cubrían el suelo, donde se sentaban de día y dormían de noche. Aparte de las esterillas, la habitación sólo tenía una mesita baja en el centro y dos estantes colgados en la pared, con flores de plástico, una botella de champú que parecía vacía, una hucha china, vasos, tazas y una colección de frascos de colores, tesoros posiblemente encontrados por los basureros públicos. De las paredes también pendían unas fotos antiguas en blanco y negro, un calendario barato, y una jaula con pajaritos. Joana vio una planta con pequeñas flores blancas colocada en el rincón, era una planta aromática que perfumaba dulcemente la habitación. Aquello conmovió a Joana: la capacidad de las personas de dar riqueza a su vida hasta en los lugares más pobres y miserables.

El anciano terminó su explicación a la mujer. Se puso un bonete negro en cabeza, el *peci*, y una vez investido de formalidad, los presentó a todos. La mujer se llamaba Yenni, Joana le dio la mano con una sonrisa llena de cariño.

Yenni le explicó que su marido Yohan estaba fuera, buscando trabajo; como no siempre había en las fábricas, a veces también tomaba un préstamo y alquilaba un *becak*[5]. Que también tenía dos hijas, Jana y Kade, que estaban en la escuela, en la *madrassa*, y que el bebé era su hijo Amir. Joana le pasó el pequeño obsequio y la señora lo agradeció efusivamente sin abrir el plástico y ver qué era, una costumbre asiática. Les ofreció las esterillas del suelo para sentarse, y se metió en el cubículo de atrás, que debía hacer la función de cocina. Joana y el traductor se sentaron en el suelo. Yenni salió de la cocina con una coca-cola roñosa, que debía haber sido reservada para alguna ocasión especial. No sirvieron de nada los ruegos de Joana, la coca-cola fue abierta en su honor.

Joana les preguntó un montón de cosas, sobre su vida diaria, los problemas de la zona, la escuela donde iban las niñas, y pronto se creó una conversación agradable. Ellos estaban intrigados por Joana y tímidamente preguntaron de dónde era. "De Marte", pensó Joana, pero con una sonrisa les explicó que de España, y el traductor tuvo que explicar que España estaba en Europa, cerca de Holanda e Inglaterra, que eran países conocidos por haber sido los dos antiguos poderes coloniales de Indonesia. El anciano asintió y siguió preguntándole, muy respetuosamente, dónde estaban su padre y su marido, cuántos hijos tenía, y al oír la negativa de Joana, terminaron dándole el pésame muy tristemente por no tener ni marido ni hijos a su edad, y por educación no quisieron discutirle a Joana cuando ella explicó que era normal en las mujeres profesionales occidentales.

Mientras hablaban, Joana observaba a Yenni jugar con su hijo. El bebé estaba tan feliz de estar en los brazos de su madre... se reía y hacía pequeños gemidos de deleite. Joana notó como aquella felicidad del niño se esparcía en el aire, como un hechizo mágico, y de golpe se sintió relajada.

Pensó que, a pesar de su pobreza, aquella familia tenía una gran dignidad. En cualquier otro lugar del mundo, ésa sería una familia normal. Sin embargo, habían nacido en el lugar y tiempo equivocados, en la parte miserable del mundo. Esa parte que pretendemos no ver, que rara vez sale en las noticias, pero donde vive nada menos que la mitad de la población del planeta: bajo la línea de la pobreza, luchando

---

[5] Taxi-triciclo con un asiento delante para el pasajero, el conductor pedalea la bicicleta detrás.

por arañar dos dólares al día, sin oportunidades, sin futuro, sin que le importara a la otra mitad del mundo.

¿Qué le iba a suceder a aquella familia? Se avalanzaba sobre ellos una ola gigante de castástrofe y miseria de la que nada sabían. Pero en cuestión de días, semanas, aquella familia y todas las otras de aquel lugar dejarían de tener para comer. La crisis financiera los iba a golpear con toda su fuerza, dejando el poco dinero que ganaban sin valor, mientras los precios de los alimentos subirían sin parar. En unos meses, ya no habría trabajo que pudieran hacer, pues la crisis desgarraría muchas de las fábricas y extendería el desempleo como una epidemia. Joana sintió que la tensión volvía rígidos sus músculos ¿Qué les iba a pasar? ¿Qué sería de Jusuf, y Yenni, y Amir?

Jusuf vio a la mujer gigante levantarse, era tan grande que su cabeza chocó con el techo. La mujer gigante se disculpó por el golpe y dijo que ya era hora de irse, que les agradecía mucho su hospitalidad, pero que tenía mucho trabajo por hacer. Jusuf también se levantó, y se ofreció acompañarles a donde se encontraron esta mañana, a la salida de la carretera del *kampung kumuh*. Y tímidamente preguntó:

—¿Podría, si fuera posible, explicarme qué va a pasar?

Joana miró al suelo.

—Vienen tiempos difíciles... deben tener cuidado.

—¿Tiempos difíciles? —se sorprendió el anciano, recordando todas las amarguras sufridas recientemente— ¿Más difíciles aún?

Caminaron mientras Joana hablaba gravemente y el hombre de negocios lo traducía en *bahasa*. Sin embargo, a pesar de los esfuerzos de Joana, Jusuf no logró entender absolutamente nada, eran cosas muy complicadas.

Pero algo le quedó absolutamente claro: Que cosas terribles iban a suceder.

Capítulo 2

Aaron Goldstein colgó el teléfono, francamente irritado. Por unos segundos sintió mareo, un vértigo en su cabeza. Debía controlar esas subidas de tensión, ya había sufrido un infarto. Intentó reducir la presión respirando hondo varias veces, tal como le habían dicho, inhalando profundamente, dejando que su mirada se perdiera entre los rascacielos que se veían desde la ventana de su despacho en Wall Street, luego expirando lentamente. Pero no funcionaba. Finalmente abrió un cajón y se tomó un tranquilizante con un sorbo de café de la taza que le había preparado la secretaria.

Le irritaba profundamente que su hombre en Indonesia, el del nombre impronunciable, hubiera mantenido el teléfono cerrado durante tantas horas. Le había estado intentando llamar desde las 7:00 a.m. "Estúpido incompetente", se dijo.

Volvió a respirar hondo. Se preguntó qué más podía hacer. La Tesorería, el Ministerio de Finanzas de los Estados Unidos, ya había sido informada de la gravedad del asunto. La Tesorería había respondido que la crisis en Indonesia era una cuestión de importancia nacional americana, y que ya habían alertado al Fondo Monetario y al Banco Mundial. El gobierno de Indonesia había pedido un paquete de emergencia a los organismos internacionales, así que la Tesorería tranquilizó a Wall Street diciendo que todo iba en curso.

Pero Aaron Goldstein no estaba nada tranquilo. No había llegado a su posición actual por ser tranquilo, sino por predecir problemas y superarlos. Y veía todo tipo de problemas. Para empezar, de los burócratas del gobierno y organismos internacionales, con todos sus discursitos y su papeleo absurdo, eran muy lentos, y el dinero se le estaba escurriendo de las manos por horas. Hoy tendría que volver a llamar a todos sus clientes, y tranquilizarlos mintiéndoles que todo estaba bajo control.

Luego había un factor de riesgo: la Administración Clinton había introducido a algunos iluminados con ideas socialdemócratas en la Tesorería y en el Banco Mundial, como el profesor ese, Stiglitz, y estaban protegidos por el partido. Aaron Goldstein volvió a respirar hondo, y se tranquilizó a sí mismo pensando que esos radicales eran sólo una minoría.

La Administración Clinton le apoyaría, para eso habían sido los máximos contribuyentes en las últimas campañas. Oficialmente Wall Street había aportado más de 116 millones de dólares a los candidatos demócratas, y más de 153 millones a los candidatos republicanos. Más que ningún otro grupo empresarial en el país, y eso sin contar las donaciones a título individual, pues todas estas cantidades eran migajas para Wall Street. Claro que los republicanos eran sus preferidos, pero habían sido lo bastante inteligentes como para no poner todos huevos en la misma cesta y en cambio apostar por los dos bandos. Todos eran políticos, a fin de cuentas, todos unos burócratas de mierda, tanto socialdemócratas como republicanos. Ni Aaron Goldstein ni la mayoría en Wall Street esperaban mucho de ellos.

Así que lo único que Aaron podía hacer era seguir actuando por su cuenta. Vender y sacar el capital tan pronto como fuera posible. Si lo había hecho bien antes, si había logrado sobrevivir cuando la "crisis de la tequila" en México, otra crisis en un país de mierda en Asia no lo iba a hundir.

Aaron se llevó la mano a la frente, comenzando a sentir los efectos del tranquilizante en los músculos. Se sentía profundamente cansado, aquellas últimas semanas habían sido terribles, y se dijo que, cuando pasara lo peor del temporal, debía llevarse a su chica a algún sitio lujoso y relajante un fin de semana. Sólo pensarlo lo calmaba, quizás la visualización del relajamiento fuera una técnica mejor que el respirar hondo para bajar la presión. Pero eso sería en otro momento, ahora debía seguir.

Sacó una agenda electrónica de su chaqueta y comenzó otro día de llamadas.

Capítulo 3

Yakarta, Indonesia, Septiembre 1997

Rupias por dólar americano: 2.938

Iwan Bolkiah cerró la puerta de su auto, un Jaguar azul oscuro, tras indicarle al chófer que tardaría un par de horas, y entró en el lobby del Hotel Grand Hyatt Yakarta. Vio a Dewi, su prometida, esperándole junto a una de las grandes columnas de mármol. Iwan Bolkiah suspiró de alivio al ver que al menos había sido puntual. Ella lo recibió con una sonrisa.

—Hola, Iwan! ¿Estoy lo suficientemente interesante para una conferencia de prensa internacional?

—Estás estupenda —respondió él, sonriendo, cogiéndola del brazo— ¿ha llegado tu hermana Merpati?

—Están todos dentro, parece que es en el primer piso.

—Perdona si no he llegado antes...

—No hace falta disculparse, ya sé que tienes problemas en el trabajo —y mirándolo con admiración, para darle apoyo, Dewi añadió— Tú también estás estupendo, tan elegante, no me puedo creer que hayas dormido tan poco, ya verás que todo va a ir perfecto.

Subieron las escaleras de mármol y oro que llevaban al primer piso. La antesala estaba decorada elegantemente con un aire indonesio, con murales de *batik* hecho a mano, grandes búcaros de cobre con colocasias gigantes, y muebles bajos de madera oscura tallada. Había muchos extranjeros, hablaban en grupos esperando el evento. Dewi vio a Merpati en la distancia, y saludó en el aire discretamente. Su hermana era la secretaria del director de la Oficina de las Naciones Unidas.

—*Selamat sore* —los acogió amablemente Merpati, dando las buenas tardes en *bahasa*— Permítanme presentarles: Su Excelencia Embajador de las Naciones Unidas en Yakarta el Ilustre Doctor Chowdhury; Iwan Bolkiah, el moderador de la conferencia de prensa esta noche; Joana Arteaga, directora de la Misión de la ONU sobre los impactos sociales de la crisis; Klaus Helsenberg, experto en sondeos y estadística...

Iwan Bolkiah se fijó en el horrible jefe de Merpati. Había oído hablar de él y se dijo que era tal como se lo había imaginado. *"Su*

32

Excelencia Embajador de las Naciones Unidas e Ilustre Doctor..." así tenía que presentarle la pobre Merpati, un título más y no cabría en la habitación.

Luego su mirada se posó en Joana. Parecía alguien muy joven para dirigir una misión de ese calibre. Se fijó en su aire de persona esforzada y trabajadora, en sus zapatos baratos, en su traje sin carácter de rebajas de almacén, en su pelo hecho descuidadamente... toda ella iba correcta, pero tenia ese aire de desamor y falta de atención a su persona que tiene la gente muy trabajadora, entregada a cosas más importantes, particularmente las mujeres profesionales occidentales, que han aprendido a ascender trabajando sin parar. No pudo evitar comparar con Dewi a su lado, tan diferente, tan bella y con su figura esbelta de modelo, con sus joyas y su traje carísimo.

—Un placer conocerlos a todos ¿Preparados para la conferencia de prensa?

—Por supuesto, son muchos años de experiencia, joven — respondió Chowdhury, dándole una tarjeta de visita.

Los ojos de Joana se cruzaron con los de Iwan Bolkiah. Ardían. La mirada de Joana tenía una intensidad magnética. Iwan reconoció los signos de la batalla en ella: como él, aquella mujer debía llevar la lucha en la sangre para haber llegado tan lejos, tan rápido.

—Perdonen, debo encontrar al Vice Ministro de Asuntos Sociales, Abdurachman Surdaso, él también moderará la sesión de esta noche.

Iwan Bolkiah dejó a Dewi con el grupo y se alejó entre la multitud de periodistas, americanos, australianos, holandeses, ingleses, y por supuesto indonesios. La moqueta de sala estaba cruzada por gruesos cables de colores pertenecientes a las cámaras y focos que los técnicos estaban montando en una sala interior, donde iba a empezar la conferencia de prensa. Iwan sintió el latigazo de los nervios en el estómago, agravados por la falta de sueño.

Vió a Abdurachman Surdaso en la distancia. Estaba con otro oficial indonesio que llevaba unos sobres blancos bajo el brazo. Iwan Bolkiah se detuvo. No deseaba ser relacionado con eso. Disimuladamente se dirigió a la larga mesa donde se exponía un lujoso buffet de comida, y se puso a mirar los platos, para ganar tiempo.

En una dictadura como la del General Suharto en Indonesia, la prensa estaba totalmente controlada. "Corrupta" se dijo Iwan, esa era la palabra adecuada. El gobierno controlaba la cantidad de papel disponible y la distribución de los periódicos a través del Ministerio de Información y su agencia Indoprom. Pero en un momento dado, ya no fue sólo el control autoritario del estado, la prensa nacional comenzó a auto-controlarse, a reportar sólo aquello que el gobierno bendecía. Los bajos salarios de los periodistas hicieron el resto, con apenas 400 dólares al mes, la tradición de pagar sobres blancos en las conferencias de prensa se hizo estándar.

Llamaron desde la sala interior. Iwan Bolkiah se acercó al Vice Ministro de Asuntos Sociales.

—¿*Pak* Abdurachman Surdaso?

—Ah, *Pak* Iwan, por Alá, dónde estaba usted, es ya tan tarde...

—Pasemos, pasemos —contestó Iwan, dándole la espalda al tipo de los sobres blancos.

Cruzaron la gran sala, muy iluminada por los focos de televisión. Los sitios estaban asignados. Iwan Bolkiah y Abdurachman Surdaso fueron al centro de la mesa. A sus lados se fueron sentando oficiales del Fondo Monetario Internacional, Banco Mundial y Naciones Unidas. Todos, incluyendo los periodistas, tenían copias de los comunicados oficiales de prensa de las distintas instituciones, resumiendo su mensaje y especificando las últimas cifras estadísticas, para facilitar el trabajo de los periodistas en caso de duda.

Abdurachman Surdaso abrió la conferencia de prensa dando la palabra al representante del Fondo Monetario Internacional, quien leyó el comunicado de prensa que el Fondo había dado a todos en aquella sala, un texto árido de una página describiendo la situación financiera en Indonesia y la absoluta necesidad de adoptar medidas correctoras para retornar a una estabilidad macroeconómica y mantener la confianza de los inversores en el país.

El mensaje fue enfatizado por el representante del Banco Mundial, que explicó más llanamente los contenidos del comunicado de prensa, señalando que aquella era la ocasión para realizar importantes reformas estructurales que no sólo ayudaran a Indonesia a salir de la crisis, sino que además convirtieran a Indonesia en un país más competitivo y con un mejor nivel de desarrollo en el largo plazo.

Finalmente el representante de las Naciones Unidas tomó la palabra. Chowdhury hizo un discurso pomposo sobre la preocupación de la ONU sobre la situación Indonesia, terminando con frases efusivas sobre cómo todos debían colaborar en un momento de crisis.

Abdurachman Surdaso agradeció a los tres delegados su presentación e iba a abrir el turno de preguntas y respuestas, cuando de pronto se oyó una voz firme de mujer decir:

—Un momento.

Era Joana Arteaga. Toda la sala se volvió a ella. Al ver a todo el mundo mirándola, Joana sintió debilidad en los codos y rodillas. Tragó saliva.

—Me parece que hay un tema fundamental que se olvida: los indonesios. Se ha hablado de la rupia, de la balanza de pagos, de la inflación, de los organismos de financiación al desarrollo, pero se ha olvidado hablar lo más importante: de las personas, de la gente en la calle. Mientras estamos aquí hablando, ahí afuera está sucediendo una crisis económica de magnitudes desconocidas en la historia del siglo XX, sólo comparable al crack de 1929. Y, como en la Gran Depresión de los años treinta, las consecuencias sociales van a ser devastadoras.

Chowdhury estaba furioso, no podía creer en la desfachatez de aquella mujer contratada a corto plazo, hablar en aquella conferencia de prensa sin haberlo autorizado él, así que la interrumpió con voz agresiva:

—¡Me parece, señorita, que ésto está completamente fuera de lugar!

Pero Iwan Bolkiah, como moderador, lo interrumpió a él.

—Al contrario. El comentario es muy relevante, el gobierno de Indonesia está francamente preocupado por las consecuencias sociales de la crisis y si ningún periodista lo pregunta, les preguntaré yo mismo después qué es lo que los organismos internacionales piensan hacer con respecto a ayuda humanitaria para Indonesia —Iwan intervino tal como supuso que la Oficina del Presidente Suharto hubiese querido, ese era el tema que Wiradikarta le había dicho que quería resaltar en la conferencia de prensa— *Ibu* Joana Arteaga, siga, por favor.

Joana le agradeció su apoyo con una mirada, y siguió hablando.

—No sabemos qué va a pasar con exactitud, pero sí que en cuestión de días, semanas, el desempleo va a subir a niveles tan altos que Indonesia va a convertirse en una olla a presión. Cuando la devaluación de la rupia llegue a afectar los precios de los productos básicos que se venden en la calle, como el arroz, mucha gente no podrá comer. No sabemos exactamente qué va a pasar, puede ocurrir de todo. En el año 1929 la gente en Occidente emigró en busca de trabajo. Pero en el Sudeste Asiático, en 1997, ¿a dónde van a ir? ¿Vamos a ver masas de gente emigrando de las zonas rurales a los arrabales del gran cinturón periférico de Yakarta, como hasta ahora ha sido la tendencia? ¿O los pobres viviendo en las villas miserias de Yakarta recogerán sus pocas pertenencias y volverán al campo de donde vinieron? ¿O se amotinarán y saldrán a las calles, a robar comida de los comercios de las zonas ricas, y tendremos una revolución en

Indonesia? En este momento, no sabemos. Sólo sabemos que esta crisis económica ha encendido la mecha de una gran crisis social. Y que la obligación del gobierno y de los organismos internacionales es ayudar a la sociedad indonesa.

Joana tragó saliva. Hablar en público no es fácil, se produce un desdoblamiento de la personalidad. Es como si el cuerpo actuara y declamara las palabras, mientras que al mismo tiempo la inteligencia saliera y observara las reacciones del público. El secreto consiste en que la inteligencia corrija al cuerpo para que el mensaje se entienda, es decir, en saber capturar a la audiencia. Percibió la atención de la sala, lo que decía interesaba a los oyentes. Suspiró de alivio en su interior. Ahora sólo le quedaba dar el mensaje de esperanza.

—Naciones Unidas ha iniciado un programa para monitorear los impactos sociales de la crisis. Tienen al grupo de expertos en esta mesa —dijo, presentando a Yanni Ben Younes y Klaus Helsenberg, evitando la mirada agresiva de Chowdhury— estamos a su disposición para responder sus preguntas. Pero hay algo más. Monitorear es sólo un instrumento para actuar. Es necesario unir fuerzas y elaborar un plan de emergencia nacional que responda a la grave crisis social que se avecina. Un plan flexible...

Siguió. Ya había imaginado que nadie iba a hablar sobre los impactos sociales de la crisis, así que se había preparado un pequeño discurso en el poco tiempo que tuvo entre reuniones. Al levantar el papel con las notas, su mano estaba temblando, nerviosa aún por la reacción de Chowdhury. Pero su tono era firme y el mensaje potente. Algunos se dieron cuenta del temblor, y generó aún más simpatías entre los periodistas. Al terminar, un montón de manos se levantaron, queriéndole preguntar más detalles sobre las consecuencias sociales de la crisis financiera.

La conferencia de prensa fue larga. Luego las preguntas pasaron a temas económicos para los representantes del Fondo y del Banco Mundial. Joana vio que podía relajarse, y empezó a sentirse cansada por el día y el *jetlag*. Cuando terminó, Joana quiso acercarse a Iwan Bolkiah para agradecerle su apoyo en un momento tan delicado, pero Iwan Bolkiah ya estaba en la puerta, con su bella acompañante indonesa.

—Vámonos —le susurró Iwan a Dewi.

Bolkiah sentía que ya había cumplido su obligación con la Oficina del Presidente y no quería estar allí ni un segundo más de lo necesario. Dewi sonrió pícaramente y salió con él. Bajaron las escaleras a trote, como si huyeran de los demás, y ya en la puerta del hotel, Iwan le besó la mano.

—¿Puedo pedirle al chofer que te acompañe a casa?

—¿Esta noche también te vas al hotel?

—Es sólo temporal, Dewi, un tema de seguridad mientras la situación esté tan complicada... —de pronto Iwan pareció agotado— Ah, aun no me puedo quitar de la cabeza lo que le sucedió a Santoso... Hace sólo unos días estábamos hablando como si nada... Y ahora está muerto...

—No te preocupes, me quedo con mi hermana Merpati —Dewi sintió pena al ver la expresión súbitamente envejecida de Iwan, y comprendió que debía sentirse mas seguro en un hotel rodeado de gente que no a solas en su apartamento— Debes dejar de pensar en lo que os pasó a Santoso y a ti... y ahora mismo debes ir a descansar ¡tienes pinta de poder desmayarte en cualquier momento!

Iwan se despidió con una sonrisa cansada. Su auto, el Jaguar, se acercó a recogerlo.

—Al Hotel Pancasila, por favor.

Cuando llegaron al hotel, aún no se había decidido a reconectar su teléfono móvil. Sabía que del otro lado Aaron Goldstein estaría furioso. Se dijo que necesitaba beber algo antes, que lo llamaría una vez tuviera cinco minutos para él mismo en su habitación.

Al abrir la puerta de su suite, le pareció oír un chasquido dentro. Había dejado una lámpara lateral encendida. Dio a la luz principal rápidamente, en tensión, manteniendo la puerta abierta, pensando lo peor, que algún matón pudiera estar dentro. Pero no. Una mujer, increíblemente parecida a Dewi, apareció en el dormitorio.

—Iwan, amor, creo que será mejor que cierres la puerta...

La única indumentaria de la mujer era un *negligé* de lencería negra, con unas cadenitas de oro. Iwan cerró la puerta, irritado.

—¿Qué haces aquí?

—Pensé que te gustaría una sorpresa... Como tu chofer me trajo una copia de la llave de tu habitación...

—Pero no para que vinieras ahora, hace 48 horas que no duermo y aún he de hacer unas llamadas a Nueva York... —maldijo en *bahasa*, aquella tensión le había vuelto a traer el asesinato de su amigo a la memoria— Y no quiero que vuelvas a darme ninguna otra sorpresa. Devuélveme la llave.

La mujer sonrió, dando otro sorbo de la copa de champagne. Había pedido una botella de *Veuve Clicquot*, le encantaba ver las burbujas en suspensión, subiendo en pequeñas espirales.

—Como quieras, amor... —contestó sin ninguna emoción, mientras Iwan se servía un whisky y cogía el teléfono.

ဢၣ ဢၣ ဢၣ ဢၣ ဢၣ ဢၣ ဢၣ ဢၣ ဢၣ ဢၣ ဢၣ ဢၣ

—Toma.

Yenni le dio un vaso de agua turbia a su hija. Kade se quedó encantada mirando las partículas en suspensión.

—Anda, bebe, que no mata.

—No, si la que casi se muere eres tú —dijo su marido Yohan, escéptico acerca de la historia de la mujer blanca gigante haciendo predicciones apocalípticas y enfadado por lo que había ocurrido después—. ¡Ay, es que no se os puede dejar solos!

Después de que el abuelo, Jusuf, hubiera acompañado a la mujer gigante y al hombre de negocios a la carretera, el *preman* mafioso se había presentado en la casa. Había golpeado a Yenni, que tenía una pequeña herida en el lado izquierdo de la cara, el *preman* quería una parte de lo que la mujer blanca les hubiera dado. Yenni sin dudar le pasó la bolsa de plástico con las latas de atún y los *kreteks,* pero el *preman* la había tirado al suelo, sin ningún interés, él sólo quería dinero. Entonces comenzó a chillar que iba a aplastar al bebé y Yenni llorando le suplicó que no había nada más, y le dio las pocas rupias que tenía, rogándole que las cogiera. El *preman* las tomó con despreció y salió de la chabola.

Ahora Yenni tenía la cara inflamada y habían perdido el dinero de la comida de mañana.

—Hay algo más —dijo enigmáticamente el anciano Jusuf.

—¿Algo más? —preguntó Yohan a su padre.

Jusuf sacó dos billetes verdes de un pliegue de su *sarong.* Se sentía avergonzado porque sabía que Yenni había sido golpeada, y él no había podido hacer nada para evitarlo; incluso podían haberlos matado por aquellos papelitos verdes. Pero estaba convencido de que había hecho bien en no darle los billetes al *preman*, intuía que eran muy valiosos.

—La mujer gigante, antes de partir, me dio las gracias por todo, me dijo que éramos una buena familia, como la suya en su país, y que tomara estos billetes, ella dijo que eran doscientos dólares americanos, que no los cambiara, que los mantuviera, y que cuando las cosas se pusieran mal, pues se van a poner, cuando necesitáramos comida, que yo fuera a un banco a la ciudad a cambiarlo, que nos darían miles de rupias por estos billetes.

Todos se acercaron para verlos. Eran dos billetes alargados, verdosos, con la cara de un blanco con patillas en el medio, y el número 100 en los cuatro lados. Todos se dieron cuenta de su enorme suerte, debían valer una fortuna.

—He decidido —siguió el anciano Jusuf, haciendo valer su autoridad como cabeza de familia— que os lo debía comunicar por si me pasara algo, pero no lo vamos a gastar ahora. Lo vamos a guardar por si se cumple la profecía de la mujer gigante.

—¿Y si no se nos permite cambiarlos en el banco? —preguntó Yohan.

—Haremos como dijo la mujer blanca gigante, confío en lo que ella dijo —respondió el anciano, sin querer hablar más del asunto, guardándose los billetes en el pliegue de su *sarong*.

—Al menos deberíamos ponerlos en un lugar más seguro... —insistió Yohan.

—Mañana —ordenó el abuelo Jusuf, había dudado si debía comentar la historia delante de Jana y Kade, a los niños se les puede ir la lengua, pero decidió darles la confianza y explicárselo también, aunque por precaución quería esconderlo en un sitio que las niñas no supieran— Ahora todos habéis de jurar por Alá que no vais a decir nada de esto a nadie. Jana, Kade, es muy importante que os deis cuenta de esto, sino el *preman* volverá y nos matará a todos. Va a ser un secreto sólo entre nosotros.

Juraron solemnemente por Alá. Jana y Kade sabían intuitivamente, ya antes de que se lo dijera el abuelo, que aquello pertenecía al terreno de lo importante y de lo indecible. Veían la cara de su madre hinchada de los golpes del *preman*, y comprendieron muy rápidamente el peligro. Los niños de la calle son muy maduros, y ellas no iban a abrir la boca. Además, adoraban al abuelo —y el abuelo a ellas— y seguirían sus órdenes a ciegas.

Después de aquella conversación, ya nadie tenía mucho interés en saber como había sido el día de Yohan o de Jana. La noticia de su nueva fortuna los había puesto a todos contentos. A pesar del poco ingreso en casa, la madre había preparado una comida simple pero deliciosa. Un huevo con leche de coco y cúrcuma, y vegetales con una salsa aromática de pasta de gambas, clavo, coco, ajo y chiles, acompañados de arroz blanco y *ubi*[6] hervido. La madre los sirvió en los platos de plástico de colores de siempre de casa, y cenaron todos

---

6   *Ubi* es la comida de los pobres en Indonesia, una especie de boniatos menos apreciados que el arroz.

juntos. Como siempre, con los pájaros cantando sin parar. Como siempre, el abuelo se quedó ausente, mientras todos hablaban de mil cosas a la vez. Y como siempre, se sintieron todos felices de estar juntos, sin hablar de nada importante.

⋔⋔ ⋔⋔ ⋔⋔ ⋔⋔ ⋔⋔ ⋔⋔ ⋔⋔ ⋔⋔ ⋔⋔ ⋔⋔ ⋔⋔ ⋔⋔

Joana Arteaga, Yanni Ben Younes y Klaus Helsenberg estaban en la sala de reuniones de la Oficina de las Naciones Unidas. Merpati les había dejado que la ocuparan, dado que era imposible trabajar en la habitación general con todas las secretarias y asistentes técnicos.

—Quiero comentaros —comenzó Joana— que asumo toda la responsabilidad por mi intervención en la conferencia de prensa de anoche, si hubiera alguna represalia en Naciones Unidas por romper protocolo, vosotros no tuvisteis nada que ver —Yanni y Klaus quisieron decir algo pero Joana los cortó— Sí, sí, a mí también me parece una tontería, no quiero ni discutirlo, pero nunca se sabe y quería clarificarlo.

Joana los miró. Aquél era su equipo. Quizás defectuoso, quizás imperfecto, pero su equipo. Tres personas que apenas se conocían, pero que debían sincronizar esfuerzos y pensamientos en horas para poder afrontar la enorme tarea que se les venía encima.

—No estamos aquí para hacer un informe, como sugirió Chowdhury —siguió Joana— Hay miles de informes olvidados por los despachos de los ministerios. Estamos aquí para generar un sistema de alarmas efectivo que ayude a construir un programa social de emergencia.

—¿Alarmas? ¿Es ése nuestro resultado final? —preguntó Helsenberg— No me pareció verlo en los términos de referencia en el contrato.

—Lo pensamos a última hora en Nueva York. Es sólo una cuestión de presentación. La idea central es evitar una catástrofe social como la de la Gran Depresión. Con el poco dinero de Naciones Unidas, nuestra contribución es muy limitada, monitorear los impactos de la crisis en los distintos grupos socioeconómicos. Para ello, como sabéis, comenzaremos identificando un grupo de indicadores esenciales, como el precio del arroz y los precios de otros productos básicos, para luego realizar encuestas y sondeos mensuales. A medida que suban los precios en relación al ingreso, irá subiendo el color de las alarmas. Verde es que la población aún puede comprar productos básicos, naranja que entra en dificultades, y rojo que la gente ya no tiene para sobrevivir. Nada de informes, sino algo más rápido y visual, más operativo. Lo mandaremos a los ministerios y a la prensa; si las cosas se ponen mal para la población, hay que hacer ruido.

Joana se detuvo. A través de los cristales de la mampara, podía ver la figura enorme de Chowdhury acercarse. Pero Chowdhury ni los miró, pasó de largo.

—La idea es interesante ¿Cómo trabajamos? —siguió Klaus Helsenberg— Utilicé mis contactos y ya tengo direcciones de los centros universitarios y de investigación, esta misma mañana podría empezar por ahí e intentar evaluar la capacidad que tienen para elaborar sondeos rápidos...

La puerta se abrió de pronto. Era Merpati.

—Siento interrumpir —tartamudeó. Claramente no sabía muy bien cómo decir lo que tenía que decir— En fin, el señor Chowdhury me ha ordenado que les diga que no pueden trabajar aquí, que abandonen la Oficina de la ONU.

Se hizo un silencio.

—¿Y dónde quiere que trabajemos?

—Lo siento —respondió Merpati, sin saber qué decir.

—No te preocupes, Merpati, has sido muy amable y agradecemos tu ayuda. Si llega alguna llamada ¿puedes hacer que nos llamen al hotel? Estamos en las habitaciones 410, 427 y... ¿Klaus?

—En la 603.

Salieron. Joana miró su reloj. Era demasiado tarde para llamar a Nueva York. "Que lo resuelvan entre ellos", pensó. Pasaron la mañana trabajando en la habitación de Joana, dividiéndose el trabajo, comenzando los contactos. La tarde se llenó de reuniones en el *Badan Pusat Statistik,* el Instituto Nacional de Estadística de Indonesia. Al volver al Hotel Pancasila, Joana se pasó la noche intentando llamar a Nueva York, sin éxito.

No pudo ser hasta el día siguiente. Yanni y Klaus estaban con ella, discutiendo la factibilidad de los indicadores uno por uno, habían pedido sillas extra al hotel y habían convertido la habitación 427 donde estaba Joana en un despacho improvisado. El teléfono sonó.

—Joana Arteaga.

—Joana —la voz se oía muy distante— soy Janette Peres.

Janette Peres era oficial de las Naciones Unidas en Nueva York, y la jefe de Joana, Yanni y Klaus. También hablaba español, era de Buenos Aires. Le preguntó a Joana por la misión, con su acento argentino y cortés.

—¡Janette! He estado intentando llamarte las últimas 48 horas...

—Sí, sí, ya lo imaginaba —la línea no era buena y había un pequeño desfase temporal.

Yanni Ben Younes y Klaus Helsenberg se miraron y decidieron dejar a Joana a solas. En la puerta Klaus le hizo señas, preguntándole con gestos si quería que la esperaran para cenar después. Joana negó con la cabeza.

—Bueno, Joana ¡la que has armado! En sólo un día lograste tener una carta de Chowdhury ordenando que te despidamos...

Despedida... Joana suspiró. ¿Qué decir? Pensó que lo mejor era la verdad.

—Janette, quizás no debiera responder así, pero la verdad es que Chowdhury es un incompetente, es una verdadera pena que un país en necesidad como Indonesia lo tenga a él como representante de la ONU...

—Ya lo sé, ya lo sé —respondió Janette Peres, ante la sorpresa de Joana— Chowdhury es uno de esos figurones del pasado, uno de esos administradores indios sin ningún sentido del desarrollo que entró en la ONU hace años y que desgraciadamente nos tocará soportar hasta que se jubile...

—Me alegra oírlo de tus labios, Janette.

—Bueno, esto es sólo entre nosotras. Su carta ha ido muy arriba y ha habido preguntas por todos los lados.

—¿Y...?

—Afortunadamente tu actuación en la conferencia de prensa fue brillante. Ése justamente es el mensaje que Naciones Unidas en Nueva York quería transmitir. Cuando lo leí en el periódico, sentí que todo había ido perfecto, es precisamente por cosas así que te contratamos a ti. Tienes todo nuestro apoyo. Y ahora, irónicamente gracias a la carta de Chowdhury, el apoyo a nuestro trabajo viene no sólo de nuestro departamento sino de las esferas más altas de la ONU.

—Gracias —dijo Joana apagadamente.

—Aún así, siento decirte que habrás de tragar a Chowdhury. Cómo todos estos burócratas a la antigua, está muy bien conectado.

Hubo un silencio.

—Joana, no te estoy llamando sólo por lo del incidente de la conferencia de prensa. Hay algo más. ¿Has leído la prensa internacional?

—No. Desde lo de la conferencia, no sé porqué no hemos encontrado ningún periódico extranjero.

—Te lo voy a mandar por fax. Son buenas y malas noticias. ¿Recuerdas que al principio de todo, cuando discutíamos los términos de referencia del trabajo, hablábamos de Indonesia y de Tailandia?

—Sí, pero sólo el gobierno de Indonesia pidió ayuda a las Naciones Unidas.

—Ayer el gobierno de Tailandia lo hizo también.

Silencio. Joana estaba calibrando la información.

—Yo diría que son buenas noticias, Janette... es, de hecho, excelente que un gobierno tome responsabilidad por los impactos sociales de una crisis.

—Sí, son muy buenas noticias. Pero aquí vienen las malas. Como no tenemos fondos, no podemos hacer nada.

—Es absurdo —dijo espontáneamente Joana.

—Sí —repitió Janette— es absurdo.

—¿No se pueden redirigir los fondos de algún proyecto que no sea tan importante?

—Estamos en ello, pero sobra decirte que cuenta con la oposición de los directores de esos proyectos, que siempre piensan que el suyo es el más importante. Pero —siguió Janette— hay otra opción, una opción rápida.

—¿Sí?

—Cambiar los términos de referencia de tu misión, y añadir "Tailandia".

Se hizo un silencio. La mente de Joana estaba procesando las implicaciones.

—¿En el mismo plazo de tiempo?

—Por el momento sí. Pero la idea es comprar tiempo: tú y tu equipo comenzáis el trabajo, una vez iniciado estoy segura de que encontraremos financiación adicional.

Joana dudó. ¿Y si no encontraban los fondos? ¿Y si Yanni o Klaus no estuvieran preparados a trabajar día y noche como ella? Además el equipo aún estaba en rodaje, no sabía si sus estilos y ritmos de trabajo se acoplarían bien como para poder aceptar el doble de presión.

—Déjame pensarlo. Tendré que consultarlo con el resto del equipo. Pero en principio, si aceptáramos, ¿podríamos contratar a alguien más?

Janette rió.

—¿Eso significa que aceptas?

—Eso significa que necesito esa condición confirmada antes de aceptar —dijo Joana, fríamente, y añadió para suavizar— Ya ves que es muy poco lo que pido, pero la verdad, me preocupa que el trabajo no salga como debiera...

—Sí, sí, ya lo sé —su voz, con aquel acento argentino, podía tomar una entonación muy dulce— De verdad te agradezco enormemente tu flexibilidad...

Colgaron. Joana se quedó pensando. De una parte eran noticias estupendas, había más interés por los impactos sociales de la crisis. Por otra parte, aceptar suponía mucho más trabajo, mucha más responsabilidad, con un equipo incierto, aún en rodaje.

Al cabo de un rato, alguien deslizó un sobre silenciosamente por debajo de la ranura de la puerta. Era el fax de Janette Peres, un recorte del *International Herald Tribune*. "Tailandia pide asistencia a la ONU para los impactos sociales de la crisis" decía el titular. Mencionaba el rol de la ONU en Indonesia. Joana leyó el artículo, y al ver sus propias palabras impresas allí, en uno de los mejores periódicos del mundo, y pensar la responsabilidad que se le venía encima, sintió que se le erizaba la piel.

Había dejado de fumar hacía tiempo, pero ahora necesitaba uno. Cogió el bolso y bajó al lobby a por tabaco. Compró un paquete de la cafetería y se fumó un cigarrillo allí mismo, de pie junto a una de las columnas, mientras la gente entraba y salía.

ℰℭ ℰℭ ℰℭ ℰℭ ℰℭ ℰℭ ℰℭ ℰℭ ℰℭ ℰℭ ℰℭ ℰℭ

Iwan Bolkiah miró el reloj. Eran ya las ocho y media de la tarde. Había logrado dormir la noche anterior, pero estaba cansado, llevaba todo el día llamando a compañías indonesas que habían tomado préstamos con su firma, recordándoles la urgencia del próximo pago. Cerró su agenda, y llamó a su chófer para decirle que fuera a esperarle abajo.

Llegó al Hotel Pancasila. Cruzó el lobby ensimismado, y tomó el ascensor. Una mujer extranjera, también abstraída, entró con él. Iwan se dio cuenta que era Joana Arteaga. Iba a decirle algo, pero se quedó mirándola. Aquella mujer tenía un aire realmente cansado, como también él debía tenerlo. Se acordó del indio estúpido, el jefe de Merpati, e imaginó que debía estar haciéndole la vida imposible. Como a él se la estaban haciendo otros. Se fijó en los ojos grandes de Joana, ahora apagados, como idos en pensamientos muy dentro de ella; se fijó en su cabello castaño, atado atrás sin ningún cuidado; se fijó en sus labios, descoloridos por el cansancio. Sintió simpatía por ella, y el instinto de abrazarla, de protegerla, de decirle que todo iba a ir bien.

Joana se estremeció. Sintió como si la hubieran abrazado. Había otra persona en el ascensor, pero no la había tocado. Se volvió a él, aún con la piel erizada por aquella sensación, y se quedó mirándolo, sorprendida.

—¡Ah! *Mister...* —Joana no pudo recordar el nombre.

—Iwan Bolkiah.

—Iwan Bolkiah... Menuda coincidencia, precisamente quería agradecerte tu apoyo en la conferencia de prensa el otro día...

—No hay nada que agradecer, dije lo que creí que era correcto. La tuya fue una gran intervención, cargada de humanismo —Iwan se calló que la habia defendido siguiendo instrucciones de la Oficina del Presidente.

—Gracias por el cumplido, yo no hice más que transmitir la opinión de Naciones Unidas en Nueva York —el ascensor se paró en el cuarto piso, y Joana se despidió— Bueno, de nuevo gracias, ha sido un placer.

La puerta se estaba cerrando cuando Iwan Bolkiah, en un acto impulsivo, pulsó el botón de apertura y la llamó, mientras ella se alejaba por el corredor. Joana se volvió.

—Me pregunto si podría invitarte a tomar algo, si estuvieras libre...

—¿Ahora?

—¿Por qué no?

Joana parecía francamente sorprendida. Iwan se arrepintió de haberle preguntado nada. Pero, para su sorpresa, aceptó.

—De acuerdo —Joana necesitaba un descanso, y si era con un hombre atractivo, que le podía hablar del país en vez del trabajo, tanto mejor— ¿Dónde quieres ir?

—¿Qué tal arriba, en el Lounge? Esto es Indonesia, no se puede beber alcohol en cualquier sitio.

—Estupendo —dijo Joana, volviendo a entrar en el ascensor.

Se sentaron en la barra. El Lounge estaba decorado en el más puro estilo de los años setenta, con lámparas tipo *sputnik*, barras metálicas plateadas ensambladas con formas geométricas, y enredaderas de plástico a los lados. Pidieron un par de cervezas. "Bintang", leyó Joana en la etiqueta, contenta de probar una marca local. Comenzaron hablando de cosas anodinas, ese tipo de conversación fácil que hace pasar el rato, pues los dos querían sencillamente desconectarse de sus problemas.

—Por cierto, ¿has encontrado algún periódico internacional que contenga lo de la conferencia de prensa?

—No, por supuesto que no.

—Ha sido publicado, al menos así me han informado de Nueva York.

—Posiblemente esa sea la razón por la que no has encontrado ningún periódico en Yakarta.

Joana lo miró, frunciendo el ceño, pidiéndole una explicación con los ojos. El le pasó los cacahuetes, con gesto de paciencia, siempre le sorprendía la inocencia de los extranjeros.

—No existe prensa libre en Indonesia. El gobierno controla la prensa nacional a través del Ministerio de Información y la agencia Indoprom. La agencia Indoprom tiene además el monopolio de los derechos de distribución de toda la prensa extranjera. Si hay algún artículo contencioso, Indoprom no distribuye.

—¿Quieres decir que una agencia indonesa paraliza la distribución de periódicos tan importantes como el *International Herald Tribune* o el *Financial Times?*

—Exactamente —y añadió, brindando con ella— Bienvenida a Indonesia.

—¿Y los periódicos internacionales no dicen nada?

—Pueden decir lo que quieran; por supuesto que si lo publican, si escriben que el gobierno de Suharto reprime la prensa, esas ediciones tampoco serán distribuidas. Y si las diferencias de opinión siguen, sus periodistas encontraran verdaderos problemas para conseguir visados de entrada en el país.

—La verdad es que no me lo esperaba... —bajó la voz— Entiendo que éste es un gobierno dictatorial, pero estamos en 1997...

—Ya se sabe— dijo Iwan Bolkiah por toda respuesta.

Joana se quedó pensando, mientras cogía otro cacahuete. La manera de hablar de Iwan Bolkiah le sorprendía. No había ni un ápice de cinismo en su tono. Sencillamente, presentaba los hechos con tono instructivo, como de profesor que explica a su alumno.

—Iwan ¿puedo pedirte un favor?

—Depende —sonrió Iwan.

—Explícame cómo es tu país —Joana habló con un tono de voz bajo, como si estuviera pidiendo algo prohibido— Lo necesito para mi trabajo, necesito saber quién es quién y por qué suceden las cosas. Pertenecemos a mundos distintos, no vamos a tener más interacción y yo no le voy a decir nada a nadie. Déjame que te invite a cenar a algún sitio tranquilo, y cuéntame lo que nadie me cuenta.

Joana se lo estaba pidiendo con su mirada intensa. Iwan mantuvo sus ojos en los ojos de ella, era como si hubiera otra conversación no verbal que pasaba sólo con la mirada. Aquella mirada decía muchas cosas más, era como si quisiera destapar todos los secretos, de él y del mundo, era como si cuestionara la vida, como si lo llevara a un espacio secreto e íntimo donde no había lugar para la mentira. Se sintió muy atraído a ella e inclinado a aceptar, pero sabía que no debía.

—¿Ahora?

—¿Por qué no? —Joana sabía que si esas cosas no pasan así, de improviso, ya no suceden jamás.

—Aquí no es un buen sitio... —Iwan aún estaba dudando, pero finalmente sacudió la cabeza y dijo— Tengo muchas llamadas que hacer, la diferencia de horario con Nueva York hace que necesite la noche para mi trabajo... quizás otro día...

Ahora era Joana la que se arrepentía de haberle invitado. Se dijo que no sólo era una petición absurda para un hombre de negocios, sino que una mujer invitando a un hombre debía ser algo bastante anormal en un país musulmán. Bolkiah le leyó los pensamientos.

—He estudiado en Berkeley y estoy acostumbrado a tratar con mujeres profesionales, no te preocupes. Te agradezco la invitación pero de verdad hoy no es el día.

Joana aceptó la explicación y siguió hablando, para romper el hielo que se había creado entre ellos.

—Yo también estudié fuera, en Cambridge, Inglaterra. Aunque supongo que estudiamos cosas distintas, yo me especialicé en Desarrollo, y tú... déjame adivinar... ¿Finanzas?

—Administración y empresariales, es bastante frecuente entre lo que se podría llamar la "tecnocracia indonesa".

—Mmm... —contestó Joana, encendiendo otro cigarrillo y aspirando profundamente el sabor prohibido del tabaco, mientras pensaba que era gracioso que alguien se describiera a sí mismo como un tecnócrata— Y ¿después?

—Después vuelta a Indonesia, negocios. Abrí una pequeña firma de gestión de inversiones y productos financieros. Años de trabajo. Ahora con la crisis todo está realmente complicado.

—Lo imagino —y añadió, de manera personal— Lo siento.

—De ahí que mi tiempo sea muy limitado... aunque es un placer hablar contigo, alguien tan amable y educado... —recordó los gritos de Aaron Goldstein y del resto de acreedores e inversionistas.

Bebió otro sorbo de cerveza, como para alejar el recuerdo, pero la intranquilidad se esparció por todo su cuerpo, haciéndole sentirse extraño. Se preguntó que hacía allí, con aquella mujer que no conocía, perdiendo el tiempo. No sabía ni por qué la había invitado. Joana percibió los músculos de la cara y de las manos de Iwan Bolkiah tensarse, reconoció los síntomas del estrés, e instintivamente cambió la conversación, para distraerlo y hacerle olvidar.

—Pues yo, después de terminar mi master en Cambridge, me fui a hacer trabajo voluntario en una aldea en África. Un año en Uganda. No te voy a mentir que en parte fue porque no encontré ningún trabajo interesante. Pero la otra gran parte fue motivación, el intentar mejorar el mundo, aunque sólo fuera en una pequeña aldea en un sitio remoto, ayudar a construir un país joven y necesitado luego de una guerra civil. Yo daba clases en varias escuelas —sonrió— bueno, si es que se le puede llamar "escuela" a esas construcciones. Pero daba igual, uno se vuelve muy apegado a esos niños y sus familias una vez los conoces y los comprendes. Todos ellos se convirtieron en familia, como si fueran mis hermanos pequeños. Recuerdo particularmente uno, Juma, tenía unos ojos grandes y vivos, me pregunto que habrá sido de él...

Se volvió, y vio que Iwan Bolkiah la miraba con una expresión que parecía de sorpresa, de asombro.

—Perdona, menudo rollo, seguro que te estoy aburriendo...

—No, no, al contrario. Me has sorprendido.

—¿Por qué?

—Bueno, no es una experiencia muy normal, y... porque me has recordado a una persona a la que hace mucho tiempo que no veo —hablando para sí mismo, añadió— Demasiado tiempo.

Joana dudó si debía preguntarle quién, cuando sonó el teléfono móvil de Bolkiah. Iwan hizo un gesto de urgencia y salió al corredor, respondiendo por el camino. Joana sintió pena por él, cualesquiera que fueran sus problemas, no se iban a arreglar: la crisis sólo iba a peor. Encendió otro cigarrillo, sorprendiéndose a sí misma de lo rápido que se retoman los vicios, y terminó su cerveza. Miró el reloj, se acabó el descanso, también ella debía volver a sus problemas, y comenzó a concentrarse en su propio trabajo mientras esperaba despedirse de Iwan Bolkiah.

೫೦೧೩ ೫೦೧೩ ೫೦೧೩ ೫೦೧೩ ೫೦೧೩ ೫೦೧೩ ೫೦೧೩ ೫೦೧೩ ೫೦೧೩ ೫೦೧೩ ೫೦೧೩ ೫೦೧೩

Joana abrió la puerta de su habitación. Se dio cuenta de que habían dejado un sobre grande bajo la puerta. Era de la Oficina de la ONU. El paquete contenía otro sobre, con una nota con letra redonda y femenina: "Esto llegó hoy urgente. Espero que el trabajo esté yendo bien". Estaba firmado por Merpati.

Era una carta de la Oficina del Banco Mundial en Indonesia, invitándola a hacer una presentación en la Reunión Anual del Fondo Monetario Internacional y del Banco Mundial en Hong Kong, en un seminario sobre "Inversión social en Asia".

Joana se quedó pensando. Calculó rápidamente las oportunidades que podría ganar si aceptaba, y los costos en tiempo y recursos. Miró la hora. Fue a la mesa, sacó del cajón una hoja con el membrete del hotel, y escribió en ella una nota en inglés para Janette Peres en Nueva York: "Envío adjunta invitación para presentación en seminario en la Reunión Anual del Fondo Monetario Internacional y del Banco Mundial en Hong Kong. Sugiero asistencia de Janette Peres. Firmado...". Bajó al *Executive Business Center,* que a Joana le hizo gracia ver que en *bahasa* era *Eksekutif Bisnis Center,* y lo envió por fax. Al subir, llamó a Nueva York.

—Janette Peres —dijo la voz de la argentina al otro lado del teléfono.

—¿Janette? Soy Joana Arteaga.

—Dime ¿cómo van las cosas?

—Todo va progresando, unas cosas más rápidas que otras. Janette, te llamaba porque hoy he recibido una invitación para hacer una presentación en un seminario en la reunión Anual del Fondo y del Banco...

—¿La que se celebra pasado mañana en Hong Kong?

—Exactamente. Te la acabo de enviar por fax. He añadido una nota recomendando que tú asistas.

—¿Pasado mañana?¿En Hong Kong?

—Se trata de un seminario sobre inversión social en Asia que se da durante el segundo día, eso nos da más tiempo. Janette, sé que es apresurado, pero creo que asistir es importante. La ONU no tiene dinero para realizar un proyecto de emergencia que mitigue las consecuencias sociales de la crisis financiera. Pero el Banco Mundial sí. Si pudieras ir y contactar con los oficiales responsables de sectores sociales en el Banco Mundial, se podría discutir la opción de diseñar un proyecto basándose en nuestros datos... todos saldríamos beneficiados, ellos gastarán menos tiempo y dinero en información y nosotros nos aseguramos de que hay un programa de emergencia social.

—El planteo es muy estratégico, Joana, como siempre... —hubo un silencio, en el que se podían oír interferencias de otras conversaciones telefónicas en *bahasa* a lo lejos— Lo que me preocupa es la fecha. ¿Y si fueras tú?

—Puedo hacerlo si lo consideras oportuno. Pero si voy yo, va a ser una interrupción en nuestro trabajo. Personalmente, creo que deberías ir tú, dado que eres el oficial responsable de Naciones Unidas y el protocolo requiere que lo presentes tú, ya ves el conflicto que tuvimos con Chowdhury en la conferencia de prensa.

—Mmm... Déjame discutirlo con mis superiores ¿Hasta qué hora puedo llamarte?

—Cuando tengas la respuesta, no te preocupes.

Colgaron. Cuando Janette Peres volvió a llamar, Joana se había quedado dormida con un montón de papeles sobre la cama. Descolgó mientras miraba soñolienta el reloj digital de la mesita. Eran las 2:00 de la madrugada.

—Perdona la hora, pero como sabes la Reunión Anual comienza en menos de treinta y seis horas. He hablado con mi director y hemos concluido que lo mejor es que vayas tú. Lo colocaremos como gasto de proyecto. En cierta manera, es correcto, el Banco Mundial te ha invitado porque han debido valorar tu intervención en la conferencia de prensa el otro día. Te recomendaría no perdieras mucho tiempo en la presentación, lo importante es establecer contacto con nuestros contrapartes en el Banco Mundial. Tengo un nombre, toma nota, Jan Håkansson, sueco, es el director de Sectores Sociales. Hemos intentado localizarlo en Washington pero ya estaba en un avión con destino a Asia. Encuéntralo en Hong Kong.

—De acuerdo.

—Depende de los resultados de vuestro encuentro, nosotros seguiremos discusiones con Håkansson y el correspondiente Vice Presidente del Banco Mundial en Washington.

—Vale.

—Hay algo más —cambió el tono de voz— Por favor, no lo menciones en la Oficina de la ONU. El protocolo requeriría que Chowdhury, u otro de los directores nacionales de uno de los países en crisis, representara a la ONU si ninguna persona de Nueva York pudiera ir. Si hay preguntas, di que has ido por tu cuenta.

—Comprendido.

—Es una misión importante, Joana. Agradecemos que aceptes una actividad fuera de tus términos de referencia. Buena suerte.

Luego del "click", Joana no pudo conciliar el sueño. Decidió que se había cansado de bajar abajo a fumarse sus cigarrillos, se puso la bata de toalla del baño, y encendió el primero en la habitación.

Iwan entró en la imponente mansión de la familia de Dewi. Le había llevado un rato cruzar Menteng y llegar allí, a la mejor área residencial de Yakarta, cerca de donde el mismo Presidente Suharto vivía.

—¡Dewi!

Dewi bajó las escaleras al oír su voz, y lo vio en la entrada, con un ramo de flores enorme.

—¡Oh, Iwan! No deberías... —dijo ella cortésmente, aunque estaba encantada.

—He pensado que debía traértelo mientras aún tengo dinero —sonrió— no se sabe lo que va a durar...

—¡Deja de decir tonterías, Iwan!

Iwan le besó. Típico: Dewi, como muchas otras personas de la clase alta indonesa que vivían en el lujo, no se había enterado de la crisis.

— ¿Está aquí tu padre?

—Sí, claro, fue él quién me dijo que venías a cenar, te está esperando...

Siswono Subianto era un alto cargo militar y empresario, un doble rol frecuente en la Indonesia de Suharto. Dirigía BKI, un conglomerado que poseía industrias de cemento, madera, fertilizantes, obras públicas y armamento. Uno de los hijos de Suharto poseía el 51% de las acciones de BKI, y en la Indonesia del dictador, donde los intereses privados de la oligarquía se confundían con el interés público, BKI era una cuestión de interés nacional.

—*Selamat malam* —le saludó Siswono Subianto, "que la noche sea segura" es la traducción literal de buenas noches en *bahasa*— ¿Cómo fue la conferencia de prensa del otro día?

Iwan Bolkiah se preguntó si habría sido él quien habría sugerido su nombre a la Oficina del Presidente Suharto. Siswono Subianto estaba muy bien conectado.

—Francamente, una encerrona. No sé si Dewi te habrá comentado... —el padre hizo un gesto con los ojos como despreciando cualquier comentario que viniera de Dewi— Fue una petición de arriba y no pude decir que no. Así que gasté unas horas preciosas moderando un acto que no me importaba para nada, con organismos internacionales, prensa y esas cosas.

—No los menosprecies —contestó Siswono— no los menosprecies porque el Fondo y el Banco Mundial se están convirtiendo en un problema más...

—Algo he oído —recordó la conversación telefónica con *Bapak* Rahardjo Wiradikarta.

—Me temo que los problemas sólo están empezando, Iwan. Precisamente de eso quería hablar contigo.

Le ofreció un cigarrillo de una caja de madera tallada, con su nombre inscrito, parte de los ornamentos del despacho personal de Siswono Subianto, todo de lujosa madera de teca. Se sentaron uno frente al otro.

—Iwan, lo que te voy a comentar es estrictamente confidencial...

Iwan Bolkiah asintió. Se imaginaba lo que su futuro suegro le iba a pedir.

—Estamos teniendo alguna dificultad en BKI, supongo como el resto de la industria indonesa. Esperábamos una inyección de capital colocando acciones de una de nuestras empresas en la bolsa. Supuestamente debiera haber pasado la semana pasada, pero... bueno, ya sabes como está la bolsa.

La imagen se les vino a la cabeza. La bolsa de Yakarta, como todos los mercados de acciones del Sudeste Asiático, se había venido abajo. Ahora era un edificio fantasmagórico, sin vida, recorrido por *brokers* silenciosos y números rojos.

—De momento no es gran cosa, BKI puede sostenerlo, pero lo que me preocupa es el futuro. Iwan, tú ya sabes que no soy nada diplomático, así que voy a ser directo. ¿Qué opciones tengo para que nos den un préstamo? —lo miró a los ojos— Ya sé que me vas a decir que todo está mal. Lo que te estoy preguntando es si tú, mi futuro yerno, puedes conseguirnos un préstamo. Tú sabes todas las triquiñuelas técnicas de estas cosas, estoy seguro de que ha de haber una manera de conseguir financiación.

Iwan miró el suelo, no queriendo defraudarlo.

—Me temo que de verdad las cosas están muy mal, y yo no puedo ayudarle, por más que quisiera.

—Pero Iwan, ¿qué están haciendo las otras compañías indonesas, las compañías que tú gestionas? Debes estar hablando con sus directores...

—Cada día, *Pak* Siswono, estoy hablando con ellos cada día —suspiró— Y no por ello solucionamos nada.

—Alguien tiene que estar pasándoles financiación... —apretó Siswono Subianto, desconfiado.

Iwan lo miró. Siswono Subianto era un general de las fuerzas armadas por formación y no entendía nada de finanzas. Habiendo hecho su fortuna en la Indonesia de Suharto, su concepto de los negocios era el del mangoneo, el de los arreglos, tú me das esto, yo te doy lo otro. Como si todo fuera posible, como si siempre hubiera una manera de reparar las cosas, un posible trapicheo si se pedía a los de arriba, utilizando fondos públicos, o privados, tirando de los contactos personales.

—Me temo que el grifo se ha cerrado.

—Eso es lo que dicen los periódicos, ya lo sé... pero estoy seguro que debe haber algún banco que aún confíe en nuestra industria...

—*Pak* Siswono, míreme.

Siswono Subianto lo miró.

—No quería llegar a este punto, pero ya que estamos en él, quizás es el momento de hablar francamente, usted debe saberlo porque incumbe a Dewi. No sé si se da cuenta de que mi situación es francamente desesperada. Mi negocio durante estos años ha consistido en ser un intermediario entre la industria indonesa y los mercados de capitales internacionales. Una parte fue la bolsa, ahora colapsada, todos mis inversores en el extranjero están obligándome a vender urgentemente, y no hay nadie que quiera comprar —hizo un gesto con la mano, como diciendo que aquella batalla estaba perdida— Pero el gran problema viene de la otra parte. Tomé préstamos en dólares en el mercado internacional de capitales, para prestarlos en rupias a compañías indonesas. Ahora piense, si esta crisis sigue, ¿quién me va a pagar?

Le miró duramente a los ojos, preguntándole en silencio lo que por cortesía a Dewi no se había atrevido a preguntarle en voz alta: *¿Iba a pagarle BKI? ¿Iba Siswono Subianto a devolverle el dinero que tomó prestado de su firma?*

—Y, aunque las compañías indonesas me pagaran en rupias, el valor de la rupia está cayendo cada día ¿cómo voy yo a pagar los préstamos en dólares? ¿Se da cuenta de lo que me espera? —tragó saliva— La bancarrota. O la cárcel.

Se miraron. Siswono Subianto supo que Iwan le estaba diciendo la verdad.

—En estas circunstancias, comprendería perfectamente que usted no aprobara que yo siguiera comprometido con Dewi, dado que ya no soy un buen partido...

—Tú no vas a la bancarrota o a la cárcel mientras yo esté vivo —le cortó su futuro suegro, el sentido de protección militar le espoleó la sangre— Olvidas que no estás solo, tenemos muchos contactos. Y muy altos, hasta el mismo Suharto. No te va a pasar nada.

Le ofreció otro cigarrillo. Aspiraron el humo con preocupación, profundamente.

—Hemos de seguir juntos. Ésa es una gran lección militar. En momentos de crisis, es esencial estar todos juntos y tener la moral alta. No te preocupes que mientras estés bajo mi protección, no te va a pasar nada.

Miró por la ventana. Había algo más. Pero estaba dudando cómo decírselo.

—Iwan, durante los últimos años hemos ido diversificando la cartera de inversiones de BKI como un seguro de vida, en caso de que pasara algo en Indonesia. Como sabes, tenemos pequeñas inversiones en China, Hong Kong, Singapur.

Apagó el cigarrillo, exhalando el resto del humo.

—Ahora ha llegado el momento, está pasando algo muy serio en Indonesia. Y quiero tener un seguro de vida un poco más grande, no quiero perder el trabajo de toda una vida. Me temo que debemos empezar a sacar dinero antes de que todo se ponga peor...

Siswono Subianto sabía que podía contar con él. Eran casi familia, una pura formalidad lo de casarse con su hija Dewi.

—¿Comprendes lo que te quiero decir?

Iwan asintió. Ya había oído esa misma canción durante las últimas semanas: vender, cerrar, salir, sacar dinero de Indonesia a toda costa.

Iwan Bolkiah siempre había sido un hombre de negocios reservado, centrado en sus asuntos y sin cuestionar los de los demás. Pero hasta él se preguntaba ahora cuánto más podrían dilapidar. Indonesia era un buque que se hundía y aquello el sálvese quien pueda.

ങ്കൃ ങ്കൃ ങ്കൃ ങ്കൃ ങ്കൃ ങ്കൃ ങ്കൃ ങ്കൃ ങ്കൃ ങ്കൃ ങ്കൃ ങ്കൃ

—¡Ah, menos mal que ya venís! —dijo la madre de Dewi, recibiendo a Iwan Bolkiah y Siswono Subianto, cansada de esperarlos en un salón contiguo— Y menudas caras más largas, por Alá, de qué habéis estado hablando... Vamos a ver, Iwan, tú te vas a sentar entre

Dewi y yo, si no os pondréis a hablar de negocios otra vez... Merpati, tú con papá...

Pasaron al comedor, una habitación decorada al estilo clásico europeo, con mueble inglés, cuadros de paisajes y bodegones, y estatuillas de porcelana, una de las pasiones de la madre de Dewi.

—¿Te ha enseñado Dewi la última adquisición? —Iwan se dejó sentar en la mesa, junto a la madre— ¡Lanni! Lanni, tráeme la porcelana de Lladró, la de la pastora—dijo, señalando el mueble a sólo un metro de ella.

La criada la trajo con sumo cuidado, y a Iwan le tocó admirar la figurilla, mientras Dewi le apretaba la pierna, riéndose sin que su madre se diera cuenta. La madre hizo un gesto y la criada vino de nuevo y devolvió la porcelana a su lugar. Eso sí era algo que asombraba a Iwan, que procedía de un origen más humilde: la manera en que los Subianto utilizaban a los sirvientes para acercarles cosas que estaban apenas a un metro de distancia, para traerles un vaso de agua por la madrugada o para que abrieran una ventana aunque tuvieran que venir desde otra habitación.

—Una auténtica locura, pero no me pude resistir. Encontré esa maravilla de figura en una tienda del Mall de Plaza Senayan, mientras iba con Dewi —dijo, queriendo mostrar lo propia que era la vida de su hija.

Iwan sonrió de la manera más cortés que pudo, temiendo parecer falso, parando la mano de Dewi que le pellizcaba la pierna por debajo de la mesa. Merpati se dio cuenta de la situación y sonrió.

—Bueno —siguió la madre— algún día podíais hablar de algo serio de verdad vosotros dos... —dijo señalando a Iwan y Siswono— Como cuándo va a ser la fecha...

Siswono Subianto quiso reasegurar a Iwan de los fuertes lazos familiares entre ellos.

—Precisamente de eso hablábamos los dos. Dewi, quiero que sepas que estoy muy complacido de veros como pareja. Iwan ha demostrado ser no sólo un socio indispensable en el trabajo, sino una persona estupenda. Para mí, luego de tantos años, es como si ya fuera familia...

La mano de Dewi dejó de tocar la de Iwan bajo el mantel. Dewi se acordó de como los había presentado el padre, en un cocktail de la compañía. En un país donde los matrimonios aún son arreglados por las familias conservadoras, aquello tuvo un significado muy claro, era abrir la puerta a la relación. Aunque Siswono Subianto había mostrado síntomas de modernidad, no sólo había dejado que Dewi eligiera entre un montón de posibles candidatos que él le había presentado, sino que había aceptado su elección, uno de los peores pretendientes. Los orígenes de Iwan Bolkiah estaban muy por debajo de los de la familia del General Subianto. Pero al General le había gustado el carácter determinado y emprendedor del muchacho, y comprendió que su hija lo prefiriera a otros. Iwan había sido siempre correcto y discreto, un placer tenerlo en casa, y rápidamente había sido absorbido por la familia como un miembro más.

A Dewi le molestaba que su padre le hubiera presentado socios jóvenes del trabajo o hijos de otros generales. Todas alianzas útiles para él. ¿Era ésa su función, consolidar las alianzas de su padre? Pero Dewi sabía que él pertenecía a otra generación, y lo perdonaba, a fin de cuentas ni ella ni Iwan eran así.

Pero las dudas la rodearon. ¿Era Iwan realmente diferente a su padre? ¿O quizás era una versión moderna de él? ¿Por qué estaba Iwan con ella? ¿Estaba realmente enamorado de ella? Si llevaban años de relación sin una fecha fija de matrimonio...

—Cariño —la madre la despertó de sus pensamientos— ¿Quieres o no?

Una de las criadas más jóvenes estaba junto a ella, con una bandeja de plata que pesaba una barbaridad, los brazos le temblaban del esfuerzo, esperando que Dewi se sirviera.

—¡Ah! —dijo Dewi, viendo la fuente repleta de pescado— Sí, claro.

La cena consistió en varios platos, una comida para al menos quince personas, servida por tres criadas impecables con sus vestidos negros, delantales y cofias. Ternera deshilachada con coriandro, ajo, chile, clavo y azúcar de palma; pollo en leche de coco y pulpa de tamarindo; gado-gado o ensalada de vegetales en salsa de cacahuetes; pescado asado y conos de arroz amarillo acompañados de gambas.

Al terminar la cena, Siswono Subianto murmuró una breve oración a Alá: "*Alhamdul illahilladhi at'amani hadhatta ama wa razaqanihi, min ghairi haulim,-minni wa la quwwatin*". Iwan Bolkiah no compartía religión con la familia del General, pero respetuosamente miró abajo y siguió el pequeño ritual.

Esto era algo nuevo, la familia Subianto no hubiera rezado a Alá unos años atrás. Indonesia era teóricamente un estado laico, bajo el principio de *Pancasila* —unidad en la diversidad— pues Indonesia era un archipiélago de 6,000 islas que contenía gentes de más de 300 grupos étnicos; acheneses, baduis, balineses, bataks, bugis, dayaks, minahasas, minangkabaus, sundaneses, toradjaneses, y la gran mayoría de javaneses, a los cuales había que añadir las minorías emigradas: árabes, chinos, europeos, indios, pakistaníes... Con más de 300 lenguas y varias religiones, el gobierno había intentado minimizar las diferencias utilizando el nacionalismo: lo primero de todo era sentirse indonesio. Pero con el tiempo, y tras la represión brutal de la de cualquier libertad política, la religión islámica se había convertido en una manera de expresión popular. El mismo gobierno, asustado de la posible expansión de movimientos socialistas y de izquierda, había fomentado la religión musulmana, a pesar del ideal de *Pancasila*. Y así la clase alta indonesa fue adoptando las maneras islámicas, artificialmente, porque era de buena sociedad hacer lo que el Presidente Suharto hacía.

Al terminar la oración, una de las sirvientas trajo una caja de cigarrillos de nácar y los hombres fumaron, mientras se hablaba de temas intrascendentes. Iwan comenzó a mirar disimuladamente el reloj, debía volver a su sesión de llamadas con Nueva York.

—Bueno —dijo Siswono Subianto, percatándose de que Iwan debía irse— Vamos a dejar que los jóvenes vayan a dar un paseo por el jardín, que tomen un poco el aire... Yo voy a arreglar unos papeles.

Merpati y la madre se despidieron y subieron al piso de arriba, dejando a Iwan y Dewi a solas. Salieron al jardín de parte posterior de la casa, donde había una piscina iluminada. Había llovido y los grillos cantaban, la noche era preciosa. Dewi no sabía por donde empezar a explicar sus pensamientos.

—Iwan...

—Ven aquí... tenemos "licencia para besar" —contestó él, sonriendo.

La atrajo para sí y la besó. Al notar su cuerpo cálido entre sus brazos, Iwan sintió su propio cuerpo excitarse. Le cogió la cara delicadamente por el mentón, y la volvió a besar, más profundamente. Pero ella estaba distante.

—A ti te pasa algo... —dijo, dándole un pellizco.

—Iwan, no...

Pero él no hizo ningún caso y siguió pellizcándola, como si fueran dos hermanos peleándose. Iwan tenía muchos problemas y no le apetecía nada verla con la cara larga. Dewi siguió rogándole que la dejara pero finalmente no pudo contener la risa, luchó por separarse de él y escapó, echándose a correr. Iwan la persiguió por el jardín oscuro. Rodearon la casa y terminaron en la parte delantera, donde estaba el Jaguar de Iwan, esperando. Dewi se dejó atrapar. Volvieron a besarse.

—Iwan, ¿por qué no salimos los dos solos a tomar algo? Hace tanto tiempo...

Iwan iba a contestar cuando se abrió la puerta principal. Eran Siswono Subianto y un criado. La pareja se separó con rapidez, púdicamente, evitando ningún contacto físico excepto la mano.

—Ah, estáis aquí... Iwan, aquí tienes los papeles que te mencioné antes.

El criado llevaba dos maletines.

—Mételos en el coche —ordenó Siswono al criado, y chasqueó los dedos para que el chófer de Iwan, medio dormido dentro del Jaguar, saliera a abrir el maletero— Bueno, no quiero interrumpir más, os dejo... *Selamat malam.*

Iwan soltó la mano de Dewi. No seria capaz de... Miró al General hostilmente mientras éste cerraba la puerta. Se dirigió rápidamente a la parte posterior del Jaguar, apartó al chófer que iba a cerrar el maletero y abrió uno de los maletines.

En la oscuridad, bajo el reflejo de la luna, pudo verlo: dólares americanos, ordenados simétricamente, en fajos. Posiblemente, más de un millón de dolares por maletín. Iwan Bolkiah sintió que se le nublaban los ojos de la ira.

Dewi se acercó, lentamente, sin percatarse de lo que pasaba.

—Venga, llévame al hotel, aún no lo hemos estrenado...— susurró seductora.

Iwan Bolkiah cerró el maletín rápidamente para que Dewi no pudiera ver el contenido.

—¡Dewi, de verdad no sé como puedes venir con imbecilidades así en un momento como éste! —dijo furioso.

Iwan cerró el capó del maletero de un golpe tan fuerte que el maletero se volvió a abrir. Iwan blasfemó en alto y lo volvió a cerrar. Dewi lo miraba, petrificada.

—Lo siento, me he de ir —mascuyó Iwan con los labios entrecerrados, tenso y disgustado, mientras subía al auto, que el chófer puso en marcha. Le ordenó que lo llevara al Hotel Pancasila.

Iwan maldijo al General Subianto. El bastardo de su suegro no sólo no le pagaba lo que le debía, sino que encima quería que cometiera un crimen por él, que le sacara ilegalmente dólares del país.

෧෯ ෧෯ ෧෯ ෧෯ ෧෯ ෧෯ ෧෯ ෧෯ ෧෯ ෧෯ ෧෯ ෧෯

Dewi entró en casa llorando. Subió las escaleras y se fue a la habitación de su hermana. Ya estaba bien de silencio, necesitaba hablar con alguien. Entre sollozos, le explicó a su hermana que las cosas no iban bien con Iwan, que todo parecía una relación de conveniencia, que Iwan ya no quería estar a solas con ella, que se había mudado a un hotel donde se llevaba a amantes…

—Todo es tan injusto—siguió llorando. A sus veintiocho años, Dewi ya había pasado la edad del matrimonio en Indonesia, tendría suerte si Iwan cumplía su palabra y se casaba con ella; si no, se quedaría una solterona para siempre, como su hermana Merpati.

— No me lo puedo creer… —respondió Merpati— Si hacíais una pareja tan estupenda durante la cena… Y papá y mamá hablando de la boda…¿Y cómo sabes lo de las amantes? ¿No serán paranoias tuyas?

—Soborné al servicio del hotel… es verdad… ¿por qué iban a mentirme? —Dewi sabía que en Asia todo hombre poderoso tiene amantes, para eso es poderoso, y esas amantes nunca tienen importancia, pero Dewi soñaba algo más para ella.

—Venga, venga… —le consoló su hermana— No te dejes llevar por las lágrimas que es peor, no arregla nada. Esto se ha de pensar en frío. Mira, ya sé, te vas a dar un baño caliente y vamos a llamar a que vengan a darte un masaje, ¿de acuerdo? Un pequeño *lulur*[7] para traerte al mundo racional. Y mañana hablamos.

Dewi se dejó hacer, como una niña pequeña. Merpati llenó la bañera con agua caliente, a la que añadió leche, sales aromáticas y pétalos de rosa, mientras llamaba a su masajista personal, que aceptó venir a pesar de ser muy tarde de noche. Dewi se dijo que era afortunada de tener una hermana que cuidara de ella.

ဢ୯ ဢ୯ ဢ୯ ဢ୯ ဢ୯ ဢ୯ ဢ୯ ဢ୯ ဢ୯ ဢ୯ ဢ୯ ဢ୯

Amanecía, y Yenni preparaba el desayuno de la familia. Sintió la llamada de la naturaleza, miró a la habitación principal para asegurarse que todos estaban dormidos en el suelo y se acuclilló. Hizo sus necesidades sobre un trozo de periódico, procurando que no la vieran. Las chabolas no tienen lavabos. Cuando se levantó el bebé ya venía gateando, tuvo que envolver el paquete con la deposición rápidamente y apartarlo del alcance del niño, que lo tocaba todo.

Al arroz aún le quedaba un rato, hasta deshacerse en la sopa que tomaban por desayuno, el *bubur*. Dejó al bebé en los brazos de

---

7 *Lulur* es un masaje tradicional indonesio para las mujeres de las clases superiores que incluye un baño en leche de vaca y pétalos de flores.

Yohan, para que lo cuidara, despertó a Jana y a Kade, y salieron hacia el río, llevándose el paquete con la deposición en la mano para tirarlo en el basurero.

Asearse era el momento más placentero del día para Yenni. A veces, se bañaba dos veces al día, para mantenerse fresca en el calor asfixiante de la tarde, por sentir el placer de estar mojada.

Bajaron por el laberinto de chabolas de chapa y madera. Por la mañana, el río estaba lleno de gente que venía a hacer sus necesidades y asearse. Los adultos se cubrían los genitales con *sarongs*, los niños se bañaban desnudos. Yenni y sus hijas se metieron en el agua y se quedaron disfrutando su frescura, con cuidado de no ser tocadas por las basuras que venían flotando río abajo. Yenni lavó a su hija menor, desnuda, con una pastilla de jabón barato, sin perfume, y luego se lavó ella misma sin quitarse el *sarong*, por encima. Le pasó la pastilla a Jana para que hiciera lo mismo; Jana tenía once años pero ya se estaba haciendo mayor, ya no podía desnudarse en público. Al salir, cogió el otro *sarong* seco que había traído. Se envolvió con él, sujetándolo con los dientes, y dejó caer el *sarong* mojado al suelo. Jana la imitó. Una vez arregladas, vistió a Kade con su pequeño *sarong* y volvieron a casa.

Los granos de arroz ya se habían reventado y deshecho en el agua. Desayunaron una taza de *bubur* y té. Empezaba un nuevo día.

Capítulo 4

Maharashtra, India, del siglo VIII al siglo XX

Aquel día Jhumar se había levantado muy inquieto. Apenas si había dormido, el bebé no había parado de llorar en toda la noche. Su mujer lo había intentado todo, darle el pecho, acunarlo en los brazos, susurrarle una canción. De nada había servido, su hijo había seguido llorando. Ya de madrugada, el bebé al fin había callado, posiblemente agotado, y parecía haber entrado en sueño.

"No tiene buen aspecto" había dicho Jhumar a su mujer, mientras ella preparaba el desayuno en cuclillas en la pequeña hoguera en un rincón, con la cabeza baja. Joshita estaba llorando, pues con la luz del día había visto antes que nadie el color ceniciento de la piel del bebé, como si la vida se le fuera yendo de sus manitas, de sus mofletes, de sus pequeños pies.

Jhumar, de pie en aquel pequeño cubículo de paja y barro que era su casa, se dio cuenta de que Joshita estaba llorando. Resignada y dulce como era, las lágrimas resbalaban por sus mejillas mientras preparaba silenciosamente la comida, un pote con un curry pobre de vegetales que sería su desayuno y su cena, acompañado de arroz. Jhumar se acuclilló junto a ella, y la abrazó. "No te preocupes... No te preocupes... Mi Joshita, mira, no vayas a trabajar hoy, quédate aquí con el bebé que te necesita. Yo vendré tan pronto como pueda". Ella siguió mirando el pote al fuego con los ojos bañados en lágrimas, y suspiró por toda respuesta.

Ahora Jhumar estaba trabajando en la hacienda, inquieto. Todo les había ido tan bien hasta ahora... parecía que el dios Ganesh les había bendecido con sus favores. El matrimonio le había dado una felicidad que Jhumar sólo recordaba de cuando era pequeño; Joshita era lo más bueno del mundo, como su madre lo había sido.

A pesar de haber trabajado como bracero casi desde que nació, la vida de Jhumar estaba llena de momentos increíblemente felices. Especialmente, desde que Joshita había aceptado casarse con él, el cielo había cobrado una intensidad azul desconocida, el aire de la tarde parecía permanentemente inflamado del perfume del verano, y al anochecer las estrellas estaban llenas de alegría.

Jhumar y Joshita eran dalits, Intocables, la casta más baja de la India. Se habían criado en una pseudo esclavitud de tiempos

61

modernos. Joshita había sido enviada a servir a los nueve años. Venía de una familia muy numerosa, y dada la falta de oportunidades de trabajo y las muchas bocas que alimentar, el padre de Joshita comenzó a contraer deudas con el único prestamista local, el Señor de la hacienda, también el único empleador en aquella zona de Maharashtra. Como muchos, el padre de Joshita fue incapaz de devolver siquiera los intereses de aquella deuda —más del 20% mensual— así que se vio obligado a ofrecer a su hija. No sirvieron ni ruegos ni lágrimas, Joshita partió a servir en la casa de los Señores para pagar la deuda contraída. Desde sus nueve años, Joshita se había acostumbrado a trabajar 365 días al año, desde las cinco de la mañana hasta las nueve de la noche, y a veces hasta la medianoche si los Señores lo necesitaban, sólo a cambio de dos platos de comida caliente al día y 1.200 rupias al año, unos 40 dólares americanos, que daba fielmente a sus padres. Joshita nunca fue al colegio y estaba acostumbrada a los malos ratos; si enfermaba, las medicinas eran descontadas de su salario con el que sus hermanos debían comer. Pero fue afortunada, creció bien alimentada, durmiendo en una cama limpia, y hasta aprendió inglés.

Joshita también era feliz con su marido. Había tenido mucha suerte; su familia la había casado con Jhumar cuando ella tenía sólo 12 años. Ella no lo conocía de antes, las familias habían arreglado el matrimonio. Había sido una excelente decisión de sus padres, pues a pesar de ser un simple bracero, Jhumar era un hombre fuerte, feliz, e instruido, muy diferente de otros. Quizás porque de pequeño Jhumar había tenido más suerte que Joshita y se había criado en el amor de su familia. Había trabajado en el campo ayudando a su padre, que se sentía orgulloso de él, y había podido atender las clases de unos Jesuitas que se esforzaban en instruir a Intocables como ellos, enseñándoles el abecedario, disciplina y un montón de sueños e ideas raras. Joshita no lo sabía exactamente por qué Jhumar era distinto de los demás; lo que sí tenía muy claro era que Jhumar era lo mejor que le había pasado en la vida.

Hasta aquella mañana, en que la muerte había llegado a su casa. Sí, la muerte. Joshita podía reconocer los síntomas. Aquel bebé, su bebecito, el hijo de Jhumar con ella, apenas nacido hacía un par de semanas, estaba perdiendo la vida. Lo cogió en sus brazos otra vez. Era tan frágil. Tan pequeño. Sus ojos se volvieron a nublar de lágrimas. Por primera vez en aquella pequeña casa de paja y barro, donde Jhumar y ella habían hecho el amor tantas veces, se sintió sola. Más sola que nunca.

"Tengo que hacer algo" dijo, besándole la cabecita con sus labios oscuros "tengo que hacer algo o el bebé no pasará otra noche". Invocó a Parvati, la madre del dios Ganesh, y luego rezó a su hijo, el protector de los inocentes, el gran defensor contra lo maligno. Orando fervientemente a una estatuilla de barro de Ganesh y a la estampa roñosa de las deidades indias que tenían colgada en la pared, los dioses acudieron en su ayuda. De pronto recordó que había un hospital en un pueblo al norte. Sin pensárselo más salió de la casucha y comenzó a andar por el camino de tierra.

Y anduvo. Y anduvo. Y anduvo... No tenía dinero para pagar transporte. Anduvo hasta que sus pies descalzos se confundieron con la tierra. Anduvo hasta llegar a la carretera de asfalto. Anduvo con la mirada al frente, sosteniendo el bebé en sus brazos entumecidos, llena de esperanza. Anduvo tanto, que le daba igual que la tela que le hacía de sari se abriera y mostrara sus delgadas piernas. Era y parecía una Intocable, flaca y pobre como la sequía, ni siquiera los camioneros se metieron con ella. Anduvo kilómetros y kilómetros sin parar, guiada por el único pensamiento de que su hijo sobreviviera.

Cuando encontró el hospital, subió las escaleras casi desmayada, mostrando el bebé en sus brazos a una enfermera en la entrada, pidiéndole con la mirada exhausta que por favor la ayudara. Pero era tarde.

El bebé había muerto.

La enfermera sintió una gran pena al ver a aquella mujer, salida de no se sabe dónde, con el cadáver de su hijo en los brazos. Ni siquiera hablaron. Joshita pudo leer lo que le decía la mirada de la enfermera: su hijo estaba muerto. Extenuada, se apoyó en la pared, con el bebé medio caído en sus brazos, la boca abierta y la mirada nublada, y lentamente se desplomó en el suelo.

Intentaron ayudarla, pero Joshita se resistió a que le quitaran el bebé de los brazos. La enfermera se fijó en la pobreza de sus ropas, las manos callosas, las uñas gruesas y ennegrecidas, los pies descalzos y sucios, el muy humilde origen de Joshita. "Oh, Dioses" pensó "debe haber dado a luz al bebé hace tan sólo una semana..." La enfermera se arrodilló junto a ella y logró que sorbiera algo de agua, pues parecía completamente deshidratada. La enfermera fue a su bolsa y le dio algo de su propia comida.

Joshita se dejó hacer, inerte, y cuando le volvieron algo las fuerzas, supo que debía volver. Aquél no era su sitio, ni podían ayudarla. Se levantó, aún con el bebé en los brazos, bajó las escaleras de la entrada del hospital y comenzó el doloroso camino de vuelta.

Y anduvo. Y anduvo. Y anduvo. Anduvo hasta que sus pies descalzos estaban tan negros que se confundieron con el asfalto. Anduvo hasta llegar al camino de tierra. Anduvo con la mirada al frente, agotada, ida, llena de dolor. Estaba tan exhausta que ni siquiera le quedaban lágrimas que llorar. Sus brazos no aguantaron más y comenzó a llevar el cadáver del niño al lado, cogiéndolo por una de sus pequeñas piernas. Era y parecía una Intocable, delgada y pobre como la sequía, así que nadie se metió con ella y su desdicha. Anduvo kilómetros y kilómetros sin parar, pues no tenía dinero para transporte, guiada por el único pensamiento de volver a casa.

Mientras, Jhumar seguía trabajando en la hacienda, inquieto. Aquel día el cielo no parecía azul, ni el aire olía a flores como en verano. Olía a enfermedad y muerte. Sin aguantar más la incertidumbre, salió corriendo del campo. El capataz comenzó a gritarle en la distancia, pero a Jhumar le dio igual. Corrió como nunca había corrido, presintiendo la desgracia. Cuando llegó a su vivienda, no encontró a nadie. No estaba la sonrisa dulce de Joshita, no estaba el bebé: sólo un silencio aterrador. Se sentó en el rincón, junto a las piedras de la hoguera donde ella cocinaba. De pronto todo parecía extraño, la casucha pobre y desangelada. Por primera vez en aquella pequeña casa de paja y barro, donde Joshita y él habían hecho el amor tantas veces, se sintió solo. Más solo que nunca.

Finalmente, en el horizonte, la vio acercarse. La figura de su mujer, andando penosamente, con el cadáver del bebé en la mano, como si fuera un muñeco de trapo roto, cogido de una pierna. Se fue corriendo hacia ellos, y la abrazó fuertemente. "Joshita, Joshita..." murmuraba llorando, besándola en la frente, en las mejillas, en el pelo... Joshita levantó la mano y le enseñó el bebé muerto. Jhumar lo besó también, lo puso entre los brazos de ella, y la tomó en sus brazos fuertes, llevándolos a los dos a su casa.

La dejó dulcemente sobre el suelo, en la esterilla donde dormían. Cogió el cadáver de su hijo y lo dejó cuidadosamente a un lado, como si aún viviera. Joshita quería hablar pero Jhumar la cortó con una sonrisa triste: no había nada que decir. Encendió el fuego entre las piedras del rincón y se puso a calentar agua para prepararle algo a ella.

Aún no había atardecido, cuando se oyó un grito afuera:

—¡Jhumar!

Jhumar se quedó sorprendido. Era el capataz.

—¡Jhumar! ¡Sal de ahí, si vives en esta casa infecta!

Jhumar salió. El capataz llevaba una fusta en la mano y parecía realmente enfadado. Las mujeres viviendo en las casuchas colindantes comenzaron a salir a mirar; sus esposos aún no habían llegado de la hacienda.

—Sí, señor —respondió.

—¡Jhumar, pedazo de vago redomado! Ya sabía yo que estarías haraganeando en casa, con tu mujercita... —le incriminó, golpeándole con la fusta.

—Señor —le cortó Jhumar, con dolor— mi hijo...

—¡Ni hijo, ni mierda! Estoy harto de excusas. ¿Dónde esta la perra de tu mujer, la que tampoco ha venido hoy al campo? ¿Es ésa que está ahí durmiendo? —dijo levantando la fusta, como si fuera a pegarla.

Maltratar a un paria es normal. Jhumar y Joshita estaban acostumbrados a ello. Pero aquel día, fue la gota que colmó el vaso.

Jhumar sintió que se le nublaba la vista. En unos instantes todo pasó delante de sus ojos: su hijo enfermo llorando por la noche, la imagen de su mujer agotada trayendo el cadáver del bebé cogido por una pierna, la casucha de barro pobre y desangelada...

Jhumar le arrancó la fusta. Levantó el brazo, con tanta fuerza como cuando cargaba sacos de 30 kilos, y descargó la fusta sobre el capataz. Una, dos... diez, doce... veinte, veinticuatro veces... era como si no fuera él mismo, era como si todo el dolor acumulado saliera dentro de él, el dolor de una infancia miserable, el dolor del hambre, el dolor de los trabajos más pesados en el campo, el dolor de los maltratos a todos los que eran como él. Y por encima de todo, el dolor por su hijo muerto. La sangre del capataz, caído en el suelo, comenzó a salpicarle y Jhumar siguió fustigándolo, gritando, bramando con ira.

Hasta que pasó el dolor. Jhumar volvió en sí y vio una masa temblorosa de carne y sangre en el suelo. El capataz. Las vecinas se habían escondido, llenas de miedo de las represalias con que los iban a castigar a todos. Joshita miraba la escena desde la puerta, con las manos en la boca del horror.

—Jhumar... —sólo supo decir, casi sin voz.

Jhumar se volvió. Aún tenía la mirada nublada. Tiró la fusta, y la miró a los ojos. Ahora sabía lo que hacer. Entró en la casa. Metió sus pocas pertenencias en dos bolsas de plástico, el puchero más nuevo, los platos, el cuchillo, las cucharas, el cambio de ropa, dos kilos de arroz, la estampa roñosa de Ganesh. Golpeó el fuego, para que comenzara a quemar las esterillas. Tomó al bebé, y luego de darle un beso en la frente, lo dejó entre las llamas.

—Este es el funeral de nuestro hijo, Joshita —le dijo, cogiéndola del hombro, viendo quemarse la casa.

—Jhumar... —ella volvía a tener los ojos llenos de lágrimas— Jhumar, qué le has hecho al capataz, qué va a ser de nosotros...

—El capataz se lo merecía. Nosotros nos vamos.

Jhumar se pasó las dos bolsas de plástico por las muñecas, y la volvió a tomar en sus brazos. Joshita estaba demasiado agotada, había dado a luz hacía sólo unos días, había andado mucho y le faltaba esperanza en la vida porque su hijo había muerto. Jhumar se prometió que se la volvería a dar, que haría volver la vida a las mejillas de Joshita.

Había anochecido. Jhumar seguía andando lo más rápido que podía, pero había tenido que pedir a Joshita que fuera por sí sola. Joshita estaba acostumbrada a una vida dura, había ido a trabajar el día después del parto, así que bajó de sus brazos y siguió andando sin protestar. Llegaron al final del camino de polvo pero, en vez de seguir por la carretera de asfalto, Jhumar la tomó de la mano y la arrastró campo a través.

—Ven, no vamos a ir por la carretera como esperan todos. Nos buscarán.

Cruzaron muchos campos, guiándose por el claroscuro de la luna. Tenían los pies embarrados y llenos de cortes de las hierbas y los matojos. Finalmente toparon con unas vías de madera y hierro.

—El tren... —suspiró ella. Sólo lo había visto una vez, su padre la había llevado a ver aquella gran máquina de hierro.

—Pasa cada noche —explicó Jhumar— No va a ser fácil subir pero hemos de hacer un último esfuerzo. El tren nos llevará a la ciudad, Joshita, allí empezaremos una nueva vida.

Y así fue. Subieron como pudieron al tren, treparon al techo con las bolsas de plástico, y se acomodaron en la parte superior, al aire libre. Lo peor había pasado.

Era una noche de septiembre, pero hacía fresco. Jhumar la abrazó. Incluso en aquel momento, sucios y llenos de barro, Jhumar se sintió atraído hacia ella. La besó en la frente, en la nariz, en las mejillas. Joshita le devolvió una sonrisa tan dulce que él la volvió a besar.

—¿Sabes, Joshita? Creo que nuestro hijo es una de esas estrellas ¿ves? Ésa, la más grande. ¿No te has dado cuenta que nos ha estado guiando toda la noche?

—Sí —respondió ella, apreciando aquella poesía improvisada de su marido—. Aunque no puedo parar de pensar por qué los dioses nos han castigado de esta manera, matando a nuestro hijo varón. Un niño, Jhumar, no una niña cualquiera, sino un niño.

Jhumar señaló con el dedo las estrellas.

—Creo que nuestro hijo ha venido y se ha ido de este mundo tan rápido para hacernos cambiar. Ese era su karma, ser un mensajero. Y vamos a hacerle caso, Joshita, vamos a cambiar, vamos a hacer que su muerte tenga sentido. De momento él ya ha hecho que salgamos de nuestra aldea y de nuestra pobreza. Ahora este tren nos va a llevar a la ciudad, donde están mis tíos, y allí vamos a empezar una nueva vida. Una vida llena de dignidad, en una casa bonita, donde vamos a ser muy felices, vas a ver...

Amanecía. El tren llegaba a la capital de Maharashtra, Bombay, el gran centro financiero de la India. Se empezaban a ver autos, edificios de apartamentos de varios pisos, antenas parabólicas de televisión, tiendas de ordenadores, comercios de electrodomésticos, peluquerías y centros de adelgazamiento. Anuncios de comida congelada, de cosméticos, de servicios de internet. Todas cosas que Jhumar y Joshita jamás habían conocido. Y es que aquel tren los había llevado del la Edad Media a la Época Contemporánea. Jhumar y Joshita habían pasado del siglo VIII al siglo XX en apenas unas horas.

Capítulo 5

Joana le agradeció a la azafata que le sirviera otro café. Tomó un sorbo, pensativa, y miró por la ventanilla del avión. Sus preguntas eran las de muchos: ¿Por qué estaba sucediendo la crisis? ¿Cuáles eran sus raíces, y cómo solucionarlas? ¿Y quién iba a tomar las decisiones necesarias? ¿Quién iba a decidir el futuro de Asia?

Aunque Joana sabía bastante más que la mayoría. La crisis financiera que azotaba Asia no se debía sólo a malas políticas nacionales. Se debía también a causas internacionales, a una mayor interdependencia económica entre países, resultado de las rápidas liberalizaciones realizadas en la década anterior. De ahí el "efecto contagio", la crisis había pasado de Tailandia a Malasia a Indonesia a Singapur a Filipinas y de ahí a Hong Kong, y existía el peligro de que contagiara a muchos países más.

Los problemas internacionales requieren soluciones internacionales. En la ausencia de un gobierno mundial que pudiera solucionar los problemas internacionales, lo más parecido a una discusión sobre asuntos globales son los encuentros del G-8, del Fondo Monetario/Banco Mundial y, más recientemente, de la Organización Mundial del Comercio.

Es un método de políticas públicas chapucero, que beneficia a muy pocos —a los países ricos— y que tiene que ver con el vuelco conservador del mundo a finales del siglo XX. Pues sí existe un mecanismo legítimo de resolución de disputas y problemas internacionales, las Naciones Unidas, a través de sus órganos de toma de decisiones en Nueva York, La Haya y Ginebra. Precisamente, la ONU había sido establecida tras la Segunda Guerra Mundial como un embrión de gobierno mundial, para supervisar los asuntos del mundo y evitar crisis como la Gran Depresión. Pero los países desarrollados se cansaron de tanta discusión con gobiernos de menor categoría, de tanta demanda y de tan poca atención, y comenzaron a reunirse por separado desde 1975, en las llamadas reuniones del G-8, entre los ocho países más poderosos del mundo: Estados Unidos, Japón, Alemania, Inglaterra, Francia, Canadá, Italia y Rusia. Después, los gobiernos de los países desarrollados, particularmente el gobierno de la nación más rica del mundo, los Estados Unidos, dejó de contribuir a las Naciones

Unidas, y apoyaron a otras instituciones internacionales más afines a sus intereses conservadores, el Fondo Monetario y los Bancos de Desarrollo.

Sin financiación y sin el apoyo de los países poderosos, las Naciones Unidas dejaron de ser una promesa de futuro. La mitad de su administración se volvió esclerótica por los funcionarios tercermundistas, como Chowdhury, que se agarraron a sus sillas sin querer volver a su país. Lo que funcionaba de la ONU se debía a esa otra mitad del personal que trabajaba por idealismo, con pocos medios pero con mucha motivación. Pero la motivación no es suficiente, pues los problemas del mundo seguían creciendo. El mundo seguía cambiando, continuamente, imparablemente. A finales del siglo XX, el planeta Tierra estaba plagado de conflictos y guerras, extenuado por la falta de cuidado medioambiental, y aún tenía a la mitad de su población viviendo por debajo de la línea de la pobreza, nada menos que 2.800 millones de personas. Con una agenda cada vez mayor y con fondos cada vez más pequeños, el trabajo de la ONU era sólo un eco de lo que se necesitaba.

Y así, el ideal de un posible gobierno mundial que evitara catástrofes económicas y sociales como las ocurridas antes de la Segunda Guerra Mundial, o como era la crisis asiática, fue olvidada y reemplazada por reuniones informales a puerta cerrada. La falta de transparencia beneficia siempre a los poderosos: al final, los gobiernos de los países ricos hacían lo que querían, lo que les venía en gana. Despóticamente, indiferentemente de que sus decisiones afecten a la mayoría de la población mundial que no los ha elegido como gobernantes.

El avión aterrizó y Joana sintió un nudo en el estómago. Sabía lo privilegiada que era. Había sido invitada a una de esas reuniones a puerta cerrada, la reunión anual del Fondo Monetario y del Banco Mundial, donde se iba a decidir el futuro de Asia y del mundo.

ഌരു ഌരു ഌരു ഌരു ഌരു ഌരു ഌരു ഌരു ഌരു ഌരു ഌരു ഌരു

Eran las 8:00 a.m. y estaba ante una de las puertas del Centro de Convenciones y Exposiciones de Hong Kong donde se celebraba la reunión. Joana miró el edificio y se sintió insignificante. El Centro de Convenciones y Exposiciones era una construcción moderna gigantesca de metal y cristal, una de las más grandes de Asia, casi parecía un aeropuerto. De alguna manera, Joana siempre se había imaginado que esos encuentros a puerta cerrada tendrían un carácter reservado; sin embargo, aquello se asemejaba más a un gran centro comercial. Al entrar, tuvo que hacer cola para recoger su identificación oficial. Pasó los controles de seguridad mientras hojeaba los folletos del programa, que para su sorpresa debía de tener más de cincuenta páginas. Era el quién es quién del mundo financiero. Había conferencias, discursos y presentaciones de todos los tipos, que sucedían en paralelo en las múltiples salas del Centro: desde Presidentes o Ministros de Finanzas de todos los países del mundo hasta personalidades como George Soros, Hernando de Soto y hasta Ana Botín, del Banco de Santander en España. La suya debía ser una pequeña presentación más, perdida entre aquel océano de ideas.

Sintió un desmayo. Ella no era nadie entre toda aquella gente importante, sabía que nadie la iba a escuchar. "Dios mío" pensó "¿Cómo hacer que piensen sobre las consecuencias sociales de la crisis? ¿Cómo hacer que todos estos tipos del mundo financiero piensen en familias como la de Jusuf en Yakarta?"

Miró a su alrededor y suspiró. ¿Y cómo encontrar a a Jan Håkansson en aquel hormiguero? El foyer del Centro de Convenciones era inmenso y estaba lleno de gente de todos los lugares del mundo. De pronto se percató de que había un tablón de mensajes junto a la entrada y dejó una nota para Håkansson con el número de su hotel en Kowloon, la zona peninsular de Hong Kong. Buscó en el programa los detalles de su presentación para añadirlos a la nota y, para su sorpresa, descubrió que Håkansson exponía en la misma sesión que ella. Tenía sentido. Así pues, si no se encontraban antes, sólo era cuestión de esperar hasta el día de la presentación.

Respiró hondo y miró a su alrededor. Había una electricidad extraña en el aire, se hablaba con energía y gravedad sobre la crisis asiática, era algo que Joana había experimentado antes, particularmente en centros de poder como Bruselas o Washington. No tenía nada que ver con el ambiente fofo y decaído de los ministerios en Indonesia. Joana sintió que esa energía la espoleaba, sintió la excitación de estar en el ojo del huracán.

Se sirvió un café del buffet y lo sorbió lentamente, observando a la gente. ¿Quiénes estaban allí, cómo eran realmente? ¿Qué estrategia seguir para persuadirlos de que, al final de aquellos tres días, acordaran apoyar planes sociales de emergencia en Asia? ¿Qué hacer para intentar convencerlos de que no solo la inflación o las tasas de cambio eran importantes, sino la gente que las sufría? No iba ser fácil. Aquellas personas enchaquetadas, viajadas y estresadas, pulidas por las mejores universidades del mundo, pertenecían en su mayoría a Ministerios de

Finanzas y Bancos Centrales nacionales. En sus manos estaba el futuro de Asia. Debido a la injusta manera en que el mundo está organizado, ellos y sólo ellos tenían el privilegio de tomar decisiones que afectarían la vida de millones de personas, sin ni siquiera pensar en ellas.

Pues como se había visto en los años ochenta y noventa, las llamadas "décadas perdidas", los Ministerios de Finanzas o los Bancos Centrales no son las instituciones adecuadas para realizar políticas de desarrollo, pues les falta visión estratégica sobre temas esenciales para la sociedad como el empleo, la salud, la cultura o el medioambiente, para estas instituciones todo eso eran inversiones de segundo orden, pues no traían beneficios económicos a corto plazo. Al controlar el presupuesto estatal y recibir el beneplácito de los organismos internacionales, los Ministerios de Finanzas hacían y deshacían a su gusto la política económica, medioambiental, social y cultural en sus países, aunque lo más normal era lo segundo, las reducían a su más mínima expresión. Pues en aquella época conservadora los Ministerios de Finanzas recaudaban cada vez menos impuestos, sobre todo de los ricos, y por ello, debían recortar presupuestos como los jacobinos cortaban cabezas: todo era demasiado caro a sus ojos, y todo gasto era susceptible de pasar por la guillotina. Y así, en las dos últimas décadas del siglo XX, más que hacerse política de desarrollo, lo que se había hecho es deshacerla.

Joana conocía muy bien a aquel tipo de personalidad. Aquella gente enchaquetada, con corbata o collar de perlas, era gente esforzada que intentaba ascender la escala administrativa, y en su mayoría eran —o pretendían— ser inconscientes de los males sociales que causaban. Pues ésa es la esencia del conservadurismo: sentir satisfacción por ser aceptado por el poder, y servirlo sin cuestionarlo.

Habiéndose educado en la Inglaterra neoliberal de Margaret Thatcher, Joana se había acostumbrado a tratar con ellos. Sabía que a pesar de esa esencia conservadora, aquella gente podía responder ante una emergencia pública como eran los impactos sociales de la crisis asiática. No todos, claro, siempre estaban los bulldogs del sistema, los que tenían a gala ser "duros", los que rígidamente se forzaban a sí mismos a defender el poder con disciplina militar, volviéndose oscuros Inquisidores del neoliberalismo. Como si contener la inflación y el gasto público fuera una Cruzada Santa en la que cualquier sacrificio era aceptable, desde dejar a niños sin escuelas hasta cortar subsidios en los servicios médicos básicos de los pobres. Como si privatizar fuera un Credo y el sector privado la solución a todos los problemas humanos. Los Inquisidores neoliberales eran ideológicos y siniestros, y Joana los temía pues no atendían a razón alguna en su Cruzada. Pero pocos en aquel Centro de Convenciones serían perros bulldogs, solían ser los menos. Joana se fijó en la gente, en aquel funcionario de la izquierda, sorbiendo té con cara de aburrido. O en aquella mujer de al lado, hablando ponderadamente, buscando decir lo que todo el mundo quería oír con agudeza y precisición...

Joana se cogió las manos e hizo crujir sus huesos. Tenía tres días para intentar convencerlos. Aunque fuera hablándoles en los pasillos, no se le ocurría nada mejor. No podía perder esa oportunidad.

El tiempo pasó volando. Joana atendió a algunas sesiones y habló informalmente con muchísimas personas, obsesionada por diseminar la idea de financiar programas de emergencia social para mitigar los efectos negativos de la crisis. Joana era una buena embajadora de lo que creía; con su aspecto honesto y trabajador, con su tono apremiante, con su mirada penetrante y responsable, dejaba una pequeña huella en aquellos con los que hablaba.

No encontró a Jan Håkansson hasta el día siguiente, en su seminario. Había entrado en la sala antes que nadie, se había sentado en un extremo del panel de presentadores y se había puesto a repasar sus notas. Luego entraron algunas personas. Sus ojos se cruzaron con los de un hombre muy voluminoso, alto, barbudo, rubio, de unos cincuenta y tantos años. Supo que era Håkansson. Se dieron un apretón de manos e intercambiaron las frases de rigor. Joana sintió afinidad, una gran energía positiva y cálida emanando de aquel hombretón nórdico, y notó que el sentimiento era recíproco.

Las presentaciones fueron bien pero había muy poca gente, tal y como Joana había previsto. Supo que había hecho lo correcto hablando con todo el mundo en los pasillos. Tendría que seguir haciéndolo hasta el fin de la reunión.

Al terminar la sesión, Håkansson sugirió salir fuera y hablar tomando un café, pues tenía un terrible *jetlag*. Mientras andaban, Joana le explicó su idea de utilizar los datos que la ONU estaba creando para diseñar un proyecto social de emergencia del Banco Mundial. Así todos saldrían beneficiados, el Banco Mundial gastaría menos tiempo y dinero en sondeos y la ONU, que no tenía financiación, vería un programa de emergencia social ejecutándose. El nórdico la miró a los ojos:

—Me han dicho que has ido vendiendo incansablemente por los pasillos la necesidad de invertir en programas sociales de emergencia...

Joana dudó del sentido de aquella frase. Lo miró fijamente con sus ojos grandes y oscuros.

—Pues sí. Pero no estoy vendiendo un programa para las Naciones Unidas, no estoy aquí para beneficiar a la ONU, sino a los indonesios o los tais de bajos ingresos, que van a ser muy afectados cuando los precios de los productos básicos como el arroz comiencen a subir...

—Sí —le cortó Jan Håkansson, encantado de ver tanta pasión entre aquella colección de funcionarios descafeinados— Sí. Me parece una buena idea que hagamos los proyectos juntos, las Naciones Unidas y el Banco Mundial. Va a depender de los resultados de esta Reunión Anual, lo oirás tú misma mañana en la clausura, pero en principio cuenta con nosotros.

Joana se quedó sorprendida de lo fácil que había sido convencerlo.

—¿Sí? ¿Sí a colaborar un plan de emergencia nacional en... Indonesia? ¿Tailandia?

Jan Håkansson sonrió. Mejor dicho, le sonrieron los ojos, que se llenaron de arrugas; la boca se abrió mostrando unos dientes grandes y blancos: una mueca de lobo de mar. Joana supo que aquel hombre era un luchador.

—¿Son todos así de insistentes en las Naciones Unidas?

—Jan, debes hablar con Janette Peres y su equipo en Nueva York, estarás encantado, son muy dinámicos...

—Lo haré nada más volver a Washington. Pero también quiero seguir en contacto contigo y tu equipo, si es posible. No me gustan las burocracias, soy una persona de proyectos y sé apreciar el talento cuando lo veo.

—Gracias por el cumplido, no es necesario. Y en todo caso déjame devolvértelo, es estupendo que haya gente como tú dentro del Banco Mundial. Bien, aquí tienes mi tarjeta, detrás te he escrito los números de Janette Peres en la ONU...

—Tomo nota. Os contactaremos. Ahora, me temo que he de volver al circo...

Ahora fue Joana la que sonrió: *El circo*... Se despidieron rápida pero efusivamente. Joana estaba francamente contenta de que su misión hubiera sido un éxito, al menos en principio.

৪৩ ৪৩ ৪৩ ৪৩ ৪৩ ৪৩ ৪৩ ৪৩ ৪৩ ৪৩ ৪৩ ৪৩

Llegó el tercer y último día de la reunión anual, donde se iban a tomar decisiones críticas en política económica y social que afectarían a todos los habitantes de Asia, que ni siquiera sabían que se estaban tomando decisiones en su nombre.

Jan Håkansson tenía razón al describir aquella reunión como un circo. Como en cualquier banco o compañía comercial, aquella era una típica reunión anual en la que la dirección de la compañía tranquilizaba a los miembros de su Junta de Accionistas. A todos les había pillado por sorpresa la crisis. Así los esfuerzos del Fondo y del Banco parecían centrados en tranquilizar a su Junta de Gobernadores, los Ministros de Finanzas, Economía o cabezas de los Bancos Centrales de sus estados miembros. La crisis asiática fue descrita como una cuestión pasajera, que pronto estaría bajo control, lo que todo el mundo quería oir. Y al final de la reunión anual, sus Gobernadores aprobaron un notable incremento de capital tanto para el Fondo Monetario Internacional como para el Banco Mundial, esperando que arreglaran aquella crisis pasajera, y dieron luz verde para programas de emergencia financieros y sociales.

Al oirlo, Joana, sentada entre la audiencia de la gran sala, se unió a los aplausos con emoción. Sintió que la piel se le erizaba: aquélla era una gran victoria. Estaba muy contenta de haber oído cómo el Presidente del Banco Mundial, James Wolfensohn y su Economista Jefe, Joseph Stiglitz, habían enfatizado fuertemente la urgencia de una reactivación no sólo económica sino social. Al menos, había una institución con mucho dinero que iba a invertir recursos para ayudar a familias pobres como la de Jusuf. Y eso además significaba poder colaborar con Jan Håkansson. Joana suspiró, dejando que sus músculos se relajaran, y sintió una oleada de orgullo y satisfacción. Aquella era otra misión cumplida con éxito.

Pero de pronto, oyendo los aplausos, una duda envenenó aquel momento de triunfo. *¿Cuánto exactamente se dedicaría a los planes sociales de emergencia?* En medio de toda aquella ovación, Joana comenzó a preocuparse por la falta de referencia a cantidades específicas. Temía que, siguiendo la tónica conservadora de la década anterior, todos los fondos se fueran a asuntos financieros, dejando sólo un resto marginal para lo social, un mínimo suficiente para hacer ver que las instituciones hacían algo por los pobres.

La gente comenzaba a salir de la gran sala. Joana se levantó, un poco aturdida por aquella revelación, y pensó en preguntarle a Jan Håkansson. Sabía que no era correcto, pero por otra parte, era la única persona que quizás le podía responder. Miró en la sala, pero no pudo encontrarlo, había mucha gente. Salió rápidamente, dando empujones y pidiendo perdón después. Le pareció ver la gran figura del nórdico a lo lejos. Se armó de valor y lo llamó en la distancia.

—¡Jan! ¡Jan Håkansson! —

Håkansson se volvió, claramente disgustado de oír su nombre a gritos en medio de tantos ministros y personalidades. Vio a Joana acercarse.

—Perdón por llamar así, pensé que te marchabas...

—En efecto, me voy —contestó Håkansson fríamente.

Joana tragó saliva. Vio los ojos rojos del nórdico, debía estar agotado por el *jetlag*.

—Si por favor pudiera hablar cinco minutos, sólo cinco minutos. A solas, es algo personal pero muy importante.

Jan Håkansson la miró desde la altura. Iba a rechazar educadamente, cuando algo lo detuvo. Fueron los ojos de Joana. Aquella mirada era tan intensa... buscaba algo dentro de él. Y más aún, aquella mirada lo transportó a otro lugar y a otra época, a un tiempo cuando era joven y sólo tenía amistades de verdad, a un lugar íntimo que tenía muy poco que ver con los sitios y las personas que Håkansson frecuentaba últimamente. Se volvió a su acompañante, un hombre trajeado.

—Perdona, un imprevisto. Por qué no vas al hotel, yo iré directamente a la cena.

Bajaron las escaleras. Joana notó que Håkansson parecía mucho menos cansado.

—¿Me acompañas a una pequeña escapada? —Joana lo miró extrañada, y asintió— No sé si has estado antes en Hong Kong ¿no? Bueno, pues yo tengo un pequeño ritual, cada vez que regreso a un sitio, he de intentar volver al sitio más evocador. Y no es fácil, cuanto más importante te vuelves, más difícil es escaparte, uno lleva una agenda apretadísima y te llevan a todos los sitios en coche oficial...

—Será un placer salir de este Centro de Convenciones, Jan.

La llevó por la calle paralela al mar. Se estaba haciendo de noche y los comercios ya habían encendido sus luces.

—Ven, es por aquí —señaló la terminal de ferries— Vamos a tomar un barco a Kowloon, la otra parte de Hong Kong, el trayecto es magnífico.

Joana sonrió educadamente, mientras pensaba lo triste que es la vida de muchos ejecutivos, llamarle escapada a un trayecto de barco que debía durar diez minutos... Pero pronto borró aquellos pensamientos. El embarcadero del Star Ferry era realmente antiguo, de madera y hierro forjado. Olía a mar, ese aroma de salitre y humedad que la transportó inmediatamente al mar del Mediterráneo de donde venía. La gente, oficinistas, estudiantes, una enfermera, se apelotonaba para embarcar nada más abrieran la verja. La vista era espectacular: todos los rascacielos de Hong Kong iluminados en medio de la noche negra, un sin fin de lucecitas de todos los colores reflejándose sobre el mar.

—Ven —dijo Jan Håkansson yendo hacia la proa del barco— es más bonito en las primeras filas.

Se sentaron sobre los antiguos asientos de madera del barco.

—Dicen que hay muchas menos luces encendidas. Por la crisis, ¿entiendes?, negocios que van cerrando.

—Entiendo —dijo Joana, aún hipnotizada por la vista.

—Yendo a lo que me querías preguntar... —le recordó Håkansson.

Joana se dio cuenta del poco tiempo que tenían y resumió sus dudas. Le contó cómo le preocupaba la falta de referencia a cuánto se iba a invertir en los programas sociales de emergencia. Aquellos funcionarios enchaquetados de los Ministerios de Finanzas no estaban interesados en temas sociales para nada, sino en cómo rescatar a sus empresas nacionales de los impactos de la crisis asiática, o en cuántos contratos del Banco Mundial se habían llevado las compañías consultoras de su país. Joana no era idiota y se había dado cuenta de que las delegaciones de los países ricos con intereses en la zona habían venido con una clara misión: que no se dejara a sus compañías en la estacada. Querían que el Fondo y el Banco financiaran préstamos a los gobiernos asiáticos, de manera que las compañías locales pagaran sus deudas con las compañías internacionales. Joana se sentía escandalizada. ¡Endeudar a un país pobre para que se beneficien las compañías de los países ricos! Realmente inaceptable.

— Es una batalla —contestó Håkansson— Aún no sabemos exactamente cuánto se va a asignar a cada sector. Como sabes, hasta ahora los sectores "mimados" en el Banco Mundial, los que siempre se llevan el trozo más grande del pastel, son las finanzas y economía, el transporte, y la energía y minerales, por este orden. La agricultura y los sectores sociales no se llevan más que un 30% entre todos, por no mencionar lo que toca a las inversiones en medioambiente, que sólo representa un 3% de todo el presupuesto del Banco Mundial. Pero eso está cambiando.

La miró a los ojos.

—Antes comentaste que te alegrabas de que hubiera gente como yo dentro del Banco Mundial. No te dije nada entonces, pero debes saber que no es accidental La Administración Clinton, apoyada por los gobiernos europeos, está cambiando muchas cosas, para empezar, el objetivo del Banco Mundial, que ahora es la reducción de la pobreza, y no el crecimiento económico a secas. El lema del Banco ha pasado a ser nada menos que "Luchar con pasión contra la pobreza", lo acabamos de sacar, y refleja el nuevo tipo de personalidad que queremos contratar, personas socialmente comprometidas, como tú misma, en vez de los funcionarios neoliberales de los ministerios de finanzas...

—Sí, ya me he fijado en la presencia de Joseph Stiglitz, es estupendo.

—Exactamente. Yo fui contratado también por esa razón, y como nosotros, otros muchos. En estos momentos el Banco Mundial es una institución profundamente dividida.

Joana asintió, comprendía muy bien. Inquisidores contra renovadores... Lo mismo que la Iglesia en la Edad Medieval o en la Edad Moderna; donde hay poder hay lucha por el poder, de ahí los Jesuitas, los Franciscanos, y todas las divisiones que siempre hubo dentro de la Iglesia. Ahora era lo mismo, en el contexto de una institución de desarrollo.

—Comprendo. Y ¿quién esta ganando, en este momento?

—La ortodoxia neoliberal sigue siendo mayoría, pero nosotros estamos en el poder, y... —añadió, sonriendo con su sonrisa de lobo de mar, mostrando sus dientes caninos— Y vamos a ganar. Al menos, mientras siga la Administración Clinton.

—Ya era hora de que el Banco Mundial se reformara —contestó Joana— Pero, perdona que insista, ¿crees que se va a invertir más en programas sociales aquí en Asia, tras la crisis?

—Bueno, si te refieres a cuánto se llevará lo social y agricultura, lógicamente se invertirá más en el sector financiero, a fin de cuentas esta es una crisis financiera...

—No me estoy oponiendo a que haya un saneamiento de bancos o medidas por el estilo, eso es correcto —contestó Joana rápidamente— Me estoy refiriendo a lo que se respiraba en los corredores del Centro de Convenciones. Me ha parecido que los Ministerios de Finanzas de los países desarrollados estaban ahí con una misión, proteger a las compañías de sus propios países. Y sería inaceptable que se utilicen fondos públicos del Banco Mundial para financiar préstamos a gobiernos asiáticos, de manera que estos se encarguen de que las compañías locales paguen sus deudas a las compañías internacionales...

—Eres más cabezota e insistente que yo, que ya es decir... —murmuró Håkansson, mientras miraba el reflejo de las luces de colores en el agua.

—Dime que no vais a prestar a países pobres en bancarrota, endeudándolos más, haciendo que la gente de la calle tenga que pagar más impuestos para proteger a las compañías privadas de los países ricos desarrollados...

Jan Håkansson siguió mirando afuera.

—Hemos llegado —dijo secamente, levantándose— Como te digo, es una batalla. O mejor dicho, una guerra. Una guerra en la que se van a librar un montón de batallas...

Y Joana supo que aquél era el fin de la conversación.

Al salir del muelle, se despidieron, y Jan Håkansson tomó un taxi a su hotel. Joana no tenía nada que hacer, más que hacer tiempo hasta que fuera la hora adecuada para llamar a Janette Peres en Nueva York e informar que la conferencia había ido bien, que el Banco Mundial había recibido luz verde de su Junta de Gobernadores para realizar programas de emergencia social y que Håkansson estaba interesado en colaborar con ellos.

A pesar de que su misión había cumplido sus objetivos, sentía un gran desasosiego. Decidió pasear para quitarse esa sensación de encima. Subió por la bulliciosa calle Nathan, llena de mil comercios y un sin fin de paneles con luces de colores. Aquella era la puerta de la fábrica del mundo, en las calles de Hong Kong se vendía todo tipo de productos baratos manufacturados en China: zapatos, radios, bolsos, vajillas, cuberterías, cámaras, ropas, vídeos, plásticos, ordenadores...

Joana intentó ver algún signo de la China comunista en aquel bastión del capitalismo. En julio de ese año, Hong Kong había pasado de ser una colonia inglesa a ser una división administrativa dependiente de Beijing. Pero Joana no pudo detectar nada que pareciera comunista, realmente China parecía un país con dos sistemas. Jan Håkansson había comentado que si había negocios financieros que hubieran cerrado, era por la crisis asiática, no por la transición política.

Lo que no sabían Joana Arteaga y Jan Håkansson es que el verdadero contagio de la crisis estaba aún por suceder. En sólo unos días, la bolsa de Hong Kong iba a colapsarse. El índice Hang Seng caería de la noche a la mañana un diez por cien. Y en unos días más, a mitad de octubre, las acciones de la bolsa de Hong Kong se quedarían en menos de la mitad de su valor.

Capítulo 6

Mientras en Hong Kong se decidía el futuro de Asia, la realidad de los países en crisis era otra: gente evadiendo y sacando capital como fuera. ¿Cómo se evade dinero de un país? Muchos no lo sabían. Algunos fueron tan brutos que intentaron cruzar las fronteras con maletines repletos de dólares. La mayoría, sin embargo, aprendió a marchas forzadas los mecanismos habituales de fuga de capital.

—...Estamos iniciando el descenso al aeropuerto de Changi Singapur, por favor abróchense los cinturones...

La azafata, un maniquí oriental de *Singapur Airlines*, pasó y recogió el vaso de la mesilla plegable de Iwan Bolkiah. Iwan le paró la mano colocando la suya encima, y mientras notaba la delicadeza de aquella pequeña muñeca entre sus dedos fuertes, le dijo:

—Otro, por favor.

La azafata bajó los ojos, y respondió con sumisión de *geisha* un "*Yes, sir*". No tendría más de veinticinco años y dentro de pocos, cuando ya no fuera del agrado sexual de los hombres, sería despedida. Asia. Asia androcéntrica, Asia feudal, Asia despótica, Asia machista y oriental. Iwan, que había sido educado en Estados Unidos, disfrutaba del poder que tenía en Asia sólo por ser hombre y de apariencia acomodada, aunque era consciente de que estaba mal. Le soltó la mano a la azafata, bajo la mirada reprobadora de su vecino de asiento, un indonesio entrado en carnes, y la dejó ir a servir al resto de pasajeros de la *business class*. La verdad es que no sabía muy bien por qué había hecho aquel gesto, aquel pequeño abuso de la azafata; estaba de mal humor, quizás era una de esas pequeñas venganzas del ego para compensar la tensión y hacerle sentir que aún controlaba las cosas.

Bolkiah tomó otro sorbo de whisky, mirando por la ventanilla. Recordó la escena que había visto en el aeropuerto de Yakarta, la policía arrestando a un pobre infeliz que intentaba sacar del país sus dólares escondidos entre el equipaje. La verdad es que hacía falta ser idiota para cometer un crimen así, se lo merecía. Hoy en día, con las facilidades del mundo financiero, no hacía falta.

Tal y como lo hacía todo en la vida, Iwan Bolkiah había sido muy eficiente en sacar los dos millones y medio de dólares del General

Subianto. Había sido una operación limpia y rápida, fijando precios en las transferencias empresariales entre compañías de dos países.

Dos de las empresas indonesas del conglomerado BKI, o compañías frontales, habían realizado compras legalmente a una firma domiciliada en Singapur. Esta empresa era sólo una tapadera, pues los precios de la facturación estaban enormemente inflados, lo que disimulaba la transferencia de fondos, que la compañía había aceptado a cambio de una comisión. La diferencia entre el costo real y la elevada transferencia bancaria que Iwan realizó habían sido los millones del General Subianto, que serían depositados en un banco en Singapur. Todo quedaba dentro de los límites de la legalidad. Singapur era un puerto franco donde nadie cuestionaba los trámites de las compañías. Mientras que en Indonesia, donde sí había controles, todo había quedado como una transacción comercial, con facturas justificantes de la importación de materiales y servicios técnicos para las empresas de BKI.

Transacciones de este tipo no hubieran sido posibles pocos años antes, cuando existían controles estrictos, pero ahora podían realizarse gracias a los procesos de liberalización de capitales realizados por el Banco Mundial y el Fondo Monetario Internacional. Aquellas habían sido políticas bienintencionadas dirigidas a facilitar la inversión extranjera en países como Indonesia; sin embargo, al haberse diseñado de manera simplista y sin contar con el rol de los paraísos fiscales y la rapacidad empresarial, se habían convertido en detonantes para la fuga de capitales.

A Iwan le habían bastado un par de llamadas a la compañía tapadera en Singapur, un par de faxes y un par de transferencias bancarias. Ahora sólo le quedaba abrir una cuenta especial para el General Subianto y asegurarse que los dos millones y medio fueran bien invertidos.

Era la primera vez que hacía algo así y no sabía muy bien qué servicios de banca privada elegir. Sin lugar a dudas, las cuentas numeradas suizas eran lo más seguro, durante siglos los suizos han mantenido su negocio en silencio, sin delatar a nadie. Los bancos suizos ni siquiera utilizaban ordenadores para aquel tipo de cuentas, para evitar el peligro de ser expuestos o copiados, no había manera de saber quién estaba detrás del número. Por otra parte, otra solución muy discreta era abrir una Fundación a través de un banco en Liechtenstein, aquella era otra manera factible de que aquella fuga de capital pasara inadvertida y fuera intrazable. En Singapur estaban todos los principales bancos de Suiza, Liechtenstein, así como de Estados

Unidos, Inglaterra y de cualquier país importante del mundo. ¿Cuál utilizar?

Finalmente, Iwan decidió llamar y pedir consejo discretamente a un antiguo compañero de Master que ahora trabajaba para Citibank Global Wealth Structuring[8] en Nueva York. Su antiguo compañero no se sorprendió por la pregunta, sino que le mostró gran simpatía por la crisis en Indonesia y directamente le declaró que él haría lo mismo en su situación. Iwan se preguntó que diría su amigo si supiera que estaba al borde de la ruina, que el dinero no era suyo, que él era sólo un intermediario.

"Mira", le había dicho su antiguo compañero de Berkeley, "olvídate de los europeos. No sabes la experiencia que tenemos nosotros, y más después de la crisis de México. Vete a Singapur y contacta a cualquiera de los bancos americanos, que te den una cita. Es muy sencillo, ya verás, tan sencillo como una visita al médico. Lo solucionarás todo en un día, así de fácil."

Y así Iwan estaba aterrizando en el aeropuerto de Singapur, con esa sensación de desasosiego que tenía desde que empezó la crisis, y que cada día iba empeorando: se sentía sobre arenas movedizas. Muy a su pesar, tal y como se estaban poniendo las cosas en Indonesia, su futuro dependía completamente del apoyo personal que el General Subianto y sus contactos pudieran darle, y así estaba forzado a seguir trabajando para ellos.

Al salir de la terminal, tomó un taxi hacia el centro del país-ciudad. Singapur era como una ciudad-estado medieval; siendo uno de los grandes puertos de Asia, tradicionalmente siempre fue una unidad independiente, que se había separado de Malasia en 1965. Su dirigente, Lee Kuan Yew, había seguido en el poder desde la independencia, y había creado una extraña pero agradable sociedad, una dictadura represiva pero benefactora donde todos tenían dinero. A diferencia del resto de Asia, carcomida por la pobreza y la desigualdad, en Singapur no había miseria, gracias a la actividad económica y al empleo, a la falta

---

8   Estructuración del capital global. Citibank fue originalmente el First National City Bank of New York, el Primer Banco Nacional de la Ciudad de Nueva York, atendiendo a clientes locales bajo estricta regulación del gobierno norteamericano; sin embargo, en 1967 se convirtió en el holding Citigroup, comprendiendo diferentes corporaciones bancarias, básicamente para expandir operaciones en el extranjero y tratar con capital *off-shore* -fuera del territorio americano- donde los beneficios comenzaban a ser mucho mas grandes que no los que se conseguían con los depósitos de clientes locales.

de corrupción y a la existencia de programas de vivienda y transporte subsidiados, pensiones, educación y sanidad públicas, así como de estupendos programas de urbanismo que habían hecho de aquel puerto ruidoso una ciudad verde y arquitectónicamente bella, de la cual sus ciudadanos se sentían orgullosos.

Iwan Bolkiah no podía dejar de compararla con la polución y el caos de Yakarta. "Así será Yakarta algún día", pensó soñadoramente, sabiendo que no sería así hasta que las elites indonesas dejaran de priorizar su propio enriquecimiento, sin importarles los costos.

Una campanita empezó a sonar dentro del taxi. "Tlin, tlin, tlin..." En Singapur hay controles de todo —menos de mercancías y capitales— y los taxis tienen instalado un sistema que recuerda al conductor que esta excediendo la velocidad máxima autorizada. Por unos momentos, el mal humor de Iwan se desvaneció y volvió a sentir la excitación que siempre sentía cuando volaba a aquella ciudad, llena de comercios libres de impuestos, llena de restaurantes y clubs lujosos, llena de gentes y cosas de todos los lugares del mundo.

Pero al llegar al centro, se quedo asombrado: era como si la ciudad hubiera perdido vida. La crisis financiera arrasaba Asia, y muchos de sus restaurantes, clubs y comercios estaban cerrados por falta de clientes. Sólo los bancos seguían erigiéndose altos, majestuosos y potentes, dominando la ciudad.

Iwan Bolkiah bajó del taxi y entró en un edificio lujoso. Una secretaria china muy atractiva lo pasó a una pequeña sala de reuniones, y después le trajo té y unas pastas. No hubo que esperar mucho, el que iba a convertirse en su banquero privado, un joven estadounidense lleno de ese falso optimismo que increíblemente aún se utiliza en el mundo de negocios americano, entró con una sonrisa de anuncio de pasta de dientes y le dio un afectuoso apretón de manos, como si se conocieran de toda la vida.

—*Mister* Bolkiah ¡un placer tenerlo aquí! Ya verá que vamos a solucionarlo todo en unas horas, y esta noche usted podrá volver a Indonesia tranquilo. Aunque primero de todo —dijo, poniéndose serio— debo hacerle unas preguntas para asegurar nuestro alto nivel de responsabilidad corporativa. Si me permite... Los fondos que usted va a transferir ¿son de origen ilegal o delictivo?

—Mmm… No —dijo Iwan, sin mucha convicción, temiéndose lo peor, que realmente comenzaran a cuestionarlo.

Pero Iwan no tuvo que mentir dado que las preguntas eran burdas, aquel capital —o para el caso el capital que todos los indonesios estaban sacando— no era resultado de actividades como la prostitución o el terrorismo. Aunque no era dinero limpio, pero las preguntas correctas nunca se hicieron. "¿Y qué más daría si se hubieran hecho?", se preguntó Iwan, él podía mentir y nadie lo iba a contradecir. Aquello, pensó, era claramente una fachada para parecer que el banco tomaba alguna iniciativa en asuntos de responsabilidad corporativa.

—Muy bien, gracias por su paciencia... Ahora sólo nos queda cerciorarnos de la carta de consentimiento de su cliente, si por favor nos la mostrara...

Iwan sacó una hoja, firmada por el General Subianto, en la que autorizaba a Iwan Bolkiah a firmar y gestionar los fondos en su nombre, certificado por un notario público indonesio.

—Estupendo, estupendo... —dijo, guardándosela— Bien, *Mister* Bolkiah, tal cómo usted nos ha comentado, lo fundamental aquí es mover los fondos discretamente, hacer invisible su origen y, una vez en sitio seguro, invertirlos de manera rentable para su cliente. Lo que le propondría es abrir una compañía en las Islas Caimanes, una compañía a través de la cual podamos invertir, convenientemente situada en un paraíso fiscal sin cargas impositivas. A su vez, abriremos una cuenta preferente en nuestra filial Suiza y depositaremos ahí sus fondos, aunque los manejaremos desde aquí, en Singapur, donde podemos estar en contacto directo con usted. ¿Qué le parece?

Había varias alternativas: crear un *trust*, una fundación o una compañía, en varios de los paraísos fiscales mundiales, desde las Bahamas, Bélize, Panamá, Dubai, las Islas Caimanes o las Cook... hasta Liechtenstein, Luxemburgo, Gibraltar, Malta, Chipre o la Isla de Man, por mencionar unos pocos. Luego abrir una cuenta en otro, e incluso gestionarlo desde un tercero. La cuestión era hacer el dinero imposible de rastrear. Luego de sopesar las alternativas, Iwan reconoció que la primera proposición del americano era la más conveniente. Y realmente se quedó asombrado de ver lo económico que era todo: menos de cinco mil dólares por todas aquellas transacciones.

Una vez acordaron seguir adelante, el abogado comenzó con los trámites para establecer una compañía en las Islas Caimanes. Sacó una lista de nombres de empresas ya preparadas por sus abogados en las islas para ser adquiridas rápidamente y pidió a Iwan eligiera uno. La mayoría de los nombres eran ingleses y él eligió "Bounty", pues le recordó la película que tanto le gustaba de pequeño.

—Hecho, *Mister* Bolkiah. Su compañía, Bounty Ltd., va a tener el 99,9% de las acciones. El resto queda en manos de un nacional, en este caso nuestros abogados, tal como reclama la ley del país. Por favor firme aquí, aquí, y aquí... Dentro de una semana recibiremos el memorando y artículos de asociación, el acuerdo de suscripción y demás documentos, todos debidamente cumplimentados y sellados por las autoridades.

Ahora sólo quedaba abrir la cuenta preferente en Suiza. De nuevo hubo más papeles que rellenar, unas cuantas firmas y unas llamadas ahora que la diferencia horaria lo permitía, pues ya era de día en Ginebra.

—*Mister* Bolkiah, todo está completado excepto la transferencia final de la compañía exportadora de Singapur, a la que el conglomerado BKI compró bienes y servicios. Deben mandar los fondos a la cuenta de Bounty Ltd. en nuestro banco. ¿Desea solucionar esto ahora o prefiere esperar?

—Si pudiera utilizar su teléfono y mandar un fax, preferiría solucionarlo aquí mismo.

—Perfecto —respondió el americano, apreciando la eficiencia de su cliente; salió de la sala de reuniones y se dirigió a la secretaria que estaba en una mesa contigua— Ai-Tee, por favor, ayude al señor Bolkiah en sus gestiones.

Terminaron la tarde celebrando la ejecución del negocio con té y pasteles de luna, *mooncakes*, unas pastas chinas deliciosas de judías rojas, huevos y azúcar, que se comen en otoño.

Cuando subió al taxi, Iwan sintió alivio al ver que todo estaría definitivamente concluido en siete días. El banco en Singapur se convertía en el guardián de las operaciones y mantendría el correo y toda la correspondencia, de manera que no hubiera ninguna evidencia que ligara los dos millones y medio de dólares a Iwan Bolkiah o al General Subianto en Indonesia.

Suspiró, dejando que sus músculos se relajaran. Retiró el pelo de su frente con una mano, como apartando la tensión del día, y sintió una oleada de orgullo y satisfacción. Aquella era otra misión cumplida con éxito.

Sentado en la parte de atrás de aquel taxi, viendo pasar las calles de la ciudad, no pudo dejar de pensar en lo absurdo que era el mundo. Todos los países tenían una política de tolerancia cero contra el crimen en pequeña escala. Lo peor que le podía ocurrir a cualquiera es que lo pillaran robando un bolso, o tomando drogas un fin de semana, o llevándose un tomate de un supermercado: la policía lo arrestaba y encarcelaba. Sin embargo, los gobiernos hacían la vista gorda contra los crímenes grandes: si uno hacía fugarse millones de dólares de un país no pasaba nada, todo quedaba dentro de los límites de lo legal.

Capítulo 7

Yakarta, Indonesia, Octubre 1997

Rupias por dólar americano: 3.400

—Ya no le necesitaré más hoy —le dijo Iwan Bolkiah al chófer, una vez el Jaguar llegó al hotel.

—¿Tan pronto, *Pak* Iwan? —eran las tres de la tarde.

—Sí, sí, gracias.

Iwan Bolkiah cruzó el lobby y tomó el ascensor. Pero en vez de subir hasta el piso de su suite, detuvo el ascensor en la segunda planta, salió rápidamente y se metió por la puerta de las escaleras de emergencia. Bajó las escaleras hasta la planta baja de nuevo. Antes de salir se quitó la chaqueta y se puso sus gafas de sol, para evitar ser identificado. Abrió una puerta de cristal lateral y se internó en un pasillo que conectaba al Hotel Pancasila con una zona comercial adjunta. Al salir, discretamente se camufló entre la masa de gente que andaba por la acera. Un par de cuadras después tomó un taxi.

—Glodok, por favor.

Cuando llegaron, Iwan Bolkiah miró atrás para asegurarse de que ningún otro auto lo había seguido. Pagó al taxista y se adentró en las calles bulliciosas de Glodok, una de las partes más antiguas de la ciudad. Llegó a un edificio viejo, vio la puerta de la entrada abierta y subió las escaleras hasta el primer piso. Llamó a la puerta.

—¿Quién es? —preguntó una voz femenina.

—Madre...

La mujer abrió la puerta y lo abrazó.

—¡Hijo! ¿A qué se debe el honor de tu visita?

Iwan Bolkiah creyó notar recriminación en la voz.

—Perdona que no haya venido antes, madre. He estado muy ocupado.

—Siempre has estado muy ocupado...

—Sí, pero ahora más, supongo que leerás las noticias y sabrás de la crisis financiera...

—Sí, sí, claro... Bah, no me hagas caso, es una gran alegría verte. Ven aquí, hijo, deja que te vea a la luz... —su madre lo miró con detalle, realmente admirada de ver a su hijo— Has cambiado mucho, te estás haciendo todo un hombre. Realmente ha sido tanto tiempo...

Iwan Bolkiah sintió que enrojecía. Era cierto. Quizás hacía un par de años que no veía a su madre. Ni siquiera por algún motivo concreto: Iwan había seguido luchando por alcanzar el mundo de su padre; visitar a su madre no había sido una prioridad.

—Madre, ¿no me vas a ofrecer té?

—Por supuesto, ven conmigo a la cocina y lo preparamos.

Su madre seguía teniendo las mismas cosas de siempre. La misma tetera, las mismas tacitas, lo mismos montones de libros a medio leer, los mismos ojos soñadores, la misma tendencia a evocar deseos e imaginar la realidad que primero enamoró a su padre y que luego lo hizo huir de ella.

—Bueno, dime, ¿qué te trae aquí?

—Verte.

—¡Bah, bah, bah! Que te conozco, eres como tu padre, vienes a por algo.

—No. Las cosas no están bien, sabes... la crisis está pegando muy fuerte en los negocios en Indonesia... en momentos de crisis la rutina del día a día desaparece, uno ve las cosas de otra manera. El otro día hablaba con alguien que dijo algo que me recordó mucho a ti —dijo refiriéndose a la conversación con Joana Arteaga— Pensé que debía venir, eso es todo.

—Quizás —dijo la madre, con su típico aire de reflexión y ensueño— quizás entonces las crisis sirvan para algo...

Iwan rió.

—¡Siempre positiva! Sí, quizás las crisis nos ponen existenciales. Pero tal vez sería mejor que no pasaran...

—A veces es la única manera de cambiar y mejorar, algo inesperado pasa, externo a nosotros, rompiendo la inercia, el curso de las cosas...

Iwan vio que su madre iba a empezar con uno de sus discursos morales y la cortó.

—Madre, el otro día pensaba que me encantaría saber más de cuando te fuiste de profesora a Kalimantan. Recuerdo que me contaste la historia muchas veces, cuando era niño, pero me apetecería saber los detalles como adulto, comprenderlos como un igual. ¿Cómo fue? ¿Dónde fue exactamente? ¿Por qué te fuiste allí, una mujer joven y bella como debías ser tú en la época?

Pensándolo retrospectivamente, Iwan se dijo que su madre tenía más cojones que ningún hombre que hubiera conocido: su madre se había ido nada menos que voluntaria a dar clases en una tribu *dayak*, los antiguos cazadores de cabezas en Borneo, antes de casarse y tenerlo a él. La madre lo miró, sorprendida.

—Realmente debe ser una crisis muy grande la que estás viviendo... ¿De verdad te apetece oír la historia otra vez? —le preguntó, indagando en sus ojos, y los ojos de Iwan mostraron por primera vez interés por reencontrar a su madre— Bien, claro que te lo puedo explicar, será un placer. Por dónde empezar...

La madre de Iwan sirvió té en dos pequeñas tacitas, y se quedó unos instantes absorta, mirando el humo subir perezosamente, haciendo un esfuerzo para contar aquella historia con correción.

— Mira, para comprenderme, debes quitarte de la cabeza la Indonesia que conoces, esta Indonesia corrupta del dinero fácil, esta Indonesia del desarrollo atropellado y desigual, e imaginarte un mundo completamente distinto al tuyo, la Indonesia de los años cincuenta... Quisiera que comprendieras la fuerza de aquella década. Recuerda que Indonesia se convirtió en un país en 1950, cuando se declaró la independencia y entramos en las Naciones Unidas. Por primera vez, los indonesios no dependían de los dictados del gobierno holandés, ni inglés, ni japonés. Los indonesios habían luchado y ganado a pulso el derecho a su autodeterminación. Aquéllos fueron días vibrantes, llenos de energía, llenos de promesas. El país necesitaba los esfuerzos de todos. Había tanto que hacer... y el camino estaba lleno de escollos, los años del Presidente Sukarno fueron muy difíciles, muy politizados, llenos de rebeliones y atentados, cuestionando permanentemente a dónde había que ir.

"Yo era joven y educada, y como la mayoría de los jóvenes de mi época, nos vimos con la responsabilidad de construir un país con nuestras propias manos. Me gustaría que intentaras comprender esto porque ahí está la clave de nuestras diferencias. Tú y tu generación fuisteis educados bajo el ala conservadora de Suharto, con la idea de trabajar para vosotros mismos, el triunfo personal, ganar dinero, subir en la sociedad. En nuestra generación, en los días de la independencia y de Sukarno, había una gran dosis de idealismo, uno debía trabajar para la colectividad. Claro que hubo mucha corrupción, nepotismo, y mala gestión pública, como siempre. Pero las ideas que nos formaron fueron otras. Los héroes eran otros.

"Por ello me fui voluntaria a una tribu *dayak* en Kalimantan. No te voy a mentir; en parte fue porque no encontré ningún trabajo, ni ningún novio, interesante. Pero la otra parte fue la motivación de intentar mejorar el mundo, aunque sólo fuera en una pequeña aldea en un sitio remoto de Borneo, ayudar a construir un país joven y necesitado. Aquella fue una experiencia estupenda desde muchos puntos de vista. Aunque... aunque muchas veces me digo que a quién más benefició fue a mí. Yo pude salir, ellos se quedaron en un mundo cada vez más hostil."

Iwan sorbía su té lentamente, y pensó fascinado en la similitud de esa historia con la de Joana Arteaga. Se dijo que debía intentar que aquellas dos mujeres se encontraran; a su madre además le gustaría, siendo Joana de Naciones Unidas.

"Yo no escogí el destino. Creo que me enviaron con los *dayaks* porque nadie quería ir y pensaron que, siendo yo una mujer, moderna y de nuestra etnia, sería más fácil para mí que en una comunidad musulmana. El caso es que terminé en Borneo, que en la época acababan de re-bautizar como Kalimantan. Me gustaría que te imaginaras el día que llegué allí. Tardé varios días en llegar en barco hasta Samarinda. De ahí tomé una barca que me llevó a Kota Bangan, la última ciudad-frontera. A partir de ahí, la jungla. Tuve que esperar a encontrar a alguien que me quisiera llevar río Mahakam arriba, con una piragua. La primera vez que hice ese trayecto, estaba muy asustada, veía peligros por todos los lados. ¡Era tan diferente de como iba a ser después! Después iba a hacer aquel camino muchas veces; como significaba volver a la civilización, se convirtió en un trayecto alegre. Los profesores como yo nos reuníamos en Kota Bangan una vez al mes y allí compartíamos problemas, recogíamos el correo y nuestra paga, enviábamos cartas a la familia y comprábamos cosas necesarias para el resto del mes en la aldea.

"Pero la primera vez estaba muy asustada. Yo no sabía que las distintas tribus *dayaks* eran muy pacíficas, ni que iba a estar mucho más segura entre ellos que en cualquier ciudad. En la época yo los imaginaba a todos primitivos cazadores de cabezas, lo que los musulmanes decían de ellos. Era de noche cuando la piragua llegó a la aldea y el remero se fue río abajo, dejándome allí sola, en medio de la jungla, las rodillas me temblaban como si fueran papel de fumar. Tomé mi maleta y me acerqué a la aldea. Los Barito vivían en *casas-largas*[9], así que subí por las escaleras de madera a la casa-larga de la aldea, pero era una ofensa subir sin ser formalmente invitada. Yo no lo sabía. Vinieron corriendo y me echaron de allí, yo no sabía que hacer,

---

[9]   Las casas-largas consisten en una gran construcción de madera donde cada familia ocupa una habitación; las familias de la tribu, en vez de ocupar chozas dispersas, están todas agrupadas bajo un mismo tejado por motivos defensivos.

por supuesto no hablaban *bahasa* así que no podíamos entendernos. Finalmente una mujer me llevó a una choza un poco alejada de la casa-larga.

Iwan estaba disfrutando de la historia exactamente igual que cuando era un niño. Y allí, junto a su madre, en el hogar en que se había criado, recordando parte de su mitología infantil, se sintió relajado, mejor que en mucho tiempo.

"La choza no tenía luz, no había ni una vela. No había agua, y yo estaba un poco confundida sobre dónde estaba; no me atrevía a salir y buscar el río. Recuerdo que pasé muchísimo calor, muchísima sed y muchísimo más miedo. Aún así, estaba exhausta del viaje y logré dormir, pero fue una de las peores noches de mi vida. Si me hubieran dicho entonces que aquella iba a ser mi casa durante los próximos años, no lo hubiera creído.

"Luego, por supuesto, todo cambió. Los Barito me aceptaron, al principio como algo extravagante; después, creo que realmente me apreciaron. Aprendí su idioma y ellos el *bahasa*. Tenía doce estudiantes de seis a doce años, bueno, y dos chicas de catorce que estaban interesadas y venían a clase. Te vuelves muy apegado a esos niños y sus familias una vez que los conoces y comprendes. Todos ellos se convirtieron en familia, como si fueran mis hermanos pequeños. Recuerdo un día que los estudiantes vinieron y, en gratitud a todas las horas que les dedicaba, me regalaron dos *durians*[10] cada uno. ¡Eso son veinticuatro *durians*! Estuve comiendo *durian* mucho tiempo, al final se iban haciendo malos así que me ví obligada a ir a escondidas al río y tirarlos sin que se dieran cuenta.

"Con el tiempo, me convertí en una personalidad en la aldea. Si paseaba junto a la casa larga, los niños al verme llegar se ponían a leer en voy muy alta, para que yo lo oyera al pasar y me percatara de lo mucho que aprendían conmigo. Yo ponía las manos detrás de mi espalda y seguía paseando. Pronto las familias comenzaron a consultarme cosas, y yo a traerles materiales y medicinas en mis viajes mensuales a Kota Bangan.

"Creo que todo eso ya te lo había explicado cuando eras pequeño". Iwan asintió, había oído la historia mil veces, y no la había interrumpido porque estaba encantado de volver a oír a su madre contársela otra vez. Se dijo que en un mundo agresivo de hombres las madres son la sal de la tierra, con sus sueños, sus historias del bien y el

---

[10]   Fruta muy apreciada, de olor muy penetrante.

mal, y el micromundo de la casa con sus figurillas de porcelana y sus comidas y su amor.

"Hay más" dijo su madre, suspirando "Lo que no te conté de pequeño". Iwan la miró, preguntándole con la mirada.

"Recuerdas que te explicaba que había ido allí para contribuir a Indonesia, mi nuevo país. Un país basado en los principios de unidad en la diversidad de *Pancasila*, pues ¡somos tantos grupos y etnias distintas en tantas islas diferentes! *Pancasila* era un ideal armónico e igualitario de Sukarno, parte de nuestra bandera. Pero una vez allí, se me abrieron los ojos.

"Aquella gente sobrevivía a pesar del gobierno. Era una vida dura, agravada por intervenciones públicas que en vez de ayudarlos, los perjudicaban. Desde 1951 el gobierno empezó el programa de *Transmigrasi*, transmigración forzosa de la población pobre de las islas de Java y Bali, muy densamente pobladas, a las zonas "sin poblar" de Kalimantan. El gobierno llegaba con camionetas a las zonas pobres de Java, los militares hacían subir a la gente, los embarcaban obligatoriamente y los soltaban en las zonas *dayak* de Kalimantan. Las familias repobladas nunca tuvieron ningún respeto por los indios, se convirtió en un choque de culturas. La deforestación masiva, el negocio ilegal de la madera, llevado fundamentalmente por los militares y los gobiernos locales, la quema incontrolada de territorio, por no decir la explotación del oro, el gas natural y los minerales, hicieron el resto.

"Fueron exterminados".

Iwan se la quedó mirando, extrañado de oír aquel final.

—¿Cómo dices?

—Fueron exterminados. La aldea en la que dejé dos años de mi vida, la aldea de mis doce hermanos pequeños que me regalaban *durians*, fue arrasada. Violaron a las mujeres y los mataron a todos.

La madre suspiró.

—Otras aldeas tuvieron más suerte. Estaban más lejos de los intereses de las nuevas poblaciones intrusas, de los madereros, de los militares. Pero sus días están igualmente contados. Si van a la ciudad, pierden sus raíces, y de todas maneras los discriminan y les toman el pelo, las tribus no saben del hacer urbano, de bancos, de papeleos burocráticos. Si se aíslan en zonas cada vez más remotas de la jungla de Borneo, no tienen acceso a servicios médicos y mueren de enfermedades desconocidas para ellos. El ideal de *Pancasila* requeriría una inversión pública significativa en las minorías indonesas, cosa que el gobierno no está dispuesto a hacer.

Iwan Bolkiah se había quedado petrificado. Aquello era la reversión total de una historia feliz que él recordaba de su más tierna infancia. Algo así como si la Cenicienta se hubiera suicidado y el Príncipe vuelto adicto a la heroína.

—No me lo puedo creer...

—Así es —dijo la madre, con resignación.

Y viendo a su hijo tan afectado, añadió:

—No por eso me di por vencida. Me incorporé a grupos de defensa de los derechos indígenas. Aunque, tras la represión brutal y sangrienta de Suharto a los grupos de izquierda, no ha habido gran cosa que hacer en Indonesia.

Se levantó.

—¿Quieres más té?

—No, la verdad, se ha hecho ya tarde y debería irme... estoy muy bien aquí, ojalá me pudiera quedar, pero tú no sabes lo que está pasando ahí fuera... las cosas cambian a cada hora.

—Bueno, tú ya sabes que aquí tienes comida y conversación siempre que quieras —dijo la madre, saliendo con la bandeja de té.

Cuando volvió de la cocina Iwan ya estaba de pie, esperando despedirse. La madre lo acompañó a la puerta.

—Hay una cosa más, hijo. Dado que hoy tenías interés por conocerme, por conocer tus orígenes, quiero explicarte algo más. Fue en este contexto que conocí a tu padre. Tu padre era una de las grandes promesas, uno de los forjadores del país. Me enamoré de él perdidamente... sí, hubo mucha pasión entre nosotros. Y tú naciste de ese amor, quiero que sepas que lo llevas en la sangre, fuiste un hijo querido.

"Gracias", murmuró Iwan, sin saber muy bien qué decir. Sabía el resto de la historia. El padre había seguido adelante con todo aquello que se proponía y se convirtió en un empresario de primera fila. Encontró a otra mujer, más joven y menos inteligente, pero con la que fue más feliz, y terminó separándose de su esposa. El pequeño Iwan se quedó solo con la madre, leyendo y releyendo las postales enviadas por su padre de sitios lejanos e importantes.

—Adiós, mamá.

—Adiós, mi hijito. Cuídate mucho, que tú eres mucho más importante que la crisis.

Al partir, Iwan se dijo que debía volver a visitarla pronto. La madre se preguntó cuántos años pasarían hasta que lo volviera a ver.

Salió y se dejó perder en el bullicio de las calles de Glodok. Los comercios seguían abiertos de noche, iluminados con neones y luces de colores, exhibiendo mercancías de todos tipos: esponjas, gafas de sol, videos pirateados, tortugas, zapatillas, hierbas medicinales, escobas... Los pequeños chiringuitos de comida habían extendido mesas y taburetes de plástico en la calle, y la gente tomaba platos baratos al fresco. Iwan miró su teléfono móvil, tenía registrada una llamada de Aaron Goldstein, debía volver.

Tomó un taxi. Al llegar al Hotel Pancasila, su teléfono móvil volvió a sonar. Cruzó el lobby rápidamente, buscando una zona algo más tranquila. Se dirigió a una esquina, iba a contestar, cuando la frase de su madre revoloteó en su cabeza.

Cuídate mucho, mi hijito, tú eres mucho más importante que la crisis.

Se quedó mirando la pantalla de su teléfono móvil. El nombre de Aaron Goldstein aparecía y desaparecía. Lo imaginó llamándole, impaciente e irritado al otro lado de la línea, desde su despacho en Wall Street. Pudo imaginar lo que lo que le iba a gritar:

¡VENDE, VENDE A TODA COSTA! ¿Cómo es que no te mueves? Quiero ver resultados mañana por la mañana hora Nueva York. Dios mío, que va a pasar con los fondos... ¿qué les vamos a decir a los clientes?

Se quedó mirando el nombre aparecer y desaparecer en la pantalla de su teléfono, hipnotizado. ¿Qué le iba a decir, si nada había cambiado? Estaban jugando a querer controlar las cosas, pero todo estaba fuera de control. La bolsa de Yakarta estaba más muerta que la comunidad *dayak* de su madre, y la rupia cerca de los 4,000 por dólar, todo el mundo estaba deshaciéndose de ellas y nadie quería comprar nada.

No tenía nada que reportar. Decidió desconectar el teléfono. Había luchado durante toda su vida y había logrado vencer resistencias entre inversores extranjeros, políticos corruptos o paletos como su suegro el General Subianto. Pero ahora no había nada que hacer, no había manera de controlar la situación, el país llevaba tres meses con una profunda hemorragia y todo se le escapaba de las manos.

Era la primera vez en su vida que aceptaba la impotencia, la derrota. Iwan Bolkiah había sido un hombre de negocios excepcional, extremadísimamente profesional y correcto en su corta pero brillante carrera. Nunca había dejado colgado a un buen cliente como Goldstein. Iba a ir a su habitación, pero en el ascensor cambió de opinión y pulsó el botón del lounge. Se sentó en la barra.

—Whisky.

Dejó que el alcohol recorriese sus venas. Notó los músculos de sus codos y rodillas desentumecerse y suspiró, apreciándolo. Estaba demasiado afectado por el descubrimiento de la derrota como para preguntarse el "¿ahora, qué?". Pensó que lo mejor era beber, anestesiarse, y pidió otro whisky.

Recordó el día que había encontrado a Joana Arteaga, que parecía tan agotada como él mismo. Recordó su mirada intensa, sentada donde él estaba ahora, aquella mirada magnética que parecía llevarle a un espacio secreto e íntimo, un cobijo de este mundo que cada vez tenía menos sentido. Llamó al camarero y dándole disimuladamente unos billetes le pidió que investigara en qué habitación estaba. El camarero dudó un momento, después tomó el dinero y se fue a un teléfono.

—En la 427, *Sir* —le susurró, una vez de vuelta.

Iwan Bolkiah bajó a la planta baja, compró un periódico extranjero, y, un poco ebrio, subió a la 427. Llamó a la puerta.

Oyó voces dentro. Una Joana en pijama, o quizás eran ropas de deporte, le abrió la puerta. Iwan Bolkiah se fijó en que había otro hombre en la habitación, con unos papeles, y que estaban trabajando con ordenadores portátiles sobre la mesa.

—¿Sí? —Joana se quedó muy sorprendida al ver a Iwan Bolkiah en su puerta. Iwan notó fuego en sus ojos, la sorpresa se estaba convirtiendo en enfado, debía estar preguntándose qué hacía él ahí.

Y, se preguntó él mismo, ¿qué estaba haciendo él allí?

—Mmm... No sabía que estabas ocupada. Te he traído el periódico y había pensado que podíamos ir a hablar... —dijo, dándose cuenta de que sonaba absurdo.

La miró a los ojos, pero los de ella estaban hieráticos, impasibles. No había nada allí de la antigua mirada.

—Perdón —dijo, pensando que sería mejor volver al whisky— Fue una idea alocada, no hagas caso —y sin decir más dio la vuelta, camino al ascensor.

—Un momento —le interrumpió Joana. Iwan se volvió— Aún está en pié la invitación a cenar. Pero habrá de ser más tarde —miró su reloj— A las nueve en el lobby. Ahora, si me permites, he de volver a mi trabajo.

Cerró la puerta y se preguntó por qué lo habría invitado. No le gustaba que la espiaran ni que la persiguieran hasta su habitación. Sin embargo, había algo en la expresión de aquel hombre que la había hecho cambiar de actitud: derrota. Iwan Bolkiah había venido a pedir ayuda.

Yanni Ben Younes había visto la escena desde el interior de la habitación. Vio el lenguaje corporal de Iwan, aquella mirada intensa, luego una reacción emocional. Se dijo que esta Joana era realmente increíble: con su aire descuidado de mujer trabajadora, de mosquita muerta, en pocos días ya se había echado un amante indonesio... y bien jovencito... Cuando Joana se sentó, Yanni tenía una sonrisa irónica en la boca.

Joana tiró el periódico sobre la cama con irritación y siguieron trabajando.

ഇൻ൦ ഇൻ൦ ഇൻ൦ ഇൻ൦ ഇൻ൦ ഇൻ൦ ഇൻ൦ ഇൻ൦ ഇൻ൦ ഇൻ൦ ഇൻ൦ ഇൻ൦

Iwan se había mantenido a base de whiskys y cigarrillos en el Lounge. A más alcohol, menos sentido tenía todo, hacía mucho tiempo que no bebía tanto. A las nueve, dudó si bajar o seguir bebiendo. Finalmente bajó. Joana estaba de pie, esperándolo impaciente en el lobby.

—Llegas tarde —dijo como recibimiento. Había dejado su trabajo por verlo.

Él musitó una disculpa, mirándola. Joana tenía una energía y una fuerza que Iwan Bolkiah había visto en muy pocas mujeres y que le gustaba. A veces, pensó, hablaba como un hombre, actuaba como un hombre, como en la conferencia de prensa, o como ahora. A veces, no; parecía desprotegida, como el día que se encontraron en el ascensor y sintió el impulso de abrazarla. Aquello lo desconcertaba y lo atraía.

—Me temo que no tengo coche esta noche... ¿te molesta si cogemos un taxi?

—¿Adónde me llevas?

—A donde se puede hablar ¿no querías hablar?

—Bien.

—Al Café Batavia —le dijo al taxista.

El taxi estaba lleno de pegatinas, estampas, colgajos de colorines. La radio iba a todo volumen, canciones modernas indonesas, medio disco y medio orientales: Iwan y Joana cruzaron la ciudad sin poder hablar de nada. Finalmente llegaron a la plaza Fatahillah. Iwan ofreció la mano a Joana, invitándola a salir del taxi.

Le mostró los elegantes edificios coloniales de la plaza. Batavia era el antiguo nombre con que los holandeses bautizaron a Yakarta en el siglo XVII. El café estaba justo delante del antiguo edificio de gobierno holandés y de la Compañía de las Indias del Este.

Por primera vez Joana abrió los ojos a la ciudad. Hasta ahora no había visto más que un sinfín de calles anodinas, atascos y edificios de oficinas. Pero esto era otra cosa. Iluminados con luz blanca en la noche negra, aquellos edificios del siglo XVIII llenaban a Yakarta de pasado.

—Es precioso... ¿No podríamos andar un poco?

Iwan hizo un gesto de indiferencia. Era ya muy tarde y el lugar estaba desierto. El eco de sus tacones recorría la plaza, dando una sensación irreal, como si estuvieran en un sueño. Pasaron delante del Museo Wayang, llegaron a la calle Pintu Besar y salieron a un gran canal, el canal de Kali Besar, construido por los holandeses.

Pararon en medio del puente, dejándose encantar por los reflejos de luz de las farolas y las casas sobre el agua, viendo el canal pasar bajo ellos. Un perro ladraba a lo lejos.

—Es extraño —dijo Joana, observando los edificios coloniales a un lado del canal—, es como si viendo esta zona, la ciudad tomara sentido. Uno puede imaginarse su historia. Es como al descubrir el pasado de una persona, te hace sentir más cercano a ella.

—No es un pasado fácil, mucha gente murió por los intereses holandeses, para que estas casas fueran construidas. Bellas, sí; pero llenas de sangre —respondió Iwan con su tono aséptico y didáctico, sin crítica ni denuncia.

—Eh, que no estoy defendiendo a los holandeses, sólo estoy visualizando un trozo del pasado de Indonesia —dijo Joana y, mirando los reflejos de las luces sobre el agua, añadió— Tampoco las cosas han cambiado tanto, también hay sangre sobre los edificios de oficinas y las grandes avenidas de la parte moderna de la ciudad...

Iwan la miró. La historia que había estudiado en el colegio y que le había explicado su madre condenaba a los holandeses y a los ingleses. Como en tantos países en vías de desarrollo, la historia aceptada, la historia oficial, era que todos los males venían de los poderes coloniales y que la independencia era la gran culminación histórica. No se le había ocurrido pensar que la explotación del hombre por el hombre podía ser considerada igual de feroz tras la independencia. ¿Habrá un día en que los libros de historia de los niños en los colegios criticarían abiertamente este período, condenando a las clases altas indonesas por cubrir al país de sangre? Notó que el pensamiento lo quemaba. Quemaba como todo aquello que no queremos reconocer, pero que sabemos que es cierto. Volvió a mirar a Joana, con otros ojos.

—Mira ese antiguo edificio a la izquierda... —ella seguía hechizada por las casas del canal— Qué elegante... Ya sé que el periodo colonial fue un periodo horrendo desde el punto de vista humano, pero tan bello artísticamente... El poder en aquella época gastaba dinero en arquitectura, construía palacios, casas, mercados, tribunales, parques, todos realmente bonitos. Hoy sin embargo... ¿te das cuenta de que lo único que se construye con estilo son los bancos?

Iwan pensó que ya no habría más construcción de bancos en Indonesia. Bromeó consigo mismo diciéndose que ese período artístico había concluido con la crisis financiera.

—Anda, vamos —dijo, le apetecía seguir bebiendo.

Le ofreció a Joana su brazo. A ella le hizo gracia aquel gesto, como de otra época, y lo cogió del antebrazo. Mientras andaban, se dió cuenta de que Iwan miraba el contraste de su piel blanca sobre la piel más oscura de él. Aquella diferencia en los tonos de piel era enormemente erótica y no retiró su mano, dejó que la imaginación de ambos siguiera fluyendo.

Se dirigieron al Café Batavia. El Café estaba en un edificio colonial holandés de dos plantas, en la misma plaza Fatahillah. Para Joana, fue como entrar en un café europeo, sólo que aquél estaba mantenido con un preciosismo poco común. Las mesas eran de madera antigua tallada, a juego con las sillas, las cristaleras emplomadas y los enormes espejos de las paredes. Del techo colgaban lámparas con unos velos decadentes, y ventiladores tropicales. La escalera y las columnas estaban llenas de fotos antiguas, desde Nehru hasta Picasso, pasando por Cecil Beaton y *Jules et Jim*.

Se sentaron en una de las mesas de arriba, la más alejada de todas, y pidieron un par de platos del menú y vino.

—Y así, ¿de verdad me lo vas a contar todo? —bromeó Joana, con expresión seductora.

Iwan Bolkiah sonrió.

—Es imposible contarlo todo, pero llevo el suficiente alcohol encima como para describirte en pocas pinceladas como funcionan las cosas en la economía de Indonesia.

—Adelante...

Iwan le sirvió vino y, mientras ella miraba la copa, dió una ojeada discreta a los senos de Joana. No pudo evitar imaginar su blancura, su suavidad entre sus manos oscuras. Carraspeó.

—La expresión clave es *crony capitalism*, o capitalismo de amiguetes enchufados. Toda Asia está basada en eso, en chanchullos de oligarquías que apañan cosas entre ellas. Asia no tiene nada de libremercado.

—Ya, ya lo sé. Háblame de Indonesia, ¿quiénes forman esa oligarquía?

—En el caso de Indonesia, esta constituida por la familia de Suharto, los militares y los empresarios chinos.

—Ponme un ejemplo de cómo funciona —pidió Joana, con la mirada fija en los labios gruesos y sensuales de Iwan.

—¿Un ejemplo? Déjame pensar... El empresario Liem Sioe Liong, uno de los *cronys* o amiguetes enchufados de Suharto. En los años setenta, Liem Sioe Liong logra que el gobierno le dé una licencia que le otorga el monopolio de las harinas y un crédito de nada menos que 2.800 millones de rupias sin apenas colateral. Hoy su empresa *Indofood* es la mayor compañía de alimentación de Indonesia. Las licencias y los créditos subsidiados han sido una técnica frecuente de protección a los empresarios *cronys*; pero hay muchas otras, como fijar precios, conceder dinero público a fondo perdido a amiguetes enchufados, o presionar a bancos de amiguetes *cronys* para que concedan créditos muy arriesgados a otros amigos *cronys,* poner cuotas a la importación de productos que puedan competir con los que producen los empresarios nacionales. Todo el sistema se basa en mantener ganancias permanentes a esta oligarquía.

—¿Y cuál es el rol de los militares en todo esto?

—Ah, *darling* —siguió Iwan, enciendo un cigarrillo y flirteando con la mirada— los militares están en todas partes, la mayoría de las compañías los tienen en su administración como garantía y por prestigio. Has de pensar que la dictadura de Suharto fue muy represiva al principio y los militares eran un elemento clave. Con el tiempo, ellos también han aprendido a hacer negocios, se han concentrado en las industrias extractivas, como el petróleo a través de la compañía nacional Pertamina, o en la tala de árboles en Borneo, con toda su industria asociada, pulpa de papel, fibras, rayón, etc. Y armamento, naturalmente.

—¿Y la familia de Suharto?

—La familia de Suharto *está en todo.* Porque la familia Suharto posee de todo: su hija mayor, Tutut, autopistas, hoteles y minas; su hijo mediano, Bangbang, posee el conglomerado más grande de la familia, el Grupo Bimantara, que incluye compañías de infraestructura, energía, química, y medios de comunicación, entre otros; su hija mediana, Titiek, bancos; su hija pequeña, Mamiek, telecomunicaciones y aeronáutica; y su hijo pequeño, Tommy, autos, petroquímica, turismo y el monopolio del clavo, la especia más valorada en Indonesia pues se utiliza no sólo en la cocina sino en los cigarrillos, los *kreteks.* Pero ahí no acaba el clan de los Suharto, tenemos a sus hermanos, primos, nueras, y un largo etcétera, en el que destaca su nieto Ari Sigit, piensa lo que eso significa, que nos vamos ya a una tercera generación. Ari Sigit no ha cumplido ni los treinta años y su Grupo Arha posee un montón de empresas, desde compañías farmacéuticas, de la alimentación, de teléfonos, de infraestructura...

Joana escuchaba atenta, con expresión impasible, más que nada para ocultar la conversación no verbal entre ambos. Mientras hablaba, Iwan imaginaba el tacto del pelo castaño y ondulado de Joana, la suavidad de su cuello, la dulzura de amarla. Mientras escuchaba, Joana imaginaba aquellos brazos fuertes abrazándola.

—...pero, sobre todo, más allá de las compañías que tengan, los Suharto poseen dinero. Cada inversión de más de cien mil dólares ha de pagar un porcentaje a la familia Suharto. Sí, esto aún pasa hoy en día, las compañías deben o bien regalar sus acciones a un miembro de la familia Suharto, o bien pagar contribuciones "voluntarias" a las fundaciones privadas caritativas o *yayasan* de los Suharto.

—Y estas *yayasan* ¿hacen de verdad algún trabajo de caridad? —preguntó Joana, pensando en una posible fuente de financiación para sus programas de emergencia social.

Iwan sonrió y le sirvió más vino. Levantó la copa, ofreciéndosela, y sus dedos se rozaron.

—Sólo como tapadera, y ni siquiera, algunas se dedican a cosas tan banales como las carreras de coches de Fórmula 1, una de las pasiones de Tommy Suharto. Las *yayasan* compran acciones de gran variedad de negocios y compañías de otros amiguetes *cronys,* es decir, los financian, a la vez que la familia Suharto se embolsa los beneficios. Añade a ello el poder que los Suharto tienen con la concesión de licencias empresariales, o la gestión de fondos públicos, o el tráfico de influencias... Así la familia Suharto ha penetrado en cada poro del mundo empresarial indonesio.

—¿Y si un empresario nacional o extranjero no quisiera hacer la donación a las *yayasan*?

—Suharto en persona aprueba las licencias de más de cien mil dólares... y el hombre se estudia detenidamente si quiere una donación o algo más. Si la empresa es muy prometedora pedirá una participación para su familia. Las "participaciones" llegan a ser del 51% de las acciones. Como te digo, es un negocio —y añadió, irónicamente— La "Corporación Suharto".

—Ya veo. En dos palabras, un sistema en el que las compañías pagan a la estructura política y a su vez la elite política concede subsidios y beneficios de distintos tipos a las empresas. —Iwan asintió, fumando.

Joana no pudo contener la pregunta:

—Y en este ambiente de corrupción y nepotismo, ¿cómo se las ha apañado un joven moderno como tú, educado en Berkeley?

—Habías dicho que no habría preguntas.

Joana lo sabía intuitivamente, pero aquella contestación le confirmó que la descripción hecha por Iwan Bolkiah era terriblemente real, porque él mismo estaba pringado hasta la médula.

—Perdona—respondió ella, mirándolo con otros ojos.

—Algo que me irrita de los extranjeros —dijo Bolkiah molesto, notando la distancia que se había creado entre ellos— es lo inocentes que sois, vuestras universidades enseñan patrañas y vuestros libros de texto cuentos de hadas, y vosotros os creéis que el mundo es así.

—Eh, brindo por ello —dijo Joana, levantando la copa de vino— No todos los días alguien me abre los ojos. De verdad te lo agradezco.

Pero aquello había sido como un bofetón de realidad, y Joana sintió la mano de Iwan Bolkiah en su mejilla durante un buen rato. Ni siquiera disfrutó la cena, y eso que estaba harta de malcomer en la habitación del hotel mientras trabajaba, una dieta selecta de café, galletas integrales *Indofood*, y frutas que robaba del buffet del desayuno. Iwan Bolkiah le resultaba muy atractivo, pero aquello le hizo recordar que vivían mundos muy diferentes.

—Ya que estamos hablando de estas cosas ¿sabes lo que más me sorprende? —había seguido Iwan con elegancia, como si no hubiera pasado nada— Que en esta situación de crisis, no veo al gobierno reaccionar con mucha urgencia. Muchas actividades se están desarrollando como si nada hubiera sucedido. Sin ir más lejos, hace unas semanas el nieto de Suharto, Ari Sigit, anunció su Plan del Zapato Nacional, por el cual se va a requerir que todos los niños en colegios compren zapatos de su compañía "Osis".

—La verdad, me parece increíble...

—Lo que aún no sabes es lo que lo que cuesta cada par de zapatos: 21.000 rupias, unos siete dólares hace unas semanas cuando el Ministerio de Educación aprobó el Plan. Eso está fuera del alcance de muchas familias, aquí los zapatos valen la mitad... La diferencia es la tajada que quiere llevarse el nieto de Suharto.

Bolkiah advirtió que Joana se había alejado de él al saber de su implicación en los negocios del país. Aquella desaprobación era algo absurda, puesto que ésa era precisamente la esencia de su trabajo y de su persona, y le causaba verdadera irritación, le recordaba a la actitud moralista de su madre. No estaba acostumbrado a ser menospreciado, a ser tratado como una especie de comerciante local de segunda categoría ¿Quién se creía que era aquella mujer?

En verdad, Joana Arteaga era una mujer triple A. No A, no AA, sino —tal y como las auditorías clasifican lo mejor— AAA. Desde la Adolescencia, Arteaga había sido una Alumna Aplicada; Adelantada en sus estudios, tenía Aptitud para el Análisis y la Articulación de ideas. Su vida entera se basaba en la Ambición de Averiguar el transfondo de las cosas. Acreditada y Aplaudida por las mejores universidades, se había lanzado a la Aventura del mundo con Apasionamiento y Altruismo. Era buena en Acción, trabajaba duramente, Ahondaba en los problemas y sabía Arriesgar cuando era necesario. En el lado personal, había más As, pues Apreciaba la Amistad y el Arte. Y ah, como no, su vida también estaba llena de Aviones, Aeropuertos y viajes.

Pero entre todas aquellas As, había una A fundamental que le faltaba: la del Amor.

Como tantas mujeres profesionales, el amor era una A que le había pasado de largo. Sus mejores amigos habían aparecido con mujeres más jóvenes, más inexpertas e incultas, y también más bellas. De nada sirvió dar más comprensión, más simpatía, no parecían atributos apreciados por los hombres que elegía. El Amor pasaba y pasaba por su lado sin tocarla. Así que, sola, tuvo que pensar en otra A, algo que la protegiera del desamor: el Alejamiento. Pero era un instrumento tosco y chapucero, pues el cuerpo y el alma de Joana palpitaban deseo.

Al salir del Café Batavia, los dos con unas copas de más, Joana se había cogido del brazo de Iwan Bolkiah y había sentido dentro de ella el peligro y la tensión que irradiaban de él. Se preguntó por qué nos empeñamos en escuchar solo a la mente y al pensamiento racional: todo su cuerpo le estaba gritando que fuera con Iwan. Caminaron en silencio en medio de los grandes edificios coloniales, iluminados con luz blanca en la noche negra. El eco de sus tacones volvió a recorrer la plaza, recreando aquella sensación irreal, como si estuvieran dentro de un sueño.

—Iwan —dijo Joana muy bajo, con miedo a romper la magia del momento— qué preciosa está la noche, ojalá no terminara... muchas gracias por traerme aquí...

Iwan se detuvo. La miró a los ojos. No entendía a aquella mujer. Hacía un rato había percibido reprobación en ella; ahora... ¿era cierto aquel deje de deseo que notaba? Viendo sus ojos grandes, aquellos ojos que quemaban, que hablaban más que ella, sentió una oleada de energía recorrerle la sangre.

Cogió la cara de Joana entre sus manos, y la besó.

Capítulo 8

Rupias por dólar americano: 3.730

Siswono Subianto se abotonó una vez más el collar de la camisa, en un deje automático de pulcritud, pues estaba en la Oficina del Presidente.

—Puede pasar.

Subianto hizo un ademán militar y entró en la enorme cámara de Rahardjo Wiradikarta. Al llegar delante de la mesa, realizó un completo saludo militar.

—*Silakan,* General Subianto.

—*Bapak* Rahardjo, es un autentico honor que me reciba, y más en estos difíciles momentos, sabiendo lo ocupado que está, siendo la mano derecha del Presidente Suharto...

—No, no —desmintió Wiradikarta con falsísima modestia— Siéntese, por favor, y dígame en qué *podemos* servirle —Wiradikarta siempre hacía uso del plural, como si él y el Presidente Suharto fueran un tándem inseparable.

—*Pak* Rahardjo, vengo no a interceder por mí, sino a exponer la difícil situación de BKI, la corporación que dirijo. Como recordará, BKI fue denominada de interés nacional por el Presidente Suharto, pues posee una extensa cartera de inversión que incluye industrias de cemento, madera, fertilizantes, obras públicas y armamento. Su Excelencia Hutomo Mandala Putra "Tommy" Suharto, posee el 51% de las acciones...

—Estoy al corriente. Imagino que la compañía esta en una situación financiera insostenible, y viene a pedir consejo.

—Exactamente, *Pak* Rahardjo.

Wiradikarta suspiró, aquella historia la oía diariamente desde hacía unas semanas.

—No va a hacer nada, sólo intentar sobrevivir el temporal.

—¿Cómo?

—Déjeme que le explique la situación —Wiradikarta se dio cuenta de que tendría que explicarlo de manera muy sencilla, pues Subianto tenía pocas luces— Hemos vivido una época de prosperidad que hemos de agradecer. Financiábamos nuestras empresas a través de tres conductos fundamentales, fondos públicos, pidiéndoles créditos a nuestros amigos en los bancos privados, y a través de la bolsa en Yakarta. También el Presidente apoyaba a aquellas personas que se lo merecían a través de las *yayasan*, pero esa opción vamos a dejarla de lado.

—Por supuesto, comprendo que depende de la generosidad personal del Presidente.

—Bien. Como sabe, la crisis monetaria ha hecho caer el valor de la rupia y hemos perdido la confianza de los inversores, para utilizar esa expresión de moda. Todo el mundo ha intentado deshacerse de sus rupias y comprar dólares. En verano el estado gastó grandes fondos intentando sostener la rupia. Comprábamos rupias para mantener su valor, pero fue inútil. Por ello, no le podemos dar a BKI una ayuda estatal. La vía del gasto público esta cerrada.

—Comprendo perfectamente la situación, *Pak* Rahardjo.

—Tampoco puede utilizar la bolsa. La bolsa era un instrumento que funcionaba bien mientras todo pasaba a nivel local. Ya sé que el volumen era pequeño y que había cientos de pequeños escándalos de tráfico de información privilegiada y cosas por el estilo, pero nos servía bien para nuestros intereses. Desafortunadamente, cometimos el error de permitir inversores extranjeros.

—No tan error, *Pak* Rahardjo. Al menos en lo que respecta a los conglomerados dirigidos por militares, la financiación extranjera ha sido fundamental en cemento, madera, alimentación, infraestructura...

Wiradikarta le cortó con irritación, alzando la voz.

—Ha sido un error porque estos acreedores son los peores, son los que han movilizado a los organismos internacionales contra nosotros.

Subianto bajó los ojos, no deseaba confrontación.

—Particularmente las firmas americanas, que dominan el Fondo Monetario y el Banco Mundial a través de la Tesorería, el Ministerio de Finanzas de los Estados Unidos. Aunque también compañías australianas y europeas presionaron mucho en la Reunión Anual del Fondo y el Banco. Ahora vamos a tener que adoptar un compromiso con todos ellos —suspiró, para relajar el ambiente— General Subianto, sé que es usted es una de las personas fieles en las que se puede confiar, así que lo que va a escuchar es estrictamente confidencial, ha de quedar entre nosotros.

—Por supuesto.

—Estamos negociando un préstamo con el Fondo Monetario Internacional, que nos abre las puertas a fondos adicionales del Banco

Mundial, del Banco Asiático de Desarrollo y de la ayuda bilateral. Va a ser el paquete mayor no sólo de la historia de Indonesia, sino del mundo, unos cuarenta mil millones de dólares. Nos han prometido unos diez mil del Fondo, otros diez mil de los bancos de desarrollo y veinte mil de la ayuda bilateral de distintos países.

—Por Alá...

—Pero como sabe, no es dinero regalado, vamos a tener que hacer concesiones importantes, como cerrar bancos, cortar duramente el presupuesto y con ello, privatizar empresas públicas y abandonar proyectos de infraestructura... Imagínese que hasta vamos a tener que dejar el plan del Auto Nacional de Tommy...

—¡Cortar un proyecto de Tommy Suharto! —exclamó Subianto, pues era algo inaudito.

—Indonesia va a tener que apretarse el cinturón duramente.

Hubo un silencio.

—*Pak* Rahardjo, perdone mi ignorancia, yo no soy más que un militar, pero ¿es realmente necesario someterse a las exigencias de los extranjeros, del Fondo Monetario? ¿Ha visto las declaraciones de Mahathir?

Subianto le alargó el periódico. El Primer Ministro de Malasia, Mahathir Mohamed, había acusado a la especulación y a la falta de control de las fuerzas de mercado como causantes de la crisis asiática. Mahathir denunciaba que las políticas neoliberales del Fondo Monetario Internacional iban a causar nuevos problemas financieros, en vez de solucionarlos, pues defendían los intereses de especuladores en Wall Street, y no los de los países en vías de desarrollo.

—El Primer Ministro Mahathir tiene todas nuestras simpatías —dijo Wiradikarta— Es un hombre valiente, que se ha levantado contra el mundo occidental. Sin embargo, nuestro Presidente Suharto es ya mayor, pasa de los setenta años, y no tiene la misma energía. Nosotros hemos pensado algo más sabio, más de acuerdo con nuestras costumbres asiáticas...

—¿Sí? —preguntó Subianto, intrigado.

—Como dice el proverbio, sólo la superficie del océano cambia constantemente...

Subianto lo miraba fijamente, sin estar seguro de comprender. "¡Por Alá que es un hombre corto!" pensó Wiradikarta.

—Lo que quiero decir, muy llanamente, es que cambiaremos la superficie del océano, haremos muchas olas, les daremos una pequeña parte de lo que quieren, sólo lo mínimo suficiente para que haya una apariencia de cambio y así seguir reinando bajo la superficie.

—Muy inteligente... —musitó Subianto— y además el estado se quedará con los cuarenta mil millones de dólares...

—Bueno, el primer desembolso del Fondo se irá pronto, si se utiliza para sostener la rupia. Todos los inversores extranjeros se lanzarán como lobos a cambiar sus rupias por dólares. Como un consejo personal, le recomiendo que haga lo mismo cuando vea que el cambio mejore...

—¿Cuándo, exactamente?

—Cuando el préstamo del Fondo Monetario sea efectivo. Posiblemente, a principios de noviembre.

Siswono Subianto supo que era el final de la conversación. Se cuadró militarmente.

—*Pak* Rahardjo, ha sido un honor. Sabe que puede contar conmigo para lo que sea.

—Vaya en paz, General Subianto, *Selamat Siang...*

Wiradikarta se levantó y lo acompañó a la puerta. El General Subianto se sintió halagado ante tal honor, hasta que al abrir la puerta se dio cuenta de que en realidad Wiradikarta había ido a recibir a la próxima visita, nada menos que el Ministro de Finanzas, Sarwono Hashim. Después de un breve saludo, Subianto se alejó mirando al frente, con aire marcial.

Dentro, Hashim y Wiradikarta ya estaban enfrascados en el último borrador del Fondo Monetario Internacional, el Memorando de Políticas Financieras y Económicas, encabezado por la carta de intención del gobierno indonesio a Michel Camdessus, director gerente del Fondo, en la que se confirmaba que el gobierno estaba completamente de acuerdo con lo descrito en el Memorando. Por supuesto, también había sido redactada por el personal del Fondo: el ministro de finanzas y el gobernador del Banco Central sólo debían firmar.

—Mmm... —gruñó Wiradikarta, ante tantas páginas— ¿Cómo terminaron las negociaciones anoche?

—Me temo que mal, han formado un bloque compacto con los bancos, con el Mundial pero sobre todo con el Banco Asiático de Desarrollo, y es muy difícil ganar ningún espacio. He aquí el balance: Para recibir el primer desembolso de los millones del Fondo, habremos de cerrar dieciséis bancos insolventes el 1 de noviembre, suspender proyectos de infraestructura, programas de trasmigración, irrigación y energía...

—¿Se volvió a mencionar el Plan del Auto Nacional?

—Está hasta escrito en el Memorando, párrafo 39, me temo que el Plan del Auto Nacional de Tommy Suharto era demasiado visible, habrá que eliminar no sólo el programa sino cualquier tarifa preferencial a multinacionales que utilicen autopartes y componentes locales. Sencillamente, habremos de abrir los mercados totalmente a compañías extranjeras en el sector automotriz.

Wiradikarta miraba al suelo, enojado, pues al Presidente Suharto no le gustaría que no hubieran logrado defender a su hijo Tommy. Aunque sabía que el Plan del Auto Nacional no había por donde cogerlo. Hacía años, se había hablado de crear un auto nacional asequible para la población, como fue en Alemania el escarabajo de la Volkswagen o en España el Seat 600, pues es una manera de promover la industria nacional y generar empleo. Pero Tommy Suharto era demasiado impaciente para esperar a que la industria de las autopartes se desarrollara en el país, así que consiguió que en 1995 su padre lo autorizara a importar autos coreanos, Kias completamente asemblados en Corea, libres de impuestos, para venderlos en Indonesia como "el Timor", el Auto Nacional. Exentos de tasas aduaneras y del impuesto de lujo que se aplicaba a cualquier otro vehículo, el "Timor" se vendía un 40% más barato que cualquier otro coche, dando beneficios substanciales a la compañía de Tommy Suharto. En un acto patriótico, los Timor eran comprados por burócratas, militares y empresarios chinos. Por supuesto, era absurdo que el "Auto Nacional de Indonesia" fuera manufacturado al 100% en el extranjero, sin generar empleo ni la capacidad de la industria nacional; por ello Tommy Suharto quería hacer una inversión astronómica de billones de dólares para asemblar los Timor en Indonesia, ahora abortada. Eso sí, no sin haber logrado presionar al Banco Central y a doce privados para que le prestaran 690 millones de dólares, ahora desaparecidos completamente.

—Más aún, *Pak* Rahardjo —siguió el Ministro de Finanzas—. Debo informarle que la lista sigue. El 3 de noviembre habremos de reducir la protección nacional a la industria del acero, química, y alimentación... aunque, como pequeño premio de consuelo, logramos mantener el monopolio del clavo para Tommy Suharto. Pero en líneas generales el Fondo estuvo inamovible, y me temo que el párrafo 40 ha sido mantenido. La lista de actividades abiertas a inversión extranjera ha de ser ampliada en los próximos meses.

—¿Qué sucedió con el tema impuestos?

El desarrollo siempre se ha financiado a través de los impuestos directos, de las transferencias de los ricos a los pobres. Pero en Indonesia, como en la mayoría de países en vías de desarrollo, las clases altas y las empresas se las apañaban para no pagar, o pagar sólo cantidades ridículas.

—Me temo que el Fondo no aceptó ninguna concesión. Habrá que aumentar las auditorías y los impuestos directos a los grupos de ingreso alto.

—Mmm... —volvió a gruñir Wiradikarta, con desagrado.

—Esa condición no me preocupa, *Pak* Rahardjo, nos las arreglaremos. Lo que me preocupa son las otras, como la apertura comercial o las privatizaciones que significan acabar con mucha de la industria nacional. Por no mencionar el cierre inmediato de los dieciséis bancos...

Wiradikarta se levantó.

—A *nosotros* también nos preocupa —dijo gravemente, con aquel plural que implicaba al Presidente Suharto— Pero si *ellos* nos hacen cerrar nuestros negocios, *nosotros* les vamos a hacer cerrar sus chanchullos...

Wiradikarta tomó una pila de informes de la esquina izquierda de su mesa, y se los pasó al Ministro. Sarwono Hashim leyó los títulos en el dorsal. Cada dossier llevaba el nombre de una compañía, en su gran mayoría americanas, pero también australianas, británicas y japonesas. Hojeó el primer informe, titulado "ENRON". El dossier sobre la compañía de energía norteamericana contenía los típicos estudios de factibilidad de unas plantas en Java y Kalimantan y -lo que llamó la atención de Sarwono Hashim inmediatamente-correspondencia de la Secretaría de Comercio de los Estados Unidos presionando al gobierno Indonesio para que aprobara las inversiones de la compañía.

—*Pak* Sarwono, estas son inversiones extranjeras en infraestructura y energía de muy dudosa necesidad nacional. Va a asegurarse que están en la lista de proyectos a ser suspendidos inmediatamente.

Ahora fue el Ministro quién miró con gravedad. Pudo imaginar la paradoja, el Fondo y los Bancos obligando al gobierno Indonesio a destapar y cortar transacciones de enchufados *cronys*, y el gobierno Indonesio arrojando el guante en la otra mejilla, denunciando las transacciones *cronys* extranjeras. Volvió a mirar el dossier ENRON. Aquellas suspensiones habrían de justificarse con suma claridad, pues iba a ser un tema contencioso...

Mientras tanto, fuera del edificio, el General Subianto esperaba a su conductor, que se había quedado con el coche en el parking de la Secretaría de Estado en Jalan Majapahiet.

"Vuelta a la realidad anodina", pensó mirando el reloj, pues había quedado en recoger a Dewi del Hotel Pancasila. El recuerdo de Dewi le llenó de abatimiento. Su hija se estaba volviendo más estúpida que de costumbre, ahora se pasaba los días espiando a Iwan en el hotel.

No sabía que les pasaba a esos dos, Dewi estaba corroída por los celos, y él, en vez de tranquilizarla, se escondía en aquel hotel donde parece que tenía amantes. No es que supiera nada directamente a través de Dewi, claro, estos temas nunca se hablan entre padre e hija, lo sabía a través de su mujer, a la que había tenido que tranquilizar mintiéndole que era imposible. La verdad era que todos los hombres poderosos tenían amantes en Indonesia, pero ¿qué más daba la verdad del pene de Bolkiah? Tenía que hacer lo posible porque no rompieran, pues ahora lo necesitaba de verdad.

Le daría una sorpresa a Dewi, la llevaría a aquella pastelería del Mall de Plaza Senayan que tanto le gustaba, y además le compraría un teléfono móvil, el último capricho de su hija. Todo lo que fuera necesario para que las cosas siguieran bien entre ellos. Ahora Iwan era indispensable como yerno: necesitaba que le sacara todo su dinero del país tan pronto como el cambio de la rupia al dólar mejorara, sin pagarle ni un céntimo de todo lo que BKI le debía.

ℰ᥿ℭℛ ℰ᥿ℭℛ ℰ᥿ℭℛ ℰ᥿ℭℛ ℰ᥿ℭℛ ℰ᥿ℭℛ ℰ᥿ℭℛ ℰ᥿ℭℛ ℰ᥿ℭℛ ℰ᥿ℭℛ ℰ᥿ℭℛ ℰ᥿ℭℛ

Joana y Klaus tenían la cara pegada a la pantalla del ordenador.
—No puede ser...
Yanni se acercó corriendo. Eran los primeros resultados de los sondeos explorando los precios y el consumo en todas las regiones de Indonesia. Klaus se había encargado del programa estadístico y de la introducción de datos, y ahora estaban viendo los resultados agregados finales, presentados en mapas por zonas. El color verde significaba que no había problema; el color naranja que los precios de los productos básicos estaban subiendo, acercándose peligrosamente al ingreso de los grupos más pobres; y el rojo, que esas categorías socioeconómicas más bajas —los pobres— no podían comprar los productos básicos, es decir, no podían comer.

Toda Indonesia estaba en naranja, con grandes zonas en rojo: casi la mitad del país.
—No puede ser... —repitió Yanni al verlo.

—Debe haber algún error —dijo Joana— Es demasiado pronto.

Klaus la miró, ofendido.

—¡No hay ningún error en mi trabajo! ¡No es mi culpa si esta pobre gente sólo come *ubis*!

—Perdona, Klaus, nadie pone en duda tu trabajo. Sencillamente, es que si están a esos niveles de pobreza ahora ¿qué va a pasar dentro de unos meses?

Todos se miraron con gravedad. Klaus volvió a su frialdad estadística.

—Quizás nos hemos basado en una canasta de productos básicos muy cara...

—No, no —respondió Joana— Recuerda que al principio diseñamos la canasta con muchísimo detalle, y lo corroboramos todo mil veces. El problema es otro... ¡Es el puto problema de siempre!

—*Ia,* que la línea de la pobreza que utiliza el gobierno Indonesio es un bulo...

—Exactamente: Hay muchos más pobres en Indonesia que los que aparecen en las estadísticas oficiales del gobierno.

Los estados tienden a ocultar la cantidad de pobres que tienen. Cuando la pobreza existe en un país, lo hace parecer subdesarrollado, evidencia la falta de interés del gobierno por el bien público, la falta de voluntad de ofrecer oportunidades y servicios a todos sus ciudadanos. En última instancia, la existencia de pobres muestra el nepotismo y favoritismo de un gobierno hacia unos pocos, las clases privilegiadas de un país, que son las que se benefician de los programas públicos.

Es por ello que la definición y medida de lo que es la pobreza es un asunto altamente político. Cada país utiliza una metodología distinta, y por lo tanto puede ser manipulada muy fácilmente. En general, se basan en lo que cuesta comer de dos mil a dos mil quinientas calorías por persona al día en la moneda nacional, a lo que se añade un muy pequeño estipendio para gastos no alimentarios. En los países subdesarrollados, estas líneas de pobreza no reflejan adecuadamente los costos reales de vida. Las familias no necesitan sólo comida; necesitan ropa, zapatos, transporte a los sitios donde trabajan, educación para sus hijos, acceso médico básico, vivienda, pago de las contribuciones mínimas del agua, electricidad, etc. El truco consiste en no contabilizar nada de esto, dejando una canasta básica muy barata de comida y poco más: como por arte de magia, aparecen muy pocos pobres en el país.

Muy frecuentemente, no es suficiente pretender que los pobres no llevan ropa, zapatos, o que no pagan gastos escolares, médicos, de transporte, agua o vivienda. Aún aparecen demasiados. Así que en vez de invertir en programas contra la pobreza, muchos gobiernos escatiman en los gastos alimentarios de la canasta básica. Dos mil quinientas calorías de una dieta equilibrada que contenga proteínas no equivalen a dos mil quinientas calorías de harina frita con grasa barata; son las mismas calorías, pero la primera dieta es mucho más cara que la segunda y, por lo tanto, es preferible utilizar esta última, que estadísticamente mostrará que hay menos pobres.

Por ejemplo en Indonesia, antes de la crisis, fijando la línea de pobreza en un gasto de 35,645 rupias al mes, o 0.70 dólares al día por persona, una cantidad completamente ridícula, podía considerarse que el 22% de la población del país era pobre. Pero si ese 22% era demasiado, nada menos que 43 millones de indonesios, se podía bajar la línea de pobreza unos céntimos, fijándola en 32,793 rupias al mes, o 0.65 dólares al día, que era la línea oficial de pobreza en 1996. Así ¡sólo el 16% de la población Indonesia estaba por debajo! ¡Sólo 33 millones de indonesios eran pobres!

Son los trucos de la estadística. Si midiéramos la pobreza de acuerdo a una canasta básica real, el número de pobres en el mundo aumentaría dramáticamente. Eso es lo había pasado en Indonesia.

—¿Qué hacemos? —preguntó Yanni—. La cantidad de zonas al rojo vivo es espeluznante: Irian Jaya, Timor Este, Nusa Tenggara, las Malucas, la mitad de Kalimantan y Sumatra... ¡y nada menos que toda la periferia de Yakarta! Tenemos que pensar como distribuimos esta información inmediatamente.

Decidieron que Klaus y Joana revisarían todos los números por la noche. Si no encontraban ningún error, Yanni, con la ayuda del asistente indonesio que habían contratado, se encargaría de imprimir, fotocopiar y diseminar los resultados de aquella primera hornada a todas las instituciones oficiales, agencias de cooperación al desarrollo, universidades y periódicos.

Era lo necesario para que empezaran a sonar las alarmas. Mucha gente estaba sobreviviendo con *ubis* cuando los impactos de la crisis apenas estaban empezando. Lo peor estaba por venir. A menos que se hiciera algo urgentemente, Indonesia era una olla a presión que podía estallar en cualquier momento.

෩ ෩ ෩ ෩ ෩ ෩ ෩ ෩ ෩ ෩ ෩ ෩

Mientras el General Subianto y su hija Dewi se dirigían a una de las pastelerías más lujosas del país, Yenni hervía boniatos, o *ubi,* para su familia en la villa miseria en la periferia de Yakarta.

Era lo único que comían desde hace un mes: un refrito de arroz y *ubis* hervidos. Y como cada noche, sabía que su familia se quejaría. Sólo los viernes, el día del *Jum'ah* musulmán, Yenni compraba carne, pescado, o pollo, pues la cena del viernes era muy importante para el cabeza de la familia, el anciano Jusuf, que como buen musulmán se ponía su bonete *peci* y pasaba el viernes en abstinencia. En cuclillas, Yenni apagó el fuego, y sirvió la cena —el salteado de *ubis*, arroz y vegetales— en los platos de plástico. Salió a la habitación principal de su casa-chabola.

—Oh... *Ubi* otra vez... —lloró su hija.

—Venga, Kade, a la comida nunca se le hace ascos —le reprimió su abuelo Jusuf— Además, mira que calientes están, fíjate como humean...

—Mierda.

Todos se volvieron, atónitos.

—¡Sí, he dicho mierda! —gritó Yohan, levantándose del suelo— ¡Esto es una mierda!

—Cariño... —intentó tranquilizarlo su esposa.

—¡Nuestra hija tiene razón! No es justo darle *ubi* sin parar, como si fuera un animal. ¡Esto es inhumano!

—Pero qué vamos a hacer, cariño... Ya sabes que los precios han subido una barbaridad, y los *ubis* no están tan malos con especias...

—Todos sabemos lo que podemos hacer. Quizás sea el momento de utilizar los billetes americanos.

Se hizo un silencio. Yenni, como mujer, no tenía nada que decir. Era un asunto de hombres.

—Hijo —dijo el anciano Jusuf, sopesando sus palabras— La mujer gigante dijo que nos esperásemos a que las cosas estuvieran realmente mal...

—¿Y cuándo es eso? ¡Un mes de *ubi* hervido está muy mal!

—No lo sé, hijo. Pero aún tenemos algo que llevarnos a la boca.

—A duras penas, a duras penas. Cada día me es más difícil encontrar trabajo.¡Y aquí sólo uno trae dinero a casa, yo, todos los demás sois bocas abiertas!

—Hijo... —recriminó el padre.

—Padre, mira los hechos: antes, alquilaba el *becak* por 20.000 rupias al día, y sacaba lo suficiente para pagar el alquiler y traer a casa

111

unas 5.000 rupias. Ahora, después de varios días que no he logrado sacar ni para el alquiler del *becak*, el dueño ya no me lo deja. He estado yendo por todas las fábricas, haciendo lo que sea, llevar cajas, limpiar cristales, pero ya sabes que muchas han cerrado y ahora todo son hombres sin empleo...

El padre asintió, bajando la mirada. Sabía que era cierto. Lo había oido en el *pengaiian,* el grupo de rezo islámico donde la gente se reunía a leer textos religiosos y a discutir los problemas de la comunidad. Muchos se quejaban de lo mismo.

—Quizás —interrumpió Yenni— quizás padre pudiera cuidar del bebé, y yo pasar más tiempo de *asongan*...

Asongan son las personas que venden chucherías a los autos, un recurso muy habitual dados los atascos de Yakarta. Desde que el bebé tuvo unos meses, Yenni iba por las tardes a vender cigarrillos y trozos de fruta a los coches de los ricos que pasaban por las muy concurridas carreteras de Tanggerang a Yakarta. Aquello, sin embargo, no se contaba como ingreso familiar real, pues era más irregular aún que el ingreso de Yohan. Era para pagar los extras del colegio de Jana y Kade, cosas para la casa, o ropa y zapatos, que sólo se compraban muy de tanto en tanto.

—Es una buena idea, Yenni —dijo Yohan, aliviado— Particularmente si pudieras estar allí a las horas de los grandes atascos, pronto por la mañana y al anochecer. ¿Padre, podrá ayudar a Yenni?

Al anciano Jusuf no le hacía ninguna gracia hacer de mujer. Ellos habían venido del campo, y en su pueblo los hombres nunca hacían labores de esposa. Y menos un anciano padre. Un hombre que cuida de los niños o prepara comida es visto como poco hombre. La gente chismorrea de él que es débil y que está dominado por su mujer.

—Puedo cuidar del niño —aceptó con esfuerzo, y añadió ofendido— pero no lavar, ni limpiar, ni preparar la comida. No es mi rol hacerlo.

—No, por supuesto —dijo Yenni, que no podía imaginar al anciano Jusuf haciendo esas tareas—. Yo lavaré, limpiaré y...

—Padre —Yohan interrumpió a su mujer— No sé si te das cuenta de la gravedad de la situación. Si de verdad quieres reservar los billetes americanos para tiempos más difíciles, debes asumir tu responsabilidad. Cuanto más tiempo pase Yenni en la carretera, mejor. ¿Qué te cuesta hervir unos *ubis*?

El anciano Jusuf no contestó.

—Mire, padre —dijo Yenni, conciliadora— Yo se lo dejaré todo preparado, es muy fácil cambiar al bebé, o hervir *ubis*. El resto, lavar la ropa, los platos, limpiar la casa, traer el agua... en fin, todo el resto lo haremos entre Jana y yo.

El anciano Jusuf siguió sin contestar, pero supieron que eso significaba que aceptaba.

—Jana —dijo Yohan a su hija— si no quieres comer más *ubis* hervidos, vas a tener que ayudar a tu madre a lavar la ropa, a traer el agua, a limpiar la casa y los platos ¿De acuerdo?

—Sí, papá.

—No como antes, que era sólo un poquito y tu mamá lo hacía todo. Ahora va a ser cada día al volver del colegio...

—Sí, papá.

Se volvieron a sentar. La esperanza había vuelto al hogar. Aunque el anciano Jusuf seguía indignado en silencio.

—Eres una muy buena esposa, Yenni —dijo Yohan, cogiéndole de la mano, pues sabía que ella era la que más trabajaba. Se levantaba antes que todos para prepararles el desayuno y se acostaba más tarde que nadie, siempre haciendo cosas para los demás.

Yenni lo miró con tanto cariño que Yohan pensó que aquella mirada era lo mejor que había ocurrido en su vida.

Capítulo 9

Jhumar miró las estrellas. Era de noche y hacía mucho frío, pero Jhumar siempre salía a cubierta. Estaba en medio del océano y aquella era la única manera que tenía de comunicarse con su familia. Sabía que Joshita también estaría fuera, al aire libre, mirando la luna en la noche de Bombay, pensando en él, y recordando a su hijo entre las estrellas.

El barco fue sacudido por una gran ola. Jhumar se tambaleó, agarrándose de la barandilla. Era tan extraño estar allí, en medio del mar. Él nunca había viajado en un barco. Pero no se sentía asustado sino emocionado: por ir a otro país, por poder empezar de nuevo en otro lugar. Miró las estrellas. Sí, las estrellas lo guiaban a una vida mejor.

Desde el día en que habían salido huyendo del pueblo, la vida les había traído muchas sorpresas. Bombay era una ciudad llena de contradicciones: fabulosamente rica, y dolorosamente pobre. Les había llevado mucho tiempo encontrar a sus tíos, pues Jhumar tan sólo sabía que vivían en Dharavi, Bombay. Habían preguntado y logrado llegar al barrio el mismo día que el tren los dejó en la ciudad. Sin embargo, se habían quedado desmayados al ver lo enorme del lugar: Dharavi es la villa miseria más grande del mundo. Aquello era un laberinto de chapas y plásticos, de casuchas mal construidas, donde las familias se hacinaban con las ratas y la suciedad. Jamás habían visto tanta gente junta, viviendo en tan poco espacio, sin ningún campo que cultivar, casi sin terreno donde andar entre las chabolas. Se dice que unas seis mil personas al día llegan a Bombay en busca de una vida mejor. Como otros, Joshita y Jhumar durmieron al aire libre y, como otros, fueron robados. Joshita rezaba incansablemente a Ganesh, y finalmente sus súplicas fueron atendidas, porque encontraron a la familia de Jhumar.

No se conocían, pero los tíos atendieron al deber familiar y les ayudaron. Les dieron de comer y les dejaron estar en la casa por un tiempo, hasta que encontraran su propio lugar. El sitio era modesto y estaban incómodos, pero pronto se rompió el hielo y se llevaron bien. Acostumbrada a servir, Joshita iba a por el agua, lavaba la ropa, ayudaba a coser, a vender, a lo que fuera necesario, y pronto se volvió indispensable. Su propio origen era tan humilde que no percibía del todo la pobreza de la vida en aquella villa miseria. Estaba fascinada por los bienes que sus tíos políticos poseían: platos y vasos de plástico de colores, manteles y telas de con distintos bordados y texturas, cientos de estampas de artistas y deidades indias. Y hasta una radio y una televisión vieja.

Jhumar comenzó a hacer trabajillos de todo tipo. Eso parecía lo único que alguien como él podía hacer en la ciudad. No se necesitaban braceros, ni había manera de tener un empleo estable, aunque fuera mal pago como en el campo. Tampoco había cómo conseguir un crédito para abrir un negocio propio, algo que Jhumar hubiera podido hacer, como reparar bicicletas, o abrir una pequeña granja en las afueras de la ciudad.

Bombay era el centro financiero de la India, pero sus bancos sólo servían a los ricos. Los servicios financieros se centraban en acciones, fondos de ahorro e inversión, créditos a la importación/exportación, cambio de moneda extranjera, derivativas o futuros para clientes de nivel, los más lucrativos. No había ningún interés en quienes hubieran necesitado capital para abrir su pequeño negocio, comprar semillas o animales, que sus hijos estudiaran o adquirir alguna formación profesional técnica. Sin aval ningún banco daba un préstamo y así, paradójicamente, la gran mayoría de ciudadanos de Bombay no tenía ninguna oportunidad de acceso al capital en el gran centro financiero del Suroeste Asiático.

Jhumar volvía por la noche exhausto a casa. Hacer cada día una cosa diferente, en medio de gente distinta, le agotaba las energías. Pero estaba dispuesto a todo y en unos meses pasó de ser un campesino ingenuo a comprender las leyes de la calle; fuerte como era, hasta se había visto obligado a utilizar los puños de vez en cuando, muy a su pesar. Joshita lo abrazaba y lo besaba a escondidas por la noche, cuando ya apagaban las luces y todos dormían. Podía ver que Jhumar echaba de menos el azul del cielo, el perfume del verano, los anocheceres del campo.

Hasta que descubrieron el mar. Jhumar se había quedado atónito. Jamás había visto un río tan grande. Un río, le dijeron riendo, que llegaba hasta América, donde sucedían las películas de los blancos. Aquello le impresionó; hasta ahora no se había planteado la existencia de otros lugares ni la posibilidad de llegar a ellos.

Siempre que podían iban a ver el mar. Les encantaba el aire limpio, la brisa, las gaviotas. Ir al mar era una fiesta.

Quizás por eso estaba ahora ahí, en altamar, en medio de ningún lugar. Se agarró a la barandilla y respiró hondo. Aún le encantaba el olor a mar, a pesar de que llevaban muchos días sin ver tierra. Le recordaba cuando pasaban el día en la playa de Bombay.

Ahora estaba allí, en un buque en medio del océano. No había sido fácil. Jhumar no cumplía casi ninguno de los requisitos oficiales para ser admitido entre la tripulación de un buque mercante internacional. Aunque era fuerte como un toro y hablaba inglés, no tenía las calificaciones profesionales técnicas requeridas. Ni siquiera hubiera podido estudiar, pues había olvidado como leer y escribir, sólo recordaba los números de cuando iba con los Jesuitas. Pero todo es posible con dinero. Y él estaba dispuesto a todo.

La familia le había pagado una gran parte del viaje. Era una inversión: enviar alguien a trabajar fuera, y esperar a recibir ahorros cada mes. Jhumar no era perfecto para aquello, pero era la mejor apuesta que tenían: joven, fuerte y muy trabajador. Muchos de los vecinos de Dharavi que habían partido antes tampoco eran gran cosa y sin embargo allí estaban sus familias, mudándose a casas que parecían palacios a los ojos de los tíos de Jhumar.

Otra parte del dinero había venido de un usurero local, que les había dado un préstamo a un interés exorbitante. Joshita rezaba cada día para que todo saliera bien y lograran pagar a aquella sanguijuela, pues temía que alguno de sus sobrinos terminara esclavizado al servicio del prestamista, tal como le había sucedido a ella.

Finalmente, parte del dinero lo había sacado Jhumar de un "trabajo en la calle". Había robado. Nunca dio detalles, ni a Joshita ni a nadie. Tampoco nadie le pidió explicaciones, todos se alegraron de que el milagro se hubiera hecho realidad, de que finalmente se hubiera podido reunir las cien mil rupias indias que le habían pedido para llevarlo a América. Ahora no era sólo un asesino, sino además un ladrón. Jhumar se avergonzaba de haber conseguido el dinero por la fuerza. De recordarlo, sintió que los músculos de la cara se le contraían, que su mandíbula se apretaba a causa de la tensión. No le gustaba, él era una persona de naturaleza buena, pero, ¿no les habían robado a Joshita y él nada más llegar a la ciudad? Bombay era un sitio brutal, creado para el enriquecimiento de unos pocos desde tiempos coloniales. No se arrepentía. Sí, había robado, y aún hubiera robado más, hasta que fuera necesario, para pagar el viaje en aquel garito oxidado. Era la gran oportunidad de empezar en otro lugar.

Uno de los compañeros de Jhumar salió afuera, a la pequeña balaustrada donde les habían dicho que podían salir de noche si no

116

había ninguna otra embarcación a la vista. Su compañero lo miró con sus ojos grandes y soñadores. Ramesh era su único amigo en el buque. Leyéndole el pensamiento, Ramesh musitó mientras miraba la luna:

—Ah, América...

Eran noventa en total. Unos tenían pasaporte y visado falsos, otros sencillamente no tenían papeles, según lo que hubieran pagado. Todos ellos entrarían encerrados dentro de contenedores, en grupos de quince. Los seis contenedores con carga humana estarían camuflados entre los cincuenta y cuatro con mercancías en la bodega del carguero, a los que había que sumar otros veinticuatro en cubierta. El plan era descargar los setenta y ocho contenedores en un puerto de Canadá, para que los noventa emigrantes ilegales cruzaran por tierra la frontera de los Estados Unidos. Sabían los riesgos: ser hallados y perderlo todo, quizás ser encarcelados, quizás morir en el buque o dentro del contenedor. Era otro precio más que habían aceptado pagar.

El ambiente había empezado siendo bastante hostil, espoleado por la adrenalina y el miedo. Era como si aquellos noventa hombres y mujeres estuvieran esperando ser arrojados a los leones, en la arena de un circo romano. Todos habían oído hablar de la tragedia en Malta, ocurrida hacía apenas un año, cuando trescientos ilegales de la India, Pakistán y Sri Lanka habían muerto ahogados en un buque de carga. Dormían sobre unos colchones delgados y sucios sobre el suelo, entre la mugre y las ratas. La comida era horrible y estaba racionada. Los primeros días habían pasado muy lentos, encerrados en aquel garito oscuro.

Al principio, en ese ambiente hostil, algunos se habían metido con Jhumar: que iba a fracasar miserablemente, que cómo un campesino analfabeto se atrevía a ir a los Estados Unidos, que se tenía que haber ido a trabajar en los campos de petróleo en Oriente Medio, que allí era el único sitio que tomaban a khumbis como él. Algunos hasta se habían quejado de tener que compartir el contenedor con un dalit, un Intocable. Jhumar apretaba los puños y los labios, aquellas palabras le quemaban porque eran verdad, él era el único que no había completado estudios en aquel barco. Apagaba su rabia e impotencia pensando en su mujer, en las estrellas, en una vida mejor en América; sabía que no ganaba nada peleando.

Hasta que un día se metieron con una de las mujeres de a bordo, una enfermera que le recordaba a Joshita; estaban envidiosos porque ella había pagado cuatrocientas mil rupias indias y no sólo tenía papeles sino también un trabajo esperándola. Jhumar sintió que se le nublaba la vista. En unos instantes todo pasó delante de sus ojos: el dolor de la separación de Joshita, el miedo, la humillación de ser llamado analfabeto, los días escondidos en aquella ratonera oscura... Se lanzó sobre ellos. Fuerte como era, derribó a varios en unos pocos golpes.

—¡Dejadnos tranquilos! —bramó, como si fuera un animal herido.

Entonces vio a Ramesh por primera vez. Era pequeño, vestía sencillamente y llevaba unas gafas pequeñas que escondían unos ojos grandes e inteligentes. Ramesh se acercó a ellos con su mirada bondadosa, pidiéndoles que hubiera paz. De hecho, Ramesh trajo la paz con él. Tuvo el poder inexplicable de calmarlos inmediatamente. Jhumar bajó sus brazos y se sintió avergonzado. Le dio la mano a la enfermera, para ayudarla a levantarse del colchón mugriento. Ramesh les sonrió. Luego se volvió para asegurarse que los otros no volverían a empezar. Éstos miraban ariscamente a Jhumar, con hostilidad pero ahora también con respeto. Ya no se atreverían a llamarlo analfabeto nunca más.

Ramesh se convirtió en su único amigo a bordo. Como Joshita, representaba todo lo bueno del mundo y tenía la misteriosa capacidad de serenar a Jhumar. Era inteligente y educado; tenía familia en Nueva York, e iba vivir con ellos. Ramesh tenía suerte, pues no sólo conocía gente en América, sino que además había logrado pagar los papeles, un pasaporte con un visado. Jhumar estaba contento por él, pero no podía dejar de pensar lo difícil que se le presentaba su propio futuro, sin contactos, sin papeles, sin dinero.

Pasaron unas tres semanas y el ambiente a bordo se fue relajando. Con los días, la gente comenzó a acostumbrarse a la comida racionada, al compañero del colchón de al lado, a vivir a oscuras. Los noventa hombres y mujeres comenzaron a compartir sus esperanzas y sus sueños. Porque ya estaban muy lejos de la India, de la miseria, de la desigualdad y de la falta de oportunidades. Porque pronto iban a llegar a América, donde los hombres son iguales, donde hay trabajo en todas las ciudades, donde uno puede enviar mucho dinero a la familia en India y a la vez tener una casa y un auto y una vida llena de lujos.

—A mí me da igual trabajar en lo que sea. En la construcción o en una tienda llevando cajas, cualquier cosa —decía uno— El caso es trabajar y ganar dinero, enviarlo a casa. Con los ahorros, mi madre podrá ir al médico, y mi hermano estudiar.

—Pues yo voy a mandar más de la mitad de mi salario a casa —eso era lo acostumbrado, enviar la mitad del sueldo a la familia en la

India— quiero que construyan una casa grande y bonita en mi pueblo, donde viviremos todos juntos, y donde volveré para retirarme...

Volver entre aplausos: el sueño de todos los que se iban de casa.

—Pues yo —añadió otro sonriendo— yo me casaré con una americana rubia, con las tetas así de grandes, como en las películas...

Todos se rieron y le tiraron cosas.

—Olvidaros de las rubias —dijo Ramesh— En América no nos quieren, allí sólo somos "illegal aliens"[11]. No nos quieren con razón, porque dicen que les quitamos el trabajo.

—¡Ja, me río yo de eso! —respondió uno de los tipos con los que Jhumar se había peleado— Ojalá esos yanquis mimados comiencen a trabajar duro de verdad y aprendan lo que es vivir en la pobreza, como vive la mayoría en el resto del mundo.

Ramesh lo dejó pasar, no era su carácter desafiar a los demás, y más una persona agresiva como aquella.

—Si queréis gustar a las rubias —seguía hablando el otro— habréis de adaptaros rápido, perder el acento indio, cortaros el pelo a la moda, llevar gafas de sol y ropas caras, como los americanos.

—Ah... —suspiró un joven, imaginándose conduciendo un auto con gafas de sol, el pelo y la ropa a la moda— No me puedo esperar...

América...

---

[11]   Extranjeros o alienígenas ilegales, traducido literalmente del inglés.

Capítulo 10

Bangkok, Tailandia, Noviembre 1997

Parados en medio de un atasco en Bangkok, Joana sacó la lista de los oficiales del gobierno tailandés con los que se iban a reunir, e intentó memorizar los nombres, algo que había aprendido que era muy útil en su experiencia en desarrollo, al menos lo suficiente como para identificar quién es quién durante la reunión. Klinpraneet Phiphit, Director del Consejo Nacional de Desarrollo Económico y Social, o NEDA; Kawrungruang Nongchai, Vice Director NEDA; Suphaphiphat Chairat, Director de Evaluación y Seguimiento, Ministerio de Trabajo; Khuntilanont Thawi...

Aquellos nombres tailandeses eran realmente impronunciables. "Kawrungruang Nongchai, Kawrungruang Nongchai, Kawrungruang Nongchai" repetía mentalmente Joana, mientras avanzaban lentamente en el taxi por las calles de Bangkok.

Klaus Helsenberg y Yanni Ben Younes miraban por las ventanillas del taxi, que se estaban llenando de vaho por la diferencia entre el frio del aire acondicionado y el calor de la calle. A sus ojos, aquellas ciudades asiáticas, siendo diferentes, tenían grandes parecidos: atascos, edificios modernos de oficinas junto a estrechas casitas tradicionales, cientos de pequeños negocios familiares en las calles, vendedores ambulantes con carritos, los taxis-motocarro que en Tailandia se llamaban *tuc-tucs*, olores de mil especias y polución... Aunque en Bangkok estaban los templos, los *Wats*, aquellos templos tailandeses esbeltos, con sus *prangs* y tejados espigados, con sus columnas llenas de espejos de colores.

Como occidentales, les llamaba la atención la cantidad de gente. Asia contiene la mitad de la población del mundo, es algo muy chocante al principio, y el principal factor que genera esa percepción de abigarramiento, ver los cientos, miles de peatones por las ciudades, ver desde el avión todas las zonas rurales aradas y edificadas, sin un hueco por cultivar; la naturaleza ha desaparecido en Asia, todo son casas sobre casas, y personas corriendo con mil historias, y coches y *tuc-tucs*...

—¿Os sabéis la lista de los oficiales tailandeses con los que nos vamos a reunir? —preguntó con ironía a Klaus y Yanni.

—*Nein*, eso es misión imposible —respondió Klaus— Antes me aprendo la Biblia en danés...

Yanni tomó el papel educadamente y se quedó leyéndolo. Joana lo miró, con cierta desconfianza. No podía olvidar la escena de la noche anterior con Chowdhury, en Yakarta.

Había sido una historia rocambolesca, un *vaudeville* de necedades. Hacía un par de días, antes de partir a Bangkok, Klaus y Joana no habían encontrado ningún error en los datos indonesios, así que se los habían pasado a Yanni para su distribución, tal como habían acordado. Por la mañana, a mitad de la impresión de los documentos, se terminó el papel y Yanni decidió acercarse rápidamente a la Oficina de las Naciones Unidas para llevarse un paquete de folios con el membrete oficial de la ONU como el que habían utilizado. Parece ser que entonces se encontró accidentalmente con Chowdhury, el cual quedó horrorizado al ver que estaban produciendo toda aquella información sin su firma y autorización. Sin pensárselo más, confiscó todos los papeles y el disquete que Yanni llevaba, y le prohibió a gritos que siguiera, amenazando que iba a poner a los tres consultores en la lista negra de la ONU.

Aparentemente, Yanni intentó convencerlo de que estaban imprimiendo todos los documentos precisamente para presentárselos en limpio antes de distribuirlos. Y, de todas maneras, cómo podía esperar Chowdhury que trabajaran en equipo con él, si les había expulsado de la Oficina de la ONU nada más llegar. Pero Chowdhury estaba enfurecido y ya no atendía a razones. Se opuso a los resultados de los sondeos por que sí, sencillamente porque no aprobaba nada que estuviera hecho por Joana Arteaga y aquellos dos imbéciles.

Finalmente Yanni había vuelto al hotel con el rabo entre las piernas y convocado al equipo para informarles del incidente y discutir cómo proceder. Así habría que esperar un día más, hasta que lograr dar con Janette Peres en Nueva York, cuando los datos eran urgentísimos y tenían que marchar a Bangkok. Pero Joana sabía perfectamente la respuesta, debían seguir adelante urgentemente, daba igual la autorización de Chowdhury, así que propuso seguir imprimiendo antes de hablar con ella.

"Un momento" había interrumpido Yanni, que se sentía culpable. "Yo no sé como es Indonesia, pero en mi país, Argelia, podríamos conseguir una imitación del papel oficial de la ONU en cuestión de unas horas, y ya que tenemos este pequeño retraso..." El asistente indonesio confirmó, no sin cierto embarazo, que allí también era posible falsificar cualquier tipo de documento de la noche a la mañana. Klaus, muy alemán, se sintió horrorizado ante la idea de falsificar documentos, pero Joana los miró a todos y decidió proceder. Qué más daba quién imprimiera el papel, *ellos eran la ONU*.

El papel en sí importaba muy poco, era una imbecilidad como todo lo que generaba Chowdhury, pero si su trabajo era presentado con membrete de la ONU en Nueva York, y no de la Oficina en Yakarta, era una manera de sortear la autorización de Chowdhury. Chowdhury iba a ser un obstáculo en todo momento, así que mejor quitárselo de encima cuanto antes. Mejor responder directamente a Janette Peres, a la ONU en Nueva York, y ya no tener nada que ver con la ONU en Yakarta.

Fueron a unas casetas detrás de Correos. En el país de la corrupción, cualquier falsificación era posible; en aquellas casetas se hacían desde certificados de estudios de los colegios y universidades más prestigiosas del mundo hasta sellos oficiales del gobierno, pasando por matrículas de coches diplomáticos. "A partir de ahora ya no me creo ningún documento que vea", pensó Joana. ¡Se podían conseguir hasta facturas de compañías multinacionales, con todos los sellos necesarios!

Cuando lograron contactar a Janette Peres por la noche, por supuesto Janette sugirió que siguieran adelante y diseminaran la información a Ministerios y prensa, pues era algo urgente; aunque fuera en papel no oficial, podía firmarlo Joana como directora del proyecto. "No te preocupes" respondió Arteaga "Eso no es un problema. Pero tú por favor nos solucionas el problema de Chowdhury".

Por la tarde, una vez que todos los documentos fueron distribuidos, Joana había decidido pasar por la Oficina de la ONU en Yakarta, antes de partir a Bangkok, y formalmente presentar una protesta a Chowdhury. Fue ahí cuando encontró a Chowdhury hablando con Yanni Ben Younes.

Fue una escena breve, de apenas unos instantes, pero que impactó a Joana. Chowdhury estaba hablando, contento, con la mano sobre el hombro de Yanni como un padre hablándole a un hijo. Al verla, Chowdhury había retirado la mano e inmediatamente su expresión cambió. Tuvieron una pelea a gritos y Joana y Yanni fueron expulsados por segunda vez de la Oficina de la ONU.

Pero Joana no podía olvidar aquella breve escena. ¿Por qué estaba Chowdhury hablando con Yanni? ¿Estaba Yanni sirviendo las mezquindades de Chowdhury? ¿Era la historia de Yanni verdadera? ¿O en vez de ir a la Oficina de la ONU a por un paquete de folios había ido a informar a Chowdhury?

Con cierta brusquedad, Joana le quito el papel de las manos y siguió intentando memorizar aquellos nombres. "Klinpraneet Phiphit, Klinpraneet Phiphit, Klinpraneet Phiphit..."

—Estoy pensando —dijo Klaus— que a pesar del desagradable incidente con Chowdhury deberíamos estar celebrando las buenas noticias. Es estupendo lo que explicó Janette Peres sobre la reunión con Jan Håkansson...

—Cierto, nos debemos una una buena cerveza esta noche. Además recordad que Janette Peres dijo específicamente que Håkansson parecía impresionado por la metodología de nuestro trabajo, que el Banco Mundial iba a utilizar los datos para sus programas de emergencia social y que se estaban barajando cifras de cientos de millones de dólares... ¡No podría ser mejor!

—Estoy deseando ver esa cerveza esta noche —suspiró Helsenberg, con resignación—. Nos vendrá bien al volver todos sudados de esa villa miseria que quieres ir a ver...

—¡Ah! Ya verás como un poco de turismo nos va a ir bien, Klaus —contestó Joana.

Era su pequeño ritual, antes de empezar en cada país, ir a una zona pobre cualquiera y recibir una primera impresión fresca de la vida bajo la línea de la pobreza. Imaginó como sería el equivalente de la familia de Jusuf en Tailandia; se dijo que posiblemente sería una familia muy parecida.

—Pero si luego, durante los sondeos, vamos a ir muchas veces a las villas miseria... —siguió protestando Klaus— no sé por qué quieres que vayamos hoy.

—Venga, te invitaré a dos cervezas. Alemanas.

Capítulo 11

Aaron Goldstein colgó el teléfono. Aquél era un gran día. Miró la ciudad a través de los cristales ahumados de su despacho y sintió una ola de alivio y felicidad. Se dijo que aquella noche saldría a celebrarlo a algún sitio caro.

Acababa de hablar con su contacto en el departamento de la Tesorería. Le habían confirmado que el Fondo Monetario Internacional, junto con los bancos de desarrollo y ayuda bilateral, iba a conceder nada menos que 40.000 millones de dólares en préstamos a Indonesia. Con aquello el gobierno indonesio rescataría la rupia, permitiendo que él pudiera recuperar parte de sus inversiones en dólares y sacarlas definitivamente del país.

Llamó a Iwan Bolkiah en Yakarta y le explicó la nueva situación.

—No vendas ahora, espérate a que el cambio de la rupia vuelva a ser decente... No, no sé, no tengo ni idea de cuánto va a subir, habrás de tirar de tus contactos en el Banco Central o en el Ministerio de Finanzas de Indonesia y ver hasta cuánto el gobierno sostendrá la rupia, por lo que me han dicho quizás unas tres mil rupias por dólar pero lo habrás de confirmar. No esperes a lo más bajo, la situación política es inestable y puede pasar cualquier cosa, vende antes.

—De acuerdo, *Mister* Goldstein —contestó Iwan Bolkiah desde Yakarta— Son excelentes noticias.

—Quiero que sigamos en contacto cada día, ¿entendido?

—Comprendido, tendrá mi informe de situación cada mañana.

—Perfecto —cerró Goldstein, despidiéndose brevemente, incapaz de pronunciar el nombre de Iwan Bolkiah.

Su secretaria entró con el café que había pedido contradiciendo al médico. Era una manera de celebrar las noticias de aquella mañana. Lo dejó sobre el periódico, en el extremo de la mesa, pero había algo debajo y la taza cayó, derramando el café.

—¡Ah, cuanto lo siento! —se disculpó la secretaria, mientras intentaba evitar que el café cayera a la moqueta.

—No te preocupes, Amy. ¿Verdad que hace un día de otoño espléndido? —añadió, mirando por la cristalera.

124

—Señor —respondió la secretaria, sin dar crédito a sus ojos, pues era muy extraño verlo de tan buen humor— Le traeré otro periódico, además del café ¿el *Wall Street Journal*, o prefiere otro?

—De verdad no te preocupes —dijo Aaron Goldstein, viendo los titulares— No hay nada interesante, sólo las estúpidas declaraciones de Mahathir. ¡Ah, el muy cretino quiere poner controles al capital y dejarnos en la estacada sin poder sacar nuestras inversiones de Malasia!

—Como quiera, señor.

Goldstein se quitó a Mahathir de la cabeza, y recuperó la sensación de alivio al pensar en sus negocios en Indonesia. Aquella contribución al partido demócrata en las elecciones había sido una excelente inversión. Todo estaba saliendo tan bien como cuando la "crisis de la tequila" en 1994. Qué decía, no, no, en realidad, todo estaba saliendo mucho mejor que en México. De hecho, la crisis de México no había estado tan bien gestionada. Aunque Goldstein recuperó casi todo, el país había quedado demasiado afectado. Por eso tuvieron que ir a invertir en sitios como Indonesia o Tailandia: México no daba para más. Pero ahora estos demócratas lo estaban haciendo verdaderamente bien. El Fondo Monetario no sólo había gestionado el apoyo temporal de la rupia para rescatar a los inversores, el Fondo no sólo iba a asegurarse que el gobierno indonesio pagara sus deudas —en su mayoría en dólares americanos—, sino que además el Fondo iba a reestructurar la economía, desmontando todo aquel tinglado de *cronys*, dejando Indonesia como un sitio prometedor para seguir invirtiendo.

Definitivamente prefería los republicanos a los demócratas, pero había de reconocer que estos tipos de la Administración Clinton estaban siendo buenos chicos...

Capítulo 12

Yakarta, Indonesia, Noviembre 1997

Rupias por dólar americano: 3.240

La información de Aaron Goldstein demostró ser cierta. El gobierno apoyó la rupia y el cambio pasó de 3,700 a 3,200 rupias por dólar americano en sólo unos días. Todo el mundo se apresuró a deshacerse de todas las rupias posibles, dada la mejor tasa de cambio, y enormes cantidades de capital volvieron a fugarse de Indonesia.

El día anterior Iwan Bolkiah había consumado la venta de una gran parte de las inversiones de Aaron Goldstein y de remate había hecho un viaje relámpago a Singapur para asegurarse de que una nueva remesa de capital de su futuro suegro salía sin problemas del país y era invertida adecuadamente.

Su chófer lo había recogido en el aeropuerto aquella mañana. Sentado en su auto, de vuelta al hotel que le hacía de casa, parte de él sentía esa satisfacción que se siente al terminar un trabajo bien hecho. Pero su otra parte estaba francamente irritada. Su propia situación no hacía más que empeorar. Trabajaba para otros como Goldstein o el General, pero no para sí mismo; nadie devolvía sus préstamos y estaba acosado por los acreedores. Ahora que el cambio de la rupia al dólar estaba mejor, también él debería haber cobrado las deudas de compañías como BKI para cambiarlas a dólares y así pagar los préstamos que a su vez había tomado en el mercado internacional de capitales. Por la tarde iba a dedicarse una vez más a perseguir a sus deudores, aunque no tenía la más mínima esperanza al respecto. Hasta el General Subianto se hacía el sordo cuando le hablaba de la deuda de BKI; por lo general ponía a su hija por el medio. Estaba claro que la estaba utilizando para evitar pagarle, como si casarse con ella fuera una gran fortuna para Iwan. Pero él se preguntaba: ¿lo era?

Iwan apreciaba a Dewi. Le encantaba ir a su casa y ser invitado a las comidas familiares, no por los platos sino por aquel aire de familia que él casi no había conocido. Aquel ambiente hogareño, cada cual con sus pequeñas obsesiones, la madre con sus porcelanas, Merpati explicando sus problemas en la ONU, Dewi preguntándole por sus asuntos o mostrándole su nuevo vestido, le daba una sensación de pertenencia, le hacía borrar por unos instantes la dureza de su vida

126

competitiva. Dewi era además cariñosa, bella y llena de gracia, sus comentarios casi infantiles lo hacían reír y lo ponían de buen humor. Iwan, como la mayoría de hombres, estaba acostumbrado a utilizar a las mujeres como una distracción de la batalla, una fuente de apoyo y cariño incondicional. Desde ese punto de vista, Dewi era perfecta. Sin embargo, ahora que su situación profesional era tan adversa, aquel simulacro de vida familiar ya no le servía. Necesitaba personas y cosas que lo ayudaran de verdad. Sintiéndose profesionalmente vulnerable, en la bancarrota, las tonterías de Dewi o incluso el sexo con ella o con cualquier otra mujer, en vez de animarlo, lo irritaban, eran una pérdida de tiempo. Hacía muchas semanas que no estaba con una mujer.

Ojalá hubiera estado vivo su padre. Aquél era uno de esos momentos de la vida en que se necesita desesperadamente la ayuda protectora de un padre. Algo que su futuro suegro, el General Subianto, definitivamente no le daba.

Necesitaba hablar con alguien inteligente que pudiera aconsejarle. Ya había probado con los que conocía en el gobierno, con sus abogados. No se refería a eso, sino a alguien de verdad. Pensó en su madre. También la imagen de Joana Arteaga se le vino a la cabeza.

—*Pak* Iwan, nos están siguiendo. Es el segundo auto de atrás, el Timor azul oscuro.

Iwan miró, discretamente. Las ventanas eran de cristal ahumado, casi negro, era imposible reconocer a nadie dentro.

—Ya he tomado el número de matrícula.

Apuntar el numero de la matrícula no servía para nada, las falsificaban por muy poco detrás de Correos. Pero algo había que registrar.

—¿Desea que siga adelante, o...?

—Sigue adelante. ¿Has cambiado de ruta?

—Tres veces. No hay duda de que nos siguen.

Iwan encendió un cigarrillo y aspiró el humo profundamente. Su peor pesadilla se había vuelto realidad. Lo había sospechado la misma noche de la muerte de su amigo Santoso Wanandi. Aquél no había sido un crimen casual, resultado de un atraco callejero. Santoso e Iwan habían entregado todo el dinero que llevaban encima. Aquellos matones habían ido a por ellos deliberadamente. Tanto Santoso Wanandi como Iwan Bolkiah eran dos financieros a los que compañías locales indonesas debían mucho, muchísimo dinero, ahora impagable con la crisis. La solución más fácil, a la indonesa, era eliminarlos.

Iwan se preguntó quién entre sus acreedores o sus deudores estaría amenazándolo. Los negocios que llevaba su amigo Santoso ya habian sido automáticamente liquidados. Por qué no lo mataban a él era un misterio. Intuyó que era más fácil mantenerlo asustado, amenazándolo, ahora que ya sabía lo que estaba en juego. Y lo estaban logrando a la perfección: Iwan Bolkiah sentía miedo e inseguridad. Se alegró de haber abandonado su apartamento y haberse mudado al hotel Pancasila, el hotel con mejores controles de seguridad de todo Yakarta.

Aunque nada de aquello le quitaba la culpabilidad que sentía por no haber ayudado a Santoso Wanandi. La escena de su amigo de rodillas en el suelo, aún vivo, conteniendo el dolor con las manos en el vientre, no se le iba de la cabeza. Iwan Bolkiah volvió a sentirse despreciable por haber corrido cobardemente, buscando su propia supervivencia. Sabía que aquel había sido un instinto reflejo del cuerpo, mucho mayor que ningún pensamiento racional, y que no había sido erróneo pues posiblemente lo hubieran matado a él también. No por ello sentía ningún consuelo.

Finalmente el Jaguar llegó al Hotel Pancasila. Pararon delante de los controles de seguridad. El Timor pasó de largo, lento, siniestro. Iwan le pidió al chófer que se quedara en el parking por si lo necesitaba, tomó su maletín y entró en el hotel.

—¡Iwan!

Bolkiah miró a su alrededor y vio a Dewi, hojeando las revistas del pequeño quiosco con una amiga. Se acercó y fue presentado.

—La verdad es que ya nos íbamos —mintió la amiga.

—Es cierto... —siguió Dewi— Iwan, ¿puedo subir contigo? ¿Tienes algo importante que hacer?

—Tengo cosas importantes que hacer —contestó secamente, mientras compraba el *Asian Wall Street Journal*—, pero claro que puedes subir conmigo —añadió, escondiendo la irritación que le causaban las persecuciones recientes de Dewi.

Al subir a la suite, luego de ofrecerle una bebida, permaneció hermético, ignorándola mientras ordenaba unos papeles en la mesa y repasaba una vez más la lista de las personas a las que debía llamar para recordarles que le debían enormes cantidades de dinero. En vista de la falta de interés que despertaba, Dewi puso la televisión y comenzó a hacer *zapping*.

—¡Un momento! —exclamó Iwan, sobresaltando a Dewi— Por favor, deja las noticias.

—...el cierre simultáneo de dieciséis bancos insolventes ha sido un hecho sin precedentes en Indonesia. Miles de personas realizan largas colas para intentar recuperar parte de sus ahorros en dichos bancos, pero el máximo que puede retirar cada familia ha sido limitado a veinte millones de rupias, el equivalente a seis mil dólares. El pánico se ha generalizado y aquellos con ahorros en otros bancos nacionales están retirando su dinero para depositarlo en bancos extranjeros o llevarse los dólares a casa...

—Es terrible... aunque ¡alguna ventaja ha de tener que no tenga ninguna cuenta en un banco! —dijo Dewi irónicamente, pues a sus casi treinta años aún dependía de sus padres.

—Shhh —Iwan la apremió a que callara.

—...uno de los dieciséis bancos afectados es el Banco Andrómeda, del Grupo Bimantara, perteneciente a Bambang Trihatmodjo Suharto, que ha declarado públicamente que si el Ministerio de Finanzas se atreve a cerrar el Banco Andrómeda, llevará al gobierno a tribunales por complot contra la familia Suharto...

—¡Increíble! —exclamó Iwan— No tienen vergüenza, los Suharto realmente piensan que el país es suyo...

—Shhhh —esta vez era Dewi, con una expresión infantil de venganza, a la que Iwan respondió con una silenciosa mueca de desdén.

—...el cierre de los dieciséis bancos indonesios como condicionalidad del Fondo Monetario Internacional ha sido acompañado por la suspensión de una larga lista de proyectos de desarrollo, esta vez no sólo de compañías nacionales sino también multinacionales, particularmente en el sector energético...

Dewi sintió que le venían las lágrimas a los ojos. Se dijo que las mujeres lo tenían verdaderamente difícil en el mundo. Se las educaba para ser buenas chicas, apoyando a los hombres en sus batallas, en un mundo de hombres para los hombres. Pero ¿quién la apoyaba a ella? ¿Quién la tomaba en serio? Nadie. A pesar del progreso tecnológico en Asia, la mujer seguía teniendo un rol servil, secundario. Tanto los chinos, como los musulmanes, como los hindúes: daba igual. Miró a Iwan, y recordó el dicho popular: *"La mujer debe obedecer al padre de pequeña, a su marido cuando se casa, y a sus hijos varones cuando es vieja"*.

—¿Sabes lo que te digo? —gritó— Que me voy, ahí te quedas con tu miseria...

Iwan no contestó. Sintió alivio al oír el portazo. La verdad es que Dewi no era responsable de la usura de su padre, el General Subianto, pero en esos momentos no podía con ninguno de los dos.

—...Estas son las declaraciones del presidente de Perusahaan Listrik Negara, la compañía nacional de transmisión y distribución de electricidad...—la cabeza de Djiteng Marsudi, presidente de PLN, ocupó el centro de la pantalla— "...Se trata de IPPs, Independent

Power Producers o Productores de Energía Independientes, a los que la compañía nacional compra electricidad para distribuirla. Hemos evaluado cuidadosamente las propuestas y considerado, junto con el Ministerio de Finanzas, que algunos de los proyectos no tienen ninguna justificación económica en un tiempo de crisis como la que Indonesia está cruzando. El estado garantiza la demanda de electricidad a la compañía y debe pagar en dólares a las multinacionales extranjeras; en estos momentos predecimos una caída de la demanda de energía debido a la crisis y las reservas en dólares son bajas, por lo que algunos proyectos, como las plantas Java Este y Kalimantan de la compañía americana ENRON, han sido suspendidos...

"Al menos, algo va bien" pensó Iwan, que conocía el percal. Las compañías extranjeras engrasaban la maquina administrativa con sobornos —a veces de millones de dólares— para que se firmaran contratos de acuerdo a estudios de factibilidad que contenían proyecciones de consumo completamente irreales. Como había dicho el presidente de PLN, el estado garantiza la demanda de electricidad a la compañía, aunque los indonesios no la consuman, y encima el estado debe pagar en dólares a estas multinacionales extranjeras. La artimaña consistía en que el gobierno aprobara aquellas proyecciones irreales, y pagara mucha más energía de la que se necesitaba. Bueno, en el fondo, eran los consumidores, los indonesios de a pié, los que pagaban todo aquel chanchullo, como siempre, cubrían aquellas pérdidas pagando precios de energía muy caros. Se alegró de que suspendieran aquellos proyectos.

Bolkiah terminó de escuchar las noticias, y apagó la televisión con el mando a distancia. El silencio inundó la habitación. Iwan dejó el mando a distancia sobre la mesa, y se sintió solo. Se acercó a la luz del día, a la ventana de su suite, podía ver gente haciendo cola en varios puntos de la gran avenida Jalan Thamrin. Se preguntó si serían algunas de aquellas pobres familias que habían perdido sus ahorros en uno de los dieciséis bancos insolventes. Sintió un escalofrío en la espalda, y volvió a la lista de deudores. A la tercera llamada sintió de nuevo la inseguridad recorrerle los huesos. Como una descarga eléctrica, la tensión se le agarrotaba en los codos, en el pecho, en la espalda. A veces sentía tan fuertemente aquel ansia, que le causaba malestar físico. Como tantos ejecutivos estresados, se había acostumbrado a vivir con mareos, angustia, y alfileres en el corazón. Encendió un cigarro, intentando calmarse, pero sintió de nuevo dolor en el pecho; se preguntó si sería un principio de infarto, así que apagó el cigarro a mitad. Se dijo que debía ir al médico, debía haber alguno en el hotel.

Tomó el teléfono de nuevo, pero no fue para pedir ayuda médica, sino, tenaz y obstinado como era, para seguir con sus llamadas.

౸౩ ౸౩ ౸౩ ౸౩ ౸౩ ౸౩ ౸౩ ౸౩ ౸౩ ౸౩ ౸౩ ౸౩

Yenni tomó el lang, la caja que contenía todas las chucherías a vender. Estaba hecho en casa, con cartones pegados con cintas adhesivas de plástico y una correa gruesa que permitía colgárselo al hombro y llevar la tienda ambulante. Yenni movió el hombro derecho, que se le había amoratado de llevar el lang colgado tantas horas.

—Abuelo, cuídeme al niño, por favor.

—Sí, hija, sí, aquí estaremos Jana y yo. Anda con cuidado...

Yenni se colgó la caja al hombro y salió de la chabola. Era muy pronto, los gallos aún cantaban. Aspiró el frescor del aire, hacía una agradable brisa fría. Yenni cogió la caja lo más diestramente que pudo, para evitar que se cayeran sus contenidos, y se dirigió a la carretera de Tanggerang a Yakarta.

Salió del hormiguero de la villa miseria, trepó por la arena y se puso en el asfalto, a un lado de la calzada. Tomó un cigarrillo y un paquete de goma de mascar y comenzó a mover la mano en al aire, mostrando la mercancía a los coches que pasaban. Los autos avanzaban lentamente, con las ventanillas cerradas por el aire acondicionado; muchas tenías los cristales tintados y era imposible ver dentro del coche. Otras eran transparentes y Yenni podía ver las caras aburridas de los conductores y pasajeros. Muchos se quedaban mirando a Yenni ahí de pie, con su ropa modesta y con su pesado lang, ofreciéndoles sus mercancías.

Sólo de tanto en tanto un auto abría la ventanilla y le pedía uno de los cigarrillos que, por supuesto, vendía por unidades. A veces, si tenía mucha suerte, le compraban un par, pero eso no solía ocurrir, pues había muchos otros asongan, vendedores de carretera como ella.

El sol estaba subiendo y con él la temperatura. Yenni se quitó el sudor de la frente con el brazo que aguantaba el lang. Un nuevo día empezaba.

౸౩ ౸౩ ౸౩ ౸౩ ౸౩ ౸౩ ౸౩ ౸౩ ౸౩ ౸౩ ౸౩ ౸౩

Había anochecido. Iwan veía pasar las casas y mansiones lujosas, pensativo en la parte de atrás del Jaguar, camino de los Subianto. El tráfico era terrible a esa hora, y el chófer había tomado un atajo por las pequeñas calles residenciales de Menteng, el área residencial donde vivían los Subianto. De pronto el auto paró.

— Sir — dijo el chófer secamente, con voz de alerta.

Iwan fijó su mirada adelante. Un hombre estaba de pié en medio de la calzada, detrás de un auto Timor, mirándolos, con los brazos cruzados. Llevaba una máscara cubriéndole la cara.

— Retrocede.

Pero fue tarde. Una furgoneta se paró detrás de ellos, deslumbrándolos con las luces largas más altas. Ni siquiera se habían dado cuenta que estaba atrás, su atención se había fijado en la imagen siniestra del hombre con los brazos cruzados, la cara cubierta, amenazante, cortándoles el paso en medio de la carretera con su furgoneta.

Los dos hombres vieron con horror que estaban atrapados. Iwan sintió que la piel se le erizaba del miedo. La vida vale muy poco en Indonesia. El chófer cerró los seguros, como si eso pudiera protegerlos. La calle estaba oscura y llena de mansiones apagadas, donde no había ninguna señal de vida humana. No tenían a quién pedir ayuda.

Salieron otros hombres de la furgoneta de atrás, sus caras estaban cubiertas burdamente con trapos enrollados, y rodearon el coche. Iwan y el chófer estaban en máxima tensión, paralizados del miedo, aún protegidos dentro del coche y sin saber qué hacer, conscientes de que podían romper los cristales en cualquier momento. Súbitamente uno de los hombres arañó el lateral derecho del Jaguar, y del susto el chófer no pudo reprimir un grito.

— ¡SIR!

Los hombres comenzaron a zarandear el coche, con la carga humana dentro. El miedo se convirtió en pánico. Al ser varios, pronto lograron casi levantar las ruedas del auto, zarandeando el coche de izquierda a derecha, de derecha a izquierda, Iwan y el conductor se agarraban de donde podían, temiendo lo peor.

Iwan lo recordaría todo después como una imagen grotesca. La luz potente de la furgoneta de atrás entraba por los cristales, iluminándolo todo de manera irreal, dando a aquellas caras cubiertas unos contrastes teatrales. Mientras los zarandeaban dentro del coche, el hombre de la máscara se fue acercando al auto. En un flash, en uno de esos detalles absurdos que recoge la mente en momentos de alarma, Iwan se fijó que la máscara roñosa que llevaba el hombre era una careta deslucida de Ravana, el demonio enemigo de Hanuman, una leyenda popular. Luego su atención se fijó en el brazo del hombre, y sintió más pánico, pues traía un bate en la mano.

El hombre de la máscara levantó el bate, y rompió uno de los faros delanteros del Jaguar. Luego otro, y otro y otro. El jaguar quedó sin luz, la imagen del hombre con máscara más apagada.

Y entonces sucedió lo inesperado. Los hombres dejaron de zarandear el auto. Se retiraron, riendo, chocando las manos en señal de trabajo cumplido, y subieron a sus furgonetas. Iwan y el chófer seguían en máxima alerta.

Las furgonetas fueron puestas en marcha, y desparecieron de aquella pequeña calle solitaria en Menteng, dejando a Iwan y a su chófer dando gracias por seguir con vida.

Iwan no le tuvo que decir al chófer que saliera inmediatamente de allí. El chófer puso el auto en marcha y salió de la calle rápidamente, a oscuras, buscando una vía amplia donde hubiera gente y luz. Notó que las manos y las rodillas le temblaban al cambiar la marcha.

Al cabo de unos momentos, Iwan rompió el silencio.

— Anda, Agus —sugirió— Para un momento en esta avenida...

El chófer detuvo el coche en un lateral de la calzada, poniendo las luces intermitentes.

— Toma —Iwan le ofreció un cigarrillo, que el chófer aceptó de buen grado.

Se quedaron dentro del auto fumando, sin hablar, intentando bajar la adrenalina, sintiéndose agradecidos por seguir con vida. Iwan se preguntó de nuevo quién lo estaba amenazando. Fuera quien fuera, había logrado asustarlo. Pero a pesar de todo, se dijo que seguiría llamando a sus acreedores. ¿Qué otra cosa podía hacer? Si no cobraba, su destino era la bancarrota, posiblemente la cárcel. No tenía otra opción.

Intentando alejar sus propias sombras, le dijo a Agus que era libre de marchar si no quería el trabajo. El chófer dudó, pero terminó negando con la cabeza. Bolkiah pagaba increíblemente bien, diez veces por encima de su salario normal. Terminaron de fumar, y el chófer arrancó el auto, dirigiéndolo a la casa del General Subianto.

Pero Iwan ya no tenía ningún humor para ver a Dewi o al General. Le dio al chofer una enorme propina y de dijo que tenía la noche libre, que lo celebrara con su familia. Iwan necesitaba ver a la suya.

჻ჼ჻ ჻ჼ჻ ჻ჼ჻ ჻ჼ჻ ჻ჼ჻ ჻ჼ჻ ჻ჼ჻ ჻ჼ჻ ჻ჼ჻ ჻ჼ჻ ჻ჼ჻ ჻ჼ჻

Iwan miró a su madre. Que difícil es dejar de ser tal como se ha empezado. Hacer de una madre una amiga, de un hijo una persona. Ahora querría saber cómo era, qué sentía, cuáles eran sus lados oscuros o tiernos. Eso que veía en su cuerpo con el paso del tiempo, en sus manos menos firmes, en su mirada cansada.

Iwan se fijó en el pequeño apartamento, e intentó imaginar la vida de su madre, su alegría al casarse y mudarse allí, el dolor que debió sentir cuando su padre la abandonó. Recordaba como lo había superado a través del distanciamiento, y se lo había transmitido a él, habían entrando en un gran letargo, ni bueno, ni malo, una nube de apatía. Su madre perdió el color. La apatía la protegió del dolor, calló mil gritos ahogados que debían chillar dentro de ella, pero la apatía apagó también sus días.

Se acordaba de su madre dando miles de clases, trabajando incansablemente. Iwan nunca supo por qué el padre les había abandonado, su madre nunca quiso hablar, ni tampoco su padre cuando lo reencontró años después. Sólo sabía que su padre estaba con una mujer más joven y que les mandaba montones de dinero, pero su madre nunca lo valoró, ni siquiera quiso mudarse de aquel modesto apartamento. Iwan había pasado una infancia triste, confinado en el aislado mundo de la madre, y soñando con el glamour del mundo de su padre, que le mandaba postales desde ciudades importantes, llenas de brillos, que lo llenaron de sed de viajes y triunfos.

Ahora, de adulto, comprendía mejor la vida de su madre, pues podía contextualizarla en los acontecimientos políticos del país. Después de la represión sangrienta de la izquierda por Suharto, donde se había asesinado a sindicalistas, periodistas, profesores y médicos, su madre había tenido suerte de salvarse. Había sobrevivido, pero la habían dejado anulada, arrinconada; como a otros muchos, la habían inutilizado en su aislamiento.

—He sido un estúpido, casi no he venido a verte en todos estos años...

—No te preocupes, hijo mío —dijo la madre de Iwan, trayendo té— Ahora estás aquí.

Iwan se fijó en el temblor de las manos de su madre al coger la tetera. Aquellas manos reflejaban todo el tiempo pasado: los dedos se habían vuelto nudosos, la parte superior se había cubierto de frágiles venas y manchas oscuras.

—Eres muy comprensiva, pero no me lo puedo perdonar —dijo, con dureza hacia sí mismo.

Le había fallado como hijo, exactamente igual que su padre le había fallado como marido. Sencillamente, se había dejado liar en mil actividades y no había pensado en ella. Se preguntó si lo mismo le habría pasado a su padre.

—¿Sabes? —dijo Iwan— Nunca hemos hablado de nuestra vida personal. Ahora, viéndote de adulto, me doy cuenta de lo duro que debió ser cuando padre te dejó, cuando padre se fue...

La madre lo miró, sorprendida.

—No. Te va a costar de entender, pero no fue así. Tu padre hacía tiempo que había cambiado, a mi manera de ver; había elegido el camino equivocado, el del dinero, y nuestras vidas eran incompatibles. Nos separamos queriéndonos, por amor, por no arrastrar al otro donde no quería ni debía ir.

Sirvió una nueva taza de té. Era parte del ritual, pues aquellas tazas de porcelana delicada eran muy pequeñas.

—Además, tu padre no me dejó sola. Tu padre me dio lo que yo más quería en el mundo, un hijo. Tú.

Iwan dudó. No quería deshacer aquel cuento feliz que su madre se había montado. Se hizo un silencio. Decidió cambiar de tema.

—¿Y por qué querías tener un hijo?

—Porque es una de las razones fundamentales por las que estamos en la Tierra. Sobrevivir, reproducirse, ésos son los instintos verdaderos. Lo comprenderás cuando tengas un hijo tú: la primera vez que lo tienes entre tus brazos, te das cuenta de que proteger a esa cosita que llora es la única razón de tu vida. Ya lo verás.

Iwan sintió aún más remordimientos. Siendo de un origen mucho más modesto que la familia del General Subianto, ni siquiera les había presentado a su madre.

El recuerdo de los Subianto lo volvió a llenar de desasosiego.

—Hijo, me vas a contar ahora mismo qué te pasa —le apremió la madre, notando la tensión en el aire.

Iwan sacó un cigarrillo, respiró hondo la primera bocanada, y comenzó a explicar su difícil situación, de manera simplificada, evitando referencias a Dewi Subianto.

—Ojalá estuviera aquí tu padre... —dijo la madre gravemente, después de que Iwan terminara— Ahora sí lo necesitamos de verdad, yo no sé nada de estos embrollos financieros. En los próximos días voy a pensar qué es lo que tu padre haría...

Se quedó pensativa.

—Sin embargo, como madre, y como ciudadana indonesia, sí puedo decirte lo que veo ahora mismo —cogió a su hijo por las manos, e Iwan sintió aquellos huesitos frágiles entre sus dedos— Cuando te miro, veo el futuro de nuestro país. No hay tanta gente con una preparación como la tuya; no hay tanta gente con tu inteligencia, tu tenacidad y tu capacidad de trabajo; y definitivamente no hay tanta gente con los valores que tú tienes porque yo te los di. Hijo, tú, y otros como tú, sois lo mejor de este país. Sería absurdo que os dejaran caer...

Iwan se sintió enternecido al ver como su madre lo estaba protegiendo; aunque su bebé se hubiera convertido en un hombretón que la doblaba por lo alto y por lo ancho, el instinto de madre seguía ahí, intacto.

—Es muy bello lo que dices, madre. Gracias. Aunque...

—No hay aunques. No has hecho más que empezar tu carrera. Quizás, bajo la influencia de tu padre, te has centrado en hacer dinero. Pero no es el fin de trayecto. Lo mejor de tu vida está por venir...

Iwan la abrazó. La abrazó porque no sabía muy bien como responder; también, por ocultar el agua que le había venido a los ojos. La ceguera, la locura de su madre lo enternecía. Su madre había sido abandonada por todos, por su marido, por el gobierno, por el partido, y hasta por él mismo, por su hijo. La vida le había pasado de largo; sin más alternativas, se había ido pudriendo sola en aquel modesto apartamento en Glodok. Y sin embargo allí estaba, con más ideales que nunca, como si nada la hubiera herido.

ഓരു ഓരു ഓരു ഓരു ഓരു ഓരു ഓരു ഓരു ഓരു ഓരു ഓരു ഓരു

Parte de las diferencias de percepción entre Iwan y su madre se debían a una diferente comprensión de la naturaleza humana. Los ojos de la madre de Iwan veían incansablemente la esperanza, la posibilidad de mejorar. Los ojos de Iwan, los ojos que había heredado de su padre, veían las dentelladas que los hombres se hacían entre ellos, la naturaleza *hobbesiana*, el hombre siendo el lobo del hombre, y en un medio agresivo calibraba constantemente las cosas en términos de pérdida o ganancia.

Aquellas percepciones tan extremas se debían a crecer en un mundo lleno de extremos como Asia, lleno de la posibilidad de construir y generar progreso, y también lleno de explotación, miseria y sordidez. Ocasionalmente, hay oportunidades para mejorar las cosas y el mundo da un paso adelante, y ocasionalmente, las elites —en su ilimitado afán de lucro— hacen las cosas realmente mal y generan terribles catástrofes sociales. La mayoría de las personas sobreviven como pueden, defendiendo sus intereses en el lado del mundo que les ha tocado nacer.

Y hablando de la mezquindad de algunos individuos, Chowdhury iba en el gran coche oficial de la ONU por la avenida Jalan Thamrin. Había salido antes de la hora de la Oficina de la ONU, y se dirigía a su club, conducido por un chófer, a jugar al tenis y luego cenar en el lujoso buffet con un grupo de empresarios indios, a los que conduciría luego a su casa en el coche oficial de la ONU, para impresionarlos. Sentado en la parte de atrás del auto, estaba mirando el periódico del día que se llevaba prestado de la Oficina, pues no gastaba dinero en prensa. "La ONU advierte la necesidad urgente de planes de emergencia social", gritaba el titular.

No lo podía creer. Después del incidente provocado por la información no autorizada de aquellos consultores, había corrido a su despacho a preparar un comunicado de prensa en caso de que pasara lo peor, que era lo que había sucedido: Nueva York dando el visto bueno a una información alarmista que podía generar el pánico social. Chowdhury venía de una familia *brahman*, la casta más alta en la India e, inconscientemente, consideraba su rol mantener la armonía del status quo. Por ello había preparado un comunicado de prensa desmintiendo la información pesimista de aquellos sondeos y reafirmando la estabilidad de Indonesia.

Sin embargo, no sólo su texto no había sido publicado, sino que además aquella información estaba en primera página. Había llamado a su contacto en la agencia que controlaba las noticias, Indoprom, un empleado indonesio de origen hindú, pidiéndole explicaciones de lo sucedido. "Lo siento, mucho", había respondido su compatriota de sangre "La orden ha venido de lo más, más alto".

Volvió a mirar el titular: "La ONU advierte la necesidad urgente de planes de emergencia social". ¿Por qué tendría el gobierno ahora interés en programas sociales, cuando nunca les habían atraído mucho? Quizás estaban intentando desviar la atención de otros asuntos. Sí, claro estaba, aquél era el objetivo, desviar la atención de los asuntos importantes. Y aquella pequeña zorra de consultora se creía que tenía razón. Menos mal que tenía al muchacho árabe, Yanni Ben Younes. Un tipo mucho más razonable y flexible. Con él sí podría trabajar.

ഇരു ഇരു ഇരു ഇരു ഇരു ഇരു ഇരു ഇരു ഇരു ഇരു ഇരു ഇരു

Amanecía. Iwan estaba acostado en la cama, en ese entresueño que ocurre cuando ya hay luz pero aún es demasiado pronto para levantarse. Era esa hora de la mañana en la que deseaba más que nada estar con una mujer.

Luego de dar vueltas entre las sábanas un rato, en ese vaivén entre la vigilia y el sueño, se levantó. Miró por la ventana, pensativo, mientras se hacía un té en su suite del Hotel Pancasila.

—Aquí Iwan Bolkiah —dijo con voz aún dormida, después de marcar el número de recepción— ¿podría decirme si Joana Arteaga está en el hotel?

—No, señor, *Miss* Arteaga está fuera del país, llega mañana —contestó el mozo, muy servicial, pues Iwan era famoso en el hotel por su generosidad— Exactamente llega en el vuelo TG 434 de Bangkok, ha encargado que el minibús del hotel la recoja del aeropuerto...

—Muchas gracias. Dígame su nombre por favor, y luego cuando baje le daré una propina...

En Asia nunca hay secretos. Lo que Iwan no sabía es que su informante iba, a su vez, a delatarlo a Dewi Subianto, que también pagaba buenos sobornos.

ᔥᔥᔥ ᔥᔥᔥ ᔥᔥᔥ ᔥᔥᔥ ᔥᔥᔥ ᔥᔥᔥ ᔥᔥᔥ ᔥᔥᔥ ᔥᔥᔥ ᔥᔥᔥ ᔥᔥᔥ ᔥᔥᔥ

Aterrizaron en el aeropuerto de Sukarno-Hatta en Yakarta. La prensa internacional ya había llegado. Joana, Klaus y Yanni se quedaron paralizados al leer los titulares:

"COREA DEL SUR EN CRISIS"
"LA CRISIS FINANCIERA ARRASA COREA"
"COREA NECESITA MÁS DE $100.000 MILLONES"

Compraron los periódicos y los leyeron deprisa haciendo la cola del control de pasaportes. Mientras esperaban las maletas, no pudieron dejar de comentar lo terrible del contagio de aquella crisis, que estaba afectando ahora no sólo a países pobres, sino también a ricos, como Corea del Sur.

Al pasar la aduana, Joana vio que alguien esperaba con su nombre escrito en un folio. Pensó que era el transporte del hotel, pero el hombre le dio una tarjeta, sin hablar. Era una tarjeta de visita. En su reverso estaba escrito a mano, con letra elegante: "*Ven a Batavia*".

El corazón le dio un vuelco. ¡Iwan Bolkiah!

No se habían vuelto a ver desde aquella noche en el Café Batavia, Joana había estado muy ocupada con los resultados de los primeros sondeos y la primera misión a Bangkok. Tampoco Iwan había dado señales de vida, y Joana, acostumbrada a los desencuentros, no le había dado más importancia. Suponía que él tenía una vida personal concertada, recordaba una mujer muy bella el día de la conferencia de prensa, así que tomó aquella noche en la parte antigua de la ciudad como un extraño momento mágico. Pero ahora aquella tarjeta la llamaba. Se volvió hacia Klaus y Yanni.

—No es el transporte del hotel, debe estar adelante. Es un antiguo colega que está de paso en Yakarta —mintió— Os voy a pedir un favor. ¿Podéis llevarme la maleta al hotel y dejarla en consigna? Yo llegaré más tarde.

—Sin problema... —dijo Yanni, con aquella sonrisa cotilla que a veces tenía.

El chófer la guió fuera de la terminal del aeropuerto, hacia el parking. Iwan Bolkiah esperaba fuera de un auto de lujo, leyendo el periódico. Cuando la vio acercarse, la recibió con una gran sonrisa. Joana también sonrió.

—¿Me dejas llevarte a Batavia? —dijo Iwan, abriendo la puerta del Jaguar.

—Encantada.

Entraron al coche. Cada uno sintió la tensión creada por la proximidad del otro.

—Tú que sabes de finanzas —dijo Joana, finalmente— Cuéntame que es lo que realmente ha pasado en Corea...

Pero el lenguaje no-verbal era otro. Sonreía, y sus ojos decían: "Estoy tan contenta de verte otra vez". Iwan sintió dentro de él aquella energía positiva y se sintió mejor de lo que se había sentido en mucho tiempo.

—Corea —dijo, hipnotizado por los grandes ojos castaños de Joana— Corea...

—Sí, Corea del Sur, ya sabes, la crisis...

—¡Ah, Corea! —suspiró levemente— Sí, bueno, ya habrás leído los periódicos, han atacado el *won*, la moneda coreana, y el Banco Central en Seúl ya no tiene reservas suficientes para apoyarlo.

—Perdona mi ignorancia —dijo Joana, interesada— pero cuando dices "han atacado el *won*", ¿quiénes son "ellos"? ¿quién realmente ha atacado el *won*?

—Los inversores —respondió Iwan aún sonriendo, fascinado por aquellos ojos— Cualquier persona que compra o venda *wons* por el motivo que sea; por ejemplo, coreanos o extranjeros vendiendo sus acciones en la bolsa de Seúl porque temen que el *won* vaya a caer más y no quieran perder su inversión.

—¿Y las acusaciones del Primer Ministro de Malasia? Mahathir dice que la caída es causada por especuladores —Había habido manifestaciones en Kuala Lumpur y se habían quemado efigies de George Soros.

—Son parcialmente correctas, es sólo una diferencia de tiempo: hay inversores a largo plazo y otros a corto plazo. A éstos se los puede llamar especuladores, sobre todo a los que como Soros apuestan muchos millones en transacciones de cortísimo plazo, a ver cómo evoluciona la moneda, desestabilizando aún más el cambio. Pero la clave no es sólo esa. El problema general es el pánico financiero que se crea por el efecto rebaño, todo el mundo se tira a vender *wons* desesperadamente y el valor de la moneda cae de la noche a la mañana, como pasó con la rupia indonesa... Oye —dijo súbitamente, cambiando de tono— ¿hemos de hablar de estos temas otra vez? Porque si es así, te voy a cobrar por horas...

Siguieron hablando de tonterías, la verdadera conversación transcurría sin palabras, aquella energía que fluía entre ellos, intensa, imparable.

Finalmente el chófer se detuvo en los muelles, junto al mar. Joana bajó del auto y se quedó hipnotizada por la escena. La luz dorada de la tarde teñía el mar de un azul intenso, como el mar Mediterráneo que la había criado. Aquella escena la transportó a otro tiempo y otro lugar.

Había muchos barcos atracados en el muelle, y no eran barcos modernos, sino barcos de madera de formas orientales, llamados Bugis Pinisi. De ellos salían hombres con el típico gorro cónico de paja, descargando troncos, fardos y bultos. Podía ser una escena del siglo XVIII o del XIX, de las novelas de piratas de Salgari que Joana leía de pequeña.

"Es un pirata", se dijo Joana. "Eso es lo que es Iwan Bolkiah, un pirata moderno".

Iwan subió al lateral del muelle y le ofreció la mano para ayudarla a subir. Joana la tomó y se situó junto a él, arriba. El aire les azotaba, como queriéndoles arrancar la ropa, haciéndoles sentir sus cuerpos. Iwan no le soltó la mano; se la cogió más fuerte. Joana sintió que se despertaba su lado más femenino. Se quedaron allí un rato, disfrutando de aquella escena.

—¿De dónde vienen esas maderas que descargan?
—Probablemente de Kalimantan, en Borneo.

"Claro", se dijo Joana. "De dónde iban a venir, en este escenario de Salgari, sino de Borneo".

—Y tú ¿vienes también de allí? ¿De Sarawak, de Labuán, de Mompracem...? —preguntó Joana, evocando a uno de sus héroes infantiles, el pirata Sandokan.

—No, me temo que no —contestó él sin comprender exactamente por qué le hacía aquella pregunta, y dándole un vistazo al Jaguar.

Ella volvió también la mirada, y vio el auto. Sintió que debía decírselo.

—Iwan, sabes que te agradezco que hayas tomado un cochazo de ese calibre, pero... bueno, otra vez, por favor, por mí no lo hagas. Es elegante, pero un poco ostentoso, y por mi trabajo... en fin, no puedo dejar de ver la pobreza. Mira —señaló la villa miseria de Sunda Kelapa junto al puerto, donde imaginaba que vivían muchos de los estibadores— No puedo dejar de pensar en por qué tenemos la suerte de estar aquí, disfrutando de la tarde, en vez de ser uno de esos hombres descargando troncos. El coche me hace sentir incómoda; si no te molesta, por favor, despídelo.

Iwan sonrió. Joana no se había dado cuenta de que el Jaguar era su propio auto, debía pensar que era un coche con chófer alquilado del aeropuerto. Dudó un momento ante la sugerencia de Joana, pues encontrar transporte allí no sería fácil. Además, aunque ni Iwan ni el chófer habían notado que los siguieran hoy, muchos días sí lo eran. Pero no quiso asustar a Joana, los extranjeros no están acostumbrados a estas cosas. Así que le hizo señas al chófer de que se fuera.

—Ahora, a solas conmigo en este muelle, estás condenada a oír mi historia.

Joana lo miró, invitándolo a hablar. Sabía que Iwan necesitaba ayuda, lo había notado desde el día que vino a buscarla a la habitación.

—El otro día, tú querías que yo te contara cómo funcionan los negocios en Indonesia. Ahora soy yo quien necesita hablar, y alguien inteligente que me escuche.

—Adelante, dispara.

— Es como el crack del 29, luego de los locos años 20...

Iwan explicó los locos años 90 a Joana. Había sido un frenético charlestón de inversiones precipitadas y delirantes, debido a un montón de capital flotante extranjero que —sobre todo después de la "crisis de la tequila" en México— nadie sabía dónde invertir. Sin conocer la realidad de Indonesia, inversores americanos, australianos, europeos y japoneses habían puesto su dinero en cualquier cosa, en empresas militares, en construcción de apartamentos y centros comerciales de lujo, en proyectos incongruentes y estrafalarios de cronys. Gente como Iwan había tomado préstamos en dólares, convirtiéndolos en rupias y prestándolos a su vez a compañías indonesas, frecuentemente a los amiguetes enchufados de Suharto.

Iwan había subido como la espuma del champagne, amasando una fortuna superior a la de su padre en muy pocos años. Joana imaginaba lo que él no le contaba: con tanto dinero fácil, debían haber sido años no sólo de inversiones alocadas, sino también de fiestas trepidantes y *dolce vita*. Pero todo aquello había acabado, se había derrumbado de la noche a la mañana al caer la rupia.

—...así que ahora mi situación es desesperada. Estoy endeudado en dólares, que han subido enormemente de valor, y ni siquiera me pagan lo que me deben en rupias.

—Iwan, yo no soy la persona adecuada para aconsejarte, deberías hablar con expertos financieros, con abogados, con...

—Ya lo he hecho. Todos vienen con mediocridades, nada substancial. Nadie sabe nada, es una situación excepcional en Indonesia. Una caída libre.

—De acuerdo, pero hay temas que quizás estén más claros como, perdona que sea tan franca, el riesgo que tienes de ser llevado a tribunales por no pagar tus préstamos en dólares ¿Qué dicen las leyes al respecto?

—Ah, la ley en Indonesia... cómo se nota que vienes de fuera... La ley debería protegerme a mí también, teóricamente yo podría reclamar el colateral de mis préstamos. Pero vete y pide que me den parte de un conglomerado de empresas militares. Sé que no va a pasar, jamás me lo van a dar. Antes, me harían asesinar...

Miró a Joana de refilón, harto de la ingenuidad de los extranjeros. Joana pudo leerle el pensamiento, y le contestó irritada:

—Quizás vengo del país de los cuentos de hadas, pero he experimentado otras crisis financieras, no nací ayer, estaba en América Latina cuando la crisis de la deuda externa en los ochenta, y veo enormes similitudes. Allí, después del temporal, se destapó un montón de mierda, mangoneos cronys. Como era de esperar, los enchufados cronys de primera categoría aún siguen libres, pero alguna gente cayó, fueron los chivos expiatorios.

Esta vez sí atrajo la atención de Iwan.

—Supongo —siguió Joana— que aparte de las operaciones financieras que me cuentas, también habrás realizado otro tipo de negocios. Ilegales, me refiero. No, no, no quiero que me cuentes la verdad, ni que me desmientas nada. Dejémoslo así, como una suposición, prefiero no saber esa parte de ti. Lo que estoy intentando decirte es que existe el riesgo de que comience una caza de brujas. La situación es muy inestable y me temo que puede pasar de todo. Necesitas un "plan B", en el peor de los casos, la opción de irte, salir del país.

Se detuvo, preguntándose que hacía ella, un oficial de las Naciones Unidas, aconsejando a un filibustero que evadiera la ley.

—Mira —siguió, irritada consigo misma— la verdad es que no te puedo aconsejar más. Como te he dicho, no soy la persona adecuada. Aunque supongo que no hay ningún riesgo para alguien como tú, con todos tus contactos. Imagino que la familia Bolkiah es una estirpe de rango en Indonesia...

Iwan se la quedó mirando, atónito.

—Joana, ¿estás ciega?

—¿Qué quieres decir?

—¡Por Dios! No te has dado cuenta...

La cogió por los hombros, de manera que pudiera ver bien sus rasgos.

—Joana, mírame bien. ¡No soy indonesio!

—¿Cómo? ¿Que no eres indonesio...?

—No. ¡Soy chino!

Joana se fijó en el color de la piel, más claro que en la mayoría de los indonesios; en los ojos, un poco más oblicuos; en las facciones, un poco más angulosas. Todo eran pequeñas diferencias, tan pequeñas para un extranjero, que Joana no había podido verlas.

—Chino... —aún no daba crédito a sus ojos.

—Mi verdadero nombre es Yuan Chang. Como muchos, cambié mi nombre, los chinos no somos apreciados en este país; bueno, ni en éste ni en ninguno del Sudeste Asiático. Somos los judíos de Asia. Iwan era lo más parecido a Yuan.

—Pero has nacido en Indonesia, ¿no?

—Soy tercera generación. Mis abuelos por parte de padre vinieron de la Mongolia Interior, del norte de China.

"Yuan Chang", se dijo Joana, mirándolo con otros ojos.

—Y después de tres generaciones ¿no eres ya tan indonesio como cualquier otro?

—Mmm... No soy de la República Popular China, si te refieres a ello. Pero racialmente, sigo siendo diferente. Tú, siendo extranjera, no lo has notado, pero aquí cualquiera sabe que soy chino.

—¿Y cuál es tu lengua materna?

—El mandarín. Aunque sólo lo hablo con mi madre, pues aunque esté con otros chinos, en público hablamos *bahasa* indonesio.

—¿Y tu padre?

—Murió, desafortunadamente. Ojalá estuviera vivo... es la única persona que podría aconsejarme.

—Lo siento.

Se hizo un silencio. La mente de Joana reconstruía los hechos rápidamente. Así que Iwan Bolkiah pertenecía a una minoría étnica. La historia de Asia era una sucesión de hambres y guerras, y por lo tanto de gente huyendo para sobrevivir, cambiando de país cuando era necesario. Pensó en cómo la diáspora china se había dispersado por todo el mundo. Cada siglo ha tenido emigraciones de chinos al exterior; la mayoría, pobres, los famosos *coolies* chinos que como sabes eran mano de obra barata. Unos pocos salieron con capital, empresarios que huyeron de Mao y de la revolución comunista, aunque claramente la familia de Iwan, si venía de la Mongolia interior, no pertenecía a este grupo.

— Así que eres chino... perdona, aún no me hago la idea. ¿Y por qué te comparas con los judíos?

— Porque pienso que es lo más fácil de entender para una extranjera como tú. En general, los chinos, como los judíos, tienen una ética del trabajo que los hace tener éxito en los negocios, y por ello son envidiados.

—Ya... Y aquí, en Indonesia ¿viven todos en hoteles, como tú? — ironizó Joana.

Iwan la miró.

—Vas a ver cómo viven con tus propios ojos —la cogió otra vez de la mano— Ven.

Salieron del muelle. Por la carretera del puerto pasaban pocos autos. Iwan divisó el color naranja de un *bajaj,* una especie de motocarro de tres ruedas que se utiliza como taxi, con dos plazas detrás para pasajeros, como los *tuc-tucs* tailandeses. Afortunadamente iba vacío. Iwan negoció un precio con el conductor y subieron. La moto arrancó con un ruido estrepitoso; en la parte de atrás el zumbido del motor era ensordecedor.

—¿Vas bien?

—¡Me encanta! —respondió Joana, gritando para que la oyera; ya había tomado varios desde que estaba en Yakarta, pero siempre le hacía gracia volver a montar.

Notó el calor de la pierna de Iwan rozando la suya en aquel espacio tan pequeño. Iwan se volvió y pasó su brazo por detrás de los hombros de Joana, sonriendo. Joana se quitó el pelo de la cara, y le sonrió también. La suspensión del *bajaj* era terrible y a cada socavón en la carretera, que en Yakarta eran muy frecuentes, se caían uno encima de otro. Pasaron por los antiguos astilleros holandeses, pasaron por el canal de Kali Besar donde habían estado la otra noche, pasaron por la plaza Fatahillah, el Café Batavia y la estación de trenes de Kota. Tantos socavones, tantas caídas del uno sobre el otro; aquel trayecto resultó ser el más erótico que Joana había hecho nunca en su vida.

—¡Mira! —gritó Iwan— ¡Antiguas casas chinas!

En medio de unos edificios modernos, en una avenida concurridísima, estaban aquellas casitas antiguas, casi dilapidadas, terriblemente estrechas y sólo de dos pisos, con sus tejados de teja y sus persianas de madera despintada. Luego, Iwan le explicaría que en la parte de arriba vivía la familia, hacinada en un par de habitaciones, y la parte de abajo solía ser el comercio.

Estaban en Glodok, la parte china de Yakarta, en su lado más antiguo y pobre. El *bajaj* se metió por unas calles estrechas detrás de Pasar Glodok, y de pronto paró. Iwan ayudó a Joana a bajar, y pagó al taxista.

Iwan apuntó a la derecha. Era la entrada a un templo chino. Estaba pintado con aquellos colores estridentes que les gustan a los chinos: el rojo que simboliza vida, energía y felicidad; el dorado, que significa autoridad, poder y prosperidad; y el azul celeste, que significa longevidad y armonía. Pero aquella zona de Glodok era muy pobre y no parecía tener dinero para pan de oro, así que lo dorado había sido pintado con color amarillo, lo que daba un aspecto bastante barato.

—Es Viraha Dharma Bhakti, uno de los templos más antiguos de Yakarta. Claro que ése no es su nombre de verdad, sino Yin-de Yuan, pero como a todo en Indonesia, tuvieron que quitarle el nombre chino original.

—Parece muy nuevo —comentó Joana, que no podía quitar los ojos de aquel amarillo casi fosforescente.

—Mmm, claro, ha sido quemado y reconstruido varias veces, los *pogroms* chinos son un deporte nacional...

Entraron. El patio estaba lleno de ancianos chinos, que pasaban allí la tarde con sus nietos. Iban vestidos muy modestamente, con camisas azul pálido y chancletas, y muchos se apoyaban en bastones de madera en silencio, mientras los niños jugaban y se revolcaban por el suelo.

Iwan la guió dentro del templo. El templo tenía varios edificios, que estaban oscuros por dentro. La principal iluminación venía de unos farolillos rojos colgados del techo y de un sinfín de cirios rojos y dorados. Joana se acercó a ver los Budas, protegidos por cristales. Budas gordos y Budas delgados, Budas de porcelana, de piedra, dorados... Alguna gente les rezaba. El olor a cera y a incienso llenaba de paz y espiritualidad el templo, como si estuviera lejos del caos y bullicio de las calles de Yakarta.

Iwan la llevó a un rincón. Bajo un neón roñoso, un vejete vendía incienso y unas botellas de grasa, que se podían verter dentro de unos contenedores de vidrio que tenían una mecha ardiendo, como si fueran velas gigantes. Iwan le compró incienso. Fue la primera vez que Joana lo oyó hablar en su lengua materna.

—Toma —le dio un montón de barritas de color fucsia.

—¿Qué hago con ellas?

—Ven.

Salieron al patio. A un lado había una pequeña pagoda y, en su centro, una escultura con forma de una gran flor de loto blanco y rojo. La parte superior era una cuba dorada que contenía las cenizas de millones de inciensos.

—Reza y pide un deseo.

Encendieron el incienso. Iwan cerró los ojos y se llevó el incienso a la cabeza, entre sus manos, golpeando las barritas fucsias rítmicamente en su frente. Joana lo imitó lo mejor que pudo. Iwan repitió la acción varias veces, debía estar pidiendo su deseo con mucho fervor. Al terminar, clavó las barras de incienso en medio de las cenizas. Joana siguió imitándolo, con respeto, no sin dejar de pensar en la infinidad de deseos que debían estar ahí dentro, enterrados entre las cenizas de todos aquellos inciensos.

—Me parece que sé lo que has pedido... —susurró Joana, conociendo lo preocupado que estaba por su situación financiera.

—Exactamente... —sonrió Iwan— Ven, ahora vamos a pasar por el mercado, y tomaremos algo.

Joana se dejó llevar. El mercado consistía en puestos ambulantes en los laterales de un sinfín de callejuelas. Algunas calles parecían de villa miseria, con sus casas-chabolas de chapa y madera. Aquel laberinto estaba oscuro. Habían atado plásticos usados de distintos tamaños y colores a las paredes de las casas, de lado a lado de la calle, como si fueran toldos, para proteger a los vendedores del sol aplastante de los trópicos, sólo que no eran bellos toldos italianos sino bolsas de cemento y otros productos industriales. Iwan y Joana se adentraron en el laberinto. Dentro, innumerables vendedores ambulantes comerciaban todo tipo de productos: huevos de tortuga, aumentadores del busto, monos vivos, frutas, maquillajes, plásticos, ancas de rana, esponjas de mar, cohetes y fuegos artificiales...

Salieron a una calle más grande, ya sin cubrir por los toldos de plástico. Estaba anocheciendo. Siguieron andando, por calles más modernas pero igualmente abigarradas. Joana estaba fascinada viendo aquel barrio. Finalmente Iwan se detuvo ante unas mesitas donde la gente comía en platos de plástico.

—¿Te parece si cenamos "al fresco"?

—Me parece estupendo —sonrió Joana.

Iwan se acercó a uno de los chiringuitos, saludó al dueño, un anciano chino, que igualmente bajó la cabeza y presentó sus respetos a Iwan. Hablaron tan discretamente en mandarín que Joana casi no pudo oírlos. Un chico joven vino y limpió una de las mesas de railite corroídas con un trapo mugriento, ofreciéndoles que se sentaran. Los taburetes eran de plástico de color rojo, muy pequeños; era casi como estar en cuclillas.

—Ya verás, nos va a preparar un plato chino especial, *hotpot*.

—Dime, el local es chino, ¿verdad?

—Sí, claro —Iwan se dio cuenta de que Joana se había percatado de la falta de letreros chinos— Está prohibido por ley, por eso no has visto caracteres chinos en ningún sitio. También está prohibido celebrar ninguna fiesta tradicional. Y por su puesto todas las escuelas chinas, periódicos y publicaciones fueron expropiadas y cerradas.

—Increíble, aún en 1997...

Trajeron una cerveza de medio litro y un par de vasos rayados de tanto lavarlos. Iwan le sirvió.

—Este país es un *hotpot* de razas y culturas, una mezcla de gustos igual que el plato que vamos a comer. Aparte de más de trescientos grupos étnicos, has de añadir las minorías emigradas: árabes, chinos, europeos e hindúes. A veces, han vivido en paz todos juntos; a veces, se han matado los unos a los otros. Eso es normal en la historia del mundo. La diferencia es que en Indonesia, en pleno siglo XX, se sigue matando. Particularmente, represiones contra disidentes políticos y *pogroms* contra tribus indígenas y comunidades chinas.

—¿Por qué las chinas, y no las hindúes o las árabes?

—¡Ah! ¿Por qué el racismo? No lo sé, yo no soy racista. Una mezcla de envidia y temor. Como te decía, los chinos son muy trabajadores, cómo no se pueden meter en política porque no les es permitido, ponen todas sus energías en los negocios y terminan haciendo dinero.

—Quizás —dijo Joana, mirando a su alrededor— Pero en la zona en que estamos ahora tienen muy, muy poco dinero.

—Por supuesto, no todos los chinos se hacen ricos. Sólo unos pocos llegan arriba. Te lo comenté el otro día, los principales grupos de poder en Indonesia son los Suharto, los militares y los empresarios chinos.

Joana se dio cuenta de que era verdad, se lo había explicado, pero de alguna manera no le había dado importancia a este hecho.

—¿Cuál era el nombre del empresario de *Indofood,* el que fabrica todas las galletas que me como en la habitación del hotel? —preguntó con fingida inocencia.

Iwan sonrió ante aquel infantilismo y la miró con ojos de lobo.

—Liem Sioe Liong, te dije el nombre chino a propósito —contestó, fijándose en los labios de Joana y pensando en lo que le gustaría morderlos.

—¿Quieres decir que también se ha cambiado el nombre?

—Su nombre oficial es Sudono Salim. Todos los chinos de Indonesia se han cambiado el nombre pues es parte de la política de "asimilación" de Suharto —se detuvo— Excepto mi madre, que nunca quiso utilizar otro nombre.

—Brindo por tu madre.

—Te la he de presentar, creo que os vais a caer bien.

Iwan levantó el vaso y dio un pequeño toque al de Joana, muy discretamente. En los países predominantemente musulmanes todo lo relacionado con el alcohol se hace de manera comedida. La parte respetuosa de ella le siguió el juego, brindando por su madre con extrema moderación. Pero otra parte de ella se estaba amotinando ante tanta represión aceptada. Había visto represión en muchas personas y países, incluido el suyo, comprendía bien la tensión entre aceptación-supervivencia y rebelión, pero no por ello compartía el consentimiento aséptico de Iwan, ese tono impasible que utilizaba para explicar todas las perrerías que hacían en su país. Es más, le irritaba.

Pensó que ya era hora de cambiar de tema. No pudo evitar una pequeña trasgresión. Se quitó el zapato y puso su pie sobre el de Iwan. El sintió inesperadamente la pierna de ella juntarse a la suya y sonrió. Joana también sonreía, mirándolo con sus ojos grandes, ahora provocadores.

Trajeron el *hotpot,* una cacerola de caldo con una pequeña llama debajo para mantenerlo hirviendo. Separaron sus piernas rápidamente, mientras el anciano chino les servia un montón de pequeños platos con espinacas, brotes de soja, tofu, trocitos de pollo, gambas, lechuga, lonchas de carne, rodajas de calamar, bolas de pescado, chiles, arroz y hasta un huevo. Era una comida estupenda y sin reglas: uno echaba lo que le apetecía dentro del caldo y luego lo pescaba con una red y se lo servia en su cuenco.

—Iwan... —dijo Joana— Por cierto, ¿debo llamarte Iwan o Yuan?

—Puedes llamarme como quieras, la verdad es que ahora mi nombre me importa muy poco. Me interesa mucho más tu pie.

—Ah, el pie… ¿No te enseñaron de pequeño que el *hotpot* no se come con los pies? —y añadió, mientras pelaba una gamba— El pie tiene que ver con la trasgresión, con que las cosas pueden ser de otra manera.

—¿De verdad? No me digas… —contestó él irónicamente.

Podría haberse burlado de aquella necesidad de Joana de intelectualizarlo todo, pero era demasiado inteligente para eso, no queria que se volviera a crear una distancia entre los dos como la noche del café Batavia. Así que que le siguió el juego. Cogió el huevo de uno de los pequeños platos y se lo enseñó.

—¿Qué más da si llamamos a esto "huevo" o de otra manera? No deja de ser lo que es. O mira a ese niño...

Ywan señaló a un niño chino pequeño, de unos cuatro años. Estaba solo, su madre debía trabajar en uno de los chiringuitos. Joana se fijó en él, había algo mágico en aquella imagen. El niño chino jugaba entre las mesas con una nave espacial de plástico, moviéndola en imaginarios viajes interestelares con su manita.

—¿Qué más da si ese niño se llama Iwan o Yuan?

—Pues sí importa, es una cuestión de principios ¿por qué nadie tiene que prohibirle llamarse Yuan, si es el nombre que su madre le dio?

—No, en el fondo, no importa, los nombres no son importantes. Vosotros los occidentales lo veis todo con otros ojos. La gente es muy sufrida en Asia, aprende a sobrevivir a pesar de las elites que la gobiernan.

De nuevo la parte respetuosa de Joana comprendía, y su otra parte sentía irritación. Irritación, tensión, pelea, deseo, atracción… ah, esa extraña quimica. Joana supo que podía enamorarse de él. Lo miró a los ojos. Quizás ya lo había hecho.

Pero Iwan estaba ausente, con la mirada fija en un punto lejano. Joana se volvió, pero no pudo distinguir qué era lo que Iwan estaba mirando.

Iwan acababa de ver pasar a su madre, apoyada en un bastón. Al principio ni siquiera la había reconocido, en los últimos años siempre la había visto en su apartamento, donde nunca andaba tan encorvada, ni necesitaba la ayuda de aquel bastón.

La imagen de su madre cojeando lo dejó mortificado. Era una imagen fantasmagórica, sombría. Su madre que lo había criado, andando a duras penas, esforzándose por caminar. Como una alegoría del paso del tiempo, del deterioro del cuerpo, de la soledad en la vejez.

Aún sorprendido por aquella aparición, comenzó a preguntarse qué hacía su madre por la calle, sola, a aquellas horas. Conociéndola, sencillamente le habría venido en gana salir a pasear en el fresco de la noche. Iwan temió que algún día tuviera un incidente, podían atacarla y robarla, y le disgustó que no se cuidara. Claro que, ¿por qué y para quién iba a cuidarse, si estaba tan sola

Volvió a mirar la figura de su madre en la distancia, cojeando lentamente, hasta que la vio desaparecer en la oscuridad. Aquella imagen de vejez lo llenó de una tristeza tan profunda que le amargó el resto de la noche.

ഇന്ന ഇന്ന ഇന്ന ഇന്ന ഇന്ന ഇന്ന ഇന്ന ഇന്ന ഇന്ന ഇന്ന ഇന്ന ഇന്ന

Cuando Joana entró en su nueva habitación en el Hotel Pancasila, sola, arrastrando su pequeña maleta, sintió ganas de llorar. No sabía que había pasado. De pronto, Iwan Bolkiah parecía haber perdido todo interés por ella. Habían tomado un taxi y vuelto al hotel, Iwan parecía completamente abatido y no quería hablar.

Ni siquiera había podido darle el número de su habitación, pues no lo tenía, su maleta estaba en consigna donde Yanni se la había dejado y aún no se había vuelto a registrar en el hotel. Iwan se había excusado, por supuesto después de darle las buenas noches cortésmente, dejándola sola en recepción.

Otro desencuentro más en su vida.

Los dioses chinos no le habían concedido el deseo que había pedido en el templo de Glodok: Iwan.

Llamaron a la puerta. Un botones trajo su otra maleta más grande, guardada por el hotel, la que tenía la mayoría de sus cosas y no se había llevado a Bangkok.

Comenzó a guardar los contenidos de las maletas, mecánicamente. Que vida más absurda, pensó, haciendo y deshaciendo maletas todo el rato. Llevaba tres meses llevando la misma ropa sin parar, lavándola y relavándola...

Se sentó sobre la cama. Se sentía como la ropa, usada y cansada. Vio una cucaracha pasar lentamente a lo lejos. Sacó un spray insecticida de la maleta, pero de pronto sintió pena por el animal. La cucaracha parecía arrastrarse con dificultad, sola y cansada, como ella misma... En vez de matarla, sacó una bebida del mini-bar.

—A tu salud, cucaracha solitaria... —dijo, dando un sorbo de la pequeña botella de alcohol.

 Siguió con la maleta, pensando que debía olvidarse de Iwan Bolkiah y concentrarse más en el trabajo, pues los hombres no parecían apreciarla. Joana sólo valía en el trabajo, era lo único que parecía hacer bien. Y era lo único importante, intentar ayudar a la gente en aquella crisis que había saltado de Tailandia, a Malasia, a Filipinas, a Indonesia, a Hong Kong y ese mismo día a Corea.

Su investigación en Indonesia iba bien. Repasó mentalmente, intentando alejar definitivamente el recuerdo de Iwan. En Tailandia quedaba mucho por hacer, todo lo duro.

En Filipinas, el Banco Asiático de Desarrollo estaba haciendo un estudio parecido. Habían quedado en que Klaus iría a Manila para enseñarles la metodología que utilizaban. Perderían unos días del tiempo de Klaus, pero merecía la pena. Luego tendrían tiempo para concentrarse en Tailandia.

Se dijo que no había peligro de que Janette Peres la llamara para pedir que extendieran su trabajo en Malasia, Hong Kong o Corea. El gobierno de Mahathir había declarado que no quería ningún organismo internacional en el país. Y en Hong Kong y Corea las Naciones Unidas no trabajaban, al ser países ricos.

Qué absurdo, pensó. Pues seguro que los impactos sociales de la crisis iban a ser también muy graves en un país como Corea, tal como lo fueron en la América de la Depresión.

Fué entonces cuando se le ocurrió la idea.

ဃလ ဃလ ဃလ ဃလ ဃလ ဃလ ဃလ ဃလ ဃလ ဃလ ဃလ ဃလ

Dewi también tuvo una idea.

Había estado dándole vueltas a todo. Debía recuperar a Iwan como fuera. A su edad, a sus ya veintinueve años, no tenía otra alternativa en la vida que hacer honor a la promesa de matrimonio que había entre ellos y casarse con él.

Había oído que el sexo decae en todos los matrimonios con los años. Eso es lo que parecía haberles pasado a ellos. Excepto por un pequeño detalle, que aún no estaban casados. Debía resucitar la pasión entre ellos como fuera. Por ello iba a tirar del último recurso. Iba a comprar *jamu* de una de las hechiceras *jamu gendong*. Las mujeres vendiendo pócimas de *jamu* pasaban por las casas periódicamente, con sus pesadas cestas llenas de botellas de líquidos correosos. El *jamu* era muy popular. En las zonas rurales, el *jamu* hacía un gran papel como medicina alternativa. Había *jamu* para todo, remedios para cualquier mal, desde la artritis hasta el estreñimiento. Pero sobre todo, el *jamu* era para la sexualidad.

En Menteng, las mujeres venían de la estación de tren de Gundangdia. Dewi había informado al servicio que quería hablar con una cuando viniera, y les dio una propina para que no informaran a sus padres.

—Señorita Dewi —la criada llamó suavemente a la puerta— Señorita Dewi, la mujer *jamu gendong* está abajo...

—Gracias, Lanni.

Dewi bajó. La mujer estaba sentada en la cocina, en la parte de atrás de la casa, bebiendo un vaso de agua. Era de mediana edad, vestía *sarong* y llevaba el pelo descuidadamente atado atrás, para refrescarse en el duro trabajo de acarrear la pesada cesta de *jamu* de casa en casa.

Se saludaron y Dewi explicó el problema.

—Ah... —dijo la mujer, sacando una botella con un líquido verdoso— Aquí tengo una pócima infalible que vuelve la vagina estrecha... ¿Cuántos hijos tienes?

—No, no —negó Dewi con malestar, pues a su edad ya debería haber tenido hijos— Ése no es el problema. El problema es que él parece tener otras cosas en la cabeza y...

—Mmm... Lo que quieres es algo que lo vuelva loco de pasión por ti...

—Exactamente. Para siempre.

La mujer buscó en la cesta, como si tuviera allí algo muy valioso. Finalmente sacó otra botella, con una pócima turbia del color del barro.

—Aquí está... Extracto de cobra, sudor de semental, gingseng, sanrego, y otros ingredientes secretos.

—¿No le pasará nada malo, verdad?

—Ya lo verás... —sonrió la mujer, pícaramente.

Le compró una doble dosis de la pócima, ya que Iwan era tan grande y estaba tan distante. Las guardaría para una ocasión especial. Luego despidió a la mujer amablemente. Volvió a su habitación y se tumbó en la cama. Aún estaba nerviosa, era la primera vez que hablaba con una de esas mujeres.

Suspiró, mirando la pócima. Lo que había que hacer por Iwan. Se preguntó dónde estarían aquellos hombres del pasado, los que abusaban de las mujeres...

ഇൻ ഇൻ ഇൻ ഇൻ ഇൻ ഇൻ ഇൻ ഇൻ ഇൻ ഇൻ ഇൻ ഇൻ

Iwan Bolkiah sostenía la foto de su padre en las manos. La había descolgado de la pared, de entre sus títulos, y la miraba pensativo. Apoyado en la mesa de su despacho, pensaba qué haría su padre en su situación.

Volvió a mirar la foto. Su padre, enorme, estaba junto a él, los dos muy serios, rodeados de hombres de negocios y oficiales de los Ministerios de Industria y Finanzas. Sonrió, recordando cómo él había intentado imitar aquel aire desafiante. Fue una de las primeras veces que pudo hacerlo, pues a los veintipocos años su cuerpo cambió. Fue precisamente entonces cuando ganó la corpulencia de hombre, el parecido a su padre.

Padre... Cómo le gustaría poder volver a verlo... qué no daría.

Entró la secretaria, con un paquete.

—Lo acaban de traer, *Pak* Iwan —dijo, dejándolo sobre la mesa.

Iwan dejó el marco con la foto sobre la mesa y, aún pensativo, comenzó a desembalar aquel paquete. Fue al abrir la solapa superior que notó una resistencia; tiró y oyó *click*.

Dentro de la caja vio una granada de mano, pegada con cinta de embalar.

Se lanzó a correr a la puerta, logró llegar al dintel y saltar adelante, hacia donde estaba la secretaria. La granada explotó con un ruido atroz. Iwan se cubrió la cabeza con las manos y cayó al suelo rodeado de cristales.

El resto lo recordaba en silencio y cámara lenta. Aturdido, se levantó, sacudiéndose los cristales; sangraba por distintos sitios, pero parecían todas heridas superficiales. Notó que caía agua y miró al techo, sorprendido: eran los dispersores del sistema anti-incendios que acababa de conectarse. Confuso en medio del agua y del humo, buscó a la secretaria con la vista: había caído detrás de la mesa. Fue hasta ella y se agachó para verla. No, no estaba muerta, sólo desmayada. Decidió que era mejor no tocarla por si tenía algo fracturado.

De pronto vio una pierna junto a él y unas manos que lo cogían por los hombros. Alguien había entrado y le decía algo, pero no comprendía qué. Entró más gente, seguía aturdido, lo sacaron afuera.

Al cabo de un tiempo, no sabía si unos minutos o unas horas, llegaron los servicios médicos y la policía.

Fué la última vez que pisó su despacho. Dentro quedaron los restos de sus diplomas, años de trabajo y de suerte destrozados y perdidos para siempre.

ഇരുഇരു ഇരുഇരു ഇരുഇരു ഇരുഇരു ഇരുഇരു ഇരുഇരു ഇരുഇരു ഇരുഇരു ഇരുഇരു ഇരുഇരു ഇരുഇരു ഇരുഇരു

Era de noche. Yenni estaba agotada. Le dolían los pies, tenía las piernas hinchadas, y estaba deshidratada tras lo que había sudado las últimas horas en la carretera. Se cargó al hombro el *lang*, la caja de cartón donde llevaba todas las chucherías que vendía a los coches, y comenzó a descender por la arena al lado del asfalto, en dirección a la villa miseria.

—¡Mujer!

Yenni se asustó al oír aquella voz. Distinguió una figura en la oscuridad que se acercaba a ella. Era el *preman*. Yenni siguió andando, sin saber qué hacer, deseando ser tragada por la tierra. Notó que sus rodillas temblaban del miedo, sabía que no le esperaba nada bueno.

—¡Mujer! Si te llamo, te paras, ¿has entendido?

—Sí, señor.

El *preman* se plantó frente a ella, asustándola con su presencia, con la cicatriz que cruzaba su cara, con su actitud agresiva. Vestía una cazadora, uno de cuyos bolsillos iba muy abultado. Yenni pensó que debía llevar un arma.

—Te he estado observando, mujer. Te está yendo bien de *asongan*. Eso es, por supuesto, porque no hay nadie que compita contigo en este trozo de carretera.

—Señor, tengo tres hijos y en verdad estoy sacando muy poco...

—¡Cállate! Hablas cuando te diga, no antes ¿entendido?

—Sí, señor.

—Como te decía, eso es porque no he permitido que haya nadie en este trozo de carretera. Eso tiene un precio, un cuarto de todo lo que ganas.

—Por favor, mis tres hijos no tienen que comer... —Yenni comenzó a llorar.

—¿Te he dicho que hables o llores? —gritó el *preman*, golpeándole la cara con tal fuerza que Yenni cayó al suelo.

El *preman* suspiró. Se agachó y comenzó a poner los cigarrillos y gomas de mascar caídos por la arena dentro de la caja de cartón.

—No quería llegar a esto, soy tu compañero de negocios, no me obligues otra vez. Espero que no se haya dañado la mercancía con esta arena... No, no la toques tú que la vas a manchar.

Yenni se limpió la sangre que le caía de la nariz y se restregó la mano en el vestido barato que llevaba. El *preman* se levantó.

—Pasaré cada semana y recogeré mi parte, ya sabes, un cuarto de lo que ganas. Te he estado observando y he calculado lo que ganas así que no se te ocurra engañarme ¿entendido?

Yenni asintió desde el suelo. El *preman* la miró con dureza. Yenni sacó el dinero que llevaba encima, unos billetes arrugados que guardaba debajo de su vestido, en la ropa interior, y se los extendió con la mano. El *preman* los cogió y se los guardó, no sin hacer un gesto de asco al notarlos sudados.

—Volveré esta misma semana, mujer.

Yenni lo vio alejarse y, al pasar el peligro, comenzó a llorar. Siguió llorando amargamente mientras recogía los cigarrillos y las gomas de mascar y las depositaba cuidadosamente en la caja de cartón. Recordó cuántas veces sus hijas le habían rogado que les diera una goma de mascar, sin que nunca hubiera podido permitirse el lujo de darles una, tan poquito era lo que ganaba. Ahora, de los siete días a la semana que trabajaba duramente vendiendo chucherías en la carretera, casi dos no servían para nada, eran para el *preman*.

Capítulo 13

Jhumar intuía que estaban ya cerca. Como cada noche, había salido a la cubierta del carguero a mirar las estrellas, a pensar en Joshita que también estaría mirándolas en la noche de Bombay, a recordar a su hijo que lo guiaba a una nueva vida. Fijándose en la posición de las estrellas respecto al barco se había dado cuenta de que el buque mercante había estado yendo en zig-zag. El capitán debía estar buscando el lugar exacto para desembarcar, pensó. Debían estar cerca de la costa. Bajó al sótano a informar a Ramesh, que estaba intentando dormirse en su colchón mugriento.

—¿En serio? ¿Crees que ya hemos llegado a Canadá? — Ramesh se puso las gafas tras restregarse los ojos, quitándose las legañas y el sueño— Estos malditos no nos dicen nada...

Subieron a cubierta. La noche se estaba cerrando. Una niebla espesa comenzaba a cubrir la proa del barco.

—¿Estas seguro? Con esta niebla no se puede ver nada adelante... ¡Dioses, qué frió que hace! Bajemos a ponernos algo encima...

Estaban bajando las escaleras oxidadas cuando oyeron los gritos:

—¡Atención! Hemos llegado a la costa ¡Despertad!

Unos marineros despertaban bruscamente a sus compañeros, dando patadas a los cuerpos arropados en los colchones tendidos en el suelo.

—¡Atención! Hemos llegado a la costa ¡Escuchad todos!

Todos se estaban levantando animados, recogiendo sus cosas alegremente mientras hablaban unos con otros.

—¡Silencio! ¡Silencio he dicho! —gritó el que parecía de más nivel— Ha habido un cambio de planes. No hemos llegado a Canadá. Estamos en aguas estadounidenses, cerca de la costa de Delaware.

Hubo un estallido de murmullos entre los ilegales. ¡En la costa de los Estados Unidos!

—No podemos desembarcar en ningún puerto. Habréis de nadar del barco hasta la costa. ¿Habéis entendido? —y repitió chillando— ¡Debéis nadar hasta la costa!

Se hizo un silencio sepulcral. El plan había sido bajar a los noventa emigrantes ilegales escondidos dentro de los containers. Y todos se habían hecho a la idea de entrar en los containers, no de nadar hasta la costa. Era lo que habían acordado y pagado al salir de la India.

—¿Nadar? —dijo uno— ¿Y la maleta?

—¡No debéis llevar ninguna pertenencia más que los pasaportes, los dólares, vuestros zapatos y un jersey de abrigo! Aquí tenéis bolsas de plástico que se cierran herméticamente para que los papeles no se mojen. Los zapatos y el jersey os lo colgáis de los hombros —gritó— ¿Habéis entendido? ¡Debéis dejar vuestras pertenencias! No son importantes. ¡Lo único importante es llegar a la orilla!

Jhumar miró a Ramesh. Su amigo estaba lívido como la cera.

—Dioses...

—Vamos, Ramesh. Quítate los zapatos y átalos...

Ramesh seguía paralizado.

—Jhumar, no sé nadar... —dijo con un hilillo de voz aterrorizado.

Jhumar se lo quedo mirando, sorprendido.

—¿No sabes nadar?

Ramesh volvió la mirada a un lado, angustiado. Todo el mundo comenzaba a subir las escaleras oxidadas a cubierta. Jhumar miró a su amigo, estaba paralizado por el pánico. Cogió su petate, lo vació y se lo colgó del pecho. Y luego a Ramesh por sus hombros delgados y frágiles, apremiándolo:

—¡Ramesh, despierta! No hay tiempo para estar asustado. Vas a llegar a la orilla, yo te voy a llevar. No va a pasar nada, confía en mí.

Ramesh se dejó llevar escaleras arriba. Temblaba. Hacía un frío glacial y la niebla cubría el barco. La gente estaba aterrorizada de saltar por la borda, era una caída enorme hasta llegar al agua. Los matones de la tripulación le daban a cada persona un trozo cuadrado de corcho para que se cogieran a él en el trayecto y, si no se tiraban inmediatamente, los empujaban por la borda, a estribor. Era una caída tremenda hasta llegar al agua, todo eran gritos de pánico y terror

—¡Allí está la orilla! —gritaba el oficial a cargo— ¡Nadar! ¡Nadar con fuerza!

Jhumar se acercó a la borda y tomó un corcho de uno de los marineros. Este intentó tirarlo pero Jhumar era mucho más fuerte y logró escabullirse. Volvió donde estaba Ramesh tiritando de miedo y de frío.

—Escucha atentamente —le dijo, mientras ponía el corcho dentro de su petate— Vas a llevar este saco colgado del pecho y te va a hacer flotar. Pondremos también dentro los otros dos corchos que nos den. Con tres corchos es imposible hundirse, ¿has comprendido?

Ramesh asintió, sin ningún convencimiento.

—Ramesh, todo va a salir bien. Tú no has de hacer nada. Yo te llevaré nadando a la costa. Sabes que tengo fuerza suficiente para llevarnos a los dos. Pero es muy importante que comprendas que tú no debes hacer nada —lo cogió por los hombros de nuevo— Escucha bien: si te entra pánico e intentas subirte encima de mí, nos ahogaremos los dos. Esto es muy importante. Sólo debes agarrarte a la bolsa con los corchos, ellos te harán flotar. Yo seré el motor que te arrastrara a la costa. ¿Entendido?

Ramesh asintió y se dejó llevar hasta la borda; estaba mareado, sentía ganas de vomitar. Allí uno de la tripulación les dio un corcho a cada uno, que Jhumar puso dentro del petate. Al ver el petate colgado de Ramesh, el tripulante gritó:

—¡Hemos dicho que sin ningún equipaje, idiota!

Jhumar lo empujó hacia atrás, cogió al pequeño Ramesh y juntos se tiraron al agua. La caída pareció eterna. Jhumar sintió vértigo en las entrañas; Ramesh gritaba, moviendo brazos y piernas, incapaz de contener el pánico. Finalmente los dos cayeron al agua. Jhumar sintió miles de cuchillos helados cortando su piel. Subió instintivamente a la superficie, tomó aire y miró a su alrededor. Otros ilegales caían gritando al agua. No había rastro de Ramesh. Vió el petate flotando y un bulto junto a él. Ramesh se había desmayado de la impresión. Nadó rápidamente hacia el bulto y sacó la cabeza de Ramesh del agua.

—¡Despierta! —lo abofeteó con fuerza— ¡Despierta, por lo que más quieras!

Ramesh abrió los ojos. Tosió. Jhumar le hizo coger con fuerza el petate con los corchos, y le mostró que lo llevaba bien atado al pecho, para tranquilizarlo. Comenzó a nadar hacia la costa, llevándolos a los dos.

Y nadó. Y nadó. Y nadó. Jhumar nadó hasta que sus manos parecieron congelarse. Nadó rápida e incansablemente, pasando a otros, gritándoles que siguieran, que la orilla estaba ya cerca, para animarlos. Nadó adentrándose en la niebla, hasta llegar a ver la costa. Nadó con el único pensamiento de llegar a América, a una vida mejor. Cuando pisó tierra, jadeando, aún dentro del mar, atrajo al cuerpo agarrotado de Ramesh hacia él.

Jhumar lo siguió arrastrando hasta a la orilla. Al llegar afuera, cayó en la arena, jadeando. El corazón le latía tan fuerte como si fuera a estallar. Ramesh, al poner los pies en la arena de la playa, comenzó a llorar. Otros ilegales habían llegado también a la playa y comenzaban a llamarse unos a otros, angustiados de ver que algunos compañeros no llegaban.

Era el momento clave, el momento que habían estado esperando hacía tanto tiempo. Jhumar miró a su alrededor, asustado de que alguien oyera los gritos. Pero aquella playa parecía desierta. Sólo se veían unas luces muy lejos, a la derecha.

—Vamos, Ramesh —dijo, levantándose— Estar aquí es peligroso.

—Jhumar —Ramesh lo cogió del brazo, con lágrimas en los ojos— Gracias. Gracias, te debo una muy grande. Me has salvado la vida.

Jhumar hizo un gesto con la mano, significando que no importaba. Y en verdad así era: Jhumar estaba tenso, tenía miedo de que fueran descubiertos. Se pusieron los zapatos y subieron por los arbustos y las dunas. El viento helado les taladraba la piel mojada. Siguieron andando y llegaron a una gran carretera. Ramesh insistió en que debían ir al norte, pues Delaware estaba bastante abajo de Nueva York. Encontraron una señal de tráfico; al leerla, Ramesh comprendió.

—Estamos en un parque nacional, por eso no hay gente. Pero puede haber patrullas, debemos tener cuidado.

Siguieron andando a paso rápido, era más fácil en el asfalto, que además los hacía entrar en calor. Luego de unos cuatro kilómetros, lograron salir del parque sin problemas. Era invierno y el parque sólo debía estar abierto para unos pocos fanáticos de la pesca. Continuaron adelante. Cuanto más lejos llegaran, mejor.

Siguieron hacia el norte. Jhumar se dio cuenta de que Ramesh se cansaba rápidamente y de que era un lastre para él. Pero le supo mal decir nada, así que lo animó a que se diera prisa. En un momento dado, oyeron música.

—Un momento —dijo Ramesh— Espérate aquí.

—¿Dónde vas? —preguntó Jhumar, impaciente.

—Ahora tú confía en mí.

Jhumar se quedo escondido entre los arbustos del jardín de una casa desierta. Al cabo de un rato Ramesh apareció con dos jerséis y un par de gafas de sol.

—Era una discoteca —dijo, sin darse cuenta que Jhumar no lo entendía— No es que sean ninguna maravilla, pero nos ayudarán a entrar en calor y pasar desapercibidos mañana —Jhumar miró los jerséis, de color negro, con la insignia de la discoteca en el pecho— ¡Y aunque no te lo creas me han costado una fortuna!

—¿Cuánto? —preguntó Jhumar, que llevaba muy pocos dólares.

Ramesh hizo un gesto con la mano, significando que no importaba. Jhumar le había salvado la vida. Se quitaron las ropas de arriba. Los nuevos jerséis no eran muy abrigados, pero eran mejor que la ropa húmeda. Siguieron caminando a paso rápido, para entrar en calor.

Al amanecer, pasaron por un motel de carretera. Ramesh le propuso tomar una habitación y descansar, pues estaban agotados. Con las gafas y los jerseis, podían hacer ver que venían juntos de una discoteca.

—¿Una discoteca? —preguntó Jhumar, que nunca había ido a una.

—¿No sabes lo que es una discoteca? —preguntó sorprendido Ramesh.

—Mira, déjate de tonterías. Es peligroso ir a un hotel, seguro que han pescado a algunos de nuestros compañeros y nos estarán buscando. Además, no tengo dinero para eso. Mejor entrar en una de las casas deshabitadas por las que vamos pasando, parecen fáciles de abrir.

Ramesh miró a Jhumar. No era un ladrón, no le gustaba la idea. Pero Jhumar tenía razón, era lo más seguro. Así que una vez más se dejó llevar; Jhumar parecía saber lo que hacía. Entraron en una de las casas detrás de la carrera, residencias de verano para gente de la ciudad. El sitio estaba muy frío, pero encontraron mantas. Y camas limpias, lo que realmente encantó a Ramesh. Comieron un paquete de corn-flakes correosos que había en la cocina. Estaban exhaustos.

Jhumar durmió envuelto en unas mantas junto a una ventana de la parte de atrás, por si había que salir corriendo. No pudo dejar de pensar en cuántos compañeros habrían muerto en el mar aquella noche, y en cuántos más serían atrapados por la policía al día siguiente. Despertaron por la tarde. Ramesh encontró la llave del agua y pudieron ducharse, con agua fría porque no querían conectar la luz para no ser percibidos. Después de afeitarse, Ramesh preparó té y abrió unas latas, que comieron en la cocina. Aquél fue el mejor banquete de sus vidas. Estaban alegres, reían, habían logrado el gran sueño; a pesar de que aquellos hijos de puta del carguero los habían soltado en el sitio equivocado, estaban allí, en América.

160

Antes de salir, al caer la noche, lo limpiaron todo. Tras dudarlo mucho, tomaron ropa "prestada", como dijo Ramesh. Les sabía mal robar, pero sus atuendos eran demasiado humildes y estaban sucios, necesitaban cambiar de aspecto. Cogieron un par de prendas de un armario y guardaron una muda en unas bolsas deportivas que encontraron. Con las gafas de sol que Ramesh había comprado, ¡ahora sí que parecían realmente americanos!

Así caminaron otra noche e incluso tomaron un autobús público cuando lo vieron aparecer en la carretera. Al amanecer llegaron a un gran centro urbano. Un policía se los quedó mirando fijo mientras bajaban del autocar. Jhumar sintió la adrenalina correr por sus venas, tomó a Ramesh de la mano y se escabulleron entre unos quioscos de periódicos y comida rápida. Con el corazón aún latiéndole agitado, se dijo que debía hablarle, pues había tomado una decisión.

—Ramesh, yo no puedo ir a Nueva York con tu familia.

—Te debo la vida. Donde voy yo, vienes tú. Estoy seguro de que encontrarán trabajo para ti, aunque no tengas papeles.

—No me comprendes. Aunque te aprecio como a un hermano, no quiero ir contigo. No es seguro ir a Nueva York. Todos nuestros compañeros van para allí. Nos estarán buscando. Es más seguro ir en otra dirección.

Jhumar recordaba como habían escapado Joshita y él del pueblo. Igual que entonces, algo dentro suyo, una intuición, el instinto de supervivencia, le decía que no debía ir donde primero lo buscarían, aunque significara despedirse de Ramesh.

—No comprendo, Jhumar. Vente conmigo, ¿a dónde vas a ir tú solo, sin conocer a nadie en el país?

Jhumar no tenía muchas ideas, pero las que tenía eran claras y se aferraba a ellas firmemente. Volvió la cabeza a un lado, por toda respuesta.

Ramesh lloró cuando se abrazaron. Le dio doscientos dólares. Jhumar no quería aceptarlos pero al final se los guardó en el bolsillo. Los necesitaba. Tomaría con ellos otro autobús público que lo llevara a algún sitio lejos de Nueva York.

Capítulo 14

"Byeoung-Keun Park, Byeoung-Keun Park, Byeoung-Keun Park..." Joana intentaba memorizar los nombres de las personas que irían a buscarla al aeropuerto. "Nam-Hong Seok, Nam-Hong Seok, Nam-Hong Seok... "

Eran sindicalistas. Como la ONU no podía intervenir en Corea, Joana se había tomado la libertad de contactarlos por correo electrónico y ofrecerles una presentación sobre los impactos sociales de la crisis financiera en Indonesia y Tailandia. La única condición era no figurar en ningún sitio como representante de las Naciones Unidas. Tampoco había querido cobrar nada, no quería gastar fondos de sindicatos en un momento de crisis.

Había mentido a Klaus y Yanni. No quería problemas: los organismos internacionales juegan a ser apolíticos y no hubieran apreciado una conferencia sólo para los sindicatos. Como Yanni parecía controlar su relación con Iwan, le había seguido el juego y dado a entender que se escapaba con Iwan fuera de Yakarta en un fin de semana romántico.

"Hwan Jeung, Hwan Jeung, Hwan Jeung..." La panza blanca del avión de *Korean Air* aterrizó en Seúl. Joana pudo ver las luces de la ciudad desde la ventanilla, esos miles de neones y carteles intermitentes de colores que pirrian a los asiáticos y dan un toque *funky* a sus ciudades.

¿Cómo sería Corea? Por lo que había leído de su historia, Joana se la imaginaba como una de esas muñecas rusas de base redonda que por más que las golpeen y se tambaleen, siempre se levantan solas. Corea había sido invadida por chinos, mongoles, manchúes, japoneses y, hacía poco, en los años 50, había sido dividida por una sangrienta guerra civil. Sin embargo, aunque la arrasaran, la quemaran y la golpearan repetidamente, siempre terminaba levantándose.

Estaba realmente intrigada. Durante tres décadas, Corea del Sur había tenido un crecimiento económico y una creación de empleo espectaculares. A pesar del régimen autoritario, se había realizado una sólida inversión en educación, pensiones y asistencia social, y se había realizado una profunda reforma agraria, con redistribución de tierras y programas de desarrollo rural, elevando a las familias por encima de la línea de la pobreza. Desde el final de la guerra civil hasta 1962, el gasto social había sido mucho mayor que en infraestructura o finanzas. Los coreanos no habían hecho ningún caso de las teorías conservadoras que postulan que primero se debe invertir en el crecimiento económico y luego es aceptable invertir en la sociedad. Corea era un caso de crecimiento equitativo: la combinación de un gasto social elevado con una economía que generaba empleo sin parar hizo que la población prosperara enormemente. En pocos años, Corea pasó de ser una nación devastada por la guerra a entrar en el club de las naciones desarrolladas.

Y ese crecimiento económico no había venido de fuera, de las multinacionales y firmas extranjeras como en Singapur y Malasia, sino de los ahorros coreanos, de sus propias firmas administradas por coreanos. A través de buenos productos, marketing y exportaciones agresivas promovidas por el gobierno, y de la permisividad protectora de Japón, las megacorporaciones coreanas —las *chaebols*— habían logrado colocarse en el mundo y traer prosperidad al país. El gobierno había sido crucial, eligiendo aquellas compañías con potencial, llenándolas de favores pero obligándolas a cambio a exportar: si no cumplían, se les retiraban los subsidios. El mismo Presidente se encargaba, junto con el Consejo de Planificación Económica y el Ministerio de Comercio e Industria.

Un sistema crony que había funcionado, como en Japón, Singapur o Malasia. No así en Indonesia, donde los cronys sólo chupaban del bote. Pero en Corea el sistema de favores y deudas personales había estructurado un modelo de desarrollo dinámico y potente, con una fuerte conciencia social decidida a levantar al pueblo coreano. El país se había desarrollado a pesar de no seguir el modelo liberal propuesto por el "Consenso de Washington", basado en liberalizar y reducir la intervención del gobierno. Precisamente, Corea se había desarrollado por no seguirlo.

La esperaban en el aeropuerto, tal como acordaron, a pesar de ser bastante tarde por la noche. Se presentaron muy formalmente, la ayudaron con la maleta y la llevaron al apartamento de uno de ellos. Joana había propuesto que la dejaran dormir en casa de algún compañero, una manera de gastar menos. Aunque también había otra razón, estaba interesada en ver cómo vivía un sindicalista coreano; ella misma venía de una familia de sindicalistas en España.

Byeoung-Keun Park vivía en un colmenar de apartamentos. El suyo era muy pequeño, sólo tenía dos habitaciones, el comedor y un dormitorio, y allí vivían cuatro personas, él mismo, su mujer, su hija y la abuela. La habitación principal, donde había un televisor enorme y un equipo estéreo adornados con unas flores de plástico, y donde debían dormir la abuela y la hija al terminar el día, tenía ahora una mesita alargada en el centro, donde les esperaba una cena impresionante.

La esposa o compañera de Byeoung-Keun Park había preparado por lo menos veinte pequeños cuencos con cosas distintas. Espinacas al aceite de sésamo, col picante o *kimchi*, tallos de bambú con jengibre, algas tostadas o *kim*, pasteles de cangrejo, setas con soya, tofu con cerdo y gambas, sardinas con coriandro, una tortilla vegetal llamada *pa-yon,* rábanos con pimentón, tallo de loto con zanahorias, calamares con chiles, hígado con judías y pimienta, pescaditos caramelizados y por supuesto arroz. Una cena no sólo exquisita sino además todo un banquete visual, presentado en aquellos pequeños cuencos. Y, para alivio de Joana, que no quería que gastaran con ella, no parecía extremadamente cara, a pesar de todo el tiempo que debía haber llevado elaborarla. Joana se dijo que la exquisitez y sofisticación en el gusto no se conseguían con el dinero, como se piensa en Occidente, sino con el tiempo y la imaginación. En Corea, como en Japón y en Tailandia, hasta los más humildes parecían comer sofisticadamente.

Joana dispensó los cumplidos de rigor por tal banquete, que fueron denegados con modestia. Los hombres se sentaron en el suelo, alrededor de la mesa, y pidieron a Joana que lo hiciera también. Pero no se lo pidieron a la mujer de Byeoung-Keun Park, que se quedó sirviéndolos a todos. Aquello chocó a Joana, acostumbrada a los ambientes progresistas europeos donde la mujer ya no es una sierva. Otra cosa por la que luchar en Corea, además de la crisis.

Hablaron superficialmente de muchas cosas: de la crisis, de Corea del Norte, de las tropas americanas en la península. Pronto se hizo muy tarde; Joana se caía del sueño. La conferencia era al día siguiente. Byeoung-Keun Park se percató y dio órdenes en coreano. Su mujer comenzó a retirar la mesa y por más que Joana insistió en ayudarla fue imposible. Byeoung-Keun, Nam-Hong y Hwan se levantaron y tomaron la maleta de Joana.

—¿Es que no me quedo a dormir aquí, con vosotros?

—No, aquí no. Aquí dormimos en el suelo, desenrollando los colchones —dijo, apuntando a unos *tatamis* delgados— Los occidentales dormís en camas.

—Te aseguro que me apetece horrores dormir en un colchón tradicional coreano...

—No. Y basta. Ya tienes un hotel. Hotel con camas occidentales.

No hubo nada que hacer. Joana estaba demasiado cansada. Se dejó llevar, y la condujeron a un hotel de negocios que les debía haber costado una barbaridad. De nada sirvieron las quejas, dijeron que aquello era justo pues Joana no había querido cobrar nada y nadie trabaja gratis: un principio sindicalista.

Joana suspiró ¡Con lo que le hubiera gustado la experiencia de dormir con una familia coreana!

ဢ ဢ ဢ ဢ ဢ ဢ ဢ ဢ ဢ ဢ ဢ ဢ

Al día siguiente, Joana fue llevada donde se iba a desarrollar la conferencia. Aquello la dejó realmente impresionada. La sala era gigantesca y estaba atiborrada. Los sindicalistas se habían colocado en filas completamente simétricas, con una distancia equidistante, y esperaban. Hasta los que estaban sentados en el suelo parecían perfectamente ordenados. Aquel orden paramilitar sería impensable en los ambientes sindicalistas europeos, terriblemente informales. Algunos de los sindicalistas coreanos, con una banda atada a la cabeza, golpeaban tambores, sistemáticamente: "Bomm... Bomm... Bomm..." Sin sonreír, sin hablar, como si aquel repicar fuera el latido del corazón de aquella masa organizada. Joana estaba atónita, conmovida.

Byeoung-Keun y Hwan se quedaron en la mesa con ella, junto con un traductor profesional. La conferencia fue bien, la gran ventaja de la interpretación consecutiva es que permite pensar mejor la frase siguiente que uno va a decir. Aunque, por supuesto, hace perder la energía del mensaje. Joana transmitió concisamente los impactos negativos de la crisis en Indonesia y Tailandia, cierres empresariales y desempleo, caída del poder adquisitivo y pobreza.

En aquel momento no lo sabían, pero la crisis iba a dejar un balance de cinco millones de pobres en Corea. El 50% de las compañías coreanas terminarían en la bancarrota, los salarios caerían en pocos meses, y el desempleo y los precios subirían rápidamente. Muchos hombres despedidos, avergonzados, no se atreverían a decirlo a su familia y fingirían ir a trabajar, pasando el día en los parques a solas. Pero las mujeres sufrirían más que nadie durante la crisis. En una sociedad machista como la coreana, no sólo resultarían las primeras en ser despedidas, sino también las víctimas de la frustración de sus maridos; las cifras de violencia domestica se incrementarían por siete en sólo un año. Los coreanos —trabajadores, ahorradores, responsables— sentirían aquella crisis como una puñalada; hasta las tasas de suicidio aumentarían de seiscientos a novecientos suicidios mensuales. En sólo un año, décadas de esfuerzo del gobierno coreano se perderían.

Joana terminó su presentación añadiendo una nota de precaución sobre la "medicina" que el FMI acordaba con los gobiernos, pues estaba encaminada a realizar reformas estructurales en la economía, aprovechando la crisis para liberalizarla. Aquél no era el jarabe adecuado para Corea. Corea parecía ir bien por sí sola. Los sindicatos tenían una labor importante que hacer, no sólo velando por las condiciones de empleo, sino también denunciando los posibles abusos de los *chaebols,* y en eso estaban apoyados de alguna manera por la Presidencia, que era la primera interesada en el buen desarrollo empresarial. Por eso debían cuidarse de la repetición de fórmulas standard como soluciones para la crisis.

Les dijo que debían aprender a leer entre líneas. La prensa hablaba del valor de las monedas, del tipo de cambio, de las reservas, pero ignoraba los impactos reales de la crisis sobre la población y sobre la economía real, la que generaba empleo. Si el gobierno hablaba de un paquete de reformas, era indispensable conseguir el borrador y analizar qué impacto iba a tener a corto plazo sobre los trabajadores, sobre los consumidores, sobre cualquier otro grupo social. Debían no sólo evaluar los impactos, quién era afectado y de qué forma, sino proponer reformas alternativas que los mitigaran. Había muchos ejemplos en Europa, ejemplos a imitar para no repetir errores. Considerado de manera histórica, los sindicatos habían jugado un rol clave en el progreso social de las sociedades modernas. Ese rol debía seguir existiendo.

Aplaudieron, y comenzaron a subir los puños en alto con brío, mientras otros le daban al tambor coreano con fuerza. "Bomm... Bomm... Bomm..." Se sintió conmovida por aquella energía, aquel vigor, aquella potencia. La había visto en pocos sitios. "Bomm... Bomm... Bomm..." Supo que aquellos sindicatos iban a dar guerra.

Pasó la tarde con Byeoung-Keun, Nam-Hong, Hwan y otros cuatro sindicalistas. Querían saber cómo analizar los impactos sociales de los paquetes de reformas. Joana sacó su ordenador y les presentó los distintos instrumentos utilizados. Básicamente hay cuatro tipos de impactos: directos e indirectos, a corto y a largo plazo. Los impactos se miden a través de cinco variables: empleo, salarios, precios de bienes y servicios, acceso a bienes y servicios, y transferencias públicas a los grupos de menor ingreso, menos los impuestos que éstos paguen.

Joana hacía todo lo posible por simplificar el mensaje. Había estado en demasiadas situaciones en que gobiernos y organismos internacionales le tomaban el pelo a la gente hablando de los beneficios de las reformas, cuando en realidad los beneficios eran indirectos y sólo iban a verse muy a largo plazo.

Se dio cuenta de que el más calificado era Hwan: en él estaba la esperanza. Al final del día, la mesa estaba llena de papeles medio en inglés y medio en coreano. Habían trabajado duramente y todos se sentían más o menos satisfechos del intercambio de conocimientos.

Joana quiso invitarlos a cenar pero ellos se negaron, querían invitarla a ella. Estaba cansada y no quería ocasionar más gastos, así que pidió que por favor la dejaran en el hotel, que ninguna cena sería comparable a la de la esposa de Byeoung-Keun. Después de intercambiar cumplidos, y prometer seguir en contacto con Hwan y con el resto, se despidieron en la puerta del hotel.

ಬಐ ಬಐ ಬಐ ಬಐ ಬಐ ಬಐ ಬಐ ಬಐ ಬಐ ಬಐ ಬಐ ಬಐ

Se dio una ducha y se dijo que se merecía un trago después de aquel día de trabajo. Le apetecía. Había visto un bar de diseño en la planta baja.

Se sentó en la barra. Vio que había vino, expuesto entre las botellas de alcohol. Pidió la carta. Tuvo que estudiarla un buen rato: eran vinos australianos y neozelandeses y sabía que eran muy buenos, pero acostumbrada a los vinos europeos no distinguía uno de otro.

—¿Me permite aconsejarle?

Joana vio a un americano de mediana edad y buena presencia, con una mirada muy humana que le gustó.

—Sí, la verdad.

—¿Le gusta el vino tinto o blanco?

—Blanco, si es que hay alguno seco.

Le recomendó uno, que se servía por copa, y Joana lo pidió al camarero. Era realmente excelente.

—Los vinos australianos son estupendos, sí. Me alegro de que te guste —le dio la mano, presentándose— John Mills Ford.

—Joana Arteaga...

John le dio una tarjeta. Joana la leyó en voz alta.

—John Mills Ford, de Ford Motor Company en Detroit —lo miró— ¿Pariente de Henry?

—Me temo que no soy nadie importante, sólo un primo lejano de la familia...

—Mmm... —dijo Joana, dándole su tarjeta— Mi abuelo trabajaba en la Ford de Valencia...

—¿Un ejecutivo de la planta de España?

—No, un peón. Un obrero. Y bien orgulloso que estaba de serlo...

A John le hizo gracia. En el mundo de negocios americano todo el mundo hace gala de tener altos contactos, nadie reivindicaría a un pariente peón. Le gustó aquella mujer. Se animó a quedarse y pedir otra copa.

—¿Y qué haces aquí, exactamente? —preguntó Joana.

—Me temo que es secreto industrial. Ya sabes, ahora que las compañías coreanas se han vuelto insolventes, la Ford está pensando adquirir una...

Joana bajó la mirada. No lo había pensado antes, claro, después de la crisis podían comprar Asia barata.

—Y tú, ¿qué hacen las Naciones Unidas en Seúl?

—Nada, vengo por motivos personales.

John Mills Ford se la quedó mirando. Fue el momento crítico: o se decían la verdad porque no importaba nada, pues eran dos extranjeros que no se iban a volver a encontrar, o no se la decían y la noche acabaría en unos instantes. Joana lo miró también. Encendió un cigarro y le contó la verdad.

John escuchó, interesado. Aquella española hacía cosas completamente diferentes a las de él y le agradaba la manera directa y sin pretensiones que tenía de contarlas. Le propuso ir a cenar. Joana aceptó comer algo rápido, en una de las mesas del local, pues salía muy temprano al día siguiente.

Se levantaron y dos personas ocuparon su sitio en la barra. Entonces vieron que ya no quedaban mesas libres. Joana se acercó a una mesa grande ocupada por una persona sola. Era una señora japonesa a la cual no pareció hacerle gracia la idea de compartir su mesa, pero le supo mal decir que no. John se acercó.

—Muchas gracias —dijo Joana— Me llamo Joana Arteaga y éste es John Mills Ford...

La japonesa hizo una pequeña inclinación de cabeza.

—Jun Nakajima.

—¿La economista que ha escrito con Susan Strange y Susan George?

Joana se dio cuenta del privilegio de haberla encontrado, y las dos comenzaron a hablar sobre la crisis financiera. John hubiera preferido quedarse a solas con Joana, pero el sentimiento de contrariedad se le pasó pronto. La conversación de Jun Nakajima era muy interesante y la noche fue una auténtica sorpresa

—El problema básico está en el aberrante poder de las finanzas. Poca gente habla de ello, pero si uno se fija en el largo plazo, en Estados Unidos antes de 1970 el 90% de las transacciones internacionales eran comerciales y el 10% movimientos de capital. Hoy la proporción se ha invertido, es increíble, el 90% de las transacciones internacionales son financieras. La mayoría de estos flujos de capital son altamente volátiles, acciones, derivativas, bonos basura, fundamentalmente a corto plazo, especulativas, apuestas de casino, que generan beneficios más rápidos que actividades productivas a largo plazo como la industria...

Escuchando aquella conversación, John sintió un placer como hacia mucho que no había sentido: el placer de compartir dudas que nunca había podido hablar con nadie. Pues en las relaciones con colegas de la compañía hay una constante competición, que nos hace temer que se descubran esos huecos de conocimiento en los que nos sentimos inseguros. Por ello, siempre se habla con los colegas del trabajo como si uno estuviera por encima de las cosas, haciendo un comentario inteligente sobre esta o aquella noticia de última hora, sin cuestionar lo básico. Sin embargo, John lo cuestionaba todo el rato, y mucho más a medida que envejecía. Hacía tiempo que se preguntaba cosas tan simples como cuál era el valor real de su trabajo. Un agricultor produce tomates, un empresario y los trabajadores en la industria producen autos, pero ¿qué aporta alguien que trabaja en las finanzas?

— Perdón si hago una pregunta un poco ingenua —intervino— ¿A dónde va nuestro mundo si en vez de dar prioridad a actividades productivas como la industria o la agricultura se lo damos a actividades especulativas como las finanzas?

—Esa es la gran pregunta —dijo Jun Nakajima, mirándolo con sus ojos rasgados— No lo sabemos. No sabemos a dónde va este sistema basado en los beneficios a corto plazo, en la especulación financiera. Es el signo de un mundo enfermo.

Es el signo de un mundo enfermo. La frase revoloteó en el aire, trágicamente, como un pájaro herido. Tanto John como Joana se iban a acordar de ella muchas veces después.

—Sabéis —dijo John Mills Ford—, hay algo que me estoy preguntando constantemente y nadie me puede responder. Es una pregunta muy simple...

John las miró, y siguió:

—El problema al que se enfrenta la industria en la actualidad es la sobreproducción. Producimos más que consumimos. La Ford hace más autos de los que vende, casi un 20%, los tenemos almacenados. Por eso, desde los años noventa estamos cerrando plantas industriales y cortando puestos de trabajo en todo el mundo. Pero esa acción, que tiene sentido a nivel de empresa individual, empeora el sistema en su conjunto, genera desempleo y falta de poder adquisitivo en la gente, de manera que cada vez menos personas pueden comprar nuestros autos. ¿Qué se puede hacer?

—Eso fue precisamente lo que se preguntó tu bisabuelo, Henry Ford... —dijo Joana, recordando a su abuelo Juan contarle la historia cientos de veces— Hace décadas, Henry Ford se planteó lo mismo: en vez de cerrar más fábricas y producir coches sólo para los ricos, pensó en doblarles el salario a los obreros para que aumentaran su productividad y su poder adquisitivo...

—...y así —siguió John, sintiendo que estaban pensando lo mismo— elevar el nivel de la demanda y poder vender más autos, de manera que todo el mundo se beneficiara, tanto productores como consumidores.

John se sintió más vivo que nunca, compartiendo aquellas dudas que quemaban dentro suyo desde hacia mucho tiempo, pero de las que no podía hablar con nadie.

—Y sólo por discutir —continuó— ¿No podríamos pensar en un programa similar hoy? ¿No podría la Ford reinstaurar una política parecida, a escala internacional?

—Se podría —respondió Jun Nakajima, con su distancia académica— Pero requeriría una visión a largo plazo que nadie tiene, pues todas las empresas están demasiado preocupadas por que las acciones de su compañía suban un poco más en el próximo trimestre.

Joana los miró, combativa.

—Se podría y se puede. Se ha hecho antes en el mundo occidental, tras el crack de 1929, tras la Segunda Guerra Mundial. Entonces los políticos se dieron cuenta de que las crisis financieras y el desempleo llevan a totalitarismos como el fascismo, y diseñaron políticas económicas que se basaban en el empleo, en la estabilidad financiera, en distribuir los beneficios a la mayoría de la población a través de inversión social en salud, educación, vivienda, seguridad social. Y funcionaron, aquellas políticas trajeron una prosperidad nunca vista en Occidente. La población de Norte América, Europa, Japón, Australia y Nueva Zelanda experimentó unos niveles de vida para la mayoría desconocidos en la historia del mundo. Así que se podría y se puede hacer, no cuesta tanto.

John escuchaba, atento.

—Se trataría de utilizar ideas sobre desarrollo diferentes a las que las que dominan hoy en día. Hoy por hoy la ayuda al desarrollo es mezquina, una gota de agua en el océano, pequeños parches de ayuda a corto plazo que no van a ningún lado. Hacer un Plan Marshall para el Sur, como se hizo en Europa tras la Segunda Guerra Mundial, un plan de desarrollo robusto y potente, un *New Deal* como se hizo en los países desarrollados tras la Gran Depresión, sólo que ahora sería también para los países en vías de desarrollo. Beneficiaría a todo el mundo, a los países pobres evidentemente y a los ricos por solucionar el problema de la sobreproducción. Pensemos en las cifras: la mitad de la población del mundo vive por debajo de la línea de la pobreza. Esa gente no quiere caridad, o un pequeño microcrédito para comprarse una gallina; eso no les soluciona la pobreza y por eso terminan emigrando ilegalmente. Esas personas quieren que sus hijos sean médicos, arquitectos, quieren tener acceso a transporte, comprar en supermercados, vivir una vida decente. Son un mercado sediento de consumo. Erradicar la pobreza no tiene sentido sólo desde un punto de vista humanitario, sino también desde un punto de vista económico, pues estimularía la productividad y la demanda mundial.

Jun Nakajima se había fijado en la pasión de Joana cuando hablaba. Aquella española, con su aspecto descuidado, tenía fuego por dentro, parecía una luchadora nata. Le gustó.

—Bueno—dijo—, si alguna vez llegáis a alguna posición alta e importante como para poder hacer estas cosas, por favor llamadme porque me encantaría trabajar en esa estrategia de desarrollo. Keynesianismo global...

Jun les dio una tarjeta a cada uno. *"Jun Nakajima, Catedrática, Universidad de Sussex"*. Ellos hicieron lo mismo.

—Ahora, si me disculpáis, es hora de retirarme. Ha sido una velada interesante, me alegro de que vinierais a mi mesa.

Capítulo 15

Rupias por dólar americano: 4,860

Yanni Ben Younes hojeaba la prensa en la Oficina de las Naciones Unidas. De vez en cuando se traía el trabajo allí, más que nada para ser visto, por continuar la relación con Chowdhury. Sabía que Joana lo hubiera desaprobado, así que venía discretamente, pues estaba convencido que era mejor para el grupo mantener un contacto con el director de la Oficina. Además, estaba harto de trabajar en su habitación en el Hotel Pancasila.

De pronto, una noticia le llamó la atención: "La ONU defiende el rol de los sindicatos en Corea". ¿La ONU en Corea del Sur? ¿Trabajando con sindicatos? Leyó el artículo, y de pronto comprendió: Joana Arteaga, no en un fin de semana romántico con el indonesio, como les había dado a entender, sino en algo mucho más trascendental.y com implicaciones políticas. Pues a las claras era algo no autorizado por la ONU ni en Nueva York, ni por supuesto en Yakarta. Ahora que sabía aquel secreto, Yanni iba a cambiar las cosas con ella.

ಬಾಣ ಬಾಣ ಬಾಣ ಬಾಣ ಬಾಣ ಬಾಣ ಬಾಣ ಬಾಣ ಬಾಣ ಬಾಣ ಬಾಣ ಬಾಣ

Joana estaba esperando su maleta en el aeropuerto de Sukarno-Hatta en Yakarta. Estaba de mal humor, había leído la prensa extranjera en el avión y había visto el artículo publicado sobre ella. Mierda. Mira que había advertido a los sindicatos que aquello no debía pasar. Tomó su maleta. Mierda, mierda, mierda, repitió. Ahora sólo quedaba esperar que el artículo pasara inadvertido. Pasó el control de aduana por la zona verde y se quedó de piedra al ver a Yanni esperando afuera. Tragó saliva. No esperaba nada bueno de aquello.

—Yanni... que sorpresa —dijo, sin ninguna emoción.

Yanni la miró. Supo que ella sabía él sabía. Le puso sus manos en los hombros. Quería que entendiera que lo que le iba a decir era verdad.

—Joana, sé lo de Corea. Y estoy contigo. Te va a sorprender lo que te digo, pero siempre hemos estado en el mismo lado. No se por qué, pero hay algo que no ha conectado entre nosotros. Ahora que veo de qué lado estás, quiero que por favor trabajemos juntos de verdad. Joana, además de lo que viste en mi currículum escribo en un semanal de izquierdas y colaboro con el Sindicato General de Trabajadores en Argelia. No había dicho nada por temor a que la ONU no quisiera una implicación de este tipo.

Joana lo miró fríamente, sopesando la información que recibía.

—No es lo único que oculto, Joana. Además soy gay, algo que, por motivos obvios, también había escondido.

Joana se había pasado la juventud creyendo que era muy sabia porque entendía que las cosas en la vida no eran blancas ni negras, sino en matices y tonos de gris. Ahora, en su madurez, estresada por mucho trabajo, había comprendido que en el fondo las cosas sí son blancas o negras. Cuando alguien se le ponía delante, inmediatamente valoraba si esa persona iba a ayudarla en su trabajo o si iba a ser un obstáculo. Blanco o negro, sin gris. Ahora, en aquel momento, o bien creía a Yanni, o bien no lo creía. Era una decisión categórica, sin gris.

Optó por creerle. Yanni notó como los músculos de la cara se le relajaban a Joana, que le tendió la mano.

—Bueno, si es así, es un honor conocerte, Yanni Ben Younes.

—Lo mismo digo, Joana Arteaga, nunca hubiera creído que hacías de agente secreto para los sindicatos coreanos... —bromeó Yanni, para ayudar a bajar la tensión.

—Y quién iba a pensar que tú eres un activista en Argelia ¡si te hacía el esbirro de Chowdhury!

Yanni sacó un montón de hojas recortadas de periódicos.

—Son todas las referencias de tu conferencia en Corea, arrancadas de los periódicos de la Oficina...

Joana vio el sello de la Oficina de la ONU en una de las páginas. Chowdhury no lo podría leer. Miró a Yanni con verdadera gratitud.

—Joder, muchas gracias… Te debo una cena... ¡Donde quieras!

—En cualquier sitio menos el hotel ¡me sé el menú de memoria!

Ya en el taxi, Joana preguntó:

—Y, por cierto, ¿cómo es la escena gay aquí, en un país musulmán como Indonesia? ¿No se te hace muy duro...?

—¡Ay, amor! —dijo Yanni, con su sonrisa más maliciosa— Nosotros siempre nos encontramos, haya el régimen político que haya... No sabes las joyas de bares que he encontrado por las calles de atrás del Hotel Indonesia...

Joana rió. Ahora comprendía muchas cosas del comportamiento anterior de Yanni.

—Hablando en serio, piensa que yo vengo de Argelia, donde la homosexualidad está oficialmente condenada con la cárcel. Ni siquiera los grupos de derechos humanos defienden a "los sodomitas", como nos llaman. Y la intolerancia sigue creciendo, desgraciadamente, al crecer el fundamentalismo, por la pobreza y la falta de oportunidades...

—Cierto —murmuró Joana.

—...lo interesante ha sido ver que en Asia los homosexuales están mejor que en Europa. En las sociedades asiáticas hasta se habla de un "tercer sexo" y es relativamente admitido tener un homosexual en la familia. Me han comentado que en Filipinas hasta los travestidos son bien recibidos en misa.

—Mmm... ¿Y has tenido la suerte de encontrar a alguien en estos tres meses?

—Sí, te lo presentaré un día, si quieres. Su nombre es Reza. Aunque, por favor, mantenlo en secreto, no le he dicho nada a Klaus, parece un hombre tan de familia...

—Descuida.

—Reza es una persona muy interesante, trabaja en el TUK, el Teater Utan Kayu. Debes ir, te gustará, es el centro cultural más alternativo de Yakarta, hay desde exposiciones hasta charlas de cine-club. ¿Por que no nos escapamos esta noche?

—Encantada, no podías haber elegido un sitio mejor.

—Llamaré a Reza al llegar al hotel. Por cierto, ¿por qué no invitas al "chico del periódico"? ¿Cómo se llama?

Joana suspiró.

—Se llama Yuan, es chino indonesio, pero no ha funcionado, no sé, hay algo que no va. Creo que es el síndrome de la mujer profesional, creo que los asusto...

Comenzaron a salir de la autopista, entrando en la ciudad.

—¿Sabes? —dijo Joana cambiando de tema, pues le dolía— Cuando llegamos a Yakarta, pensé que era una ciudad realmente fea. Sólo veía los edificios de oficinas, los coches, la contaminación. Ahora, ahora que he estado por varias ciudades asiáticas, Yakarta me parece la más bonita. Fíjate, está llena de verde, han tenido el buen gusto de poner árboles por todos los sitios. Hasta el aeropuerto es bonito, han tenido la gracia de utilizar materiales autóctonos, tejas en el techo, grabados de madera por las paredes y en las pequeñas cabinas de teléfono... No me fijé en nada de esto cuando aterricé la primera vez.

Es curioso como se afina la percepción con el tiempo... —pensaba también en Iwan, como le había enseñado a distinguir entre lo chino y lo indonesio. Y tantas otras cosas.

En el fondo, Joana sabía que era Iwan el que le había hecho amar la ciudad, el que la había llenado de alma. Pero debía quitárselo de la cabeza.

Cruzando las grandes avenidas de Yakarta, comenzó a ver colas de gente saliendo de los supermercados.

—Mira —señaló a Yanni.

—Sí, está pasando desde que te fuiste a Seúl, la gente se esta gastando todos sus ahorros en comprar alimentos, arroz, judías, latas, piensa en cómo ha bajado la rupia en estas dos semanas... Un dólar ha pasado de 3.700 a 5.600....

La gente esperaba bajo el sol ardiente de los trópicos con bolsas de plástico en las manos.

—Es tan injusto... —murmuró Joana.— Han utilizado el préstamo del FMI para sostener la rupia hasta que los inversores sacaran su dinero del país. Y ahora lo paga la gente... —Joana estaba furiosa.— Sabes, me has de perdonar, pero creo que no deberíamos salir esta noche, no disfrutaría nada en estas circunstancias...

—Como quieras. Pero el país no va a cambiar porque te desesperes a solas en tu habitación... Además, esta gente no es pobre, es de clase media, tienen ahorros.

—Tienes razón, además, sé que te debo la cena, pero...

—Joana —la miró a los ojos— No seas asi, no me debes nada.

Joana lo miró también.

—Creo que podríamos intentar adelantar los resultados de los sondeos de este mes...

—Así sea —dijo Yanni, resignándose al menú del hotel.

—...de hecho, podríamos intentar mejorar aún más el cuestionario para los próximos sondeos en enero. Y he pensado que deberíamos presentar una mejor descripción narrativa de los datos, para ayudar a la prensa, esta es tu parte, Yanni, mira...

Al volver a registrarse en el Hotel Pancasila, Joana recibió su correspondencia. El corazón le dio un vuelco al ver su nombre escrito en versión indonesa en un sobre del hotel, con la letra elegante de Iwan Bolkiah:

Yohana Arteaga

Dudó un instante. Finalmente rompió el sobre sin siquiera abrirlo, entregándoselo al recepcionista para que lo tirara. Así no tendría la tentación de intentar leer los trozos de papel. No tenía nada en común con aquel hombre y no tenía ganas de otro desencuentro. Lo mejor sería concentrarse en lo que valía y era importante, su trabajo para las Naciones Unidas.

Capítulo 16

Joana llegó de desayunar. Siendo Navidad, el servicio del hotel había incluido trozos de pavo frío en el buffet del desayuno, con algo que parecía gelatina de fresa y menta, imitando el menú del *Thanksgiving* americano. Joana suspiró, mirando los papeles en la mesa. Trabajaría todo el día.

Sonó el teléfono.

—Joana Arteaga.

—¿Joana? Es Janette Peres...

—Janette, ¡que sorpresa! ¿sucede algo?

—No, nada. Es Nochebuena en Nueva York y pensé en ti. Feliz Navidad, Joana, a ti y a tu equipo.

—Caramba, Janette —dijo Joana, notando que la voz se le empañaba, emocionada ante aquel contacto humano inesperado en una relación profesional— Muchísimas gracias, es todo un detalle que llames...

—Sé lo duro que es estar fuera de casa en Navidad, me ha pasado varias veces. Y más cuando uno está en un hotel impersonal, en un país extraño.

—No te preocupes, tenemos tanto trabajo...

—Bueno, bueno —dijo con su voz dulce— Hoy no es día de trabajar. ¡Tienes toda la autorización de Nueva York! Si no, nos van a acusar de explotadores... —rió.

—No te preocupes, Janette. Todo va bien.

—Feliz Navidad, Joana.

—Feliz Navidad, y muchas gracias por llamar.

Colgó. Sintió ganas de llorar. Los días de Navidad eran siempre difíciles, le hacían sentirse a uno terriblemente solo. Encendió un cigarro y pestañeó varias veces, para limpiar el agua que le había venido a los ojos. Se trataba de no pensar que era el día de Navidad. Era algo fácil de hacer, en el calor de los trópicos. El sol caía sin compasión sobre las calles de Bangkok, la gente andaba atareada, llevando bultos, llamando por teléfono, arrastrando carritos, vendiendo fritos... En aquel país budista hoy era un día más del año, un día cualquiera.

Tenía una reunión en el Ministerio de Trabajo y Bienestar Social. Era lo mejor para no pensar. Salió del hotel y tomó un taxi. Le pidió al taxista que de camino pasara por Soi Asoke, el centro financiero de Bangkok, quería verlo con sus propios ojos.

Hacía unos días, el gobierno tailandés había anunciado el cierre de cincuenta y seis de las cincuenta y ocho instituciones financieras del país. La cifra era increíble, cincuenta y seis de cincuenta y ocho. La calle Asoke era un fantasma de sí misma, vacía, recorrida por papeles rodando, movidos perezosamente por el aire negro de los tubos de escape de los autobuses.

Aunque sabía que Tailandia había sido el origen de la crisis, aquella visión fantasmagórica impactó a Joana, le hizo comprender la catástrofe económica que estaba presenciando. Hacía un año, la economía tailandesa crecía a un 8% anual y la revista *The Economist* predecía que en el año 2020 Tailandia sería el octavo país más rico del mundo. Recordó la descripción que Iwan Bolkiah *(¡otra vez pensando en él!)* le había hecho de Indonesia. Tailandia había sido lo mismo. Los locos años 90. Aquellas compañías financieras habían vivido de tomar préstamos en dólares y prestarlos en *bahts* tailandeses, financiando la construcción de apartamentos de lujo, hoteles con exceso de capacidad, oficinas opulentas, empresas de cronys y amiguetes de militares... En la locura de préstamos fáciles se había cuidado poco del colateral, creando una burbuja de inversión que se desinfló rápidamente cuando el *baht* comenzó a caer.

Sólo unos meses después, dos millones de personas perderían su empleo. Primero las mujeres; después el resto, en su mayoría paletas y trabajadores de la construcción. Bangkok se llenaría de edificios fantasmas, inacabados, con los hierros oxidándose al aire: los cadáveres urbanos de la crisis. Miles de firmas irían a la bancarrota. De las pequeñas y medianas empresas, las supervivientes lo lograrían despidiendo a un 25% de sus empleados.

Mucha gente emigró al campo, retornó a sus modestos lugares de origen, pensando que al menos allí podrían comer, generando más miseria, más excedente de mano de obra agrícola del que ya existía, de manera que los salarios en las zonas rurales cayeron aún más. Esto generó una segunda ola de emigración, gente de provincias terminando en las villas miseria de Bangkok. La pérdida de ingreso medio por unidad familiar fue del 21% en sólo un par de meses, mientras que los precios de alimentos básicos como el arroz, el pescado, la carne y los vegetales subían rápidamente, sin parar. Muchas familias dejaron de enviar a sus hijos al colegio. El 60% de los tailandeses comenzaron a vivir con deudas y los prestamistas y usureros en el sector informal subieron los tipos de interés a nada menos que el 145% anual.

178

Dos años después, en 1999, cuatro millones de tais habían caído por debajo de la línea de la pobreza. Los llamaron "los nuevos pobres", por oposición a los *nouveaux riche* que seguían viviendo una vida de ostentación y lujo a pesar de la crisis. Sumados a los seis millones de "viejos pobres", diez millones de tais luchaban cada día por sobrevivir en la miseria. Y esas eran las cifras oficiales. El número real de pobres era mucho mayor, desconocido, inquietante. El Programa de Naciones Unidas para el Desarrollo estimaba que 18 millones de tais estaban bajo la línea de pobreza, establecida en dos dólares al día.

ഇരു ഇരു ഇരു ഇരു ഇരു ഇരു ഇരു ഇരു ഇരു ഇരു ഇരു ഇരു

Al llegar al Ministerio de Trabajo y Bienestar Social, Joana fue recibida por el Director de la División de Evaluación y Seguimiento, Suphaphiphat Chairat, *Khun* Suphaphiphat para ella, pues *Khun* es en Tailandia lo que *Pak* es en Indonesia.

Mientras andaban por el Ministerio, Joana se fijó en la decoración. Mientras que las oficinas públicas de los países en vías de desarrollo eran simples, normalmente pintadas de blanco, con algún calendario en la pared y aquella tendencia universal a colgar relojes de plástico de cocina para marcar la hora, las oficinas de la administración tailandesa, en bastante mejor estado que las de la indonesa, denotaban que era un país más próspero. El día se pasó volando, entre reuniones y discusiones de trabajo. Tenían mucho, muchísimo que hacer. Hasta hubo momentos agradables. Joana se hizo muy popular durante la comida, hablando con las mujeres sobre recetas de cocina. Como era costumbre en Asia, trajeron unas cajas y comieron con cucharas de plástico en los despachos del Ministerio. A Joana le pareció un almuerzo delicioso, la caja contenía arroz perfumado de jazmín, con una ensalada de papaya verde a un lado, y al otro, tiras de pollo con tallos de bambú, chiles, limas y hojas de estragón. Hasta el más simple de los menús tailandeses es muy sofisticado, en comparación del *fast-food* occidental, e incluso aquella comida rápida en una caja de poliestireno le supo a gloria.

Siguieron trabajando por la tarde, y cuando Joana volvió al hotel, llamó a su familia. Ya era de día en Europa.

—¿Dígame? —dijo la voz del abuelo Juan a lo lejos.

—¡Abuelo! —gritó, contenta de oírlo— Abuelo ¡Feliz Navidad! ¿Cómo estás?

—Bah, tirando, como siempre, estas fiestas son un coñazo comercial...

Joana rió. El abuelo de siempre... cada año se quejaba de cómo la sociedad de consumo envilecía sus vidas con patrañas como el día del padre, la madre o la Navidad.

—Pero dejémonos de ésto. Dime, mi capitana —dijo, como cuando era niña— ¿Como estás desde la última vez que hablamos? ¿Y qué vas a hacer en final de año? No se te ocurra trabajar, ¿eh?

—Abuelo, qué cosas tienes, claro que no, voy a celebrarlo con unos amigos... —mintió.

—Pues aquí tu hermano Miquel se nos va a esquiar, y tu madre se ha rebelado y ha decidido que no va a cocinar nada especial para los tres. Pero al menos, ha comprado una botella de Fundador...

Joana se sintió transportada a casa. Su abuelo tenía esa virtud, la de llevarla al lado sólido de la vida.

—Oye, te he de leer algo que he guardado para ti, porque dejé el libro aquí para cuando llamaras y tu madre me amenaza cada día con tirarlo a la basura, no quiere verlo junto al teléfono...

—Adelante, soy toda oídos.

—Era cuando me contabas lo de la crisis asiática. Pero es lo de siempre, escucha, esto es del siglo XVII:

Poderoso caballero
es don Dinero.
Madre; yo al oro me humillo,
él es mi amante y mi amado,
pues de puro enamorado,
de continuo anda amarillo;
que, pues doblón o sencillo,
hace todo cuanto quiero,
poderoso caballero
es don Dinero...

Joana escuchaba el poema pacientemente. Se preguntó si su abuelo se daba cuenta de lo que costaba aquella llamada internacional.

—Ahí lo tienes, la esencia de todo, la gente dispuesta a revolcarse y matar por dinero...

—¿Por qué no me lo mandas?

—Ay, hija, yo no sé escribir las direcciones de esos sitios tan complicados donde estás...

—Menudo vago estás hecho... —le recriminó con cariño.

—Mi capitana, lo que te tengo que decir con el verso de Quevedo es que en tu trabajo lo hagas todo pensando en los de abajo, pues los de arriba sólo piensan en ellos mismos...

Las ideas del abuelo, que tanto inspiraban a Joana. Como todos los adultos, Juan había visto crecer a su nieta de prisa, a trompicones, mientras él tenía que trabajar y hacer mil cosas no solo en la casa sino en el sindicato, al que estaba entregado, de manera que el abuelo siempre lamentó el poco tiempo que había podido dedicarle a la niña. Lo que él no sabia era la enorme influencia que tenía sobre ella, de como entre juegos, cuentos, risas y enojos, la había forjado desde pequeña. Sin darse cuenta, le había dado sus valores.

—Te lo prometo, abuelo. Ahora ¿podría hablar con mi padre o con mi madre?

—Sí, sí, claro, ahora te los paso... —Joana pudo oír como chillaba sus nombres.

Hablaron un buen rato. Joana no quiso cortar el día de Navidad. Su padre preguntó por el trabajo, la manera en que los padres siempre se relacionan con sus hijos, y la madre le dio un montón de alegría y cariño, intuyendo que su hija podía estar deprimida aquel día, en un país extraño. Joana sintió que sus huesos se fortalecían. Se dijo que tenía suerte de tener una familia llena de personas tan estupendas, tan íntegras. Y un hogar al que volver, donde todo estaba en paz, donde no había ninguna crisis.

Cuídate. Y no trabajes tanto. Tú eres más importante que ninguna crisis, le había dicho su madre, llena de amor. Las palabras revoloteaban en la habitación después de colgar el teléfono. Pensó en Iwan Bolkiah. No había podido quitárselo de la cabeza en todas aquellas semanas. Iwan le había mandado un par de notas, pero ella las había tirado, temerosa de otro desencuentro, pensando racionalmente lo incompatible que era ella con aquel pirata moderno. Pero ¿acaso los hombres se andaban con tantos reparos con las mujeres que se llevaban a la cama? ¿No habían terminado sus mejores amigos casados con mujeres más guapas, más jóvenes y más simples, en teoría incompatibles con ellos, sin su educación o nivel profesional? ¿Por qué las mujeres profesionales se sentían obligadas a replicar el sistema, y liarse con hombres mayores y de posición más alta? Un absurdo, un vestigio, un machismo que debía eliminar dentro de ella. El cuerpo de Joana le había estado diciendo sin parar que aquel hombre merecía realmente la pena y ella, estúpidamente, no había querido escuchar su propia intuición. Ahora se arrepentía de no haber leído y respondido las notas de Iwan.

Hasta Yanni, que se había convertido en un verdadero amigo, le había aconsejado que saliera, necesitaba divertirse. Joana se había quejado, diciendo que ella realmente disfrutaba su trabajo. Pero Yanni había sido más inteligente, la había derrotado usando sus propios argumentos: "Debes distraerte para rendir más".

"Año nuevo, vida nueva", se dijo. Pensaba llamar a Iwan cuando llegara a Yakarta. Aquella idea la llenó de ilusión. Sintió mariposas en el estómago.

Capítulo 17

Miles de confetis dorados caían del techo de la Bolsa de Nueva York. El ambiente era eufórico: caviar, champagne, risas... A pesar de la crisis asiática, había sido verdaderamente un buen año.

Eran casi las doce de la noche. Aaron Goldstein levantó su copa de champagne y brindó con Nancy, su última novia.

—¿Quieres? —dijo Nancy con una sonrisa pícara, sacando un pequeño plástico con polvo blanco de su bolso de fiesta.

Aaron Goldstein sonrió. ¿Por qué no? Empezar el año realmente alto... para compensar tantísimo trabajo. Cada cual cogió uno de los pequeños plásticos, fueron al baño y se hicieron un par de rayas a escondidas. Salieron sintiendo una explosión de *wasabi* picante en la nariz.

—OOaa —dijo Nancy, abriendo mucho los ojos, riendo.

Aaron Goldstein la besó en el pelo. Olía a Chanel. Aspiró otra vez, queriendo eliminar el residuo de cocaína en la nariz. Y entonces comenzaron a subir, subir, subir... todo se volvió más brillante, y el mundo mucho más positivo. Sentían una enorme energía dentro de ellos que les impulsaba a hablar de lo bueno de la vida.

—*Baby*, ha sido un año estupendo... lleno de dificultades, pero todo ha salido bien al final. No sabes la de millones que he hecho...

—Vamos a compartirlos este año, ¿verdad? ¡Vamos a hacer que este año sea aún mejor! —eufórica por la droga, Nancy se puso a bailar junto a él— UUUaaa...

Dieron las doce. Cayó muchísimo más confeti dorado del techo y se mezcló con las risas y las enhorabuenas de todo el mundo. Se brindó con el champagne más caro, Dom Perignon a doscientos dólares la botella. Aaron Goldstein felicitó a varios de sus colegas y volvió a besar el pelo rubio de Nancy, tomándola de la cintura y atrayéndola hacia él.

Se dijo que había sido un año verdaderamente bueno.

Capítulo 18

Rupias por dólar americano: 5.447

La familia de Jusuf miró los ubis con arroz en su chabola de la periferia de Yakarta. Ni siquiera se quejaban, resignados; era al menos algo que llevarse a la boca. Los precios se habían doblado desde el verano. Ahora los ubis valían tanto como antes la carne. Hacia dos semanas, viendo que no tenían suficiente para comer, el anciano Jusuf había accedido a cambiar los billetes verdes de la mujer gigante. Se los había entregado a Yohan para que fuera a un banco en la ciudad, pues no querían que el preman se enterara. Yohan, que estaba teniendo verdaderas dificultades para encontrar trabajo, accedió de buen grado. Al menos tenían un respiro.

Era pronto por la tarde. Aquella sería su cena de fin de año, juntos. Brindarían con agua.

Los fines de año son completamente distintos para los pobres. Los pobres trabajan, es un buen momento para sacarse un dinerito extra. Yohan, Yenni y su hija Jana iban a salir a vender chucherías a la gente rica en el centro de Yakarta. Venderían trompetas hechas de papel aluminio y cartón de colores.

ᘓᘔ ᘓᘔ ᘓᘔ ᘓᘔ ᘓᘔ ᘓᘔ ᘓᘔ ᘓᘔ ᘓᘔ ᘓᘔ ᘓᘔ ᘓᘔ

Iwan aparcó el Jaguar en la entrada de la mansión de los Subianto en Menteng y se ajustó la pajarita utilizando el espejo retrovisor. Hoy conducía él, su chófer tenía fiesta. Se fijó en la pequeña cicatriz en la cara que le había quedado de la explosión en su despacho: apenas era visible. Aquel incidente, del cual, como era de esperar, la policía nunca había descubierto nada, parecía ya lejano, como la cicatriz. Cerró el Jaguar y llamó a la casa.

A pesar de que las relaciones entre los Subianto y él parecían cada vez más tensas, Iwan se alegró de estar allí. Su supervivencia en aquella crisis dependía del apoyo del General Subianto y de sus contactos en la Administración Suharto. Pero, además, el confort y el calor de hogar que recibía de aquella familia le llenaban de algo que dentro de él faltaba. Y el espíritu familiar que percibía en aquella casa era mayor en las fiestas.

Siendo un país cada vez más musulmán, las navidades no eran una celebración propia de Indonesia. Sin embargo, el consumismo asociado a las fiestas había penetrado en la sociedad. Particularmente en familias de clase alta como los Subianto. Aquel año, a pesar de la crisis, no se había escatimado en nada. En la sala, la madre de Dewi había colocado un abeto de verdad, importado de los bosques de los Estados Unidos. La casa estaba ornamentada con guirnaldas y motivos navideños. La mesa donde cenarían estaba cubierta con una mantelería especial con ciervos y Santa Claus dibujados, y pequeñas porcelanas a juego entre las copas.

Lo recibió la madre de Dewi, que para la ocasión se había hecho el pelo mucho más hueco que de costumbre, a lo Imelda Marcos, recogido en un moño sostenido por un delicado atado de perlas, que a su vez hacían juego con muchísimas más perlas en el cuello y los brazos.

—Oh, Iwan, que gusto verte, pasa, pasa...

Al principio, se había preguntado si Dewi se volvería una mujer gorda y fea como su madre. Con el tiempo, había llegado a apreciar muchísimo a aquella mujer y a decirse que no le importaría.

—Qué perlas más hermosas lleva... ¡está elegantísima!

—Ay, Iwan, menudo halagador que eres, por Alá, ya me creo lo que me cuenta mi hija de que las mujeres van locas por ti...

—Mucho me temo que ésas son imaginaciones de Dewi...

Dewi entró en la sala. Estaba radiante. Tanto la madre como la hija observaron con satisfacción a Iwan, realmente impresionado por la aparición de Dewi. Había costado una fortuna: el salón de belleza del Hotel Grand Hyatt Jakarta y el traje de noche más caro de Vogue, con zapatos y joyería a juego.

—Yo me encargo de la bebida de Iwan, madre —dijo Dewi sonriendo— Buenas noches a los dos.

—Dewi... —dijo Iwan, besándole la mano— Estas magnífica...

—Como siempre —sonrió ella, guiñando un ojo.

—Bueno, tortolitos, yo os dejo aquí y me voy a ver como va la cena... —la madre se alejó, canturreando.

Dewi sonrió. Realmente su madre era tan obvia...

—Tengo algo especial —dijo, enseñándo a Iwan una botella escondida entre las otras.

Él se acercó a ver. Era una botella de un licor de café.

—Alcohol —murmuró— Pero, ¿y si nos ve tu padre?

Como en toda buena casa musulmana, allí no había alcohol. El bar, empotrado en aquel mueble inglés, consistía en botellas de jarabe y sirops de varios sabores.

—No te preocupes, no nos va a ver.

—Si me sientan a su lado puede oler mi aliento, Dewi, y estando en Ramadán no lo va a apreciar para nada —el Ramadán, el período de abstinencia musulmana en el que ni siquiera se pueden tener relaciones conyugales, había empezado justo el día anterior.

—Ya me he encargado yo de eso —dijo, ofreciéndole una copa— Te sentarás entre Merpati y yo.

—Caramba, Dewi, estás en todo. ¿Tú no tomas?

—No, ya sabes que a mí no me gusta el licor, es cosa de hombres...

—Podías haber comprado algo que te gustara.

—De verdad me da igual. ¿Ves? Sólo deseo lo mejor para ti...

Iwan encontraba a Dewi extraña, pero, a fin de cuentas, así era desde hacía un tiempo. Tomó un sorbo de licor, sabía raro. Notó que el licor estaba turbio; quizás estaba pasado, pero no quiso enojar a Dewi, así que siguió tomándolo.

Normalmente el General Subianto lo hubiera hecho pasar a su despacho y hubieran tenido una pequeña charla de negocios, fumando, hablando de hombre a hombre. Pero sólo apareció para la cena.

Aquello preocupaba a Iwan. Subianto —o la compañía que dirigía, BKI— estaba fuertemente endeudada con él. Iwan sabía que lo evitaba porque no quería pagarle. Pero además, recientemente, una sospecha se le había venido a la cabeza: que el General Subianto quisiera matarlo. Él le había sacado el capital de Indonesia. Ahora que la rupia caía en picado, ya no era necesario. Eliminándolo, mataba dos pájaros de un tiro: un acreedor y un testigo. Y la vida de un chino valía muy poco en Indonesia. Podía ver que Dewi y su madre estaban interesadas en casarlos, pero aquellas eran cosas de mujeres. Desde que le había sacado la última remesa de capital del país, Subianto había dejado de hablarle de su hija. A Iwan le convenía casarse con Dewi lo más pronto posible; era, en el fondo, la única solución a todos sus problemas. Pero conocía la mentalidad del General y sabía que sólo se casarían si le era conveniente. Si no, le encontraría pronto otro marido a Dewi.

—Dewi, ¿está tu padre en casa? ¿No podría hablar con él?

—Esta muy ocupado, cariño —contestó Dewi, y sonó extraño que lo llamara "cariño", nunca lo había hecho— Nos ha dado instrucciones especificas de que nadie, nadie lo moleste antes de la cena. Además, está de mal humor, ya sabes como se pone todo el mundo al no comer durante el día en Ramadán... Toma, te he preparado otra bebida, a ver si te gusta, le he añadido hielo y cerezas para ver si se le va el gusto...

Iwan suspiró. Intentaría hablar con Subianto después de la cena. Dewi y él conversaron un rato de cosas intrascendentes, como siempre, y aún tuvo tiempo ella de darle otro vaso de licor mezclado con *jamu*. Finalmente apareció la madre con unas campanillas, llamando a todo el mundo a la cena.

Merpati bajó, elegante con un *sarong* indonesio de gala bordado con oro, y el General Subianto apareció abriendo las puertas corredizas de su despacho, donde Iwan estaba seguro que se había pasado el rato leyendo el diario, pretendiendo que estaba ocupado.

—Venga, venga todos —animaba la madre, siempre ruidosa— ¡A cenar, que hoy estamos hambrientos con el Ramadán! A ver, tú, Iwan, te sientas entre Dewi y Merpati...

Absurdamente, en medio del Ramadán musulmán, la cena imitaba el *Thanksgiving* americano. Consistía en pavo al horno con col, patata, zanahoria y boniato, servidos fielmente por las criadas, vestidas con cofia y delantal.

—A ver, dejad que lo pruebe Iwan primero, que él estudió en América y conoce el sabor que deben tener estos platos... —dijo la madre de Dewi.

La cena transcurrió armoniosa, con las gracias de Dewi Merpati, y su madre. El General Subianto no abrió la boca, excepto para comer. Iwan intentó implicarlo en la conversación, inútilmente. Después del pavo sacaron los postres, una pastelería exquisita, y al terminar aquella cena de la Navidad cristiana, Siswono Subianto murmuró una oración musulmana, como de costumbre: "*Alhamdul illahilladhi at'amani hadhatta ama wa razaqanihi, min ghairi haulim,-minni wa la quwwatin*". Finalmente, Lanni, la criada, trajo la caja de tabaco con los puros. Aquella era la ocasión que Iwan esperaba.

—Me voy con usted, *Pak* Siswono, para no echarle el humo a las mujeres...

—Lo siento —contestó Subianto levantándose— Debo volver a mi trabajo.

—¿Esta noche? —protestó la madre— Esta noche no te metes en tu despacho otra vez, si van a dar las doce dentro de un momento...

—Lo siento, el país está en medio de una crisis, debo volver. Saldré a las doce.

Aquello confirmó los peores temores de Iwan. El General Subianto ya no lo quería en su familia. Dewi volvió con otro vaso de aquel licor repugnante. Iwan siguió bebiéndolo: era alcohol y necesitaba un trago.

Dieron las doce y la celebración tuvo mucho de falsa alegría. La madre de Dewi fue posiblemente la más feliz, y eso que estaba enfadada con su marido por encerrarse en el despacho y estar tan serio. Merpati parecía triste, quizás por pasar otro fin de año soltera. Dewi estaba extraña. Al cabo de un momento, el General declaró que se iba a dormir. Resignada, la madre se fue con él.

Iwan se quedó hablando con Dewi y Merpati. Sentía sudores fríos, se preguntó si no tendría fiebre. Se quitó la chaqueta del smoking y se aflojó la pajarita. Finalmente, Merpati los dejó a solas. Dewi, seductora, comenzó a besarlo. Intentó corresponder como pudo. Cambió de posición para besar mejor a Dewi, pero se dio cuenta de que veía borroso.

—Perdona —dijo, incorporándose— Creo que necesito un vaso de agua.

—Voy enseguida —dijo Dewi, servicial.

Cuando volvió, Iwan estaba de pie junto al bar mirando la botella de licor de café. Partículas en suspensión, un olor sospechoso...

—¡Me estás envenenando!— gritó.

Dewi lo miró, inocentemente.

—¡Dime qué me has dado!

Dewi comenzó a llorar. Lo último que esperaba era aquello. Iwan cogió la botella y salió rápidamente. La tiró en el asiento contiguo del Jaguar, por si había que analizarla, puso el auto en marcha y se dirigió como pudo al hospital más cercano.

Pero aquello demostró ser una misión imposible. Una de las diversiones de los indonesios a fin de año es subirse en furgonetas, autobuses o coches y soplar durante horas las trompetas de cartón de colorines que se fabrican para la ocasión. Los atascos suelen ser monumentales. Iwan estaba inmovilizado en medio de uno. No podía ir ni marcha adelante, ni atrás. Un hombre pasó al lado del auto, vendiendo trompetas.

—Perdone —le dijo Iwan, desde la ventanilla— no podría conseguirme un poco de agua...

El hombre se volvió. Era Yohan. Miró a Iwan dentro del auto: aquel chino no tenía buen aspecto. Cargado con las trompetas que vendía, se alejó hacia una esquina donde había visto a alguien vender bebidas. Le compró tres, volvió al coche, lentamente, caminando como un astronauta por la carga voluminosa de las trompetas. Se las dio a Iwan y se quedó mirándolo a los ojos.

—Yo también necesito ayuda. Mi familia necesita dinero. Para comer.

Iwan vio arder los ojos de Yohan. Le vino a la cabeza el pensamiento de Joana: *No puedo dejar de pensar por qué tenemos la suerte de estar aquí, en vez de ser uno de esos hombres cargando sacos...* Sacó su cartera y le dio todo el dinero que llevaba encima. Quizás fuera su última buena acción antes de que lo liquidara el General Subianto, o su hija, o alguno de sus deudores o acreedores.

Yohan dio las gracias secamente, guardándose los billetes en la ropa interior. Era un montón de dinero. Miró una vez más para asegurarse que el chino estaba bien, y se fue lentamente con sus trompetas.

Iwan bebió agua y al cabo de un rato se sintió mejor. Al clarear el atasco condujo directamente al hotel. Pensó en lo absurda que había sido aquella noche, lo mal que había salido todo. Y no sabía que Dewi, con el maquillaje retocado, esperaba que volviera a por ella, enardecido por el *jamu*.

❧ ❧ ❧ ❧ ❧ ❧ ❧ ❧ ❧ ❧ ❧ ❧

A la mañana siguiente, Joana tomaba un café en su habitación, leyendo las noticias. La sección de negocios traía la foto de una opulenta fiesta de final de año en la bolsa en Nueva York. "Wall Street celebra" decía debajo. En un momento en que Asia estaba en crisis por su culpa, aquella ostentación era realmente grosera.

Había pasado la noche de fin de año sola como el año anterior, cuando se había prometido que nunca volvería a ser así. Klaus había tomado una semana de vacaciones para volver con su familia en Berlín y Joana no había querido aguar su gran noche romántica a Yanni. Así que había cenado con un grupo de expatriados, todos surtidos de una o dos acompañantes, parte del puterío local que tanto atraía a los machos extranjeros. Daba igual lo gordos y repugnantes que fueran, la pobreza —ese gran afrodisíaco— hacía que siempre hubiera chiquitas admirándolos, dispuestas a ir con ellos por unas pocas perras. Aquello deprimía tanto a Joana que se fue pronto a su habitación. Juró que al año siguiente no volvería a suceder.

Joana se miró al espejo. "Año nuevo, vida nueva", se dijo. Se armó de valor, tomó el periódico y salió de su cuarto, en dirección a la suite de Iwan Bolkiah. Era el 1 de Enero, quizás lo encontraría en la cama a esa hora de la mañana.

Cuando llegó afuera suspiró, nerviosa. Recordó el día que él había venido a buscarla a su habitación, medio bebido, e imitó la forma seductora con que él se había apoyado en el dintel de la puerta, sosteniendo el periódico dejadamente con una mano. Se abrió un poco más el escote.

Llamó al timbre. Iwan Bolkiah abrió la puerta. Para su sorpresa, estaba vestido; no debía haber llegado tarde la noche anterior. Aunque Iwan aún estaba aturdido por la mezcla de *jamu* y licor.

—Te he traído el periódico y había pensado que podíamos tomar algo para celebrar el nuevo año... —le dijo, con una sonrisa.

No hizo falta más. Iwan le cogió el periódico y lo lanzó para atrás sin mirar, fijos sus ojos en ella, dejando que el diario cayera ruidosamente en medio de la habitación.

No entendía a aquella mujer para nada. No había contestado a sus mensajes y sin embargo ahora estaba allí, insinuándose... Viendo aquellos ojos grandes, sinceros y honestos, llenos de puro deseo hacia el, sintió una oleada de testosterona recorrerle la sangre. Cogió la cara de Joana entre sus manos, y la besó.

Esta vez no la iba a dejar ir. Aún besándola, cerró la puerta. Con dos vueltas de cerrojo.

Joana sintió aquella mano grande que la cogía por la nuca, aquel brazo fuerte en su espalda, los labios de Iwan bajando por su cuello, y se sintió suya sin siquiera haber empezado. Hacía tanto tiempo que no tenía a un hombre... Iwan desprendía una energía febril, Joana sentía su cuerpo tenso a través de la ropa, era como la tarde en el muelle de Yakarta, cuando el viento los azotaba y los hacía sentir desnudos. Iwan le hizo el amor allí mismo, en el suelo, junto a la puerta. Sin hablar. Sin desvestirse. Necesitaba hacerla suya y que no volviera a escapar.

Al terminar le besó la cara, los ojos, el pelo... La trajo a la luz, cerca del ventanal. Comenzó a quitarle la ropa, lentamente, admirando aquel cuerpo extranjero, con grandes curvas, enormemente voluptuoso, tan diferente de las mujeres indonesas, delgadas como modelos y casi asexuadas en comparación. Luego él se quito la ropa, primero la camisa, luego los pantalones, dejando que Joana explorara su cuerpo, de un leve tono cobrizo y sin vello, como son los asiáticos.

Esta vez Iwan llevó a Joana a la cama. Le hizo el amor lentamente, disfrutando de verla. No dejó que Joana lo tocara. Negó suavemente con la cabeza y siguió mirándola mientras la amaba.

Quería conocer el cuerpo de ella en detalle, quería identificar todos sus puntos sensibles, quería verla sentir placer una y otra vez.

Los distintos tonos de piel, las diferentes texturas del cabello, las diferencias en las manos, los labios, los ojos... hay una belleza brutal y exótica en las relaciones interraciales. Se exploraron el uno al otro durante muchas horas, en la cama, en la ducha, en el sofá. Hicieron el amor de mil maneras, de forma que ya no había ninguna cosa extraña, ni ningún secreto entre los dos.

Era de noche cuando Joana se fue, no sin prometerle que volverían a verse esa misma semana. Iwan se dejó caer en la cama, exhausto y satisfecho, durmiéndose casi en el acto. Nunca le había hecho el amor a una mujer durante doce horas seguidas.

Aquél fue el día más feliz que ambos habían pasado en mucho tiempo.

Capítulo 19

Yakarta, Indonesia, Enero 1998

Rupias por dólar americano: 14.800

Los resultados de los sondeos de enero de la ONU eran espeluznantes: toda Indonesia al rojo vivo. Más de cuarenta millones de personas habían caído por debajo de la línea de pobreza.

Klaus, Yanni y Joana miraban la pantalla del ordenador con gravedad y preocupación. Joana encendió un cigarrillo, aspirando hondo.

—No es suficiente con que mandemos esta información al gobierno y a la prensa indonesa. Esta noche llamaremos a Janette Peres en Nueva York a ver como van las negociaciones con el Banco Mundial. Como no lancen los programas de emergencia social inmediatamente, este país va a estallar.

Klaus asintió.

La rupia había caído de 5.500 por dólar el 1 de enero a 6.000 el 4, 9.000 el 8, 10.000 el 20, hasta llegar a 14.900 rupias por dólar el 20 de enero.

—No me explico por qué está cayendo así la rupia... —murmuró Yanni.

—El gobierno debe estar imprimiendo dinero sin parar —dedujo Klaus—, generando hiperinflación, como en Alemania antes de la Segunda Guerra Mundial...

Joana miró una tarjeta postal de Hong Kong que había colgado con cinta adhesiva en la pared de la habitación, recuerdo secreto de un trayecto en el Star Ferry. Pensó que se saltaría todo el protocolo y llamaría directamente a Jan Håkansson en Washington.

ಶೋಭ ಶೋಭ ಶೋಭ ಶೋಭ ಶೋಭ ಶೋಭ ಶೋಭ ಶೋಭ ಶೋಭ ಶೋಭ ಶೋಭ

Esa noche era el *Eid,* el fin del Ramadán. Normalmente el *Eid,* o *Idul Fitri*, se celebraba con grandes banquetes familiares, pues era el fin de treinta días de purificación en los que no se había comido, ni bebido, ni fumadohasta la puesta del sol.

Aquella mañana en la villa miseria de la periferia de Yakarta, la celebración del *Idul Fitri* había comenzado con la llamada a la oración

192

de la pequeña mezquita contigua a la *madrassa*[12] donde Jana e Kade estudiaban, una construcción financiada por una de las organizaciones de caridad estatales de Arabia Saudita, un proyecto de desarrollo saudí que había llenado la vida de gente como la familia de Jusuf, que no tenía nada de nada, olvidada por su gobierno, por Occidente.

El rezo común del *Idul Fitri* es realmente impresionante. La gente sale de sus casas, los hombres con su bonete *peci,* las mujeres con sus velos —algunas cubiertas de la cabeza a los pies con el *mukena*—, y se reúnen alrededor de las mezquitas; nunca hay espacio suficiente, así que se ocupan calles, parques, campos... Hay una sensación fortísima de solidaridad, de comunión, de unión entre personas, en la oración del fin del Ramadán. Para aquella gente, que tenía muy poco, que vivía una vida sin esperanza ni orden, aquello significaba mucho.

Siendo un festival de purificación, dedicado a sentirse en paz con el mundo, después de la oración la gente pasa por la casa de familiares y amigos, y pide perdón por cualquier ofensa o acto incorrecto realizado el año anterior: "*Minal Aidin Wal Fa Idzin... Mohon Maaf Lahir Batin*"

Normalmente, se intercambian regalos y comida, pero aquel año no había habido nada de eso. Jusuf había entrado con su familia en algunas de las chabolas contiguas, y dado y recibido el "*Minal Aidin Wal Fa Idzin... Mohon Maaf Lahir Batin*", sin más.

Yenni se había quedado en la mezquita, pues estaban repartiendo ropa usada y cosas para las familias pobres de la villa miseria, parte de la caridad musulmana en el *Eid.* Yenni consiguió *ketupat*s y unos zapatos y velos para Jana e Kade, ¡buenos eran!

Aquella noche, en su chabola, tenían muy poco para comer. No habían podido ni comprar aceite para cocinar. Yenni puso los *ketupats,* los cuadrados de arroz hervido envueltos en hojas de coco, con un poco de salsa *sambal* de vegetales. Eso era todo. No fue un *Eid* alegre.

—Han llegado los tiempos difíciles que predijo la mujer gigante y ya no tenemos los billetes verdes —suspiró Jusuf.

Los precios de la comida habían subido por los cielos.

—Padre —dijo Yohan— vamos a tener que trabajar todos. No es suficiente con lo que Yenni y yo traemos.

El anciano Jusuf afirmó lentamente con la cabeza.

—¿Qué propones?

---

12   Escuela religiosa musulmana, en Indonesia se encargan de una gran parte de la educación primaria (*ibtydaria*) y secundaria (*sanawia*), ofreciendo el mismo programa que en las escuelas laicas, más clases de religión.

—Ir todos a la carretera, a pedir. Jana, Kade, vosotras también, me temo que el colegio habrá de esperar...

—¡No! —gritó Yenni— ¡No las saques de la *madrassa*, por Alá, deben estudiar!

—Pero, ¿cómo van a estudiar si no pueden comer? Además, son niñas, no niños, y las mujeres no tienen por qué estudiar.

Yenni miró de lado.

—Es lo mejor. Sólo por un tiempo. Kade, tu podrías ir con tu abuelo, los dos de la mano.

—¿Y no tendré que ir al colegio? —preguntó Kade, contenta.

—No, hija, no. Pero sólo por un tiempo.

—Jana, tú podrías coger al bebé y pedir con él —Jana asintió— Tu madre seguirá de *asongan*, y yo puedo limpiar los cristales de los coches, como he ido haciendo últimamente...

—Por Alá que volveréis al colegio pronto —juró la madre.

—Sí, mama —dijeron sus hijas con resignación, pues no querían volver.

Yenni se alegró de que Amir fuera menos bebé. Ya comía arroz y *ubis*. Así ya no la necesitaba a ella, su hija Jana podría cuidar de él.

Cenaron lo poco que tenían en silencio. Bebieron mucha agua caliente, es muy desagradable irse a dormir con hambre.

ಐ೧೩ ಐ೧೩ ಐ೧೩ ಐ೧೩ ಐ೧೩ ಐ೧೩ ಐ೧೩ ಐ೧೩ ಐ೧೩ ಐ೧೩ ಐ೧೩ ಐ೧೩

Joana se retiró a un lado, agotada y satisfecha. Era de noche y se habían quedado a oscuras en su habitación. El alumbrado de la calle que entraba por el gran ventanal iluminaba sus cuerpos.

—Iwan... —murmuró.

Él le acariciaba el pelo, ese pelo ondulado y castaño que tanto le llamaba la atención.

—Iwan, tú que tienes tantos contactos, ¿qué has oído? ¿por qué está cayendo la rupia de esta manera?

—Mmm... —gruñó él, sin querer volver a la realidad.

Suspiró.

—El gobierno está imprimiendo dinero sin parar, dándole a la maquinita de hacer billetes para pagar salarios y deudas... —hizo un gesto circular con la mano, como si estuviera moviendo una imprenta.

Se incorporó en la cama, sentándose, y encendió un cigarrillo de la mesita de noche. Ya había vuelto a la realidad.

—De hecho, me han pasado rumores de que el Banco Central está incluso repitiendo tiradas de dinero, produciendo billetes que tienen el mismo número serial, al que han añadido una pequeña marca ultravioleta para distinguirlos.

—¿Quieres decir que el gobierno está falsificando su propio dinero?

Iwan volvió a gruñir, aspirando el humo del cigarro. El extremo incandescente del cigarrillo iluminaba su perfil en la oscuridad de la habitación.

—¿Es eso posible?—preguntó ella, aún susurrando.

—Todo es posible en Indonesia —se levantó, y comenzó a ponerse la ropa, sin poder evitar pisar los informes esparcidos por el suelo de la habitación de Joana.

Joana se acercó a él, descalza, pisando también los dossieres y papeles a oscuras. Era como si aquella fuera una escena irreal, un sueño por encima de su realidad cotidiana. Lo abrazó por detrás, suavemente, sin querer dejarlo ir. Deslizó sus dedos por la espalda, notando las pequeñas cicatrices que le había dejado el atentado en su despacho.

—¿Cuándo te hiciste esto?

Iwan se puso la camisa.

—No es nada.

᛫᛫᛫ ᛫᛫᛫ ᛫᛫᛫ ᛫᛫᛫ ᛫᛫᛫ ᛫᛫᛫ ᛫᛫᛫ ᛫᛫᛫ ᛫᛫᛫ ᛫᛫᛫ ᛫᛫᛫ ᛫᛫᛫

Iwan había invitado a Joana a celebrar el año nuevo chino con su madre. Habían quedado en el lobby del Hotel Pancasila a las siete de la tarde. Joana apareció, elegante, con una pequeña caja de chocolates.

—Buenas noches, Yuan —dijo, sonriendo.

Salieron fuera. El Jaguar se acercó e Iwan abrió la puerta, para que entrara Joana. Pero ella frunció el ceño, al reconocer el auto.

—Así que el cochazo es tuyo... Muy espacioso... ¿es aquí dónde metéis los cadáveres de los que no pagan a las *yayasan* de Suharto?

—Eres terrible —dijo él— Anda, entra o vas a pie.

—Sólo si me prometes que no me mancharé el vestido de sangre...

Iwan la metió adentro, cogiéndola por las muñecas.

—No me fuerces a usar la violencia porque lo estoy deseando...

—¿Así que es un secuestro?— notaron otra vez aquella energía brutal fluir entre ellos. Iwan la acercó hacia él y la besó en los labios — Ah...me vas a quitar el maquillaje.

—Mi madre no ve...

El chófer miraba adelante, resignado, como si no pasara nada en aquel espacio tan pequeño.

—Dime que harías cualquier cosa por mí —dijo Iwan.

—Haría cualquier cosa por ti... —respondió Joana, medio en broma, medio en serio.

—Bien —Iwan la soltó y se sentó de frente, arreglándose la camisa— Porque quiero que la hagas sin preguntar. Cuando yo te diga, vamos a salir del coche y cruzar la calle corriendo. Entonces tomaremos un taxi ¿Podrás hacerlo?

Joana lo miró, sorprendida.

—Pero...

—No hay peros ¿vas a hacerlo o no?

—Sí, claro que sí. ¿A quién intentas despistar? ¿Nos están siguiendo?

Iwan se inclinó hacia adelante y habló al conductor.

—Creo que has estado más atento a la calle que yo, Agus. ¿Nos están siguiendo?

—Es difícil de decir tan pronto, *Pak* Iwan. Posiblemente sí, puesto que nos han seguido toda esta semana.

Iwan la miró.

—Si prefieres volver al hotel...

—Si te crees que me asusto por eso, estas muy equivocado— respondió ella, sonriendo.

Iwan la volvió a mirar. Realmente le gustaba aquella mujer.

—Agus —le dijo al chófer— Vamos a salir ahora, ya sabes donde ir. Joana, nos vamos a meter por un callejón de unos doscientos metros y tomar un taxi al final, ¿entendido?

Lo hicieron. Al llegar a la otra calle hubo que esperar unos momentos a que pasara un taxi libre. Subieron. Iwan dio una dirección.

—Aún vamos a cambiar una vez más de taxi, misma estrategia.

—Iwan —preguntó Joana después de un rato— Sé que no quieres preguntas, pero creo que me debes alguna respuesta.

—No las tengo, ése es el problema. No sé quién es. Quizás son varios. Lo que tengo muy claro es que no quiero que identifiquen a mi madre.

—Pero ¿qué hacen? ¿Se limitan a seguirte?

Iwan no quería asustarla, pero se mantuvo en silencio. Sabía que no querían asesinarlo, pues en caso contrario ya lo hubieran hecho. Sólo estaban advirtiéndole, con dureza, pero él había aprendido a vivir con la amenaza.

—Comprendido— dijo Joana finalmente, sintiendo de pronto ante aquel silencio, otra vez, lo diferentes que eran sus mundos.

Bajaron del último taxi y caminaron hasta el edificio donde vivía la madre de Iwan. Estaban en Glodok, la zona china de Yakarta. Joana caminaba atenta, memorizando cada esquina, el camino para salir de Glodok. Todo aquello la había puesto en tensión.

—Para ser el fin de año chino, es extraño verlo todo tan calmado.

—Es porque está prohibido celebrarlo —respondió Iwan, con naturalidad— Todo el mundo está en su casa.

Subieron las escaleras, hasta el primer piso. Llamaron a la puerta. La madre abrió, sin preguntar quien era. Los esperaba.

—Yuan, hijo mío... —dijo en mandarín, con cariño.

Hubo una pequeña conversación de la que Joana no entendió nada. Finalmente escuchó su nombre entre las palabras de Iwan. Sonrió a la madre y le dio la mano.

—Encantada de conocerla.

—Bienvenida a casa —respondió la madre en un inglés oxidado— Pasad, pasad...

Era un apartamento muy pequeño y muy modesto. Pero a Joana le encantó, estaba lleno de libros, en chino, en bahasa, en inglés. Tenía además elegantes pancartas con caligrafía china colgadas por las paredes, que Joana sabía que estaban prohibidas en la Indonesia de Suharto.

La madre había preparado la mesa a un lado de la habitación. Le dijo algo a Iwan en mandarín: debía estar pidiéndole que pusiera la mesa en el centro, pues así lo hizo Iwan.

La mesa estaba decorada de manera encantadora. La madre la había llenado de mandarinas y de flores, pues según la tradición china traen felicidad. La cena consistió en una enorme variedad de platos, de colores y olores distintos. La pieza central era *yu,* tiras de pescado en una salsa de alubias, naranjas, jengibre y aceite aromático de sésamo. El *yu,* el pescado, se come en la celebración del año nuevo lunar porque se parece a la palabra *yue,* prosperidad, así que se cree que tomarlo trae buena fortuna.

—¡Qué barbaridad, menudo banquete! —dijo Joana— Hace tiempo que no veo algo tan exquisito ¡Debe haberse pasado cocinando todo el día!

A Iwan le hizo gracia el comentario de Joana, el mismo tipo de cursilerías artificiales pero corteses que él decía en casa de los Subianto.

—¡Bah! —respondió la madre, con modestia— No todo es lo correcto. Los *dumplings,* por ejemplo —dijo señalando unos pastelitos de carne cerdo— se deben comer mañana, el primer día del año nuevo, pero los he hecho hoy porque le encantan a Yuan. De pequeño siempre los quería comer...

—Claro —continuó Iwan— es porque tienen sorpresa. Uno de ellos lleva una pequeña moneda, el que la encuentra se lleva la buena fortuna ese año.

—Esperemos que te toque a ti —sonrió Joana

—Siempre me tocaba a mí, creo que mi madre hacía trampa...

Rieron, y comenzaron a cenar. La velada fue muy agradable. Yuan, ahora realmente Yuan en aquel ambiente tan chino, le pidió a su madre que explicara sus experiencias de profesora en Kalimantan. A pesar del inglés un poco oxidado, la historia los transportó a los dos a aquel mundo lejano en Borneo, cuando ella daba clases a la tribu de los Barito.

—No me puedo creer lo de los reasentamientos forzosos en zonas tribales... —comentó Joana— ¡Pensar que esto sucede en nuestros tiempos!

—Sí, hay hasta un Ministerio dedicado a ello, el Ministerio de Trasmigración —continuó la madre— Es increíble hasta para mí, que soy indonesa y me he acostumbrado a la idea. Ha sido una manera de reducir la tensión social por tanta pobreza endémica. Nada menos que nueve millones de pobres han sido trasladados forzosamente a Borneo en las últimas décadas. Los militares van a una villa miseria y se llevan a los pobres en camionetas, a la fuerza. Primero se los llevan a lo que se llaman "hogares transitorios", una especie de dormitorios militares. Luego los ponen en aviones Hércules y los sueltan en Kalimantan.

—Y ¿sobreviven allí, en terreno virgen?

—Malamente. Muchos se escapan y vuelven a Yakarta. Pero piensa que los militares tenían una intención desarrollista, no es que suelten a los pobres allí sin más. Les dan materiales para que se construyan casas, les dan semillas y hasta clases de cómo arar y cosechar. Son los que se quedan los que han ido exterminando las tribus. Ellos y los mismos militares, por sus negocios de explotación de madera y minerales en Borneo.

—Realmente increíble —Joana bajó la mirada.

—Sí —siguió Iwan— Por cierto, que los ministerios de Indonesia son realmente increíbles, ¿sabes que tenemos un Ministerio de Religión? Aquí ya no existe separación entre iglesia y estado.

La conversación giró hacia la represión de la cultura china en Indonesia. La madre de Iwan explicó como se había matado a mucha gente china en 1965, cuando Suharto se hizo en el poder; sobre todo a los intelectuales, con la excusa de que eran comunistas. Por supuesto, bajo el beneplácito de los Estados Unidos y la CIA, que como siempre en Asia y en el mundo entero habían apoyado acríticamente a un gobierno anti-comunista. Aunque la cifra real se desconocía, se estimaba que aquel año los militares habían matado a más de un millón de personas en Indonesia. Gente inocente, luchando por lo que creía correcto para su país, profesores, periodistas, médicos... gente como la madre de Iwan.

Se hizo un silencio. Un millón de personas asesinadas, fusiladas, degolladas, arrojadas desde edificios, torturadas, quemadas, violadas, electrocutadas, en una de esas locuras históricas donde la bestialidad humana se desata salvajemente, incomprensiblemente. Finalmente, la madre pasó los *dumplings* de carne de cerdo, para alejar aquel mal recuerdo y cambiar de conversación.

—Yuan me ha explicado que tú también estuviste de profesora, en África...

—Sí, en una aldea en Uganda...

Fue el turno de Joana. Ahora ella explicó sus aventuras y desventuras, su percepción de las cosas, el recuerdo de aquel niño inteligente de ojos de grandes llamado Juma al que le gustaría volver a ver algún día. La madre de Iwan parecía encantada de oírla. Iwan se sintió satisfecho de que se hubieran conocido, pues aquellas dos mujeres parecían tener mucho en común.

—Mmm... —Joana, mordió algo muy duro dentro de un *dumpling*— Me parece que me estoy comiendo la moneda de la suerte...

—Eso significa que este año la mejor fortuna será para ti.

—Vaya, me siento halagada. ¿Se refiere sólo a dinero, o a otros aspectos?

—Se refiere a todo, la salud, el amor, los negocios...

—Espero que haya hecho trampa y haya otro para Yuan

—Nunca hice trampa, Yuan siempre tuvo buena suerte...

Siguieron conversando, animadamente. Finalmente recogieron la mesa. Joana insistió en ayudar a la anciana, así que Iwan y ella terminaron lavando los platos. Y entre el jabón y el estropajo y el agua, hablando de mil tonterías en la cocina, sintieron un lazo muy familiar entre ellos, una sensación de cotidianeidad muy agradable, pues una parte de ellos añoraba secretamente una vida familiar que no tenían. Detrás, la madre de Iwan guardaba las cosas en la alacena; mientras secaba los platos y seguía la conversación, percibió la energía magnética que fluía entre ellos.

Al terminar, volvieron a sentarse a la mesa. La madre ofreció más té, en aquellos minúsculos cuencos chinos que hacían de taza. Joana sacó la caja de bombones y se la dio a la madre de Iwan.

—Menuda cabeza, me había olvidado.

La madre sonrió ante el detalle, agradeciéndoselo, y comenzó a quitar el papel envoltorio. Apareció el regalo, una caja blanca de exquisitos chocolates belgas.

Joana pudo notar que pasaba algo. La madre de Iwan miraba la caja blanca muy seria, sin querer tocarla. Finalmente, Iwan cogió la caja y la abrió, se comió un bombón y le ofreció a Joana.

—¿Pasa algo? —preguntó ella— Se consideran los mejores chocolates del mundo...

—No, no pasa nada —contestó la madre, aún seria— No como chocolate, eso es todo.

Iwan cambió de conversación, pidiéndole que explicara su trabajo en las Naciones Unidas. Joana, notando que había algo en el aire pero que no debía preguntar, respondió, para alejar aquel mal espíritu. Pronto la madre se interesó no sólo por el proyecto de la ONU sino también por la propuesta de los programas sociales de emergencia del Banco Mundial, y comenzó a hacer preguntas que Joana respondió con su apasionamiento habitual.

Al salir, le preguntó a Iwan qué había pasado.

—La caja de chocolates era blanca. No sé si te diste cuenta de que no había ni una pequeña cosa en la mesa de color blanco.

—Es cierto.

—El blanco —siguió Iwan— en la cultura china significa la muerte. Ni siquiera se cocina con tofu esta noche, para evitar el uso del color blanco, pues ya has visto que los chinos son muy supersticiosos.

—Lo siento...

—No te preocupes, mi madre comprendió la situación perfectamente; además, fue ella quien me enseñó a no creer en supersticiones. Y le caes estupendamente, ya te dije que tenéis muchas cosas en común.

Había más, pero Iwan no se lo dijo. "*Yuan*", le había dicho su madre en mandarín antes de partir, sabiendo que Joana no comprendía, "*no seas estúpido y quédate con ella. Esta mujer es excelente, no encontrarás otra mejor, no repitas el error de tu padre*".

ഔരു ഔരു ഔരു ഔരു ഔരു ഔരു ഔരു ഔരു ഔരു ഔരു ഔരു ഔരു

—¡Que no os vea el *preman*, por Alá, que se os llevará el dinero!

Así se despedía Yenni cada mañana, pues aún cada semana tenía que pagarle al *preman*. Yohan los acompañaba a distintos puntos de la carretera. Ya llevaban varios días. Sacaban algo más de dinero, pero aún seguía alcanzando apenas para comer.

Hoy era viernes. El anciano Jusuf llevaba su bonete *peci*, pero había roto el ayuno; se encontraba demasiado débil y cansado para ayunar. Había tomado la sopa de arroz, *bubur*, con el resto de su familia por la mañana. Rezó por que los conductores fueran buenos musulmanes y se volvieran más generosos hoy viernes.

Pero no lo fueron. Yohan limpiaba todos los parabrisas que podía, Yenni mostraba los cigarrillos al aire en su mano, Jusuf, Jana y Kade mendigaban, pero los conductores no los querían. Fue la expresión de aquel niño rico la que sacó a Yohan de quicio. Atrapado en medio del atasco, el niñato se comportaba como si Yohan no estuviera ahí, ofreciendo limpiarle los cristales. Había puesto la música al máximo y miraba de lado, evitando los ojos de Yohan; poco a poco iba apretando el acelerador, levemente, moviendo el auto de manera que Yohan no pudiera limpiarle el cristal. Luego sacó un cigarrillo americano y se puso a fumar.

Fué la gota que colmó el vaso. Yohan sintió que se le nublaba la vista. En unos instantes todo pasó delante de sus ojos: la chabola miserable donde vivían, el *preman* pegando a su mujer, su padre y sus hijas mendigando... Cogió el limpiacristales metálico, levantó el brazo y, con tanta fuerza como cuando cargaba cajas en las fábricas, lo descargó sobre el cristal del auto. Una, dos, diez, doce veces... era como si todo el dolor acumulado saliera de él, el dolor de una infancia miserable, el dolor de días malcomiendo, el dolor de hacer siempre los trabajos más pesados, el dolor de los maltratos a todos los que eran como él.

Hasta que pasó el dolor. Volvió en sí y vio al conductor mirándolo desde el interior del auto, paralizado de terror y cubierto de cristales. Aún con la mirada algo nublada, recordó la cartera de aquel chino enfermo al que había ayudado la noche de final de año.

—La cartera —dijo.

El niñato sacó su cartera y la alargó a Yohan, con la mano temblorosa. Otros conductores habían abierto las puertas de sus autos queriendo ayudarlo, pero incapaces de hacer nada por temor a Yohan.

Por unos instantes, Yohan sintió poder. Tomó la cartera del conductor y, sin soltar el limpiacristales, saltó por el lateral, carretera abajo.

Ahora sabía qué hacer.

Capítulo 20

Jhumar se quedó oyendo el bullicio del centro comercial. La gente subía y bajaba por las escaleras mecánicas, riendo, hablando, con bolsas de colores llenas de cientos de productos que prometían felicidad. Jhumar sentía hambre y frío, pero aquello no era lo peor. Se sentía distante, lejos de lo que estaba viendo. Se daba cuenta de que tenia un aspecto horrendo en comparación con aquellos extranjeros, tan blancos, rubios y limpios; llevaba días durmiendo donde podía, sin lavarse ni afeitarse. Una vez más sintió una gran tristeza. Había llegado al paraíso, pero estaba solo, sin saber que hacer. No pertenecía a aquel mundo.

Se dirigió a una de las papeleras, había aprendido que la gente tiraba restos de comida. ¡Por Ganesh, cuando la comida mas barata costaba doscientas rupias! Pero un guardia de seguridad lo detuvo.

—Vamos, éste no es tu lugar.

Jhumar se quedó mirándolo. Ya lo sabía.

—Por favor...—suplicó.

El guardia le permitió coger unas patatas fritas de dentro de la papelera. Luego lo acompañó a la entrada del centro comercial y lo dejo fuera, en el frío. Jhumar engullo las patatas mientras sentía el viento helado morderle la piel. Se sentía agotado, ¿adónde ir? Necesitaba un trabajo y un hogar, pero no sabia cómo encontrarlos. Había visto a otros indios trabajando en comercios y restaurantes, pero él no tenia educación para esto. Además, no habían mostrado ninguna simpatía por él cuando se había acercado a preguntarles, se habían comportado igual que el guardia de seguridad.

Había trabajado unos días de peón en una obra, hasta que no lo necesitaron más. De momento, ése parecía el único plan factible, intentar encontrar otro trabajo de peón, aunque era peligroso ya que siempre hacían preguntas sobre papeles que Jhumar no tenia.

Sabía que no debía viajar más al Oeste. Ya se había dado cuenta de que, a medida que se adentraba en el país, la gente se volvía más homogénea: eran todos más blancos, rubios y gordos, y había pocos de otras razas. Así llamaría mucho más la atención.

Como ahora, que un hombre lo miraba fijamente. Jhumar se fue para la derecha, alejándose de el.

— ¡*You*! —le gritó el hombre en inglés.

Jhumar siguió andando. No tenia fuerzas para correr. Pero el hombre siguió finalmente lo alcanzó.

— ¿Por qué corres? Necesitas un trabajo y una cama, ¿verdad? ¿Comprendes inglés? ¿Hablas español?

A Jhumar no le daba buena espina aquel hombre, pero ¿qué podía perder? Claramente no era de la policía, así que se dejó llevar. El hombre, que resultó ser un capataz, lo invitó a un fast-food y Jhumar devoró su bandeja, la mejor comida que tomaba desde hacia mucho tiempo. Luego el hombre le ofreció empleo como bracero en una explotación agrícola y aceptó.

En el coche, el capataz explicó que no era un coyote, sino un contratista. Le pagaría a un dólar y medio la hora y le daría un techo. Las comidas y demás extras debería pagarlas Jhumar de su salario. Como no tenia papeles, no tendría seguro medico; si tenia alguna accidente dejaría de emplearlo y debería salir de la hacienda.

Jhumar iba asintiendo mientras miraba el paisaje frío de invierno por la ventana y sentía el calor de la calefacción del coche en la cara y en los pies. Estaba agotado, necesitaba un lugar donde reponer fuerzas, y la idea de vivir en una granja, en el campo, alejado del peligro de la policía y de aquellas ciudades llenas de blancos le parecía lo mejor que podía sucederle, aunque la paga fuera miserable.

Pero cuando llegaron al lugar, se le cayó el alma a los pies. El "hogar" era un barracón oscuro y frío donde vivían diez personas en unos colchones. Dos bombillas colgadas del techo iluminaban el sitio, que olía a pies y a humedad. Los otros braceros no parecían hablar inglés. El capataz le dijo que eran hispanos, pero que en otro barracón había unos jamaicanos con los que si podría hablar.

Estados Unidos había eliminado oficialmente la esclavitud en 1865, pero las grandes explotaciones agrícolas norteamericanas nunca se acostumbraron a pagar el costo del trabajo. Un siglo después, la agricultura extensiva aun utilizaba mano de obra que vivía en condiciones deplorables, con salarios muy por debajo de la línea de pobreza: la esclavitud en su versión moderna.

છ૭ છ૭ છ૭ છ૭ છ૭ છ૭ છ૭ છ૭ છ૭ છ૭ છ૭ છ૭

Con los días, Jhumar se fue habituando a la hacienda. Era la época de la cosecha de la alcachofa. Al principio le dieron unos guantes nitrilo y un cuchillo, y Jhumar fue imitando a sus compañeros, agachándose y cortando aquellos extraños vegetales con forma de flor.

Al cabo de unas horas le dolían la espalda, los brazos y los dedos, pues ya no estaba acostumbrado al trabajo del campo. Aquellos arbustos de alcachofas eran muy pequeños y Jhumar muy grande. Necesitaba ir alternando las posturas: se arrodillaba en el suelo, pero al cabo de un rato le dolían las rodillas y debía volverse a levantar.

Pronto prefirió dejar la recolección y dedicarse a llevar las cajas llenas de alcachofas. Era un trabajo mas duro, pero preferible. Llevando cajas y comiendo mejor, volvió a desarrollar sus músculos. No hablaba con nadie, pero notaba como su cuerpo y su espíritu se iban regenerando. Sus compañeros eran buena gente: a pesar de no compartir la lengua, habían compartido con él la comida desde el primer día. Era una comida que sabía rara, pero había algún plato que le gustaba, como las judías con arroz, lo más parecido a la cocina de Joshita.

Una noche, tumbado en el colchón que hacia de cama, mientras miraba la bombilla desnuda del techo y oía a sus compañeros bromear en español, supo que debía irse. No había venido a América, dejando a su familia y arriesgando su vida, para vivir como en Maharashtra. Había pasado ya mucho tiempo desde su llegada a Estados Unidos y casi no tenia ahorros que mandar a Joshita. Sintió los latigazos del remordimiento. Días después, habló al capataz.

— Señor, por favor lléveme de aquí. Necesito mandar más dinero a mi familia...

— ¡Ingrato! Te recogí en la calle cuando estabas muerto de hambre y frío. ¿Así me lo pagas?

— Señor, yo soy muy fuerte y puedo hacer un trabajo mejor que éste, lo que sea, pero mejor pagado...

El capataz se quedó mirándolo. Verdaderamente, el indio parecía fuerte. Finalmente dijo:

— Te puedo ofrecer un trabajo a cinco dólares la hora, pero has de hacerlo bien.

— Muchas gracias, señor... —contestó Jhumar, con verdadera gratitud. Era tres veces mas de lo que ganaba ahora— Lo haré mejor que nadie, señor, no le voy a fallar.

— Déjame hacer una llamada y recoge tus cosas.

Jhumar no pudo despedirse de sus compañeros hispanos, que estaban en los campos recogiendo alcachofas. Cuando cerró la puerta del barracón sintió pena por ellos, que se quedaban en aquel lugar oscuro y miserable. Se dirigió al edificio central de la hacienda y vio que el capataz se estaba peleando con el encargado principal.

— ¡Tú! —le gritó el encargado de la hacienda a Jhumar— ¡Hijo de puta! Luego de que te acogemos sin pedirte papeles ni nada, arriesgándonos a una inspección, te vas sin avisar...

— Señor... yo...

—¡Te quedas! —ordenó el encargado, que se había dado cuenta de lo fuerte que era Jhumar— Sin que sirva de precedente, te subo el salario a dos dólares la hora.

Jhumar miró al suelo y contestó:

— Señor, lo siento mucho, pero me debo ir.

— Voy a denunciarte a la policía, cabrón... ¡Ahora mismo!

— Vamos, vamos —intervino el capataz— Ya te dije que se tiene que ir...

— Aquí no vuelvas nunca, ¿has entendido?

Jhumar lo había entendido perfectamente hacia muchas noches, pasando frío bajo una manta mugrienta en el barracón, mientras oía a alguno de sus compañeros hispanos masturbarse o roncar. No tenía la mínima intención de volver jamás.

Subieron al coche. Jhumar recordó el día que había llegado a la hacienda. Que maravilla irse ¡y por un trabajo bien remunerado! El trayecto se le hizo corto por la alegría ¡Cinco dólares la hora!

— Ya hemos llegado —dijo el capataz, señalando un edificio de tipo industrial.

— No se preocupe, señor, lo haré muy bien.

— Eso espero.

Se quedó mirando al indio, con una expresión que éste no supo leer. Después de las presentaciones de rigor, se fue. A Jhumar le dieron un traje de plástico amarillo, un gorro y unas gafas transparentes.

—Póntelas, si no quieres mancharte de sangre.

Lo que siguió fue el descenso a los infiernos. Un montón de vacas —el animal sagrado de la India— mugían nerviosas, oliendo la muerte. Una cinta las iba sacando del recinto donde estaban hacinadas y las tiraba una por una dentro de un cilindro metálico que tenía un solo agujero. El instinto de supervivencia hacía que la vaca sacara la cabeza por el agujero y entonces unos hierros la inmovilizaban. Todo sucedía muy rápido. El cilindro daba la vuelta, la vaca quedaba con las patas arribas y la garganta al descubierto. Un operario le lanzaba un chorro de agua al cuello y otro, con un cuchillo enorme, la degollaba. La vaca mugía desesperadamente. La sangre salía a borbotones de la yugular, salpicándolo todo. Para acelerar el proceso, el operario del cuchillo metía la mano dentro de la garganta abierta, arrancándole la laringe y la tráquea a la vaca aun viva. El cilindro se volvía a abrir y una masa de carne temblorosa, entre estertores, caía al suelo, sobre un charco enorme de sangre de muchas otras vacas.

Jhumar vio el proceso una segunda vez. Aquel horrendo sacrificio industrial combinaba la más sofisticada tecnología con la brutalidad más primitiva. Al ver como el operario volvía a arrancar la laringe y la tráquea de otra vaca sagrada, aun viva, salió corriendo. Vomitó en la entrada del edificio.

Capítulo 21

Rupias por dólar americano: 9.075

Hubo muchos como Yohan. La gente se echó a las calles y comenzó a atacar supermercados. No sólo los pobres. La hiperinflación generó pánico. El dinero era papel mojado, sin valor real, y los precios se duplicaban con los días. La gente se lanzó a la calle con bolsas de plástico en los bolsillos, entrando en los colmados y en las tiendas de alimentación, llevándose arroz, huevos, latas, lo que pillaran.

Para la elite indonesa, acostumbrada a mangonear y hacer política a su gusto sin que la gente se quejara ni dijera nada, aquello fue el principio del caos.

Estudiantes de más de 30 universidades en Indonesia se organizaron y empezaron a salir a la calle en las principales ciudades. Los estudiantes marchaban con pancartas pidiendo la estabilidad de los precios y soluciones efectivas a la crisis económica. "¡*Bukan krismon! ¡No krismon!*" gritaban, refiriéndose a la abreviación popular de la *krisis moneter*, la crisis monetaria.

Había manifestaciones cada semana. A falta de un centro en Yakarta, comenzaban en la plaza del hotel Indonesia y avanzaban por la avenida Jalan Thamrin hasta la plaza Merdeka, donde estaba el Palacio de Istana, el Palacio Presidencial. Los helicópteros del ejército sobrevolaban amenazantes.

Todos los cuerpos de policía en Indonesia estaban en alerta máxima. Las esquinas estaban llenas de policías y militares en uniformes de todos los colores, azul, caqui, marrón y verde, todos armados hasta los dientes.

—Esta gente se está jugando la piel —dijo Joana, mirando desde la habitación del hotel abajo.

—Sí —respondió Yanni, junto a ella— Hasta Chowdhury me pidió ayer que por favor tuviéramos cuidado.

—No me digas... —sonrió Joana, irónicamente.

—Estoy convencido de que está pensando en evacuar la Oficina de la ONU... aunque de momento sólo se queja de que nuestros sondeos han causado este pánico social.

—¡Será cínico!

Siguieron mirando la manifestación. Muchos de los estudiantes eran mujeres, cubiertas con velos. Para Joana, era extraño ver aquella mezcla de rebeldía y religión.

Los estudiantes marchaban pacíficamente por Jalan Thamrin. Joana no pudo dejar de observar lo simbólico de aquella marcha, entre un mar de bancos a ambos lados de la avenida: Banca Mandiri, Permata Bank, Bank Sulut, Bank Nega, Citibank... Y policía. Policías y bancos.

Joana Arteaga y su equipo habían logrado que el Ministerio de Asuntos Sociales comenzara a distribuir comida en las zonas más pobres. Habían expandido los sondeos y los mapas que producían eran muy completos, detectando las zonas críticas. Era una gota en el océano, muy poco y demasiado tarde, pero era al menos el principio de una red de asistencia social de emergencia, a ser expandida con los grandes préstamos del Banco Mundial.

—¿Sabes? —dijo Yanni— Sé que como personal de Naciones Unidas no debemos intervenir en ningún acto político, pero siento una gran tentación de marchar con ellos y apoyarlos...

—Yo también —se miraron con complicidad— ¿que tal si acabamos ésto, y bajamos? Sólo un rato, ahora que Klaus está terminando los cálculos en su habitación...

৪৩ ৪৩ ৪৩ ৪৩ ৪৩ ৪৩ ৪৩ ৪৩ ৪৩ ৪৩ ৪৩ ৪৩

Fuego. La selva de Kalimantan ardía incesablemente, con un sinfín de crujidos, chasquidos, miles de árboles que morían silenciosamente, que perdían la vida en unos instantes.

Hombres de las tribus *dayaks* y animales huían como podían, pero algunos, sobre todo las crías, más indefensas, eran atrapadas por el humo y morían consumidas por el fuego. Aquello no tenía nada que ver con el Kalimantan que había conocido la madre de Iwan en sus años de profesora.

Era de noche, pero tantísima selva se estaba quemando que la luz era casi como de día. El suelo mismo estaba ardiendo, era el apocalipsis de la tierra.

Teguh estaba de pie, con los ojos nublados de dolor, sintiendo el bramido silencioso del fuego, el calor en la piel, el veneno en la sangre. Su mujer lloraba detrás de él. Su aldea había sido incendiada y su hijo menor había desaparecido. Lo habían perdido todo, su hijo, su casa, sus tierras, sus animales. El fuego creado por *los nuevos*, los emigrantes traídos con los programas de transmigración del gobierno, lo había matado todo.

Teguh siguió mirando al bosque que moría. Los indios *dayaks* creen que los espíritus viven en los bosques. Los espíritus estaban siendo asesinados por el fuego.

Fue entonces cuando lo vio. Vio el *mandau* volando entre el fuego, esconderse entre las llamas, caer con los árboles y los espíritus muertos. Vio el *mandau* llamarle, el puñal mágico de sus antepasados cazadores de cabezas, y decirle lo que debía hacer.

Le dijo a su mujer que fuera con él y corrió hacia adelante, buscando al resto de la tribu. Encontraron a muchos llorando, con el corazón encogido del dolor, mirando las llamas, sin perder la esperanza de que sus familiares salieran del fuego.

—¡Venid!— les gritaba Tehgu.

Finalmente encontró al *panglima*, el sabio médico-brujo.

—¡He visto el *mandau*! —gritó Teguh— ¡Los espíritus nos llaman! ¡Debemos vengarnos de los culpables!

Todos estaban cegados por el dolor y el deseo de venganza. Llevaban años sufriendo la crueldad de *los nuevos*.

—¡*Panglima*! —gritó otro—¡Danos el aceite!

El *panglima* vio a los hombres iluminados con violencia por las llamas. Comprendió que ahora eran guerreros *dayaks*. Fue donde tenía las pocas pertenencias que había podido salvar del incendio y tomó un bote de aceite.

Y bajo la noche negra de Borneo, a la luz de las llamas, lanzó el conjuro que vuelve al aceite sagrado, que lo une al *mandau*, el puñal mágico de sus antepasados cazadores de cabezas, guiando a los guerreros *dayaks*.

Los hombres lo tomaron, sintiendo la fuerza recorrerles la sangre, la venganza y la bestialidad convertirlos en máquinas de matar. Gritaron por los muertos, por el desquite y por una nueva vida, y salieron corriendo hacia donde *los nuevos* vivían.

Iban a cazar cabezas.

ഏൽ ഏൽ ഏൽ ഏൽ ഏൽ ഏൽ ഏൽ ഏൽ ഏൽ ഏൽ ഏൽ ഏൽ

Iwan Bolkiah cerró el diario, preocupado. Miró por la ventana, el día estaba cubierto de una niebla gris y espesa, el *haze*, que venía de la quema incontrolada de bosques en Kalimantan. La magnitud de los incendios era tal, que aquella nube de humo mezclada con la humedad, saliendo de la isla de Borneo, había llegado a países como Singapur,

Malasia, Filipinas y, en menor grado, hasta Yakarta. Apenas sí podía ver el lado opuesto de la avenida Jalan Thamrin.

El periódico informaba de las matanzas entre las tribus *dayaks* y los reasentamientos de los programas de transmigración del gobierno. Había habido cientos de muertos, asesinados de maneras sangrientas y siniestras.

Pero lo que más le preocupaba no eran las noticias del *haze* y las matanzas en Kalimantan, que ocupaban la portada y páginas centrales del diario, sino dos noticias pequeñas a los lados. El asesinato de un empresario chino y la destrucción de varias tiendas chinas en *Glodok* por indonesios musulmanes.

El empresario chino era su amigo Agus Sarwono. Lan Kho era su nombre real. Se conocían desde hacía años, Iwan había estado en su boda, Lan y su mujer habían venido a cenar a su casa. Ambos habían financiado empresas indonesas en los 90.

Ahora habían encontrado su cuerpo muerto en un solar vacío.

Encendió un cigarro. Pensó en la esposa, una mujer dulcísima, que no se merecía ser viuda tan joven. Y con dos niños... Iría a verla, a darle el pésame.

Pero algo más le inquietaba: su propia supervivencia. Recordó la terrible muerte de su amigo Santoso, también empresario y de origen chino. Marcó el número de los Subianto, debía sostener la relación tanto como fuera posible.

ഇൗ൭ ഇൗ൭ ഇൗ൭ ഇൗ൭ ഇൗ൭ ഇൗ൭ ഇൗ൭ ഇൗ൭ ഇൗ൭ ഇൗ൭ ഇൗ൭

Dewi y Merpati estaban en la terraza de su casa, aquel balcón donde tantas noches habían compartido secretos mirando la luna. Merpati se apoyó en la baranda, pensativa.

—Dewi, hay algo que debo decirte, y no sé muy bien cómo —dijo, utilizando el aire de confesión de siempre.

—Pues dilo sin más...

—Dewi, siempre estás con que si Iwan te quiere o no, con que si Iwan va con otras, pero la pregunta que me hago es ¿Y tú? ¿Quieres tú a Iwan?

—Pues claro, menuda pregunta.

—Respondes muy rápido, sin pensar lo que te digo. Yo no estoy tan segura.

—¡Claro que quiero a Iwan! ¿Me has visto con otro?

—Ésa no es una respuesta. Verás, tengo la sensación de que lo que te sucede es que te estás preguntando qué hacer en la vida. Ésa es una pregunta que todos nos hacemos siempre, es bueno que te la hagas —suspiró— Ya tienes veintinueve años, y la edad de casarse y tener hijos se va pasando, tengo la sensación de que eso es más importante para ti que Iwan Bolkiah, pero te engañas a ti misma.

Aquella afirmación quemaba. Dewi sabía que tenía razón.

—El caso, Dewi, es que ese argumento es también erróneo. Escúchame bien, la sociedad conservadora en la que vivimos nos dice que es eso lo que debemos hacer, pero no es cierto. Las mujeres no tenemos porque casarnos para ser alguien. Las mujeres no tenemos que limitarnos a dar apoyo emocional e hijos a los hombres. Te aseguro que puedes oponerte, puedes hacer otras cosas en el mundo, puedes estudiar, trabajar, ganarte una vida profesional, no es demasiado tarde para ti.

—Sí que es tarde para mí, Merpati...

—¡Lo que pasa es que eres una vaga!

—¡Vete a la mierda!

—Así me gustas, menos niña bien... ¡Rebélate! Te aseguro que nunca es tarde para tomar una decisión importante en tu vida. Hay mil cosas que puedes hacer en mil sitios distintos. Con los contactos que tenemos no es ningún problema, papá te puede colocar en cualquier sitio que te guste.

Dewi sabía que era verdad. De hecho, su padre se lo había sugerido varias veces, pero... ¿para qué? Siempre se había imaginado casándose con su príncipe azul, vestida de largo, con un hombre que la quisiera por encima de todo y al que ella amaría hasta la muerte. El amor era lo importante para ella, y no el trabajo o el dinero.

—Verás, Merpati, es que yo no quiero estar sola —no quería ofenderla, pero Dewi no quería ser una solterona como su hermana.

—Y si te casas con Iwan, y él se pasa los días y las noches fuera de casa, pegándotela con otras ¿no vas a estar sola?

Dewi miró al suelo.

ℰ∞ℛ ℰ∞ℛ ℰ∞ℛ ℰ∞ℛ ℰ∞ℛ ℰ∞ℛ ℰ∞ℛ ℰ∞ℛ ℰ∞ℛ ℰ∞ℛ ℰ∞ℛ ℰ∞ℛ

Joana subió a la habitación de Yanni, con un segundo borrador del comunicado de prensa en que trabajaban. Un Yanni angustiado abrió la puerta. Joana entró directamente sin pedir permiso, llevando el ordenador abierto entre los brazos.

Fue entonces cuando vio a un chico indonesio sentado sobre la cama de Yanni. Lloraba.

—¡Ah! —dijo— Perdón, no quería interrumpir...

—No, no... Joana, has de saberlo —contestó Yanni— Joana, éste es Reza; Reza, Joana Arteaga...

El chico se secó las lágrimas, claramente no tenía ganas de presentaciones pero extendió la mano en un acto mecánico.

—¿Qué sucede?

—Joana, Reza viene del TUK, del teatro donde trabaja, tres de sus compañeros han desaparecido... Uno de ellos ha sido hallado esta tarde, torturado y mutilado... Un grupo paramilitar lo interrogó sobre las manifestaciones...

Joana sintió horror, ese vértigo negro.

—No saben donde están los otros dos, se teme que muertos...

ဆသ ဆသ ဆသ ဆသ ဆသ ဆသ ဆသ ဆသ ဆသ ဆသ ဆသ

Chowdhury miró su informe, satisfecho. Iba a ser una buena contribución de Naciones Unidas al país. El gobierno le había pedido información exhaustiva sobre el fenómeno de *El Niño*. La ONU podía responder bien, con su gran experiencia en temas medioambientales.

Miró afuera. La polución mezclada con la humedad, el *haze*, era terrible. Más de mil bosques se estaban quemando en la jungla de Kalimantan, arrasando pueblos, tribus, animales... A pesar de los esfuerzos de los bomberos y de pilotos militares que descargaban agua en sus aviones ligeros, aquel fuego era imparable, se decía que sólo la temporada de lluvias en mayo lograría apagarlo. Estaban en febrero.

El informe de Chowdhury sería presentado en una reunión extraordinaria de ASEAN, la asociación de países de Asia del Sudeste, pues el *haze* producido por aquellos fuegos había cruzado las fronteras de Indonesia y afectaba a Singapur, Malasia, y Filipinas.

Afortunadamente, el Fondo Mundial de la Naturaleza, el World Wild Fund, lleno de radicales, trataría los aspectos políticos. Así Chowdhury no tendría que incomodar al gobierno indonesio.

Borneo, o Kalimantan, es la segunda jungla del mundo después del Amazonas. Durante los últimos 30 anos ha sido escenario de un apocalipsis medioambiental. La industria maderera y las malas técnicas de cultivo habían causado una deforestación incalculable. El mercurio y otros restos tóxicos de las industrias maderera y minera habían contaminado los ríos, acabando con mucha de la flora y fauna cercana. El tema de los incendios en Borneo no era nuevo, sucedía cada año, causado por agricultores impacientes que quemaban el terreno al ser el método más rápido y barato de conseguir tierra arable. Muchos de estos plantadores trabajaban para los militares, que estaban asociados con las autoridades locales para extraer beneficios rápidos. El gobierno se defendía de estas acusaciones diciendo que existía legislación sobre el tema, pero era difícil implementarla en una zona aún salvaje como Kalimantan.

De ahí el interés por *El Niño*. *El Niño*, un fenómeno climatológico extraño descubierto en América Latina, demostraba que los incendios tenían su origen en una sequía causada por razones externas al país. Era un argumento muy conveniente en aquella Indonesia en crisis.

Capítulo 22

Joana había recibido una invitación de Jan Håkansson, director de Sectores Sociales Asia del Banco Mundial, para atender una cena-reunión con el Fondo Monetario Internacional y el Banco en Bangkok. Así, había hecho coincidir las fechas con una de sus misiones a Tailandia.

Llegaba con el tiempo justo, el tráfico siempre era peor de lo que uno esperaba en Bangkok. Dentro del taxi, Joana mataba el tiempo revisando las cifras de los sondeos que realizaban, por si le tocaba presentarlas. Mientras las repetía, se fijó en la cantidad de edificios vacíos, abandonados, a medio construir, edificios fantasmas que reinaban en la ciudad desde el pasado julio, recordando a sus ciudadanos la crisis que vivían.

El taxi subió por la plataforma de la entrada de uno de los hoteles de cinco estrellas en la zona de Sukhumvit. Un botones abrió la puerta, dejando entrar el aire caliente y pegajoso de Bangkok mientras Joana pagaba al taxista. Joana entró en el lobby, un oasis de elegancia y lujo, con sus tapices étnicos y un centro de flores exóticas de más de tres metros. Una cristalera mostraba un jardín idílico al fondo, recorrido por cascadas, lleno de plantas tropicales y pájaros que parecían colibríes, que de alguna manera lograban sobrevivir la polución de Bangkok. El dinero mezclado con el buen gusto tailandés producía hoteles de un refinamiento increíble.

Joana no pudo dejar de comparar aquello con la dejadez del Hotel Pancasila, por supuesto un sitio de menos categoría, tan de los años sesenta. Sintió alivio por que la ONU los hubieran puesto allí, aquel lujo que ahora la rodeaba era un entorno absurdo para discusiones de desarrollo.

Vió un pequeño panel que indicaba "Reunión del Fondo Monetario Internacional y Banco Mundial". Siguió la flecha. Daba a uno de los restaurantes del hotel. Allí fue inmediatamente guiada por una azafata vestida en un elegante traje de seda cruda tailandesa. Abrió una puerta corrediza y la introdujo en una sala privada, donde había una larga mesa de banquete con un montón de gente sentada a su alrededor. Había llegado tarde.

Se disculpó en voz alta, presentándose a todos y rogando a los caballeros que no se levantaran. Sólo había otra mujer, sentada al final de la mesa junto al sitio que le habían reservado. Era Merly Magbitang, economista filipina, la responsable de los futuros proyectos de emergencia social en Indonesia y Tailandia. Cuando Joana se sentó se dieron la mano, susurrando unas cuantas frases corteses por lo bajo para no interrumpir la reunión. A Joana le gustaron los ojos y la sonrisa dulces de Merly Magbitang. Notó que era mutuo, que la filipina parecía sentirse bien con ella.

Joana se fijó entonces en la distribución de la mesa. En el centro habían colocado a los pesos pesados, al representante del Fondo Monetario Internacional, Harry Hines, y frente a él a Jan Håkansson. Una metáfora de la escisión entre el Fondo y algunos departamentos del Banco.

—...en resumen —Harry Hines estaba haciendo la declaración del Fondo a la mesa— un paquete de medidas standard para restablecer la confianza de los inversores: evitar la depreciación de las monedas, subir los tipos de interés, recortar el déficit público y reestructurar las economías, sanearlas, de manera que se genere un robusto crecimiento económico en los próximos años.

Había terminado. Los camareros comenzaron a traer unos aperitivos, en pequeños platos. Jan Håkansson tomó la palabra.

—Me temo que la posición del Banco es diferente. El problema reside, Harry —dijo a la manera americana, llamándolo como si fueran amigos de toda la vida cuando se habían conocido aquella misma noche— en la palabra "standard", tú mismo la has dicho. Existe suficiente evidencia para señalar que las medidas standard que mencionas van a causar una mayor recesión en Asia. Subir los tipos de interés va a llevar a cierres de compañías. Recortar el gasto público va a contraer la actividad económica y generar problemas sociales...

—No. No —Harry Hines lo interrumpió agresivamente— No quiero oír más esa historia de pseudo economistas. Dime, Jan, ¿qué quieres? ¿Quieres que los países sean arrasados por la inflación? ¿Y cómo pretendes que vuelva el capital, sino es subiendo los tipos de interés? La palabra clave no es "standard", las palabras claves son "restablecer la confianza".

Hubo un silencio.

—Pues en Indonesia —dijo Joana viendo que nadie hablaba— la confianza de los inversores ha caído aún más después del paquete del Fondo. El cierre de los dieciséis bancos ha generado el pánico y acelerado la fuga de capital, facilitada por el sostenimiento de la rupia. Y los disturbios y revueltas populares, asaltando comercios y supermercados, no ayudan a generar ninguna confianza en los inversores...

—Las disturbios han sido causados por la hiperinflación, porque el gobierno indonesio es irresponsable y no hace caso de nuestras recomendaciones — respondió el representante del FMI.

—Cierto, el gobierno es culpable de la hiperinflación. Pero en lo que se refiere al cierre de los bancos, la fuga de capital, la subida del desempleo por quiebra de compañías y algunos de los recortes del gasto público, me temo que la culpa es...

—Y usted ¿quién es? —le cortó rápidamente Hines, poniéndola en su lugar; sentada al fondo de la mesa, donde el protocolo ponía a las personas de menos rango, debía venir de una institución sin dinero, sin ninguna influencia.

—Arteaga, de Naciones Unidas —confirmó ella.

Joana decidió abandonar el tema de la culpabilidad o no del Fondo y volver a los impactos sociales, que era a fin de cuentas por lo que estaba allí.

—*Sir* —dijo con voz humilde— nuestros últimos sondeos demuestran que cuarenta millones de personas han caído por debajo de la línea de pobreza, una verdadera crisis social puede estallar en Indonesia en cualquier momento...

Cuarenta millones de personas eran pobres en Indonesia. En sólo unos meses, el número de pobres se había doblado, había pasado de veinte a cuarenta millones de personas. Pensó que la cifra causaría impacto en la mesa. Pero no, los funcionarios de distintos organismos iban tomando notas en sus libretas, algunos picoteaban la cena en sus platos.

—Precisamente por ello —continuó Jan Håkansson— lo que deberíamos discutir es a dónde queremos llegar. El objetivo de los programas post-crisis debería ser la reactivación económica y la generación de empleo...

—No. No. —interrumpió de nuevo Harry Hines, harto— Ustedes dedíquense a lo suyo, a lo que sepan hacer, sectores sociales, ¿no es eso? —dijo, despectivo—, y déjenos a nosotros trabajar en lo que somos expertos. Y tenemos gran experiencia, tras las crisis financieras de América Latina...

—¡Cuyos países aún no se han recuperado! —cortó Jan Håkansson, también irritado.

Era un duelo entre bandos. El uno, centrado en la inflación, en la estabilidad macroeconómica a toda costa. El otro, centrado en el empleo, en el desarrollo no sólo de la economía sino de la sociedad.

—Me parece que ésto no lleva a ningún lugar —habló el representante del Banco Asiático de Desarrollo— Nosotros estamos con el Fondo.

Los bancos regionales, siempre más conservadores que su hermano mayor, el Banco Mundial.

—No sólo el Banco Asiático está con nosotros —siguió Harry Hines— sino que además también lo están los departamentos de finanzas del mismo Banco Mundial... ¿no es así, Jan?

Jan bajó la vista. Era cierto, el Banco Mundial seguía profundamente dividido. Aunque su Economista Jefe Joseph Stiglitz y otros como él habían movilizado un lado progresista, los departamentos de finanzas, con los mayores presupuestos, seguían siendo profundamente conservadores y neoliberales.

—Bien —Harry Hines dio el tema por zanjado— Así pues, seguiremos con las medidas expuestas. Es fundamental que vayamos todos juntos. Después no hay problema, Jan, que vengan los programas sociales... —ésa es la visión del Fondo y los departamentos conservadores de los Bancos: crecimiento económico primero, desarrollo social después, como si la economía y las leyes de mercado fueran más importantes que los hombres, sin querer ver que que economía y sociedad se desarrollen al mismo tiempo se generan países terriblemente desiguales que luego es muy difícil cambiar— Les voy a pasar la lista de intervenciones del Fondo y del Banco...

Harry Hines sacó unas fotocopias de su maletín y le pidió a una camarera que las distribuyera. Era la cartera de préstamos del Fondo y el Banco en los países en crisis.

TAILANDIA
- $4.000 millones – Acuerdo Standby Fondo Monetario Internacional, 1997
- $15 millones - Asistencia para la Implementación del Sector Financiero - Septiembre 11, 1997
- $350 millones - Reestructuración de Compañías Financieras - Diciembre 23, 1997
- $15 millones - Asistencia para la Gerencia Económica - Febrero 26, 1998
- $300 millones - Proyecto de Inversión Social (espera aprobación Julio 1998)

- $400 millones - Ajuste Económico y Financiero (espera aprobación Julio 1998)

COREA
- $21.100 millones – Acuerdo Standby Fondo Monetario Internacional, 1997
- $3.000 millones - Reconstrucción Económica - Diciembre 23, 1997
- $2.000 millones - Ajuste Estructural 1 - Marzo 26, 1998
- $48 millones - Préstamo de Restructuración Financiera y Corporativa (aprobación Agosto 1998)
  $2.000 millones - Ajuste Estructural 2 (espera aprobación Octubre 1998)

INDONESIA
- $11.200 millones – Acuerdo Standby Fondo Monetario Internacional, 1997
- $20 millones - Asistencia para la Reforma del Sector Bancario - Diciembre 4, 1997
- $36 millones - Proyectos de Desarrollo Rural - Marzo 30, 1998
- $103 millones - Proyecto de Educación Básica de Java - Marzo 30, 1998
- $234 millones - Carretera del Norte de Sumatra - Marzo 30, 1998
- $225 millones - Proyecto de Desarrollo Local (espera aprobación Junio 1998)
- $1.000 millones - Préstamo Apoyo Políticas Financieras, Bancarias, Corporativas (espera aprobación Julio 1998)
- $44 millones - Proyecto Salud (espera aprobación Julio 1998)
- $21 millones - Proyecto Desarrollo Infantil (espera aprobación Julio 1998)

Joana sintió que el alma se le caía a los pies. ¿Dónde estaban los grandes programas de emergencia social? Si los proyectos que beneficiaban directamente a la población a nivel local no tenían más que unos pocos fondos minúsculos —sólo 729 millones— en comparación con el apoyo al sistema económico y financiero, donde los préstamos ascendían a 45.382 millones de dólares... Aunque los gobiernos utilizaran algunos de los fondos de los ajustes estructurales para gasto social, aquello era una birria; de nuevo los sectores sociales y la agricultura habían sido tratados de manera tan marginal... Joana sintió ganas de levantarse e irse.

Al terminar la cena, de la que nadie disfrutó en aquel ambiente tenso, Joana intercambió tarjetas con Merly Magbitang y acordó quedar con ella al día siguiente. Fue al encuentro de Jan Håkansson, no quería que se le escapara. Pero Jan la esperaba.

—Salgamos —dijo, cogiéndola del brazo— ya está bien de esta habitación cargada... Y de este hotel lujoso y absurdo.

Salieron. El calor pegajoso de la calle los abofeteó, tuvieron que quitarse las chaquetas y subirse las mangas de las camisas, pues iban vestidos muy formales. Andaban por la acera, entre un mar de taxis, *tuc-tucs* y carritos vendiendo calamares y fritos.

—Como ves —dijo Jan mirando a Joana— siguen las batallas...

—Sí, ya lo he visto. Y la verdad, al ver la distribución del pastel, quién se queda con qué, me ha parecido decepcionante, nuestro bando pierde por todos los lados...

—Hace unos meses, cuando nos encontramos en Hong Kong y te dije que habría millones para los programas sociales de emergencia, estabas muy contenta.

—Ya lo sé, Jan. Pero es que no puedo dejar de comparar, son unos 700 millones frente a 45.000... son migajas, es tan injusto...

—Y dime, ¿cuánto dedicáis vosotros en las Naciones Unidas a programas sociales y a reducción de pobreza?

—Perdona, no es mi intención ofenderte. Sabes que admiro mucho la lucha que sostenéis tú y los tuyos dentro del Banco Mundial. Y ya sabes que la ONU no tiene dinero, los países no pagan; vosotros contáis los proyectos en millones de dólares, nosotros contamos por miles.

—Mmm —gruñó Håkansson, sin querer hablar más, mirando por los lados— Era por aquí, en uno de estos *Sois*...

Soi significa calle en tailandés. Finalmente eligió un Soi y se metió por él. Llegaron a una especie de hangar; era un mercado de pescado, lleno de vida y color. Y olor, el olor a pescado y a agua de mar era muy intenso con aquel calor. El lugar era un caos de peceras, barreños de plástico y mangueras, vendían el pescado vivo y lo cocinaban allí mismo, la gente comía en platos de plástico en el medio del hangar.

—¿Una cerveza?

—Será un placer.

—De hecho, no me importaría pedir algo de comer, no he probado nada con tanto hablar. Estas cenas de negocios son un desperdicio.

Se sentaron en una de las mesas de railite. Jan Håkansson hizo el pedido, mientras Joana observaba el aparente caos del lugar. Sin embargo, estaban bien organizados; fueron increíblemente rápidos y trajeron todo en un segundo. Hicieron un gesto de brindar con las dos latas de cerveza El Tigre, aunque Joana no tenía nada que celebrar, sólo sentía decepción dentro de ella.

—No me puedo quitar de la cabeza esas cifras, Jan. Me han abierto los ojos. De alguna manera había pensado que el Banco Mundial estaba realmente dividido. No es por desanimarte, no te lo tomes a mal, pero lo que esas cifras muestran es que debéis ser una minoría tan pequeña...

—Menor, sí. Pero más importante políticamente que los otros. Ya te he dicho que la Administración Clinton está apoyando cambios radicales y el Economista Jefe Joseph Stiglitz...

—Jan, por Dios, ¡estamos hablando de gastar 1% en temas sociales y agricultura, y 99% en temas financieros!

—No es completamente cierto. Parte de los fondos para ajustes estructurales serán gastados en apoyar la asistencia social. Y si estás sorprendida de ésto, te digo que era mucho peor antes, con las Administraciones conservadoras de Reagan y Bush. Ponlo en perspectiva, y piensa que es una batalla que seguimos luchando.

—Pues como no os deis prisa... Indonesia es una bomba de relojería, va a estallar en cualquier momento.

—Estamos en ello —contestó, secamente.

—No quiero desanimarte, tú y los tuyos debéis seguir adelante, luchando como sea dentro de la institución. Y sabes que si puedo ayudar, puedes contar conmigo, en lo que sea.

—Sí, ya lo había notado... —respondió él, sonriendo.

De alguna manera, se había creado un lazo entre ellos, eran aliados, compañeros de batalla.

—Mira, Joana, hay muchas peleas. Una, como tú señalas, consiste en lograr que se deje de considerar a los sectores sociales y la reducción de pobreza como marginales, y que se invierta más en programas de empleo, agricultura, saneamiento, desarrollo local, salud, educación o protección social; programas que beneficien directamente a las personas en el corto plazo. Otra cuestión es cómo utilizar los fondos dedicados a reformas económicas y financieras, el 99%. No es lo mismo gastarlos en sostener la rupia en Indonesia para beneficiar a los inversores que en ayudar a las empresas nacionales a seguir adelante, manteniendo el empleo. Ésa es otra batalla...

—No me vengas con rollos, lo sé de sobras. Pero ya ves como el Fondo Monetario va a piñón fijo, los argumentos del "Consenso de Washington": contener la inflación, privatización, austeridad fiscal, liberalización de mercados. Como si fuera la única manera de generar crecimiento económico.

—No te voy a mentir, no es fácil.

Joana lo miraba con sus ojos grandes, ahora decepcionados, preguntando el por qué. Jan Håkansson suspiró.

—Supongo que por dos motivos. El primero, inflexibilidad de la institución. Ya has visto como se hace política económica: nos traen aquí en avión, nos dejan un par semanas en hoteles de cinco estrellas, y se toman decisiones que afectan la vida de millones de personas sin ni siquiera pensar en ellas. La mayoría de los funcionarios del Fondo Monetario no tiene ninguna sensibilidad sobre temas como el empleo o la reducción de pobreza. Lo que hacen es repetir fórmulas acríticamente, de país a país, sin comprender bien cómo es la estructura económica y el funcionamiento real de la sociedad de un país.

—Sí, ya lo sé. Es terrible.

—Y la segunda... te la dejo deducir a ti. Sé que lo vas a hacer bien...

—La segunda tiene que ver con que Wall Street y las compañías americanas, europeas, japonesas y australianas quieren quitarse a los cronys de encima, abrir Asia a sus inversiones y asegurarse que éstas no pierden valor manteniendo la inflación controlada al máximo.

—Tú lo has dicho. Aunque he de matizar. Los enchufados cronys son unos tipos desagradables, que están chupando la sangre de sus compatriotas como sanguijuelas. Piensa en Suharto y sus generales, no hay por donde cogerlos. Está bien cargárselos.

—De acuerdo, la crisis es una oportunidad para eliminar a los enchufados cronys, pero esos sólo son una minoría en la elite….

—Exacto, desde el punto de vista del bien público de estos países, lo que además habría que hacer es promover las empresas nacionales con potencial, que no fueran del tipo crony-sanguijuela. Y no los intereses de Wall Street y las bolsas del mundo, que quieren invertir limpiamente en lugares con altos retornos, como suelen ser los países en vías de desarrollo, y además obligarlos a través del Fondo y del Banco Mundial a seguir políticas macroecómicas centradas en contener la inflación para mantener el valor de sus inversiones, en lugar de políticas que fomenten el empleo y la prosperidad para la mayoría.

Trajeron unas bandejas de plástico con vegetales y pescado.

—¿Y tú crees que esos funcionarios con los que hemos cenado son conscientes de lo que hacen?

—No. Ya se sabe que la realidad no es objetiva, cada sociedad y cada época la ven de manera distinta. En la Edad Media creían en ángeles y demonios y posiblemente los veían, hay miles de crónicas que hablan de arcángeles y diablos. Pues hoy es lo mismo, vivimos en una sociedad alienada por el oscurantismo de la economía. El poder quiere crecimiento económico a toda costa para mantener los beneficios altos. Cada día se imprimen miles de publicaciones que hablan de ello, cada día las noticias nos martillean con lo mismo, cotizaciones de acciones, que si el índice de la bolsa en Nueva York sube o baja, y de tanto leerlo y oírlo la gente se lo cree, sólo ve el porcentaje de crecimiento económico, sin darse cuenta de que podría hacerse de otra forma, más equitativa, con mayor empleo, mucho mejor para la mayoría.

Håkansson se sirvió los últimos restos de comida, y siguió:

—La gente no veía así el mundo hace un par de décadas, pero con los años esta ideología neoliberal ha triunfado de una manera aplastante, hasta el punto de que ya no se sabe ver las cosas de ninguna otra manera. Los funcionarios con los que hemos cenado esta noche hacen lo que han estudiado en universidades americanas, cuyos libros de texto como sabes no reflejan bien las distintas escuelas o teorías de pensamiento sino que se han empobrecido centrándose en matemáticas y estudios de caso. Ellos creen que es lo correcto, se centran en la inflación y la estabilidad macroeconómica, creen que así habrá más crecimiento, ese gran dios pagano, crecimiento económico a toda costa, sin pensar en sus costos sociales o medioambientales. Muchos de estos funcionarios han trabajo en Citibank o instituciones financieras similares, no conocen otras cosas. Si les preguntaras si están sirviendo a Wall Street o a otras bolsas del mundo, lo negarían.

—Pero la Tesorería americana, o los Ministerios de Finanzas europeos, japonés y australiano, se encargan de que se acuerden...

—...a través de las Juntas Directivas del Fondo y el Banco, reuniones como la que estuviste en Hong Kong. Ya has visto como ha funcionado el paquete de "rescate" de 42.000 millones de dólares en Indonesia: envían primero al Fondo y a los Bancos de Desarrollo. El Fondo comienza con un paquete de reformas de 11.000 millones y entonces venimos los Bancos, con 10.000 millones. Y una vez las reformas están en marcha, los gobiernos de Estados Unidos, Europa, Japón, Australia aportan más de veintiún millones de dólares... doblan la contribución del Fondo y de los Bancos, que hacen política económica exterior para ellos, o mejor dicho, para sus compañías.

Joana se quedó pensativa, mirando la lata vacía de cerveza.

—Es algo criminal… Todo ese dinero, todos esos fondos, son préstamos. Préstamos que deben pagar los ciudadanos en Tailandia, en Corea, en Indonesia, a través de impuestos. Y ¿dónde ven ellos los beneficios? Ellos pagan para que se beneficien las bolsas y las compañías americanas, europeas, australianas, japonesas...

—El argumento es que los ciudadanos también se benefician a largo plazo, porque tendrán inversión extranjera, crecimiento económico y eventualmente, a través de un supuesto efecto goteo o *trickle down*, algún día habrá algo más de más empleo y poco a poco...

—¡Ah, Jan! A largo plazo... Estoy harta de oír que los inversores se pueden beneficiar directamente a cortísimo plazo, pero para la gente de la calle los beneficios siempre son indirectos y a largo plazo…

Capítulo 23

Yakarta, Indonesia, Abril 1998

Rupias por dólar americano: 8.100

Joana había vuelto de Bangkok y habían pasado la noche haciendo el amor. Una, dos, tres veces... Es la belleza del deseo. Se había subido al avión de *Thai Airways* pensando en Iwan, anticipando la noche, en ese estado de deleite que es arder de deseo sabiendo que dentro de unas horas uno va a estar con la persona amada. Había pasado los controles de pasaporte y aduana flotando, sintiendo un vértigo interior, deseando volver al hotel cuanto antes, deseando volver a él.

De nuevo Iwan la había amado como nadie lo había hecho. Hay un momento en el enamoramiento en que sólo se desea poseer al otro, como si aquella fuera la única manera de dejar huella en la persona que se ama. Irreflexivamente, Iwan imaginaba que Joana había tenido muchos hombres en la vida y nada más verla tenía que hacerle el amor. Una vez más competía, quería ser el mejor, necesitaba darle placer como nadie se lo había dado antes.

Ahora descansaban sobre la cama, desnudos, agotados, sudando en el calor de los trópicos.

—¿Sabes a quién me recuerdas?

Ella negó con la cabeza.

—Me recuerdas a un personaje mitológico del Ramayana. La reina de los peces y el mar.

Iwan jugueteaba con el pelo ondulado de ella, perezosamente.

—En la leyenda, la reina del mar observa las catástrofes del reino de la tierra, las guerras, las batallas, las matanzas... la bestialidad del hombre desatada. La reina del mar quisiera detenerlas, pero ella sola no puede luchar contra la brutalidad de los hombres. Así que piensa una estrategia para detener la bestialidad humana. Se dedica a salir del mar por las noches, con sus peces, y comienza a llevarse las piedras de los muros, los castillos y las fortalezas de los guerreros, de manera que los hombres en tierra se levantan cada vez sorprendidos al día siguiente, viendo que los muros de sus castillos han desaparecido, y deben pasar el tiempo reconstruyéndolos, en vez de matarse y hacer la guerra. Tú eres alguien así, idealista, luchando contra corriente una batalla perdida.

Joana lo miró, sonriendo.

—Eso está por ver.

—¿Ves? —respondió Iwan, besándola— Me gustas por eso… Eres tan idealista como mi madre… Pero no quisiera que te hieran, ni que te hundas, debes aprender que la bestialidad del hombre es imparable. Es un hecho de la vida.

Joana estuvo por contestar que no era idealismo, que el mundo ha progresado precisamente por organizarse y oponerse al abuso de los fuertes, pero lo dejó ir, no era el momento de discutir.

—Cuéntame más de la leyenda..

—Envían a un agente de la tierra para que averigüe que sucede. Es Hanuman, el gran héroe del Ramayana, un mono.

Joana escuchaba la historia como si fuera una niña.

—¿Y?

—Hanuman se esconde y, de noche, ve a los peces robando las piedras de los castillos y fortalezas de los guerreros. Al día siguiente se mete en la playa y bucea hasta el fondo del océano, donde se encuentra con la reina del mar, Suvarnamatsya, que es mitad pez y mitad mujer. Y al oír su historia, al escuchar cómo aquella mujer intentaba detener la guerra de los hombres, se enamora perdidamente de la reina de los peces y el mar.

—O sea, que entonces tú eres Hanuman.

—Quizás.

Iwan se incorporó de la cama, cubriéndose con la sábana.

—Y ¿se quedan juntos o se separan? —preguntó ella, impaciente.

—Se separan, a pesar de estar enamorados. Hanuman ha de volver a sus batallas.

—Oh —contestó Joana, decepcionada.

—Pero ella tiene un hijo de él y Hanuman vuelve. Vuelve después de sus aventuras, de matar ogros, de cortar cabezas, de ser quemado y encarcelado, en fin, todas esas cosas que hacen los héroes...

Iwan abrió el ventanal y salió. El *haze* cubría la ciudad, una nube de polución y humedad que daba a Yakarta un aire enigmático y misterioso. Joana fue a su lado, desnuda, y se dejó cubrir con la sábana. De nuevo sintió que estaba en un sueño, abrazada a aquel hombre diferente y exótico que la amaba, viendo la avenida Jalan Thamrin cubierta de una niebla misteriosa, irreal.

—O sea, que hay más historia.

—El Ramayana es una historia muy larga y complicada, Hanuman y Suvarnamatsya se separan y se encuentran muchas veces —la miró, cambiando de expresión— Lo que te tengo que educar ¿no sabías que el Ramayana es una mitología de media Asia, desde la India a Indonesia? No sé como has vivido tantos años sin saber nada de esta parte del mundo...

—La verdad, yo tampoco lo sé. Occidente sólo se explica a sí mismo.

—Alguna ventaja tiene estar en la periferia, uno aprende de los dos sitios... —se levantó— Anda, vamos, este *haze* no hay quién lo respire...

Aún volvieron a hacer el amor otra vez, desnudos sobre la cama. No querían que la noche terminara.

ഇരുഇര ഇരുഇര ഇരുഇര ഇരുഇര ഇരുഇര ഇരുഇര ഇരുഇര ഇരുഇര ഇരുഇര ഇരുഇര ഇരുഇര ഇരുഇര

Dormían en el suelo de la chabola, como cada noche, sobre las esterillas. El anciano Jusuf había rezado una oración, dando las gracias a Alá por estar juntos y bien, por haber comido caliente al final del día y lograr estar otra noche en familia. Otra noche incierta, tumbados sobre una simple estera, oyendo el ladrido de los perros en la oscuridad.

Cuando pensó que todos estaban dormidos, Yohan se volvió hacia Yenni. Ella despertó sobresaltada al sentir el peso del cuerpo del hombre encima suyo, queriendo abrirle las piernas. Kade y el bebé estaban a su lado, y unos centímetros más allá, Jana y el anciano Jusuf. Yenni se quejó en voz alta y se quitó a Yohan de encima, harta ya de quedarse embarazada, de partos dolorosos, de bocas que alimentar. El sexo no tenía más que desventajas para mujeres como ella, era algo que ya no le interesaba.

Al día siguiente, Yohan se levantó de mal humor. No le dirigió la palabra a Yenni, ni a nadie. Estaba enfadado con ella; el hombre por naturaleza tiene derecho a tener sexo con su esposa. Y si la mujer no se porta bien, el marido tiene derecho a pegarle, o a quitarle la comida, o a atarla y dejarla encerrada; cosas a las que él no quería llegar, a pesar de que las hicieran muchos de sus vecinos. Luego de que Yenni le diera el *bubur*, el caldo de arroz que tomaban para desayunar, Yohan salió de la chabola sin decir adiós.

—¿Qué le pasa? —preguntó el padre.

—Cosas de hombres —contestó Yenni.

Yohan no fue a "limpiar" coches aquel día. No quería abusar de ello, tenía miedo de que la policía lo cogiera. Hoy iba a donde un vecino le había dicho que les darían trabajo durante el día. Trabajo para ricos, bien pagado.

En un país donde tantísima población era pobre, cualquier deseo de los poderosos era satisfecho al instante, pues representaba una oportunidad para la gente humilde de ganarse unas perras. Daba igual lo que quisieran, sexo, la manicura en casa, payasos para distraer a los niños bien por la tarde, un músico para acompañar la cena, un masaje dado por un ciego —los mejores, decían—, cualquier deseo era cumplido servilmente por los millones de pobres de Indonesia. Los días de lluvia, miles de niños descalzos salían con paraguas por las calles de Yakarta para acompañar a los ricos de los taxis a las entradas de los edificios sin que se mojaran, a cambio de unas monedas. Por las noches, muchas esquinas se llenaban de jovencitas, de travestidos, dispuestas a tragar semen, a tragar lo que fuera, mostrando sus tetas y sus labios a los coches que pasaban, pues no había mejores oportunidades de trabajo que servir a una armada de taxistas, militares y hombres de negocios. No era lo peor. Por las vías del tren de Yakarta, uno podía conseguir cualquier cosa por unos pocos dólares, desde niños y víctimas para el placer sádico hasta gente que aceptara jugar a la ruleta rusa.

Yohan iba a servir en uno de esos caprichos de los ricos, en este caso relacionado con la política, ese juego de los poderosos. Siguió caminando y llegó al lugar de encuentro, en las afueras de la villa miseria. Un autobús viejo, cubierto de óxido y graffitis, esperaba con el motor apagado. Junto al él, un hombre hablaba a la gente. Yohan había llegado tarde.

—...habéis de chillar "Democrasi" ¿entendido?

El hombre los miró con autoridad. Era el *korlap* o coordinador de campo, el que organizaba el trabajo de hoy.

—A ver, repetidlo como si estuvierais en la manifestación.

Con los poderosos luchando por el poder, por lograr una imagen pública, las manifestaciones se habían convertido en un buen negocio. Había oferta y demanda de manifestantes para cualquier causa.

—¡De-mo-cra-si! —chillaron todos.

—¡Más fuerte, con más emoción!

—¡DE-MO-CRA-SI!

Pareció satisfecho.

—Bien, ya sabéis que son 30.000 rupias y un paquete de cigarrillos.

Aquello causó conmoción entre los "manifestantes". El patrocinador debía ser bien rico. Al subir en el autobús, les dieron una caja con el almuerzo, la cajetilla de tabaco y una cinta blanca con el lema "Democrasi" que debían atarse a la cabeza.

Partieron. Volverían al terminar la manifestación en el centro de Yakarta. Estaban contentos de sacarse más de tres dólares ese día, además de comida y cigarrillos. Lo que no sabían es que el *korlap* se llevaba mucho más, hasta 500 dólares dependiendo en el número de autobuses que juntara.

ℬℛ ℬℛ ℬℛ ℬℛ ℬℛ ℬℛ ℬℛ ℬℛ ℬℛ ℬℛ ℬℛ ℬℛ

—¿Te has dado cuenta? —bramó Klaus, con temperamento alemán, en el restaurante del hotel— Es una mierda, casi han dejado de hablar de cuestiones sociales en la prensa...

Yanni suspiró, cerrando el menú. No sabía ni porque lo leía, pues se lo sabía de memoria. Tomaría lo de siempre, lo que parecía más sano, ensalada y pollo.

—Sí —respondió Yanni— Todo lo que se lee es sobre el *haze* y *El Niño*, joder con *El Niño*, parece el causante de la crisis y de todos los males de este país, una excusa muy conveniente...

ℬℛ ℬℛ ℬℛ ℬℛ ℬℛ ℬℛ ℬℛ ℬℛ ℬℛ ℬℛ ℬℛ ℬℛ

Rahardjo Wiradikarta se había quedado tarde en su despacho de la Secretaría de Estado. Había anochecido. Miraba a través de los cristales ahumados y veía los faros de los autos pasar a lo lejos, en la calle. Le gustaba quedarse tarde, cuando ya habían terminado todas las reuniones, cuando el edificio estaba silencioso y vacío. Era un buen momento para pensar.

Y debía pensar. Estaban pasando cosas imprevistas. Por un lado, estaban las presiones de fuera: las había subestimado. Por el otro, la negligencia de los poderosos en Indonesia. Los había sobrevalorado. Los Suharto estaban comportándose como si nada pasara, como si pudieran mangonear y resolver las cosas como siempre, a su manera, sin darse cuenta de que sus acreedores más recientes se estaban poniendo duros. En marzo, el Fondo Monetario Internacional, el Banco Mundial y el Banco Asiático de Desarrollo habían cortado a la vez los fondos a Indonesia: a menos que se realizaran reformas estructurales, no reiniciarían los pagos. Esta vez iban en serio a por ellos. Los Suharto estaban ciegos. Suharto había declarado que las reformas del Fondo y los Bancos no podían ser implementadas porque eran anticonstitucionales, ya que el paquete quería imponer una "economía liberal que está contra el artículo 33 de la constitución indonesa". Y su hija Tutut, atolondrada, había agregado que si "los fondos sacrifican y degradan la dignidad de nuestra nación, no los queremos". Encima habían obligado a abrir a uno de los dieciséis bancos insolventes cerrados, perteneciente a la familia. Los Suharto no se enteraban, no comprendían que aquella era una crisis real y que para mantenerse en el poder deberían cambiar algunas cosas, adaptarse a la nueva situación. Además eran un obstáculo para muchos. Hasta los altos potentados indonesios estaban francamente preocupados. Wiradikarta recordó un almuerzo reciente en el lujoso hotel Mulia.

"*Pak* Rahardjo", le había dicho A.S., una de las figuras empresariales más notables del país. "Comprendemos la difícil situación que está pasando, teniendo que negociar con esos extranjeros del Fondo y los Bancos. No sabe cuánto le agradecemos lo que está haciendo por nosotros..."

"Ojalá pudiera hacer más", había contestado Wiradikarta, honestamente. Estaba, cansado de disculparse por cortarles contratos estatales y subsidios.

"Quizás... quizás sí pueda. Comprendemos que estamos todos endeudados y que van a rodar cabezas... La cuestión es cuáles".

Cuáles. Qué cabezas debían rodar, para apaciguar la marea. A.S. se había tomado la libertad de darle una lista. "Son gente baja, nadie importante políticamente, y sin embargo nos tienen agarrados a muchos de nosotros..."

Wiradikarta miró la lista, ahora sobre la mesa de su despacho. Era un pequeño papel, media cuartilla, con quince nombres escritos a mano, sin titulo. La lista no comprendía a nadie que Wiradikarta pudiera reconocer. La mayoría debían ser financieros chinos. Pero aún así: *¿qué cabezas debían rodar para que todo siguiera igual?*

Rahardjo Wiradikarta estaba pensando lo impensable en Indonesia: los Suharto.

ഔരു ഔരു ഔരു ഔരു ഔരു ഔരു ഔരു ഔരു ഔരു ഔരു ഔരു ഔരു

Iwan esperaba en la puerta del Hotel Pancasila. Su chófer se acercó a recogerlo con el Jaguar. Veinte metros después del control de seguridad, fueron detenidos. No se trataba de los guardias de seguridad del hotel, sino de la policía indonesa.

—¿Iwan Bolkiah?

—Sí, soy yo.

—Muevan el auto a un lado.

El chófer lo miró, dispuesto a acelerar si Iwan lo ordenaba.

—Haz lo que dicen —dijo Iwan.

Nada más parar el Jaguar, la policía abrió las puertas y los sacaron de mala manera. Los pusieron contra el auto, les abrieron las piernas y los cachearon.

—Iwan Bolkiah... —dijo el policía que parecía de mayor rango— Menudo mal gusto, cabrón, copiarte el apellido de un sultán, no sé como te dejaron hacerlo. ¿Cuál es tu nombre de verdad, chino?

Iwan lo miró con desagrado. El policía lo agarró del pelo y le golpeó la cabeza fuertemente contra el capó del auto. Iwan sintió una explosión de dolor insoportable en la nariz.

—Te he preguntado cuál es tu nombre, chino.

—Yuan Chang —murmuró Iwan, limpiándose la sangre que le caía de la nariz.

—Bien, Yuan Chang. Así me gusta. Vas a subir al hotel donde dices que vives y bajarme el pasaporte ¿has entendido?

Yuan fue escoltado por dos policías. La gente los miró cuando pasaban por el vestíbulo del hotel. La camisa de Iwan estaba llena de sangre. En recepción se quedaron de piedra. Quizás Iwan Bolkiah era un criminal, o quizás no había pagado lo suficiente a la policía para que lo dejaran en paz. Todo es posible en Indonesia.

Recogieron el pasaporte de la caja de seguridad de la suite y volvieron a bajar. El policía de mayor rango hojeó el pasaporte, cerciorándose de que era verdadero y pertenecía a él.

—Muy bien, Yuan Chang, alias Iwan Bolkiah. La policía, en nombre del Ministerio de Justicia, confisca tu pasaporte. Tú sabrás en que chanchullos corruptos te has metido; por el momento, hasta que se demuestre tu inocencia, no sales del país.

Capítulo 24

Rupias por dólar americano: 11.000

El 12 de mayo, una manifestación de estudiantes de la Universidad Trisakti en Yakarta pedía la renuncia del General Suharto y la transición a la democracia. Como siempre, la policía observaba desde sus puntos estratégicos. No estaban acostumbrados a manifestaciones, y menos aún a la provocación y agresividad de algunos manifestantes. Aunque la mayoría de las marchas eran completamente pacíficas, habían ido llenándose progresivamente de agitadores y elementos radicales. La policía había detenido y torturado a unos cuantos, pero aquellas muertes en sillas desvencijadas, bajo los electrodos, el agua o el soplete, no habían servido para nada, no lograban saber de dónde venía aquella violencia extremista. Se especulaba sobre que si estaría financiada por alguna facción militar, por un grupo empresarial o por la CIA, pero no había ninguna evidencia.

Aquél día, de pronto, un policía, un francotirador colocado sobre un puente, disparó. Nunca se supo porqué lo hizo, pero aquella bala fue el detonante. Tiraron gases lacrimógenos, se abrió fuego sobre los estudiantes, se creó la confusión, el caos, los estudiantes corrían como podían pero eran tantos que no podían avanzar, como una estampida de reses. Cuatro de ellos, muy jóvenes, murieron en el acto, alcanzados por balas en el pecho. Tenían apenas veinte años. Otros murieron después.

La noticia devastó al país. Los estudiantes siempre habían sido una fuerza positiva en Indonesia, un signo de futuro. Eran muy jóvenes, eran inocentes, no conocían el mal. La opinión pública, que desconocía de las torturas y desapariciones secretas de otros estudiantes, se volvió de pronto radicalmente contra la policía y los militares. ¿Por qué habían disparado? ¿Quién era responsable? Preguntas a los que los militares no están acostumbrados.

A la mañana siguiente, el malestar era palpable en la ciudad. Una gran masa de gente se concentró donde los estudiantes habían sido asesinados. La hiperinflación arrasaba el país, la gente era pagada con billetes que no valían para nada, los precios subían sin parar. Al cabo de unas horas, el malestar se convirtió en violencia. Se comenzó tirando piedras a los bancos, volcando coches, rompiendo los escaparates de los comercios de lujo. Se desencadenó una ira incontrolable, un resentimiento reprimido contra los ricos, y en el calor de la violencia se desató la bestialidad humana. Masas de gente enajenada se dirigieron a las zonas chinas de Yakarta y destrozaron tiendas, degollaron hombres, violaron mujeres, descuartizaron niños, quemaron casas. Un *pogrom* más en la historia de Asia.

Iwan Bolkiah estaba en el Hotel Pancasila cuando oyó las primeras noticias. Era sólo el principio, gente arrasando tiendas chinas, tirando piedras a las ventanas. Mientras veía aquellas imágenes por el canal de televisión nacional, temió por su madre. Se puso sus zapatos más cómodos, cogió dinero y salió corriendo por la avenida Jalan Thamrin. Era inútil intentar tomar un taxi, la ciudad estaba paralizada. Y Glodok muy lejos, aún le quedaban varios kilómetros bajo el *haze*, la polución y el sol implacable de los trópicos.

Y corrió. Y corrió. Y corrió... Corrió hasta que sus pies quemaban y se confundían con el ardiente asfalto. Corrió hasta la plaza Merdeka, pasó el Palacio Presidencial, corrió por la larguísima avenida Jalan Hayam Wuruk. Corrió con la mirada al frente, respirando hondo, hasta sentir que le flaqueaban las piernas, que le faltaba el aliento, hasta que su cabello y ropas quedaron completamente mojados de sudor. Corrió sin parar, guiado por el único pensamiento de encontrar a su madre.

Cuando llegó a Glodok, se oían gritos de dolor saliendo de las casas. El lugar tenía un aspecto fantasmagórico. Topó con varios grupos de individuos hostiles, armados con hierros y palos, pero siguió adelante con determinación, dejándolos atrás sin darles la oportunidad de meterse con él. Corrió aún más, sabiendo que la seguridad de su madre podía depender de unos instantes. Finalmente llegó a la calle. Detuvo el paso. Lo que vio lo dejó paralizado.

El cuerpo de su madre yacía en el suelo, contrahecho. La falda estaba levantada. Una explosión de sangre aún brillaba sobre la pared de su casa.

La habían cogido por los pies y reventado su cuerpo frágil contra la pared.

Iwan se dejó caer de rodillas junto a su madre. Se le abrieron los ojos y la boca, del horror, sin poder emitir ningún sonido. Se agachó junto a ella y le besó suavemente la frente, aquella frente inteligente y despejada que lo había criado. Al contacto con su piel, se le vino el agua a los ojos. Le bajó la falda, cubriéndole las piernas con pulcritud, mecánicamente. La atrajo hacia sí, abrazándola, sintiendo lo frágil y ligera que era, sintiendo que su madre era sólo un saquito de huesos rotos entre sus brazos.

— ¡NOOOOOOOOOOOOOOOOOO!

Bramó, lleno de dolor, lleno de desesperanza. Bramó su dolor al cielo y a la tierra y a los hombres.

Como en una imagen bíblica, la abrazó fuertemente, queriendo que su madre volviera al mundo, que no lo abandonara, que no lo dejara solo.

ಶಿ ಶ ಶಿ ಶ ಶಿ ಶ ಶಿ ಶ ಶಿ ಶ ಶಿ ಶ ಶಿ ಶ ಶಿ ಶ ಶಿ ಶ ಶಿ ಶ ಶಿ ಶ ಶಿ ಶ

Joana Arteaga y Yanni Ben Younes estaban en el Ministerio de Finanzas, discutiendo las asignaciones a los paquetes de asistencia social, fundamentalmente reparto de comida y enseres básicos, arroz, aceite, galletas fortificadas, fideos, pescado seco, combustible para cocinar, medicinas y vitaminas. No era fácil, con aquella hiperinflación, debían revisar los montos cada semana.

Una secretaria entró en la sala de reuniones y discretamente susurró algo al oído de su contraparte del Ministerio de Finanzas. Era algo frecuente, no le habían dado importancia, y el representante del Ministerio de Asuntos Sociales había seguido exponiendo las dificultadas encontradas en la logística.

Al cabo de una hora, la secretaria volvió a entrar. El oficial del Ministerio de Finanzas les informó.

—Me comunican que hay una insurgencia civil en la ciudad y que las tropas están en máxima alerta. Sugiero que pospongamos esta reunión hasta un momento más adecuado.

Preguntaron qué pasaba. Fueron brevemente informados. Joana sintió que el corazón le daba un vuelco cuando oyó que muchos de los ataques parecían centrados en comunidades chinas de Yakarta, tanto ricas, como pobres.

—Les recomiendo que se queden dentro del edificio, por el momento la calle no es segura, estamos demasiado cerca de una de las principales zonas conflictivas.

Estaban cerca de Glodok... Cuando se fue el oficial del ministerio, Joana sacó su dinero y metió la chaqueta y el ordenador como pudo dentro de su bolso.

—Yanni, perdona, ¿me haces el favor de llevarme esto al hotel cuando vayas? —dijo ya en la puerta, para evitar que Yanni la detuviera.

Pero Yanni era más alto y corrió más rápido que ella, cogiéndola por el brazo en el corredor.

—¿Estás loca?

—Déjame.

—Tú no te vas, eres blanca, extranjera, te pueden matar...

Yanni la miró a los ojos. Ardían. Supo que no había nada que hacer, no iba a atender a ninguna razón.

—Dime al menos su nombre, por si pasa algo.

—Iwan Bolkiah. Yuan Chang es su nombre chino. Ya sabes que también está en el Hotel Pancasila. Da la alarma si no vuelvo esta noche.

—Espera —Yanni miraba un velo negro colgado de un perchero. Lo cogió, esperando no ser visto, y se lo dio a Joana— Cúbrete con esto, al menos.

—Gracias, eres un lince.

—No pienses que voy a hacer tu parte del trabajo si te pasa algo. Si te dejas matar, el proyecto se cae contigo...

—¡Descuida! —y salió corriendo.

Joana pasó el edificio de Correos y salió a la avenida Jalan Hayam Wuruk. Pronto empezó a ver grupos de hombres con barras de hierro y palos y comenzó a sentirse insegura. Aunque daba un calor asfixiante y le parecía inhumano que las mujeres indonesias fueran así de cubiertas en los trópicos, el velo resultó ser muy útil, mentalmente volvió a darle las gracias a Yanni. Dejó de correr, pues no quería llamar la atención, y siguió andando discretamente, evitando los ojos de los hombres que pasaban.

Su problema era identificar la casa de la madre de Iwan. Habían ido en taxi, de noche. Joana había tomado nota mental de donde iban, por simple precaución, por si hubiese tenido que volver sola al hotel. Pero ahora era de día y todo parecía diferente. Creyó reconocer una esquina donde el taxi había doblado y se metió por ella.

Aquello fue entrar en otro mundo. La calle estaba llena de cristales, de fragmentos de muebles y maderas, de trozos de cosas rotas. No había ni una ventana intacta. Grupos de hombres armados seguían entrando en las tiendas y tirando cosas. Pero lo que más la impactó fueron los lamentos, como lloros de niños o mujeres dentro las viviendas. Aquel lamento contínuo saliendo de las entrañas de las casas era el sonido mismo del horror. Siguió adelante, con el corazón palpitándole al máximo.

Oyó unos gritos pidiendo socorro en un portal y abrió la puerta. La luz penetrando la penumbra le reveló a un grupo de hombres violando a dos mujeres. Hombres gorditos, normales, como la gente amable que uno saludaba cada día en los ministerios, en el hotel, en la calle. Pero allí estaban, ofuscados, malignos, crueles, fuera de sí, violando a aquellas pobres mujeres. Una estaba vomitando mientras la sacudían.

—¡Paren! —gritó Joana, con la voz más firme que pudo.

Fue lo último que recordaría. Sintió un dolor muy fuerte en la cabeza, notó el calor líquido de su propia sangre fluyendo, y cayó al suelo.

ಐಞ ಐಞ ಐಞ ಐಞ ಐಞ ಐಞ ಐಞ ಐಞ ಐಞ ಐಞ ಐಞ ಐಞ

Cuando despertó, era de noche. Sentía un fuerte dolor en la cabeza. Apestaba a vómito y a orina. Aún en el suelo, se palpó el cráneo con la mano. Parecía de una pieza, aunque notó la sangre seca. Se incorporó, lentamente, la cabeza le iba a estallar, le dolía el costado derecho. Estaba aturdida, no sabía dónde se encontraba.

Poco a poco, fue recordándolo todo. Estaba en el portal donde habían violado a unas mujeres. Vio sus cuerpos, tirados en el suelo. Una tenía la cara sobre el vómito, con los ojos abiertos. Parecían muertas. ¿La habrían violado a ella? Desconcertada, se fijó mejor en sus ropas, que estaban rotas; en su cuerpo, entumecido. No era pis lo que sentía, sino sangre. Y semen. La habían violado, igual que a las otras, tenía suerte de estar viva.

Revisó su cuerpo, comprobando que no hubiera nada roto. Estaba lleno de contusiones, pero de una pieza. El dolor mayor le venía de la cabeza y de las costillas, debían haberla golpeado con algo duro. Las violaciones son crímenes de poder, los agresores sienten la fuerza de la omnipotencia mientras humillan a la víctima. Y aquellos hombrecillos no sólo la habían golpeado, penetrado y corrido por distintas partes de su cuerpo, sino que se habían orinado encima de ella.

Sintió que el miedo se aferraba a ella, volviendo sus músculos ligeros. Hasta sus huesos parecían de pronto frágiles y livianos. Debía marchar, aquél no era un sitio seguro.

Se levantó como pudo, volvió a colocarse el velo y salió del portal. Le habían robado todo el dinero. Estaba desorientada. ¿Por dónde había venido? La calle había vuelto a cambiar. Ahora era de noche, los grupos de hombres seguían destrozando los locales a la luz de hogueras que habían encendido en la calle.

Oyó un grito ahogado a su izquierda. En un callejón, un grupo de hombres jóvenes tenía cogido a un chino, que la miraba con ojos suplicantes; ella era su última esperanza. Joana recordaría siempre aquella mirada y su propia cobardía. Su aplomo se había ido, sólo sentía el vértigo negro del miedo dentro de ella y su propia fragilidad, incapaz de hacer nada por salvarlo. Los hombres lo acuchillaron y dejaron caer el cuerpo convulsionándose al suelo.

Joana salió corriendo, sintiendo el pulso de la sangre en su cabeza, en las costillas, en su vagina. Lo que vio aquella noche pertenece al lado más oscuro y siniestro de la naturaleza humana. Hombres con machetes, hiriendo, cortando, apaleando, quemando. Joana corría, cubierta con el velo, casi sin mirar, jamás hubiera esperado algo así, pero ya no cuestionaba nada; ahora sólo corría, sin pensar, y sus ojos buscaban instintivamente la salida de aquel laberinto de calles estrechas, o la casa de Iwan.

Hasta que dio con ella. La reconoció enseguida, espoleada por el instinto de supervivencia. Entró en el portal y subió las escaleras hasta el primer piso a toda velocidad. Llamó a la puerta con muchos golpes, gritando el nombre de Iwan. Él abrió, atónito de verla allí. La abrazó con fuerza, con desesperación. La abrazó con su alma y comenzó a llorar. Los dos lloraron, el uno sobre el otro.

La hizo entrar y le enseñó el cadáver de su madre, que había dejado sobre el sofá. Parecía una muñeca rota. Joana notó que se le nublaban aún más los ojos. Iwan se sentó en una silla con una botella en la mano, sorbiendo tragos de licor. Intentó explicar lo que había pasado, pero lloraba tanto que no podía articular bien las palabras. Joana se arrodilló a su lado y rezó por la mujer. Pasaron así, en silencio, un rato.

Fué entonces cuando Iwan se dio cuenta del estado de Joana. Primero vio el golpe en la cabeza. Se levantó sorprendido, dándole la mano y haciéndola levantar a ella también. Joana lo hizo con esfuerzo, debía tener una fisura en alguna costilla. Iwan vio con horror sus ropas rotas, llenas de orina seca, la sangre en las piernas. Sintió un nuevo dolor en medio de toda la angustia que sufría.

—Joana...

La abrazó con cuidado, como había abrazado a su madre, como si se pudiera romper. Aquella extranjera inconsciente... Admiró su heroísmo, tan distinta ella de él. Aún se despreciaba a sí mismo por haber huído la noche que asesinaron a su amigo Santoso. El impulso de Joana había sido venir a ayudarlos, sin pensárselo. El instinto reflejo de Iwan había sido correr por su propia supervivencia. La admiró aún más de lo que ya lo hacía.

—No te preocupes —dijo Joana con dureza— Estoy bien. Estoy viva.

Se lo quitó de encima.

—Es mi culpa, fue un impulso, no pensé que...

—No es tu culpa. ¡No es tu culpa, sino la de esos hijos de puta!

Pasaron un rato abrazados. Ahora Joana también bebía de aquel licor. Siguieron juntos unos minutos, unas horas, difícil decirlo, el tiempo era denso y extraño.

Olor a quemado. Notaron olor a carbonizado. El humo subía rápidamente, aquellas casas eran casi de papel.

— ¡Están quemando la casa!

Iwan tardó en reaccionar, aturdido por el dolor y el alcohol. Quiso coger el cadáver de su madre, pero cambió de idea y lo dejó sobre el sofá, con las manos cruzadas. Le dijo adiós dándole un beso en la frente. Luego se metió en la cocina. Salió con un gran cuchillo en la mano.

Iwan se dijo que aquella vez no iba a fallar. La vida le daba una segunda oportunidad y no iba a volverse a repetir la escena de la muerte de su amigo Santoso, en la que huyó corriendo. Ahora estaba preparado para dar su vida por la amistad, por el amor de Joana. Lo había perdido todo y aquello era lo único que le quedaba.

Bajaron las escaleras rodeados de llamas, que subían rápidamente por el edificio, por la pintura sintética de las paredes, por la madera vieja. Salieron a la calle tosiendo y apagandose el fuego de sus ropas. Fuera, un grupo de hombres esperaba, riendo. Joana se fijó en el corte de pelo, en los músculos de los brazos, en la vestimenta caqui y negra, paramilitar. El instinto le dijo que debían correr por sus vidas, aquellos hombres eran muy fornidos, no tenían ninguna oportunidad, los matarían allí mismo. Pero uno de los hombres sacó una pistola. Correr ya no era factible.

Joana volvió a sentir pánico, las piernas temblando, la debilidad invadiéndole la sangre. Y entonces, para su sorpresa, Iwan se lanzó contra el hombre armado.

Joana lo recordaría todo después como en cámara lenta. Iwan parecía otro: la brutalidad y la bestialidad humana se habían desatado dentro de él. Ahogado en dolor por la muerte de su madre, comido por la culpa de la muerte de su amigo, parecía un héroe acorralado, dispuesto a caer por defenderla.

Aquellos hombres seguramente esperaban divertirse a costa de ellos. El ataque resuelto de Iwan los tomó por sorpresa. Alcanzó al hombre armado de un salto, mucho antes de que éste pensara siquiera en dispararle. Sus manos, aquellas manos que habían amado a Joana con tanta dulzura, ahora estaban tensas, guiadas por unos brazos llenos de nervios y músculos violentos. Lanzó una cuchillada y la sangre salpicó el aire, la calle, sus ropas, mientras Joana lanzaba un grito de horror. Los otros hombres se le tiraron encima. Joana vio entonces el arma de fuego en el suelo. La tomó y disparó al aire.

"*PAH!*" El tiro sonó metálico, artificial, como una traca. El impulso de la detonación la tiró atrás.

Los hombres se separaron. Iwan estaba en el suelo, sangrando, mientras el hombre de la pistola era sostenido por sus compañeros, malherido. Joana retomó el equilibrio y les apuntó; a pesar de su deseo de venganza, los hombres dudaron. Pero no fue el arma lo que les hizo dudar, sino el verla blanca. Matar a un blanco traía complicaciones, las embajadas piden muchas explicaciones. Y ya se habían desquitado de aquel chino.

Uno de ellos se abalanzó sobre ella y le quitó el arma. Joana sintió el pis bajándole por las piernas. Pensó que iba a morir allí mismo, pero no; el hombre se guardó el arma y sólo le escupió en la cara, riéndose de su miedo, de que se hubiera meado encima. Y luego se fue con los otros, cargando entre todos con su compañero herido.

Joana se agachó junto a Iwan, con lágrimas en los ojos, la herida parecía profunda y sangraba mucho. Joana sabía que no podían quedarse allí más que unos instantes. Se quitó el velo y lo ató alrededor del pecho de Iwan como pudo para intentar contener la hemorragia. Pronto el velo se empapó de sangre, debían partir. Intentó levantar a Iwan, que no se movía.

—¡Iwan, por lo que más quieras, has de andar!

A pesar del dolor, después de varios esfuerzos Iwan logró incorporarse. Joana vio entonces un puñal con el que debían haberlo herido, lo tomó por precaución e intentó cargar con Iwan. Él se dejó llevar por ella, haciendo esfuerzos por caminar, señalando la dirección de la salida de aquel laberinto.

Amanecía. El enardecimiento de los hombres se había ido apagando con el fin de la noche, ya casi no quedaba nadie en las calles. Anduvieron hasta llegar a una avenida. Allí Joana vio una barricada de la policía.

— *¡Help! ¡Help!*

Los policías los dejaron acercarse, Joana dejó a Iwan en el suelo y pidió una ambulancia, pues había que llevar a Iwan urgentemente a un hospital. Cuando se convenció de que aquello no iba a pasar, pidió transporte al Hotel Pancasila. Nadie hablaba inglés, no se entendían; Joana hizo la mímica de conducir un coche, dándole vueltas en el aire a un volante imaginario, para que comprendieran lo que que necesitaba. En vez de hacerle caso, la policía registraba a Iwan, inconsciente en el suelo. A ella, al ser mujer, no la registraron, a las mujeres no se las considera peligrosas. Al ver el improvisado vendaje de Iwan, la hemorragia apenas contenida, el que parecía de mayor autoridad sacó una radio y ordenó algo. Llegó un coche de la policía, que los llevaría a algún lugar, Joana no estuvo segura de adónde eran conducidos hasta que llegaron al Hotel Pancasila.

Cuando entraron en el lobby, Yanni estaba adormilado sobre un sofá. Se había pasado la noche esperándola.

—¡Joana! —se levantó corriendo, con los ojos rojos— Me has matado del susto...

—Ha sido horrendo, una carnicería, tenemos suerte de estar con vida. Iwan está herido, pregunta en recepción por un hospital y organiza un coche ¡rápido, por favor!

—¿Y tú? —Joana tenía muy mal aspecto, toda sucia, oliendo a orín, llena de sangre por el pelo y las piernas.

—No te preocupes, tengo la cabeza muy dura...

ഇ෧ ഇ෧ ഇ෧ ഇ෧ ഇ෧ ഇ෧ ഇ෧ ഇ෧ ഇ෧ ഇ෧ ഇ෧ ഇ෧

Las noticias que poco a poco fueron emergiendo de aquel *pogrom* creaban más preguntas de las que respondían. En un país donde la prensa estaba controlada, la información era vaga. Se estimaba que unas mil trescientas personas de origen chino habían muerto entre el 13 y el 14 de mayo. La cifra no incluye a las personas heridas o mutiladas. Bandas de hombres habían violado a mujeres chinas; algunas, niñas de sólo diez años delante de sus familias; o en las oficinas, delante de sus compañeros de trabajo; las habían mutilado, les habían introducido cristales y otros objetos por la vagina. Muchas fueron estranguladas, otras se suicidaron. Se había destrozado locales, robado tiendas, arrasado bloques de apartamentos, quemado casas de la comunidad china en diversas ciudades de Indonesia.

Aquello había generado más pánico. El aeropuerto se había llenado en unas horas de cientos de familias chinas que intentaban salir del país con lo que llevaban puesto, temiendo que el *pogrom* se extendiera.

—No me lo explico —dijo Yanni, sentado con Joana en la habitación de Iwan— ¿por qué en varias ciudades a la vez?

Iwan estaba débil. Había perdido mucha sangre, pero la verdadera herida era la que llevaba dentro, la muerte de su madre. Desde aquella noche, no había vuelto a hablar del tema. Joana se había dejado tratar en la clínica donde los llevaron, pero tampoco había hablado de la violación después; como tantas mujeres, sentía vergüenza. Ni siquiera había querido informar a Klaus.

—Porque estaba organizado —respondió Iwan, con su voz aséptica.

—¿Por quién?

—Alguna facción militar. Muchas cosas cuadran, la policía sin ayudar a los civiles, observando pasivamente... El grupo de paramilitares quemando la casa...

—Sí —apoyó Joana— esos hombres eran diferentes de los otros, llevaban el pelo al cero, todos estaban muy musculados, vestidos de negro y caqui... Pero hay algo más. Mirad.

De un cajón del armario, sacó el puñal con el que debían haber herido a Iwan. Todos se quedaron mirando. Era un puñal de combate, con los dientes serrados e insignias militares.

—¿Qué hace esto aquí?—preguntó Iwan, mirándolo fascinado— Es de Kopassus, una de las unidades de elite del ejército.

—Lo traje, podía ser una prueba, si los llevas a juicio...

—¡Llevarlos a juicio! —respondió Iwan— ¿Quieres que nos maten de verdad?

—Luego pensé que no prueba nada, podría ser robado. Pero la cuestión es ¿por qué? ¿por qué iniciar este *pogrom*? Si es una conspiración para generar una crisis ¿cuál es el objetivo?

—Quién sabe —respondió Iwan, siempre frío y analítico— Quizás desviar la atención pública, quizás desestabilizar el país y justificar un nuevo gobierno...

ಇಂಖ ಇಂಖ ಇಂಖ ಇಂಖ ಇಂಖ ಇಂಖ ಇಂಖ ಇಂಖ ಇಂಖ ಇಂಖ ಇಂಖ ಇಂಖ

El 21 de mayo de 1998, ante una enorme presión pública, Suharto renunció. Así cayó uno de los dictadores más odiados del siglo XX. Suharto había asesinado a más de un millón de personas en 1965, reprimido salvajemente a la izquierda, impulsado genocidios de minorías étnicas, invadido Timor Este en 1975... Había reinado ininterrumpidamente durante treinta y dos años y ahora todos estaban contra él. Los estudiantes habían ido al Parlamento y pedían a gritos su cese y la transición a la democracia. El día anterior, la Secretaria de Estado de los Estados Unidos, Madeleine Albright, lo había llamado personalmente, recomendándole la dimisión. Aquel día, finalmente, el gigante se tambaleó y cayó. Su renuncia abrió las puertas de una transición política, del cambio, de la esperanza de mejorar las cosas.

En pocos días, varios ministros y oficiales de gobierno, enhufados cronys de Suharto, fueron destituidos de sus cargos. Cuatro de sus parientes fueron expulsados del Parlamento. Después, el control de la prensa fue abolido. Fue un paso adelante en la lucha por las libertades civiles en Indonesia. La censura fue proscrita y se dio libertad de distribución de la información, incluido cualquier diario extranjero.

El 21 de mayo de 1998 fue un día de alegría para la mayoría de los indonesios. Un Iwan triste como las sombras deseó que su madre lo hubiera visto.

Capítulo 25

John Mills Ford se quedó oyendo el bullicio del centro comercial. La gente subía y bajaba por las escaleras mecánicas, riendo, hablando, con bolsas de colores llenas de cientos de productos que prometían felicidad. John se sintió distante, lejos de lo que estaba viendo, de aquel consumismo absurdo. Puso el brazo sobre el hombro de su mujer para sentir el cuerpo cálido de Anne, que lo ataba a la tierra y a las cosas de verdad. Pero su mujer, como el resto de la gente, estaba entusiasmada por la tarde de compras que se avecinaba. Una vez más, John sintió una gran tristeza. Se sintió solo. Aquel mundo no parecía pertenecerle.

— Anne ¿por qué no sigues tú? Yo compraré el periódico y te esperaré en uno de esos cafés.

— ¿Ya estás cansado? Pero si acabamos de llegar al Mall...

— No estoy de humor, eso es todo.

Anne ya estaba acostumbrada a las rarezas de su marido, así que se despidió de él rápidamente, mientras repasaba mentalmente todas las cosas que quería comprar. John la miró alejarse y se sintió aún más solo. Se dirigió a uno de los quioscos, compró un diario y se sentó en la mesa más alejada que encontró.

— Un café —pidió a la camarera.

— Hoy tenemos varios especiales ¿No quisiera probar un frappuccino con crema y arándanos...?

— Un café solo —repitió secamente, mientras abría el periódico.

Era el sábado 16 de mayo. El periódico de aquel día traía noticias sobre las nuevas inspecciones obligatorias a los Boeing 737, que generarían retrasos en los aeropuertos, una persecución de la policía en San Francisco donde habían muerto un oficial y una chica de 17 años, la sentencia de un juez federal en Nueva York enviando a prisión por vida a un terrorista kuwaití, el crimen pasional de un ex-convicto que había asesinado a su ex-novia pediatra y un apartado cultural que describía cómo bailar jazz se había vuelto a poner de moda. Además de, por supuesto, enormes secciones de deportes, bolsa y finanzas, y ofertas de empleo.

Ni una palabra de los acontecimientos en Indonesia. La mayoría de periódicos americanos no publicaron ni una palabra sobre los asesinatos ocurridos. Cientos de personas habían muerto, pero la población no era informada, aquellas mil y pico de víctimas indonesas eran menos importantes que el policía, la quinceañera y la pediatra. Ni siquiera, una semana después, informarían sobre la caída de Suharto, pues pocos sabían quién era, a pesar de que el gobierno de los Estados Unidos, en nombre de sus ciudadanos, hubiera primero ayudado a Suharto y luego contribuido a derrocarlo.

En la mitad de los periódicos europeos sólo habían ocupado unas líneas, un pequeño recuadro. La información sólo apareció con cierto detalle en los diarios de mejor calidad de cada país, los que leen muy pocos, los mejor informados.

— John —una Anne sonriente se sentó junto a él— No te vas a creer qué maravilla de zapatos he encontrado, con su bolso a juego… ¡Ah, y este año vuelven a estilarse las rayas! Así que no me he podido resistir, fíjate que vestido más retro…

Como si su esposa no tuviera una habitación exclusivamente dedicada a su vestuario. Completamente repleta. A John no le importaba por el dinero, con su salario se lo podían permitir, pero le dolia aquella manera de anestesiar las carencias de la vida comprando. El sueño americano se había convertido en el amodorramiento americano. Distanciados del mundo por un océano a cada lado, distraídos por el consumismo y los pequeños asuntos locales, su mujer, sus amigos, sus vecinos y él mismo, vivían de espaldas al resto de la tierra.

Capítulo 26

Rupias por dólar americano: 16.000

La actividad económica se contrajo duramente. El 70% de las compañías indonesias se había declarado en bancarrota. Cincuenta millones de indonesios habían caído por debajo de la línea de pobreza y el desempleo había aumentado por diez. La Organización Internacional del Trabajo calculaba que unas quince mil personas, en su mayoría cabezas de familia, perdían su empleo cada día. Un sinfín de empresas y fábricas cerraron, endeudadas, sin demanda para sus productos. Las compañías constructoras detuvieron sus obras, despidiendo a los trabajadores y paletas y dejando edificios fantasmas a medio terminar en el centro de Yakarta. Los comercios y tiendas quedaron vacíos, sin clientes ni productos. Al caer unas actividades económicas arrastraban consigo a las otras.

Ahora los indonesios se enfrentaban al problema de sostener la pobreza. Pues la malnutrición sólo se aguanta unos meses; después, el cuerpo se debilita y decae. Las enfermedades se habían esparcido por las zonas rurales y las villas miseria urbanas, y los precios de las medicinas habían subido un 300% en sólo unos meses. La pobreza iba a dejar huella en toda una generación, pues la desnutrición proteico-calórica tiene un efecto devastador en el crecimiento corporal y mental de los niños. Un niño malnutrido crece más pequeño y menos inteligente. Y más de un tercio de los niños indonesios estaban malnutridos, y un cuarto no iba al colegio.

En algunas zonas rurales, en las lejanas islas de Irian Jaya, en Kalimantan, arrasadas por la sequía y los incendios, el nivel de malnutrición era tal que la Cruz Roja denunció que los campesinos no tenían fuerzas ni para plantar la próxima cosecha.

El país estaba en medio de un peligroso período de transición política. El vicepresidente del país, Habibie, había asumido la presidencia temporalmente. Cualquier cosa podía pasar. Corrían rumores de un golpe de estado.

ഇൻ ഇൻ ഇൻ ഇൻ ഇൻ ഇൻ ഇൻ ഇൻ ഇൻ ഇൻ ഇൻ ഇൻ

Era tarde. Joana entró en la habitación de Iwan. Se extrañó de que estuviera a oscuras. Dejó que sus ojos se acostumbraran a la penumbra y distinguió a Iwan, sentado fuera del ventanal. Se acercó. Estaba bebiendo, directamente de la botella.

—Buenas noches, Iwan.

Iwan no respondió. Joana se apoyó en la barandilla de la terraza, y se fijó en el *haze,* que aún recubría la ciudad de una neblina misteriosa. Sabía que Iwan debía estar viviendo una pesadilla. Ella aún sufría el impacto de aquel día, dormía mal, se despertaba por las noches, sobresaltada, recordando las imágenes horribles del *pogrom*, la mirada suplicante de aquel hombre chino mientras lo acuchillaban, la mujer vomitando mientras la violaban, los hombres quemando la casa, la madre de Iwan rota sobre el sofá... Daba gracias por haber estado inconsciente cuando la violaron. Aquel incidente le había dejado pequeñas cicatrices superficiales, el corte en la cabeza, una fisura en una costilla, moraduras por el cuerpo, pero las peores eran las cicatrices profundas, la conciencia de su propia debilidad, del miedo, de la fragilidad del cuerpo humano, de lo fácil que era matar y morir.

Iwan dio otro trago. Joana alargó la mano sin volverse, pidiéndole la botella en silencio, y bebió. Era whisky.

—¿Has visto —dijo finalmente Iwan— que aún está el *haze*?

—Sí.

—No puedo dejar de pensar en lo que le hemos hecho a este país. Mira esta mierda de *haze*... Lo que le hemos hecho a la naturaleza, la hemos asolado. Lo que hemos hecho con su capital, una hemorragia... Lo que le hemos hecho a gente como mi madre, gente inocente y que valía la pena... hemos dejado que se pudrieran, solos y aislados, muertos de asco...

Joana colocó sus brazos alrededor de él. Iwan hizo un gesto de que lo dejara en paz y tomó otro trago de whisky. Ella ignoró su gesto y siguió abrazándolo.

—Nunca te he agradecido que me salvaras la vida—dijo Iwan.

—No tienes nada que agradecerme, fuiste tú el que realmente arriesgó su vida por la mía, sin pensarlo, de manera realmente heroica.

Sin pensarlo... Iwan la miró, ensimismado. Claro que lo había pensado, aquella acción no tuvo nada de inconsciente. Pero quizás ahí estaba la clave del verdadero heroísmo: el luchar por lo que parece perdido, el lanzarse adelante a pesar de que uno sepa que lleva todas las de perder. Aquello era lo único positivo de todo, Iwan había logrado quitarse de encima algo del desprecio que sentía por sí mismo a causa de la muerte de su amigo Santoso.

—No te he dado las gracias —siguió Iwan— porque la verdad es que no sé si quiero seguir vivo...

La imagen de su madre, aplastada contra la pared, no se le iba de la cabeza. Iwan siguió bebiendo de la botella.

—Iwan, no por torturarte vas a cambiar las cosas, es demasiado tarde. Es duro, pero es así. Pon tu energía en hacer algo positivo, en cambiar las cosas. Tú lo puedes hacer. No hay tanta gente con una preparación tan brillante como la tuya, en Berkeley; no hay tanta gente con tu inteligencia, con tu capacidad de trabajo. Tú, y otros como tú, sois lo mejor de este país. El futuro está en tus manos. Ahora el país está en una transición muy importante. Cúrate y lánzate a ello, contribuye —lo miró con sus grandes ojos soñadores— Métete en política, construye una nueva Indonesia, haz que los errores no se repitan...

Iwan puso su cabeza en el vientre de Joana, abrazándola fuerte. Aquella mujer era lo único sólido que tenía. Su padre había muerto, su madre también. Estaba solo en el mundo. Aquella mujer extranjera, con su fortaleza, con su idealismo, era la sal de la tierra, lo más parecido a su madre, a una familia. Besó su vientre, suave y femenino, cogiéndola por sus caderas anchas. Sintió una ola recorrerle la sangre, sintió la necesidad de hacerla suya una vez más. La desnudó y la tomó en el suelo de la habitación, dejándose hundir entre sus muslos anchos, intentando olvidar el dolor que sentía. Mientras la amaba, pensó que poseer aquellos pechos grandes era lo único que tenía sentido en el mundo.

ഇൽ ഇൽ ഇൽ ഇൽ ഇൽ ഇൽ ഇൽ ഇൽ ഇൽ ഇൽ ഇൽ ഇൽ

—¿Habéis visto? —dijo Yanni, trayéndoles una copia del International Herald Tribune.

Allí estaba, en blanco y negro: "Los países desarrollados acuerdan en Washington programas de emergencia social para Indonesia". El articulo explicaba como Jan Håkansson, director del Banco Mundial, y Janette Peres, de las Naciones Unidas, habían organizado una reunión entre donantes bilaterales para movilizar fondos con el fin de distribuir productos básicos entre la población, arroz, aceite, medicinas y vitaminas, siguiendo las iniciativas ya iniciadas por el gobierno Indonesio y la ONU. Joana saltó de alegría, abrazando a Yanni y Klaus. Los tres rieron, abrazados como hermanos. El contacto hizo enrojecer a Klaus.

—¡Esta noche una ronda!

—¡Oh, no! —bromeó Klaus— Tú no me envenenas otra vez con esa cerveza Bintang...

El artículo seguía: "En la conferencia de prensa Jan Håkansson declaró que instituciones como el Fondo Monetario Internacional sólo han destacado los costos financieros de la crisis, olvidando los altísimos costos sociales. La brecha entre el Fondo y el Banco sobre el manejo de la crisis ha crecido con los meses. Específicamente, no hay acuerdo en materias de política económica y subsidios, el Banco Mundial defiende que deben mantenerse los subsidios en productos básicos para asegurar alimentos baratos a la población".

—Voy a ver el correo electrónico, a ver si hay algo más específico —dijo Joana.

Bajó al *Eksekutif Bisnis Center,* se colocó ante uno de los ordenadores y entró en *internet*. Entre sus mensajes vio uno de Jan Håkansson desde Washington. Lo abrió inmediatamente.

"¿Contenta?" decía. "Contacta inmediatamente a Merly Magbitang, Economista de Proyectos, para comenzar a trabajar". Firmaba Jan. El mensaje incluía la nueva lista de préstamos del Fondo Monetario y el Banco Mundial.

INDONESIA

- $1.000 millones - Acuerdo de Extensión Fondo Monetario Internacional (espera aprobación 1999)
- $31 millones - Asistencia al Sector Privado y Reestructuración Corporativa (espera aprobación Marzo 1999)
- $60 millones - Proyecto de Educación Básica en Sulawesi e Islas del Este (aprobación Abril 1999)
- $70 millones - Proyecto de Educación Básica en Sumatra (espera aprobación Abril 1999)
- $300 millones - Préstamo Recursos de Agua (espera aprobación Mayo 1999)
- $42 millones - Proyecto Salud Materna y Planificación Familiar (espera aprobación 1999)
- $100 millones - Proyecto de Reducción de Pobreza Urbana (espera aprobación Mayo 1999)
- $600 millones - Préstamo de Ajuste Sectores Sociales - (espera aprobación Mayo 1999)
- $500 millones - Préstamo Reformas Bancarias II (espera aprobación Mayo 1999)

MALASIA
- $300 millones - Recuperación Económica y Social - Junio 18, 1998
- $60 millones - Apoyo al Sector Social (espera aprobación Marzo 1999)
- $244 millones - Apoyo al Sector Educativo (espera aprobación Marzo 1999)

TAILANDIA
- $150 millones - Nuevo Acuerdo Standby Fondo Monetario Internacional (espera aprobación 1999)
- $600 millones - Ajuste Económico y Financiero II (espera aprobación Marzo 1999)

FILIPINAS
- $1.400 millones - Acuerdo Standby Fondo Monetario Internacional, Marzo 27, 1998
- $300 millones - Reforma del Sector Bancario (espera aprobación Diciembre 1998)
- $150 millones- Proyecto de Apoyo al Crédito a la Empresa Privada (espera aprobación Diciembre 1998)
- $150 millones- Proyecto de Finanzas Rurales (espera aprobación Diciembre 1998)

Joana sonrió. Claro que estaba contenta. Habían incrementado el número de proyectos sociales y de desarrollo local. Imprimió el mensaje para compartirlo con Yanni y Klaus.

Una vez en su habitación, pasada la excitación inicial, no pudo dejar de hacer cálculos y pensar que aquello también era una miseria en comparación con lo que se daba al sector financiero. Una mejora sobre marzo, cuando la proporción era del 1% frente al 99%, pues ahora eran 2.505 millones, un 5% del total, frente a los 50.023 millones del 95% restante. Sin embargo, era una victoria tan pequeña... ¿Cuándo verían los pobres los beneficios? ¿Quiénes eran los verdaderos beneficiarios de aquellos préstamos al sector financiero? Encendió un cigarro, harta. Pensó que si las personas pudieran elegir en qué gastar el dinero de sus impuestos, la composición del gasto público sería otra. La gente elegiría cosas útiles para su vida diaria, como empleos con contratos de mejor calidad, servicios sanitarios y educativos para la familia, agua corriente más limpia, mejor transporte público. El poder en cambio oscurece las decisiones que toma y prefiere hacer grandes discursos, distrayendo la atención con lo que no es importante. Todo son cortinas de humo para ocultar lo que realmente importa, quién se beneficia más en la sociedad. Hasta las instituciones de desarrollo lo hacían, ponían a gente como Jan Håkansson al frente, pero por detrás los sectores poderosos se quedaban con la pasta.

Aspiró, sintiendo el humo en los pulmones. Recordó cuando miraba los presupuestos nacionales de los países en los que trabajaba, en los Ministerios de Finanzas de Indonesia o Tailandia. Joana no podía dejar de conmoverse al notar que eran presupuestos hechos por la elite para la elite del país. Todas aquellos estadísticas que parecían tan técnicas, todos aquellos cálculos tan complicados, escondían sólo una verdad: los presupuestos beneficiaban fundamentalmente a los ricos. En Indonesia antes de la crisis, aunque la pobreza había hecho metástasis y las villas miseria eran cánceres que se extendían por las ciudades, los gastos en asistencia social eran cincuenta veces inferiores a lo que el estado se permitía en apoyar a cronys empresarios y seis veces inferiores a lo que el gobierno destinaba a comprar juguetes nuevos para sus amiguetes militares. Y, sin embargo, los pobres pagaban, cuando compraban unos zapatos, o gasolina, o unas latas, pues pagaban impuestos. Y ahora volverían a pagar, pagarían por los préstamos del Fondo, del Banco Mundial y del Banco Asiático de Desarrollo a empresas nacionales y extranjeras. Claro que estas instituciones y los gobiernos pretenden que eventualmente, en un futuro, el crecimiento económico beneficiará a todo el mundo. Pero díselo a familias como la de Yohan, con sus hijas fuera del colegio, luchando cada día por sobrevivir, por comer: ellos no pueden esperar.

⊱⊰ ⊱⊰ ⊱⊰ ⊱⊰ ⊱⊰ ⊱⊰ ⊱⊰ ⊱⊰ ⊱⊰ ⊱⊰ ⊱⊰ ⊱⊰

Era muy tarde en la noche y estaban juntos sobre la cama. Joana acariciaba la cabeza de Iwan.

—Envidio la manera que tienes de ver el mundo —dijo Iwan— te hace fuerte.

—¿Y cómo es el mundo desde la orilla de Iwan?

—Creces entre mierda, aprendes a morder, a correr, a maniobrar para estar por encima de la mierda, luchas por quedarte lo más alto posible. A más alto, menos mierda.

—¿Y por qué aceptar que el mundo sea una mierda? ¿Por qué no cambiarlo?

—Porque no soy la reina de los peces y el mar —contestó él, con sorna.

—No, eres Master en Mierdología por Berkeley —se burló ella, tirándole un almohadón— Es un argumento muy conveniente, ver el mundo de forma tan negativa justifica cualquier cosa. Disculpa el ser egoísta, el enriquecerse pisoteando a los demás...

Iwan paró el almodón con el brazo, irritado. "Te voy a tener que castigar..." Comenzaron a pelearse, jugando, dejando fluir aquella fuerte tensión sexual entre ellos. Iwan terminó sujetándola por las manos, le mordió los labios, el cuello... Pero Joana logró liberarse, colocándose sobre él, amándolo como le placía, disfrutándolo lentamente, con esa sensualidad prolongada que tanto gustaba a Iwan. Terminaron agotados, como habían empezado, juntos sobre la cama, muy tarde en la noche.

—Ven —dijo Iwan, atrayéndola hacia su hombro sano.

Ella apoyó su cabeza sobre él, abrazándolo, realmente cansada.

—Has de entender que la única manera de sobrevivir en la Indonesia crony de Suharto era estando por encima, siendo escéptico. Gente que intentó luchar por mejorar las cosas terminó anulada: o bien muerta, o bien aislada, como mi madre.

—Sí, pero ya no estamos en la Indonesia de Suharto. Ahora estamos en una transición, que puede salir bien, como en España, o mal, como en Rusia.

—Lo sé, lo sé. Voy dándole vueltas a lo que hablamos. Quizás meterse en política es una opción, aunque tendría que combinarlo con algo más, no puedo evitar ser escéptico y no me fío de la transición en Indonesia.

—Dime ¿cuántos años tienes? —preguntó Joana, pensando en el potencial de la carrera de Iwan.

—Cumpliré treinta este año. Tienes razón, no es tarde para volver a empezar en lo que sea...

—¿Cuántos años dices que tienes?

—Veintinueve.

—No puede ser...

Recordó que el nieto de Suharto tenía veintiocho y poseía cientos de empresas, que en los países en vías de desarrollo las carreras suceden muy rápido, pues no hay tanta gente con educación superior como en Occidente, y el nepotismo, los contactos por amistad y los lazos de sangre funcionan con mayor intensidad. La gente se casa antes, tiene hijos antes; también muere antes. Miró los rasgos y el cuerpo de Iwan, tan de hombre, tan maduro, tan formado. Y su manera de pensar. Quién lo hubiera dicho...

—Y tú, ¿cuántos tienes?

—Treinta y cinco.

Joana se calló que iba a cumplir treinta y seis. Se llevó la mano a la cabeza, echándose el pelo atrás. Lo que le faltaba, acostarse con un jovencito. Lo miró.

—¿Te importa mi edad?

—No —respondió Iwan.

La verdad es que nunca lo había pensado. Para él, Joana tenía una edad indefinida; no sabía leer los rasgos de un cuerpo extranjero. Joana era intemporal.

Al día siguiente a mediodía, Joana se escapó de Klaus y Yanni. Necesitaba tiempo para ella. Andaba por la avenida Jalan Thamrin, pensando en aquella cuestión de la edad, pero andar bajo el calor de los trópicos es pesado; así que hizo como los indonesios y se metió en el centro comercial *Sarinah*, a pasear en un lugar público con aire acondicionado.

Andando por la sección de ropa islámica, se dijo que la cuestión de la edad era importante en un país como Indonesia. Allí estaba, delante de ella, no tenía más que mirar. *"Fad's Collection"*, *"Lisa's"*, *"Nilda Busana Muslim"*... Velos negros con cortes de moda, pañuelos para cubrirse el rostro de tejidos lujosos, *mukenas* blancas que cubrían la cabeza y cuerpo con bordados especiales, chilabas anchas con un aire *chic* y actual, broches brillantes para atarse el *chador* propiamente...

Qué absurdo, se dijo Joana, que despreciaba la moda occidental por hacer de la mujer un objeto sexual, marcando siempre las tetas y el culo. Pero aquellas tiendas de moda islámica caían absurdamente en lo contrario; por querer eliminar todo contenido sexual, convertían a las mujeres en pequeños fantasmas cubiertos con sábanas blancas, en extraños bultos envueltos en trapos oscuros.

Musulmana o liberal, debía ser duro ser mujer en Indonesia. Sabía por las estadísticas que la edad media de matrimonio eran los dieciocho años, que las mujeres se casaban con hombres unos años mayores que ellas y que a partir de los veintidós los casamientos eran considerados "matrimonios tardíos", aunque estas cifras eran sólo medias nacionales que en las zonas rurales se extremaban. La clase alta se casaba más tarde, pero aún así era algo inaudito ver a una mujer con un varón más joven que ella. El machismo hacía que los hombres las eligieran más jovencitas, más dóciles, más maleables. En las zonas pobres, la mujer era un útil indispensable para la supervivencia del hombre: cocinaba, lavaba, traía el agua, paría, alimentaba animales, recogía cosechas, vendía frutos, daba sexo, cuidaba de los hijos y del hombre mismo cuando se volvían viejo y enfermo. A cambio de nada, la mujer en las zonas pobres no tenía ni un segundo para ella misma, trabajaba para los demás sin parar. Sin embargo, los hombres sí se daban tiempo libre, reuniéndose y fumándose un cigarrillo al final del día, jugando a los billares, discutiendo temas de la comunidad. Al ser unos años mayores que ellas, morían antes y las mujeres se quedaban viudas y solas, sin nadie que las cuidase, con suerte una hija, si la tenían.

En las clases altas, la división del trabajo favorecía mucho más a la mujer. Su valor no residía en trabajar, sino en dar apoyo emocional a hombres y en generar hijos que heredaran la riqueza acumulada. En los clanes verdaderamente ricos, la mujer además consolidaba uniones entre familias importantes. Eso sí: sabía que en el fondo era un ser de segunda categoría, en comparación de las actividades y posiciones importantes de los hombres.

Hasta los hombres más educados y progresistas seguían ese patrón, como había visto Joana con dolor a lo largo de su vida y no sólo en Indonesia: se quedaban con mujeres más jóvenes y más bellas, que los apoyaban en sus carreras. Ella despreciaba ese comportamiento, toda su vida había buscado un igual, un semejante con quien compartir experiencias, pero ahora estaba con un hombre más joven y temía que aquello se volviera importante para él. A cualquier hombre le parecería absolutamente normal estar con una mujer seis años más joven, ¿por qué no al contrario? Pero intuía que aquella diferencia de edad iba a traerle problemas en un país tan conservador como Indonesia.

Capítulo 27

Joana aterrizó en el nuevo aeropuerto de Kuala Lumpur, que acababa de inaugurarse. Quedó impresionada: era el aeropuerto más moderno que había visto en su vida, mejor que ninguno europeo, excesivo para un país en vías de desarrollo y en crisis. Los malayos habían continuado con sus construcciones faraónicas: Putrajaya, la nueva capital administrativa, construida a partir de la nada, artificial, con jardines lujosos y edificios de aire arabesco, al estilo de las mil y una noches, e indicada por el Primer Ministro Mahathir como el lugar para sus burócratas, o las torres Petronas, de puro vidrio y acero, los edificios más altos del mundo, y tantos grandiosos proyectos de infraestructura recientemente aprobados, de autopistas a ferrocarriles. Como si la crisis no existiera.

Pero la crisis existía y había golpeado a Malasia duramente, terminando con una década de crecimiento económico continuado al 8% anual. Después de la caída de Tailandia, tras la repetida ola de pánico y especulación, el *ringgit* se había devaluado en un 35% y la Bolsa de Kuala Lumpur había perdido el 60% de su valor.

Joana tomó un taxi. Debían recorrer sesenta kilómetros hasta la ciudad. Corrían rumores de que el aeropuerto había sido construido tan lejos de Kuala Lumpur debido a una decisión típicamente crony: Mahathir había destinado fondos públicos a la adquisición de los terrenos de un amiguete empresario. Joana tenía prisa, no quiso ni pensar en lo que le costaría el trayecto.

Aquél era un viaje exploratorio; Jan Håkansson había hablado de los programas sociales del Banco Mundial en Malasia y Janette Peres había sugerido ir a investigar. "Kamal Pasha Jamal, Director del Departamento de Asistencia Social, Jabatan Kebajikan Masyarakat; Roslaini Ahmad Tarmizi, Ministerio de Trabajo, Jabatan Tenaga Rakyat; Seri Rafidah Aziz..." Era la lista de los oficiales de gobierno que con que debía encontrarse. Claramente otro país de mayoría musulmana, como Indonesia. "Kamal Pasha Jamal, Kamal Pasha Jamal, Kamal Pasha Jamal...", intentó memorizar.

El taxi llevaba a Joana por la autopista a través de enormes plantaciones de caucho; aquel sin fin de plantaciones que se perdía en el horizonte le evocó el pasado colonial de Malasia, tierra de sultanes, aventureros ingleses y piratas, tierra de gente explotada, de malayos y de emigrados chinos e indios en busca de un futuro mejor.

Por la noche, en un hotel modesto del centro de la moderna Kuala Lumpur, volvió a pensar en el desarrollo de Malasia. A pesar del despilfarro de las obras faraónicas de Mahathir y de la gran represión política del dictador, cuyo numero de victimas se desconocía, el gobierno había acertado en muchos de sus programas de desarrollo, más equitativos que en el resto del Sudeste Asiático. Había invertido en educación, en agua y saneamiento, en el sistema judicial, en transporte, en programas de empleo, de manera que la mayoría de su población se había beneficiado del gasto público. Hasta el manejo de la crisis parecía acertado. En vez de seguir las recomendaciones neoliberales del FMI, Mahathir —en su estilo populista— había echado la culpa de la crisis especuladores extranjeros e impuesto controles de capital estrictos para que el dinero no saliera del país. El Banco Central, Bank Negara, había sostenido el *ringgit* al principio, perdiendo millones de dólares. Pero luego tomó la decisión de no hacerlo y optó —contra toda ortodoxia neoliberal— por tampoco subir los tipos de interés, puesto que así acabarían de hundir a las ya arruinadas empresas malayas y deprimirían del todo la economía del país. Y las políticas que siguieron fueron aún mejores. Un Comité de Reestructuración de la Deuda Corporativa fue creado para ayudar a las compañías endeudadas, evitando los cierres y el desempleo. Y ni los bancos ni las instituciones financieras fueron cerrados sino que Mahathir obligó a los bancos más fuertes a cargar con los insolventes. Malasia, a pesar de sus grandes imperfecciones, parecía un modelo a seguir respecto al manejo de la crisis.

Por supuesto, el Fondo Monetario y el gobierno no se hablaban. Pero el Banco Mundial, aprovechando el debate y la fisura entre instituciones, decidió apoyar a los malayos, pues la estrategia de Mahathir era la que Håkansson defendía. Aún así, Joana había calibrado que la ayuda de la ONU —con sus pocos recursos— no era realmente necesaria. Marcó el número de Janette Peres en Nueva York.

—Janette, te llamo para ver tu reacción antes de escribir mi informe. Verás, tengo la sensación de que no somos necesarios en Malasia. La administración es buena y las medidas que se han tomado para paliar la crisis respetan el empleo. Además Malasia es un país mucho más desarrollado, los impactos sociales de la crisis van a afectar a los trabajadores ilegales indonesios y tais que hay en el país, no a los malayos...

—Muy bien.

—¿No es un problema si no realizamos sondeos en Malasia?

—No...

Joana notó que pasaba algo. Ya conocía a Janette.

—Joana ¿has leído la prensa de hoy?

No, no había tenido tiempo.

—¿La tienes ahí? —siguió la voz de Janette Peres.

Joana acercó la cartera de su ordenador, había metido el diario inconscientemente en una de las solapas al subir al avión. Lo sacó y miró los titulares: "RUSIA CONTAGIADA POR LA CRISIS ASIATICA"

—Joana, tenemos como absoluta prioridad ir a Rusia. Y finalmente hemos conseguido bastante presupuesto. He aquí lo que hemos pensado en Nueva York: vas a ir a Moscú y a organizar un nuevo equipo. Yanni Ben Younes y Klaus Helsenberg se quedarán completando en trabajo en Asia. Ya se ha iniciado correspondencia con el gobierno ruso, la verás en tu correo electrónico. Hemos comenzado a buscar candidatos para el equipo...

Joana colgó, aún aturdida por las noticias. Volvió a mirar el diario.

"RUSIA CONTAGIADA POR LA CRISIS ASIATICA"

"El gobierno ha anunciado la devaluación del rublo y la moratoria del pago de deuda externa por la banca privada rusa"

Encendió un cigarro. Aquello daba un vuelco a su vida, ahora tendría que ir a Moscú y trabajar el doble, manteniendo el trabajo en Indonesia y Tailandia. Vería menos a Iwan, pues tendría que pasar más tiempo fuera de Yakarta. Más aviones, más hoteles baratos, más *jetlag*. Aspiró el humo con preocupación.

Rusia...

Capítulo 28

Joana miraba la lista de personas con las que se iban a reunir. Konstantin Dzhunushev, Ministerio de Trabajo y Desarrollo Social; Svetlana Balkhova, Ministerio de Defensa Social, Alexander Anaev, Tatiana Sheralieva...

Miró a un lado. Sentía que aquella situación era absurda, kafkiana. Se había pasado los últimos meses de su vida repitiendo nombres de oficiales en ministerios extraños. Se encontraba cansada de toda aquella crisis, era como una pesadilla, un mal sueño.

Era increíble. La crisis había saltado de Asia a Rusia. La mala transición del sistema comunista había dejado a Rusia endeudada y dependiente de las exportaciones de minerales y petróleo. Al ocurrir la crisis asiática, la demanda de petróleo cayó en el mundo, y los precios del petróleo bajaron un 40%. La elite rusa había mantenido el rublo sobrevaluado para permitir importaciones baratas. En agosto de 1998, el sistema se hizo inaguantable. En unos días, la tasa de cambio se desplomó, llevando a liquidaciones y cierres de bancos y compañías, causando una mayor crisis económica y social.

Mientras avanzaban por las grandes avenidas de Moscú en un taxi, Joana miró a su nuevo equipo y tuvo sensación de *dejá vu*. En teoría, tal como había señalado Janette Peres, este equipo era mejor que el primero. João Almeida, especialista en estadística y profesor en la Universidad Estadual de Campinas Brasil, haría el trabajo de Klaus, y Pierre Deloix, investigador francés y experto en la transición rusa, tomaría el rol de apoyo de Yanni, con la ventaja de que Pierre hablaba ruso perfectamente. Joana sabía que, con el tiempo, pasarían juntos muchas horas de trabajo y al final serían como familia, como hermanos, conocerían al dedillo los defectos y las virtudes de los otros. Pero hoy todo sería un poco extraño. Echando de menos a Yanni y a Klaus, compartió con sus nuevos compañeros el documento.

—Es la lista de los oficiales del gobierno ruso de esta primera reunión. Mi intención es alertar al gobierno sobre la gravedad de la situación y, basándonos en la experiencia de Asia, comenzar a discutir no sólo cómo podemos trabajar juntos sino además ver si tienen algún plan social de emergencia. No sé si tenéis alguna idea o sugerencia adicional...

Pierre Deloix negó con la cabeza y le pasó la lista a João Almeida, que sentado en el asiento delantero miraba absorto las calles. Esperaba encontrar una ciudad soviética y, en vez de ello, veía calles llenas de tiendas lujosas, Ferrari, Vogue, Armani... Aquella tasa de cambio sobrevaluada le había venido de perlas a la nueva elite rusa; gracias a ella, había podido importar a bajo costo todos aquellos objetos de lujo, BMWs, comida italiana y bolsitos Chanel para sus esposas y amantes. Aquel consumismo había mantenido el rublo sobrevaluado, lo cual había acabado con la poca industria nacional, que producía artículos menos atractivos, generando más cierres y desempleo de los que ya había generado la política de privatizaciones.

João suspiró, deprimido, viendo a un anciano mugriento mendigando, sentado en el suelo de la calle, muerto de frío. Sabía que más de 50.000 niños corrían por las calles de Moscú mendigando, robando, sin hogar, hijos de padres alcohólicos sin nadie que se ocupara de ellos. Enfermedades casi desparecidas como la tuberculosis se habían expandido como la pólvora. La esperanza de vida al nacer había caído a 58 años para los hombres, una cifra tercermundista. João Almeida se subió sus pequeñas gafas y volvió a suspirar. La oportunidad de la transición, perdida. Y ahora todo iría a peor.

ഇരു ഇരു ഇരു ഇരു ഇരു ഇരു ഇരു ഇരു ഇരു ഇരു ഇരു ഇരു

Siguiendo el ritual de siempre, Joana había pedido ir a ver un área pobre. Tatiana Sheralieva del Ministerio de Defensa Social se ofreció a llevarlos.

—No es difícil, hay mucha gente pobre —les dijo— el veinte por ciento de las personas en Moscú vive por debajo de la línea de pobreza, y en el resto de Rusia el cincuenta. Salvo en Moscú, porque es la capital y el centro financiero, y en la zona próspera de Tyumen, donde están el gas y el petróleo, la mitad de los rusos no tiene ni para sobrevivir.

Bajaron las escaleras de una estación de metro. El metro de Moscú era un auténtico símbolo de lo que había sido el experimento igualitario de la Revolución Rusa. Un espacio público había sido decorado con esculturas clásicas, lámparas decadentes, mosaicos por los suelos, mármoles y frescos en las paredes, exactamente como los aristócratas decoraban sus palacios; sólo que el lujo no era para unos pocos, sino para la mayoría, para el pueblo. Habiendo crecido Joana en las últimas décadas del siglo XX, una época muy conservadora donde se reducían impuestos a los ricos y se cortaban beneficios a los pobres, sintió admiración por la bravura de aquel experimento igualitario. Ahí había habido un grupo de gente con el coraje de transgredir la esencia de la desigualdad, de retirar el privilegio a las elites y distribuirlo entre la mayoría. Qué pena que el sistema soviético terminara completamente militarizado, agarrotado por el nepotismo y el totalitarismo.

Tatiana iba comentando cosas con desparpajo, mientras pasaban estaciones.

—La transición ha sido un desastre —argumentaba, entre el traqueteo del tren— Algunos dicen que Estados Unidos y Occidente no tuvieron necesidad de utilizar el famoso teléfono rojo o hacer la guerra a nuestro país; enviaron a los organismos internacionales, que se encargaron de destruir la Unión Soviética imponiendo malas privatizaciones, peores políticas de desarrollo y una democracia dominada por mafiosos...

La transición había sido como una bomba nuclear. Había generado muchas víctimas y ningún beneficio, destruyendo todo un sistema, desarticulando la red industrial, descomponiendo el sistema de transferencias entre regiones y dislocando la lógica administrativa comunista sin reemplazarla por nada. Los cabezas de familia seguían oficialmente ligados a las fábricas o a las granjas colectivas, pero las factorías estaban cerradas, no operaban, y la gente no recibía sus salarios. Nadie sabía a quién dirigirse, a quién acudir. La mayoría bebía, una manera de luchar contra el frío y la depresión en sus miserables apartamentos o dachas.

Llegaron a una zona en las afueras que tenía ese aire desperrado de los barrios pobres, con las calles mal asfaltadas, una llanta de coche oxidada aquí, un bidón con restos de hoguera allá, y niños malalimentados, pelones y sucios siguiéndolos. Lo de los niños era particularmente chocante, pues suele verse la pobreza como un fenómeno racial del tercer mundo, pero aquí los niños pobres eran rubios con los ojos azules. Algunos de ellos, azul y rojo: los ojos enrojecidos de esnifar pegamentos.

—Los más pobres —les explicó Tatiana— duermen en la calle o viven en edificios de apartamentos abandonados. Allí no vamos a ir, es peligroso.

João Almeida insistió en que sería interesante ir pero Tatiana Sheralieva se consideraba responsable de ellos y no los quiso llevar; daba igual, irían después, durante los sondeos. Terminaron en una calle llena de casitas muy modestas. Tatiana seleccionó una al azar y llamó. Una mujer mayor abrió la puerta y escuchó la explicación con sorpresa, mirándoles de reojo; terminó encogiéndose de hombros e invitándoles a entrar.

La casa había visto mejores días. Las paredes estaban desconchadas, el techo había sido reforzado con plásticos y parecía hacer más frío dentro que fuera. Había muy pocos muebles, todos de railite, con ese aire soviético de los años sesenta. En la mesa, sobre un tapetito de ganchillo, junto a un vasito de arroz, un vasito de vodka y un resto de pan, costumbre funeraria rusa, había una foto en blanco y negro de un hombre joven. Debía ser el hijo y debía haber muerto.

La mujer preguntó educadamente qué podía ofrecerles y por cortesía aceptaron agua. La mujer se fue cojeando a la cocina y volvió trayendo una bandeja con vasos de agua, pan y sal. Partió el pan con sus manos temblorosas, llenas de muñones rojos del frío. Joana se dijo que la escena parecía bíblica, aquella mujer humilde ofreciéndoles su propia comida, el pan que cortaba con sus manos callosas, con las uñas negras de trabajar la tierra.

La mujer se llamaba Hannah. Vivía con su hija, madre soltera de dos niños. Su pensión era el único ingreso fijo en la casa, pero era insuficiente para mantener a una persona y llegaba siempre con varios meses de retraso. Su hija iba haciendo trabajillos de cocinera, repartiendo periódicos, ayudando en una panadería, pero nunca sacaba más de ocho dólares al mes. Hannah estaba enferma, pero no podía pagarse servicios médicos; éstos ya no eran gratis como antes y además uno debía llevar al hospital las medicinas, las sábanas, la comida. Hasta la anestesia debía llevar, o lo operaban sin ella. De no haber sido por sus nietos, Hannah sólo hubiera querido reunirse con su hijo muerto.

—Nosotros no éramos pobres antes —dijo— Antes, nosotros, como la mayoría de los rusos, vivíamos bien. Ahora todos nos estamos muriendo lentamente.

Antes todos tenían trabajo, suficiente dinero para comprar comida, café, ropa, ir al cine o al teatro. Hasta habían tenido un coche. Ahora no tenían ni para comer. Sobrevivían gracias a las patatas y los vegetales que cultivaban en la parte de atrás de la casa, igual que sus padres le contaron que sobrevivieron durante la guerra.

"Ahora todos nos estamos muriendo lentamente". La frase se quedó grabada en la memoria de João Almeida y Joana Arteaga.

Rusia... Lo que había sido una sociedad comunista en la que todo el mundo tenía un nivel de vida de clase media baja, en comparación con los estándares occidentales, se había tercermundizado, se había brasilizado —pensó João— se había convertido en una sociedad desigual de unos pocos ricos y una gran mayoría de pobres.

Capítulo 29

Yakarta, Indonesia, Noviembre 1998

Rupias por dólar americano: 9.600

El poder no desaparece, se transforma.

Eliminado Suharto, había quedado un vacío de poder, y muchos candidatos. El Presidente Habibie era un hombre débil; Suharto había seguido la regla de oro de los poderosos y siempre había elegido ministros que no le hacían la sombra, una manera de evitar que nadie se hiciera importante. Los militares parecían apoyarse en un joven General, Wiranto, y se habla de un posible golpe de estado. La clase media quería a la hija del antiguo Presidente Sukarno, Megawati Sukarnoputri. Y la oligarquía empresarial... a los empresarios les daba igual. Los altos empresarios indonesios sólo querían sobrevivir la crisis lo mejor posible. Ésa fue la alianza estratégica que fomentó gente como Wiradikarta.

Mientras que el Fondo Monetario y los Bancos de Desarrollo buscaban limpiar el país de corrupción, acabar con los cronys y el nepotismo, y así abrir el país al modelo corporativo anglo-americano y a la inversión extranjera, los empresarios indonesios se reorganizaron y resistieron con paciencia. Cambiaban sólo lo suficiente, sólo lo superficial, mientras seguían adelante con sus negocios y sus intereses creados. Movieron las olas de la superficie del mar, pero siguieron escondidos en sus profundidades. Y así el país no fue comprado barato por los extranjeros, como se temía, ni se perdió el modelo corporativo asiático. Fue una metamorfosis lenta difusa, de manera que permitió el reposicionamiento de los poderosos, que lograron mantener sus esferas de influencia.

Wiradikarta y empresarios como A.S. eran ahora uña y carne. De una manera muy oriental, muy paciente, volvían inefectivas las medidas impuestas por el Fondo y los Bancos de Desarrollo, les tomaban el pelo. Por ejemplo con IBRA, la Agencia Indonesia de Reestructuración Bancaria, abierta como condición ineludible para la ayuda externa, fue llenada de jóvenes tecnócratas sin conexiones cronys, incapaces de enfrentarse a los conglomerados más poderosos y mejor conectados del país. La Agencia, que decidía qué bancos debían cerrar, nacionalizarse o recapitalizarse –obviamente, la opción favorita

261

para todos-, debió haber cerrado ciento treinta o ciento cuarenta de las ciento sesenta instituciones bancarias de Indonesia; al final sólo cerró sesenta y seis. La visión del Fondo y del Banco Mundial era que, una vez saneados, los bancos internacionales se sentirían atraídos a comprar bancos indonesios y elevarían los standards del país. Pero no sucedió así: ni los bancos internacionales ganaron confianza en Indonesia luego de tanta crisis y turbulencia, ni tampoco los indonesios quisieron vender.

Todo siguió igual, después de gastarse tanto dinero, los mismos figurones siguieron dirigiendo los mismos bancos locales, y las mismas conexiones entre bancos e industria se mantuvieron, de manera que la recapitalización sólo sirvió para perpetuar un sistema defectuoso. Hasta en los casos donde IBRA exigió firmemente el pago de deudas, la naturaleza opaca de las empresas indonesas volvió la tasación de las compañías una pesadilla. Así ocurrió con el empresario chino Liem Sioe Liong, alias Sudono Salim, quien viéndose presionado a pagar lo hizo entregando un paquete que comprendía ciento cinco de sus empresas más pequeñas, cuando si hubiera vendido alguna de sus compañías grandes, como *Indofood*, hubiera cubierto el saldo. Los jóvenes de IBRA se encontraron ante la responsabilidad de tener que tasar las ciento cinco pequeñas firmas, lo cual retrasó todo el proceso. Al mismo tiempo que debatían cómo reestructurar el banco y cómo pagar las deudas, el empresario chino siguió haciendo de las suyas. A través de su rama internacional *Liem Sioe Liong First Pacific*, basada en Hong Kong y por lo tanto fuera de la jurisdicción del estado indonesio, Liem Sioe Liong hizo una inversión de $700 millones de dólares en las Filipinas, en vez de pagar sus deudas.

A IBRA, además, le faltó un sistema judicial que lo apoyara. El sistema judicial existía nominalmente en Indonesia, pero sólo los extranjeros llevaban a indonesios a tribunales, jamás un indonesio acusaría públicamente a otro indonesio, es de conocimiento popular que las cosas no se solucionan así en el país. Los jueces fueron sometidos a presiones políticas, amenazas, extorsiones, y corrupción, y los juicios fueron puras representaciones, teatrillos.

Cuando se privatizaron compañías, la tendencia fue a pedir precios muy bajos, y de alguna manera sus dueños originales, que las habían llevado a la ruina, se apañaron para comprarlas. Arthur Andersen, en una de sus auditorias, señaló que el gobierno seguía pagando transferencias y subsidios a compañías de amiguetes enchufados, a través de fondos extra-presupuestarios, que no aparecían reflejados en el presupuesto público central.

Es decir, todo el dinero que el Fondo Monetario Internacional y el Banco Mundial estaban inyectando en Indonesia para cambiar el sistema crony empresarial, no sirvió más que para prolongarlo. En la calle hasta corrían bromas sobre que Tommy Suharto iba a pedir un paquete de reestructuración para resucitar su proyecto de los coches Timor.

Las compañías extranjeras, hartas, en vez de traer los standards internacionales a Indonesia, adoptaron las maneras empresariales indonesas. Tal fue el caso de ENRON, viendo que sus proyectos habían sido suspendidos, reclamó que continuaran. Ante la negativa del gobierno indonesio, que podía justificar perfectamente que las proyecciones de demanda de energía de ENRON estaban infladas y que con la crisis no hacían falta nuevas plantas energéticas, ENRON pidió compensación al Banco Mundial a través de MIGA, un programa basado en el principio de asegurar contra el riesgo político, y el Banco Mundial tuvo que pagar a ENRON, una de las compañías más prósperas del mundo, 15 millones de dólares. Temiendo que todas las compañías extranjeras siguieran los pasos de ENRON, MIGA cerró su programa en Indonesia, que no volvió a abrir hasta que el gobierno indonesio reembolsó los 15 millones de dólares, pagados con fondos públicos, pues el gobierno indonesio temía que si MIGA se iba perderían la confianza de la inversión extranjera. O sea que, de hecho, el endeudado gobierno indonesio pagó a ENRON.

Se estima que el rescate y recapitalización de los bancos privados indonesios costo nada menos que 85.000 millones de dólares, incluyendo todas las fuentes de financiación, las del Fondo, los Bancos, la ayuda bilateral y los fondos públicos del propio gobierno. Millones que fueron utilizados para seguir financiando los proyectos cronys de siempre y para sacar más capital del país, invirtiéndose en lugares más seguros.

Sin embargo, en un país con tan altos niveles de pobreza, 85.000 millones de dólares podrían haber sido utilizados para programas de empleo, agricultura, desarrollo local, agua y saneamiento, educación, salud, protección social que realmente hubieran ayudado a la población de Indonesia.¿Cúantos fueron los que se beneficiaron directamente de los 85.000 millones de dólares? Unos pocos privilegiados, todos ricos, riquísimos: la elite indonesa y los inversores extranjeros. Sin embargo, los indonesios de la calle tuvieron que pagar, y sus hijos y sus nietos tendrán que continuar pagando en el futuro, pues la mayor parte de esos millones forman parte de la deuda externa del país.

Una hemorragia de fondos públicos que fue a manos de una minoría de compañías privadas. Privilegios para unos pocos, deuda para la mayoría.

ॐ॰ॐ ॐ॰ॐ ॐ॰ॐ ॐ॰ॐ ॐ॰ॐ ॐ॰ॐ ॐ॰ॐ ॐ॰ॐ ॐ॰ॐ ॐ॰ॐ ॐ॰ॐ ॐ॰ॐ

Iwan pasó a recoger a Dewi en una esquina del Bloque M, uno de los centros de Yakarta, repleto de comercios y restaurantes. Conducía él mismo, no quería que la presencia del chófer le hiciera postergar lo que tenía que decir aquella tarde. Tampoco había querido pasar por casa de los Subianto.

Dewi subió al auto, guapísima, como siempre, oliendo a un perfume intenso de moda que se había comprado.

—¿A dónde me llevas? No sabes lo interesante que estás conduciendo —le dijo nada más entrar, en su rol de mujer-esposa encantadora de siempre— Además, me encanta el Jaguar...

—Dewi... —la miró— Lo voy a vender.

—¿Por qué?

—Para pagar mis deudas en el hotel. Estoy arruinado.

Dewi frunció el ceño. Iwan había pensado llevarla a algún lugar íntimo, pero de pronto le salió todo allí mismo, nada más encontrarse. Le explicó a Dewi su vida profesional, cómo gente como su padre lo había dejado en la estacada, cómo ya se había resignado a no cobrar. Cómo su pasaporte había sido confiscado, cómo había decidido abandonar los negocios financieros y empezar de nuevo en otra actividad, que aún no sabía bien qué era, y cómo, en definitivas cuentas, no era un buen partido para casarse, sin dinero ni un gran futuro. Dewi, con su belleza y su encanto, encontraría muchos candidatos mejores que él, hombres que le pudieran ofrecer una vida feliz.

Dewi oyó aquella historia, primero intentando dar soluciones, ir a casa, hablar con su padre. Poco a poco, sin embargo, fue hundiéndose en el asiento, dándose cuanta de adónde quería llegar Iwan. Aquello despertaba su peor pesadilla. En unos meses cumpliría los treinta años. Nadie la querría en Indonesia.

—Eres un cerdo... —sollozó— Dejarme luego de tanto tiempo... Perdí la virginidad contigo, ¿quién me va a querer?

Había pedido la virginidad bastante antes, pero con un poco de teatro y a oscuras, los hombres se lo creían todo.

—Dewi, no sabes cuanto lo siento... —Iwan se sentía realmente culpable— Estoy dispuesto a hacer cualquier cosa...

—Cualquier cosa... ¡si no quieres quedarte conmigo! He aguantado que te líes con tantas mujeres, con la puta aquella, luego con la española... Pero siempre pensé que íbamos a terminar juntos, que estábamos hechos el uno para el otro... ¡Lo estamos!

Así que Dewi había seguido espiándolo. No quería herirla, por eso había preferido no explicar nada de Joana.

—Dewi, todo eso son signos de que las cosas no estaban bien entre los dos... — utilizó el pasado a propósito— Hace mucho tiempo que ni hacemos el amor, ni nada funciona entre nosotros.

—Si no te dejas...

—¡No ocurre porque no nos queremos!

—Y, dime, ¿quieres a esa extranjera?

Iwan la miró. Estuvo tentado de decirle una mentira piadosa; era lo propio, lo asiático, para no herir a nadie. Pero también pensó que ya estaba bien de mentiras, que Dewi se merecía la verdad.

—Sí, la quiero.

Dewi abrió la puerta del auto y salió corriendo. Iwan la hubiera seguido, pero no podía dejar el auto allí y Dewi había bajado por la dirección opuesta al tráfico de los coches. Para cuando Iwan dio la vuelta y llegó al lugar con el Jaguar, Dewi había desaparecido. Y no quería ir a casa de los Subianto.

Iwan sintió una nube de tristeza, como se siente ante todo lo que se acaba. Pero no tenía sentido perseguirla, no había nada más que decir.

&℧℘ &℧℘ &℧℘ &℧℘ &℧℘ &℧℘ &℧℘ &℧℘ &℧℘ &℧℘ &℧℘ &℧℘

Dewi corrió calle abajo, cruzó y tomó un taxi. Le pidió que le llevara a su casa en Menteng. El trayecto fue largo y deprimente. Llovía.

Al salir del auto y cruzar el jardín de la mansión, se mojó de pies a cabeza. Qué más daba. Entró y subió directamente a la terraza, donde siempre hablaban ella y su hermana. Pero Merpati estaba aún en su despacho en la ONU.

De pié en el balcón, sus lágrimas caían con la lluvia. Sentía odio, odio hacia la española, odio hacia Iwan. Les deseaba lo peor en el mundo, les deseaba que murieran en vida, que su relación fracasara, les deseó la peor desdicha posible, la ruina, la fatalidad, la caída. ¡Ella los maldecía, con toda su alma, invocando los poderes del *hukum karma!*

Cuando llegó su hermana, le dijo que tenían que hablar. En la terraza. Dewi le comentó la primera parte de la conversación con Iwan en el Jaguar. Merpati suspiró.

—Sabes, Dewi, ya sabía lo del fracaso de Iwan en los negocios, me lo dijo papá.

—¿Y por qué no me lo dijiste?

—Tú has estado insistiendo en que lo querías tanto... Pero de hecho creo que papá ya no tiene ningún interés en que te cases con él.

—Me casaré con el hombre que quiera y que me ame.

—La verdad, Dewi, yo creo que era una relación de conveniencia para ambos. Sal y conoce más gente, llevas años pensando en alguien que de verdad no te merece. Encuentra otra persona, o dedícate a una profesión...

—Hay algo más, Merpati. Iwan quiere a su última amante. Iba a mentir, pero en el último momento me dijo la verdad. Tendrías que haber visto sus ojos. Lo pude sentir, la quiere...

—Dewi, déjalo, es una obsesión que no te lleva a ningún sitio... ¿Has seguido espiándole?

—Es que no puedo soportar que esté encoñado con esa española, Merpati, esa puta más vieja que él, que encima es gorda y fea, una extranjera que está de paso, Merpati, robándome a Iwan...

Ahora fue Merpati la que se quedó parada ¿Una española?

—¿Sabes cómo se llama esa mujer?

—Claro, me sé hasta el primer día que se acostaron, he seguido sobornando al servicio del Hotel Pancasila. Se llama Joana Arteaga.

Merpati no daba crédito a sus oídos.

—¿Joana Arteaga?

Dewi asintió, sin entender a su hermana.

—Joana Arteaga —dijo Merpati— es la directora de nuestro proyecto sobre los impactos sociales de la crisis, trabaja para nosotros, para la ONU... No me lo puedo creer... ¡Arteaga con Iwan!

La noticia era tan sorprendente como si le hubieran dicho que su madre se había liado con Chowdhury. Su Iwan, el Iwan que siempre estaba cenando en casa, el Iwan que era casi un hermano para ella, el Iwan que su madre adoraba, acostándose con aquella mujer extraña...

—¿Sabes lo que te digo? —concluyó— Que dejes que tu hermana te ayude. No te quites aún a Iwan de la cabeza. Hablaré con esa mujer.

Dewi se calló acerca de la maldición que les había lanzado, pues sabía que estaba mal, el poder del *hukum karma* nunca se debe invocar en la vida. La lluvia ya no la afectaba tanto. Se dijo que tenía mucha suerte de tener una hermana que la cuidara de esa manera.

Llovía, llovía torrencialmente, y la lluvia los afectaba más que nada. Se estaba haciendo de noche y el nivel del agua subía dentro de la chabola. Estaban allí con el agua hasta los tobillos y el ruido del agua cayendo sobre el tejado de zinc era trepidante. Apenas podían oírse. Yohan le gritó a su mujer:

—¡Yenni, coge a Amir, a Kade y a mi padre, y vete a un lugar seguro!

—¿Qué?

—¡QUE TE LLEVES A UN LUGAR SEGURO AL NIÑO, A KADE Y A MI PADRE!

Fuera la gente pasaba como fantasmas silenciosos, mojándose en la oscuridad, llevando las pocas pertenencias que tenían. Salieron. Debían andar con mucho cuidado para no resbalar en el fango, sobre todo Yenni, que llevaba al niño pequeño. Kade le daba la mano al anciano Jusuf.

Dentro, Yohan y Jana habían llenado varias bolsas con los platos de plástico, los vasos, las cacerolas, el champú, el peine, la ropa... Luego Yohan ató las esterillas de dormir como pudo con una cuerda y se las colgó de la espalda. El resto se lo repartieron entre Jana y él.

—¿Puedes llevarlo?

Jana asintió. Se estaba haciendo mayor y más fuerte. Salieron, cerrando la chabola con la puerta que ponían para tapar el agujero de la entrada, y comenzaron a caminar cuesta arriba, para alcanzar a los otros. Estaban entre los últimos, ya que Yohan había querido esperar por si amainaba la lluvia. De pronto, una tromba de agua apareció en la oscuridad. No pudieron ni verla, fue una ola de barro y lodo que emergió de la nada golpeándoles el cuerpo y la cara.

—¡Papá...! —oyó decir a Jana, antes de ser arrastrada por la avalancha.

Yohan sintió pánico al ver a Jana desaparecer. Soltó las bolsas de plástico y se dejó llevar también por el agua, siguiendo a su hija.

—¡JAAANAAAAAA...! —gritaba, mientras era arrastrado.

Descendían con mucha rapidez. Finalmente el agua lo golpeó contra una pared y sintió un gran dolor en el hombro. Entonces vio a Jana. La llamó y ella respondió. Acercándose uno al otro lograron cogerse de un poste. La tromba de agua decrecía.

—¡Hija, menos mal que estás viva! Por un momento...

—Estoy bien, papá. ¿Y tú?

Yohan sentía un dolor terrible, inaguantable, en el hombre derecho. Jana se dio cuenta de que pasaba algo.

—Creo que me he roto el hombro, o un brazo...

—Vamos donde está mamá, ella sabrá que hacer.

Pero Yohan sabia que Yenni no podría hacer nada. Si se había roto un hueso, no podría trabajar durante al menos un mes y la familia no sobreviviría, pues él traía la mayor parte de los ingresos de la casa.

—No, vayamos abajo, a ver si encontramos las bolsas.

El nivel del agua ya había bajado. Fueron camino abajo, intentando ver en la oscuridad. Pero fue imposible. Quién sabe dónde se habría llevado el agua las bolsas.

—Volvamos, Jana. Mala suerte...

La vida es extremadamente precaria en una villa miseria. Un día uno tiene una casa, al día siguiente no la tiene. Uno tiene pertenencias y de pronto ya no las tiene. Volvieron camino arriba, llenos de barro, agotados de tanto luchar y perder.

Pero al menos se tenían unos a otros. Yenni, el anciano Jusuf y Kade los recibieron con abrazos y cariño; estaban muy preocupados por lo que les había pasado. Hasta el niño movía las manitas para arriba y para abajo, percibiendo la alegría de todos. Hablaron un buen rato de la tromba de agua. Nadie protestó por la pérdida de sus pertenencias, sólo recibieron una breve mirada de resignación, no eran algo importante en comparación con sus vidas. Yohan sintió que sus huesos se fortalecían. Se dijo que tenía suerte de tener una familia llena de personas tan estupendas, tan íntegras. Una familia a la que volver, donde todo estaba en paz entre ellos, donde todos se querían.

Al día siguiente, aún embarrados y sin desayunar, volvieron a su chabola. Se quedaron deprimidos ante la visión de los restos de su casa. El tejado se había hundido y dentro aún había agua. El lodo había entrado por todos los sitios y habían perdido sus pertenencias más importantes.

Aunque tenían suerte de que su casa estuviera en una cuesta. Los que vivían en la parte de abajo aún tenían sus casas inundadas. La falta de un sistema de alcantarillado no sólo en las villas miserias, sino en todo Yakarta, causaba inundaciones cada año. El cielo estaba gris, hoy continuarían las lluvias. Debían estar preparados por si tal vez lo peor estaba por venir.

—Jana, Yenni, Kade, nos vamos los cuatro camino abajo, a ver si encontramos las bolsas de plástico, o algo de lo que había dentro...

—De acuerdo, papá.

El anciano Jusuf se quedó con Amir, el niño, matando los mosquitos que salían a aquellas horas, más aún con la humedad de las inundaciones. Eran muy peligrosos ya que transmitían el dengue, una enfermedad grave en los países tropicales.

Yohan, Yenni, Jana y Kade descendieron por donde la tromba de agua y lodo los había tirado la noche anterior. Cuesta abajo, las familias lloraban con el agua por las rodillas. No encontraron sus bolsas pero Kade, más pequeña y más inconsciente, comenzó a traer cosas ajenas que flotaban por el agua. Yohan y Yenni se miraron y comenzaron a guardarlas en plásticos, como si fueran suyas. Sólo tomaron lo que necesitaban, platos, vasos, una cacerola, un peine, zapatos. Al volver, lo escondieron dentro de la chabola. Ahora habría que limpiarla, y también comprar agua de los vendedores ambulantes, pues el pozo, al llenarse de lodo y barro, se contaminaba cada vez que había inundaciones. Pero no tenían más que unas pocas rupias para comer aquel día, de modo que debían ir a trabajar y a traer dinero.

—Déjame que te vea el hombro, Yohan.

Yohan gruñó, era realmente doloroso. Parecía haberse roto la clavícula. El hombro estaba deformado, contrahecho. Sabía que le enyesarían todo el pecho y el brazo, algo que no se podía permitir en esos momentos. No había ni tiempo ni dinero para curarlo.

Capítulo 30

Habían terminado un día de reuniones en el Ministerio de Defensa Social y en Goskomstat, la Agencia Estadística Estatal Rusa. Pierre Deloix y João Almeida estaban haciendo un trabajo excelente, para satisfacción de Joana. Y también los oficiales del gobierno ruso, que no sólo eran técnicamente competentes sino muy diligentes en el trabajo, menuda diferencia con los burócratas de Asia.

Pero Joana se encontraba cansada. Cansada del *jetlag*, pues iba y venía de Yakarta, cansada de vivir cambiando de hotel, con lo que le cabía en una maleta, cansada de repetición, de *dejá vu*, cansada de la crisis. Una vez en su habitación, se dio una ducha y sacó una bebida del mini-bar. Gracias a Dios se había terminado el día, ahora podía descansar, mañana estaría más animada.

Abrió la maleta y percibió un paquete, a la derecha. Se quedó mirándolo, extrañada. Lo palpó, parecía un tejido. Lo abrió y vio que era un pequeño *batik* indonesio de tela de color negro, con un estampado representando a un mono abrazando a un pez. Una pequeña tarjeta decía, con la letra elegante de Iwan: "Para la reina de los peces y el mar, de Hanuman".

Sonrió. Iwan. Notó que la energía volvía a ella. Iwan... Sintió mariposas en el estómago. Ojalá estuviera allí, con ella. Se quedó un rato mirando el *batik*, absorta, recordando las últimas veces que se habían visto, momentos de verdadera felicidad, como Joana había experimentado pocas veces en su vida.

Se tumbó en la cama, aún sonriendo... Su Iwan-Yuan-Hanuman... Con el deleite con que los amantes recuerdan una y otra vez sin cansarse las mismas escenas, recordó la noche en que Iwan le había contado aquella leyenda del Ramayana. Ahora la historia le parecia el mito mas bello del mundo. La reina de los peces y el mar queriendo cambiar el mundo brutal de los hombres en la tierra, ordenando a sus peces salir por las noches del mar y que se llevaran a escondidas las piedras de los castillos de los hombres en tierra, de manera que al levantarse por las mañanas, los guerreros se quedaban extrañados al ver que parte de las murallas habían desparecido, teniendo que poner sus energías en reconstruir sus castillos, en vez de en matarse y hacer la guerra. Y entonces Hanuman, el héroe mono del

Ramayana, descubre a la reina de los peces y el mar, y se enamora perdidamente de ella…

Y ella estaba tan enamorada de Iwan, que cualquier cosa que le recordara a él la hacía vibrar. Sonrió, recordando aquella noche en la habitación de Iwan. Se acordó de cómo le acariciaba el pelo, contándole aquel cuento infantil con su voz grave, tan masculina, y aún podía sentir dentro de ella el placer de estar escuchándolo, oyendo como una niña aquella historia de Hanuman cortando cabezas, matando ogros, siendo quemado, encerrado, y el resto de cosas que hacen los héroes. Y también recordó cómo habían hecho el amor, suavemente primero, pasional y desesperadamente después, sin querer que la noche acabara.

Golpearon la puerta. Joana tuvo que bajar a la realidad. No sabía que era sólo el principio de una larga noche.

—¿Sí?

—Joana, por favor abre, soy João.

—Un momento —dijo ella, de mala gana, poniéndose un jersey encima del camisón.

Abrió. João tenía la expresión preocupada. Le mostró un periódico.

"BRASIL SE CONTAGIA DE LA CRISIS ASIATICA Y RUSA"

"El gobierno anuncia la devaluación del real y una moratoria de 90 días en el pago de la deuda. Las crisis en Asia y Rusia han generado temor en los inversionistas por los mercados emergentes y el capital sale de Brasil por momentos"

—Dios mío… —sintió un escalofrío.

Era una pesadilla. ¿Cuándo iba a terminar? ¿Qué país caería después de Brasil? ¿Por qué toda aquella inestabilidad financiera?

—Acabo de hablar con mi familia en Sao Paolo —el acento portugués de João sonaba realmente angustiado— Joana, ¿qué deben hacer?

—Qué te voy a decir, comprar dólares, como hace todo el mundo, antes de que el *real* caiga más…

Después de una breve conversación, João corrió a hablar con su familia dejándole el periódico a Joana. En la conferencia internacional de prensa que tenían dentro de 48 horas seguramente les preguntarían por la nueva crisis.

Una vez a solas, Joana encendió un cigarrillo. Se preguntó qué iría a pasar. Si todo seguía como de costumbre, Janette Peres iba a llamar dentro de unos momentos, sugiriendo que estableciera un nuevo equipo en Brasil.

Al cabo de un par de horas, sonó el teléfono. Pero no era Janette Peres.

—¿Joana? —era la voz de su madre— ¡Ah, Dios mío, por fin damos contigo! ¿Qué haces en Rusia? Tu hermano ha tenido que hablar con un árabe en Yakarta... —el hotel debía haberlos pasado a Yanni.

—Es largo de contar, mamá. ¿Pasa algo?

—Joana... —se hizo un silencio— Joana, el abuelo Juan ha muerto...

Oyó los sollozos de la madre, entrecortados por la distancia de la línea.

—¿El abuelo Juan? —Joana no podía ni reaccionar.

—Sí —lloró la madre.

Se hizo un silencio. Joana, no sabía qué decir, no podía creérselo. De tanto llorar, su madre dejó el teléfono y se lo pasó a alguien. Era su padre, también lloraba.

—Joana, ha sido de pronto, sin más, ayer se fue tarde a la cama, se había vuelto a escapar a beber por los bares, y esta mañana creíamos que estaba dormido, que se le habían pegado las sábanas de tanto coñac Fundador... Pero no...

Después de un rato le pasaron a su hermano Miquel. Joana respondía mecánicamente, sin reaccionar aún a lo que había pasado. Cuando colgaron, Joana se quedo en la cama, aún atónita por las noticias. No pudo dormir aquella noche. Ni un momento.

฿ଔ ฿ଔ ฿ଔ ฿ଔ ฿ଔ ฿ଔ ฿ଔ ฿ଔ ฿ଔ ฿ଔ ฿ଔ ฿ଔ

El día siguiente transcurrió lento y pesado. Joana se encontraba realmente cansada y en un estado emocional extraño. Desde hacia semanas sentía una intuición muy fuerte dentro de ella, y ahora había aparecido con toda claridad delante suyo. Iba a tomar una decisión radical. Sabía que cualquiera le diría que aquello era una locura profesional, pero sentía que hacía bien, que seguía una intuición acertada. Janette Peres llamó la noche siguiente.

—¿Joana? ¿Has visto las noticias?

—Sí —dijo ella secamente.

—¡Te lo puedes imaginar! Nos han dado luz verde para empezar en Brasil. Y la manera más rápida y eficiente que hemos pensado en Nueva York es que vayas a Brasil y organices un nuevo equipo. De esa manera, quedas como coordinadora del "Proyecto Global de los Impactos Sociales de las Crisis Financieras", apunta el nuevo nombre porque ya ha sido aprobado, mientras distintos equipos trabajan en las diferentes áreas geográficas…

—Janette —interrumpió Joana, sin saber por dónde empezar— Janette, lo siento, pero no puedo seguir.

—¿Joana?

—Janette, escucha: Esto es absurdo.

Joana se podía ver memorizando los nombres de oficiales brasileños antes de la primera reunión, en un taxi anodino, con dos nuevos miembros del equipo en Brasilia. Kafkiano. Se había pasado los últimos meses de su vida repitiendo lo mismo.

—Janette, me puedo imaginar los resultados de los sondeos que vamos a hacer, los pequeños programas de emergencia social que montaremos con el Banco Mundial, dándoles fideos, arroz y judías a los pobres ¿de qué sirven, realmente? No son más que un pequeño parche. Lo que deberíamos de hacer es trabajar para combatir las causas…

—Joana ¿estás bien? —Joana era la trabajadora incansable, Janette nunca la había oído hablar así.

—Sí, estoy bien. Estoy viendo más allá, Janette. Estas crisis financieras son absurdas. Estamos haciendo un trabajo de mitigación de los males una vez que ya están hechos, como si estas crisis fueran inevitables, sin analizar las causas del problema y cómo prevenirlas. Es algo así como si sólo tratáramos los síntomas de una enfermedad. Debemos de dar un paso adelante e investigar por qué están pasando estas crisis financieras, y ponerles freno.

—Sí, sí, Joana, estoy muy de acuerdo —la voz traía ese breve retraso de las conferencia internacionales— Pero por el momento tenemos la urgencia de elevar el grado de atención pública para lograr que se implementen programas sociales de emergencia…

—Janette, sabes que he luchado por eso sin parar. Pero ahora no es suficiente para mí seguir poniendo pequeños parches, otros pueden hacerlo. Yo tengo la necesidad de hacer otra cosa.

Hubo un silencio.

—¿Y qué vas a hacer, tirar la toalla?

—Al contrario, voy a continuar desde otro lado, complementando este proyecto. Y no te dejo tirada, no te preocupes. Imaginaba que ibas a venir con algo así. Así que aquí va mi sugerencia. Los mejores, por su experiencia, son Klaus Helsenberg y Yanni Ben Younes. Klaus tiene que volver a la Universidad de Berlín o pierde su cátedra, el proyecto se ha alargado mucho y ya ha estado demasiado tiempo fuera. Yanni es perfecto para la posición de coordinador global... ¿cómo has dicho que se llama el proyecto?

—Proyecto Global de los Impactos Sociales de las Crisis Financieras. ¿Estás segura de que Yanni Ben Younes será capaz de coordinarlo? ¿Por qué no Pierre Deloix? Tiene mucho más calibre...

—No, Yanni es perfecto, es muy buen profesional, está muy motivado, y ahora que tiene experiencia en varios países de verdad no existe nadie mejor. Hasta se lleva bien con Chowdhury... Lo que sugeriría es combinarlo con João Almeida, que casualmente es brasileño.

—Es cierto...

—Además, Janette, ya me conoces: me ofrezco a revisar todos los informes y seguir dando consejo informalmente, tanto como haga falta, por supuesto sin ningún costo para las Naciones Unidas.

Janette Peres colgó el teléfono y se quedó pensativa en su despacho. Se dijo que, como siempre, Joana Arteaga tenía razón en lo que decía, estaban mitigando las crisis financieras como si fueran inevitables, tratando los síntomas sin ver las causas de la enfermedad. Qué terrible perder a Arteaga del proyecto, sin ella, estaba segura que los resultados serían menos brillantes.

Janette se sintió culpable. Joana había trabajado incansablemente por un periodo muy largo y son precisamente los buenos profesionales los que se queman, porque trabajan sin parar. Ahora Joana dejaba una buena posición internacional en la ONU por... por nada claro: aunque lo que dijera estuviera cargado de razón, no parecía tener otra institución a donde ir.

Pero Joana, al contrario, se sentía mucho más llena de energía que desde hacia muchos meses y por eso se atrevía a tomar un alto riesgo. Sabía perfectamente que no sólo iba a perder una buena posicion sino que, ahora que había hecho todo el trabajo pesado del proyecto, dejaría que otros se llevaran la gloria y recogieran los frutos de su esfuerzo. Pero eso eran solo pequeñeces: un contrato seguro, una publicación, que consumirían dos o tres años más de su vida. La muerte de un ser querido le había dado una señal muy clara de lo que era importante, de lo que debía hacer.

ಶೋಲ ಶೋಲ ಶೋಲ ಶೋಲ ಶೋಲ ಶೋಲ ಶೋಲ ಶೋಲ ಶೋಲ ಶೋಲ ಶೋಲ ಶೋಲ

Quedaban pocos minutos para la conferencia de prensa. Joana dejó a João Almeida y Pierre Deloix en el grupo con el que estaban hablando y se alejó entre la multitud. Necesitaba unos minutos a solas para concentrarse antes de hablar en público. Periodistas alemanes, ingleses, franceses, americanos y, por supuesto, rusos hablaban en el foyer de aquel hotel de lujo. La moqueta de la sala estaba cruzada por los gruesos cables de colores de las cámaras y focos que los técnicos estaban montando en la sala donde iba a empezar la conferencia de prensa. Joana sintió el latigazo de los nervios en el estómago, agravados por la falta de sueño y el hecho de que iba a tener que salir rápidamente de la conferencia para tomar un avión a España, al entierro de su abuelo Juan.

Llamaron. Cruzó la gran sala, muy iluminada por los focos de televisión. Los sitios estaban asignados. Joana vio el suyo en el centro de la mesa, junto a los oficiales del Fondo Monetario Internacional y del Banco Mundial. Todos, incluyendo los periodistas, tenían copias de los comunicados oficiales de prensa de las distintas instituciones, resumiendo su mensaje y con los datos principales para facilitar el trabajo de los periodistas en caso de duda.

La conferencia se abrió dando la palabra al representante del FMI, quien leyó el mismo comunicado que el Fondo había dado a todos en aquella sala: un texto árido de una página describiendo la situación financiera en Rusia y la absoluta necesidad de adoptar medidas correctoras para retornar a una estabilidad macroeconómica y mantener la confianza de los inversores en el país. Lo de siempre.

Llegó el turno del representante del Banco Mundial, pero éste hizo un gesto amable pasando la palabra a Joana. Sabía de la conexión que la española tenía con el influyente director Jan Håkansson y deseaba que aquella fuera una relación cordial. Joana se sorprendió, y no pudo dejar de comparar como era todo al principio de la crisis ¡Menuda diferencia con la primera conferencia de prensa en Yakarta!

Pero Joana no leyó. Se levantó y habló directamente a la sala.

—Hace un año y medio, cuando la crisis empezó en Asia, la única preocupación eran sus impactos financieros. Hizo falta luchar mucho para lograr que la atención de los gobiernos, los organismos internacionales y la opinión pública se posara sobre los impactos sociales de la crisis. Los costos humanos han sido altos, muy altos. Tienen todas las cifras en el comunicado de prensa. Millones de personas han caído por debajo de la línea de pobreza en unos meses. Millones de cabezas de familia han perdido el empleo y millones de niños han dejado de ir a la escuela. Un tercio de la población de los países afectados sufre de hambre y malnutrición, y las enfermedades han hecho mella en poblaciones debilitadas. Como saben, la malnutrición en los niños es catastrófica, los niños se quedan a medio desarrollar, más pequeños en tamaño y coeficiente intelectual. Éste es un impuesto muy alto que deben pagar las familias pobres, y lo pagarán toda su vida, no existe mecanismo correctivo, es irreversible. ¿Es éste el mundo en que queremos vivir?

Notó que la audiencia estaba pendiente de ella.

—En Rusia, la crisis llega a un país ya debilitado por una transición difícil, donde mucha gente lleva años intentando sobrevivir. Y vienen tiempos peores. Quizás el único consuelo sea que el gobierno y los organismos internacionales se han coordinado rápidamente y ya existen programas de emergencia social fundamentalmente desarrollados por el Banco Mundial, imagino que mi colega hablará de ellos a continuación. Esto es una gran diferencia con Asia, donde se tardó un año en consolidarlos, una noticia positiva. Como profesionales de la información, debo pedirles un favor: que nos ayuden, que sigan manteniendo la atención pública interesada en los costos sociales de la crisis, pues son muchos y están infravalorados. La tendencia natural es informar sobre los grandes asuntos financieros de muchos millones de dólares, volviendo el sufrimiento humano invisible.

Se detuvo. Observó que parecía haber capturado a la audiencia.

—Pero hay algo más. Quisiera que vieran la crisis en perspectiva. Como saben, la crisis ha derribado las economías de Tailandia, Malasia, Filipinas, Indonesia, Hong Kong, Singapur, Corea, Rusia y, desde anteayer, también Brasil. Como si fueran fichas de dominó, uno tras otro los países han ido cayendo ¿Cuál será el próximo? ¿Por qué suceden estas crisis? ¿Cuáles son sus causas y qué hemos de hacer para detenerlas, para evitar que haya nuevas crisis financieras? Hay una necesidad imperiosa de investigación y diseminación de información en esta área, es nuestra responsabilidad, la mía y la suya, la de todos nosotros. Sea lo que sea que esté pasando, los impactos humanos son trágicos, deprimentes. Estamos en 1999; en vez de comenzar el siglo XXI dando un paso adelante en el progreso de los pueblos, lo empezamos retrocediendo, con una re-emergencia del hambre, de la pobreza, del sufrimiento humano, con índices sociales peores que hace dos décadas. Y no debemos de dejar de preguntarnos ¿es éste el mundo en que queremos vivir?

Se sintió aliviada; había terminado. Miró a la audiencia para ver si sus palabras habían sido bien recibidas. Y entonces notó que algo andaba mal. Había confusión, vacilación en la sala; algunas personas susurraban cosas al oído de otras. ¿Habría dicho algo inadecuado?

Y entonces sucedió la reacción, inaudita en una conferencia de prensa. Comenzó atrás, parecía ser un periodista ruso. Empezó a aplaudir. Primero se oyeron sus solitarias palmadas a lo lejos. Luego otros comenzaron a unirse, uno tras otro, apoyando las palabras de Joana. Pronto la mayor parte de la sala aplaudía. Alguien se puso de pie y otros siguieron, en un tributo sin palabras al futuro, a donde debían ir.

Joana sintió que el agua se le venía a los ojos y respiró profundamente para alejar la emoción y que no se le notara. Bajó la cabeza con humildad, y se sentó en su sitio, aún nerviosa y sorprendida, dejando que siguiera la conferencia de prensa.

Al terminar el turno de preguntas y respuestas mucha gente se acercó a los exponentes, como era habitual. Alguien iba avanzando entre la masa de periodistas, medio educadamente, medio dando codazos, hasta que logró plantarse delante de Joana Arteaga. Era el periodista que había comenzado a aplaudir, un hombre joven, ruso, con unos ojos gris claro que, en contraste con las pupilas negras, le daban un aspecto de águila.

—Mi nombre es Iván Yablokov —dijo, dándole una tarjeta, donde Joana pudo ver que era el corresponsal local de un periódico americano— Ha sido muy interesante tu presentación. Quisiera que siguiéramos en contacto. Si alguna vez te decides a escribir sobre éstas preguntas, podríamos intentar publicar un artículo...

Capítulo 31

Rupias por dólar americano: 8.645

Masas de estudiantes y ciudadanos gritaban delante del Parlamento "KORUPSI", "KOLUSI DAN NEPOTISME"; también pedían "REFORMASI TOTAL". Entre ellos estaba Yohan, que seguía dejándose alquilar para cualquier manifestación.

Sorprendentemente, el Presidente Habibie había seguido en el poder. Era una figura suave y conveniente para muchos.

Los organismos internacionales seguían presionando para que se ejecutaran más reformas, desesperados por la resistencia de la oligarquía empresarial indonesa. El Banco Mundial en particular había comenzado a atacar muy duramente la corrupción. Al ver que se empezaba a hablar de lo que era un tema tabú, Jan Håkansson se había atrevido a presentar evidencia de corrupción en algunos de sus propios proyectos sociales aun sabiendo que las ONGs en Occidente se arrojarían enseguida sobre el Banco, aumentando la presión sobre el gobierno indonesio.

Con la prensa libre de controles se había creado una situación de voyeurismo político. Los indonesios disfrutaban oyendo sobre escándalos de corrupción, políticos sucios, malversación de fondos, ricos encarcelados, jueces asesinados por acusar a empresarios. Muy a pesar de personas como Wiradikarta, que gustaba solucionar las cosas de manera discreta, oriental, una vez empezada la ola, aquello se convirtió en un circo, el "*Panem et Circensis*" del pueblo indonesio.

Tendrían que rodar más cabezas, buscar chivos expiatorios. Pues si realmente se atacaba la corrupción, caería toda la clase alta indonesa, estaban todos pringados. Necesitaban nuevos culpables, hacer ver que el gobierno luchaba contra la corrupción mientras negociaba nuevos préstamos con la comunidad internacional.

Un pequeño cambio para que nada cambiara, para que todo siguiera igual.

౸ఞ ౸ఞ ౸ఞ ౸ఞ ౸ఞ ౸ఞ ౸ఞ ౸ఞ ౸ఞ ౸ఞ ౸ఞ ౸ఞ

Yohan apenas si podía fingir que limpiaba cristales. La ruptura de la clavícula no le permitía dormir por las noches y le había dejado el hombro constantemente dolorido. Todo iba de mal en peor. Después de que Yenni limpiara la chabola de barro había seguido lloviendo y la villa miseria se había vuelto a inundar, esta vez mucho más que antes. Habían perdido el *lang* de Yenni, que ya no podía hacer de *asongan*, pues no tenían dinero para pagar la mercancía que vendía.

Lo único bueno era que habían abierto un *posko* en la villa miseria. El *posko* era una casita de bambú, con el techo de paja, construida por el estado en las zonas pobres. Allí venían los camiones del gobierno -financiados por el préstamo del Banco Mundial- y repartían arroz, aceite de cocina, fideos, galletas enriquecidas y hasta medicinas a precios subsidiados. Finalmente, los programas sociales de emergencia funcionaban. Habían podido sobrevivir gracias a aquella distribución de productos básicos de primera necesidad.

Por suerte para Yohan el número de manifestaciones seguía alto y seguían reclutándolo en los autocares a las puertas de la villa miseria. Se había convertido en un habitual, iba a manifestaciones de todo: por la democracia, contra la democracia, por la liberación de Timor Este, por una Indonesia unida, contra la corrupción, por la estabilidad, por el partido X, por el partido Y... A él y a todos los otros les daba igual, necesitaban el dinero. Chillaban lo que tocara en las manis, con propiedad, haciéndose notar, para volver a ser reclutados; se comían su caja del almuerzo y volvían a casa, preparados para la próxima. Era un trabajo más.

Yenni y sus hijas iban tanto como podían al *posko*. Los alimentos eran racionados por familia, pero siempre sacaban lo máximo de lo que les correspondía pues temían que cortaran aquella distribución de productos básicos, absolutamente necesaria para su subsistencia.

Y seguían haciendo la carretera. El anciano Jusuf y Kade por una parte, Jana y el niño por otra, y Yohan por su cuenta. Iban casi todos los días, todas las horas que podían. Cualquier ingreso era bueno.

Pero Yohan tenía verdaderas dificultades para limpiar cristales. Incluso para robar coches, pues se encontraba debilitado y torpe con su clavícula rota. Así se encontraba hoy, en medio del tráfico de la mañana. Había decidido "limpiar" algún auto, llevarse la cartera de algún conductor, y volver pronto a casa a ayudar a Yenni, que seguía sin parar de trabajar para los demás. También quería intentar descansar algo. Pero entonces, aunque aún lejos, distinguió a su padre y a Kade. No quería que lo vieran, hasta ahora había mantenido sus actividades en secreto. Se metió en el atasco de coches con el limpiacristales y el cubo lleno de agua, arrastrándolo con el brazo sano, dispuesto a robar.

De la nada, aparecieron dos motoristas de la policía.

—¡Tú! —gritó uno, desde la moto— ¡Sal al arcén!

Yohan se temió lo peor. Posiblemente alguien lo habían denunciado, venían a por él. Dudó si correr, pero debilitado y cansado como estaba, supo que aquellos hombres motorizados lo cogerían en un momento. Se le ocurrió otra estrategia.

Arrastró el cubo de agua con el brazo sano y comenzó a cojear, simulando una gran deficiencia física.

—¡Deja de hacerte el cojo! —dijo uno de los policías, riéndose— Será imbécil...

Pero Yohan no hizo caso. Siguió andando muy lentamente, arrastrando una pierna y llevando el cubo con dificultad. Los policías movieron las motos al arcen y se quedaron mirándolo con los brazos cruzados. Algo les hizo dudar: la clavícula de Yohan, aquel hombre tenía algo realmente entuerto y deformado.

Jusuf había visto la escena desde lejos. Sintió pánico de que la policía pudiera coger a su hijo. Lo había visto robando, sabía lo que Yohan hacía. Siendo un buen musulmán, le dolía el corazón de ver a su hijo convertido en ladrón. Pero la supervivencia de su familia dependía de él, Yohan era el que contribuía más a la casa. Así que había decidido callarse, no recriminarle nada.

Ahora la policía lo había encontrado. Si Yohan desaparecía, la familia entera caía con él.

El anciano Jusuf supo inmediatamente lo que debía hacer. No lo dudó un instante. Por amor a su hijo, a Yenni, a sus nietas. Viejo como era, él era dispensable, una carga. Los otros eran todos necesarios. Si alguien debía desaparecer, era él.

Le pidió a Kade que le trajera un palo del costado de la carretera. Kade, pequeña y servicial, lo hizo. Entonces el anciano le pidió que se fuera a casa, corriendo lo más rápido que pudiera, a ayudar a su madre. Mientras Kade corría a lo lejos, rezó una pequeña plegaria.

Se irguió lo más alto que pudo, como si no estuviera encorvado, como si fuera un hombre más joven y más fuerte, con el palo en la mano, y pegó contra el cristal del auto más cercano con todas sus fuerzas. No lo rompió, la vara rebotó en el cristal. Pero Jusuf siguió golpeando, gritando, a la vez que el conductor también gritaba dentro del auto, horrorizado.

Los policías se percataron de que algo pasaba a lo lejos. Tomaron sus motos y corrieron por el arcén, hasta donde Jusuf estaba.

—¡Ladrón! —gritó uno— No intentes escapar...

Pero el anciano no lo intentó. Ya tenía suficientes problemas con erguirse, luchar contra su desviación de columna, fingir que él era ladrón. Los policías lo tiraron al suelo y lo esposaron. Llamaron pidiendo ayuda por radio y tranquilizaron al conductor.

—Ha tenido suerte, es una rata, ha desvalijado a muchos coches en la zona...

Lejos de su padre, Yohan no comprendió bien lo que había sucedido. Llegó a ver que la policía se iba a por otro y sintió primero un gran alivio, el truco había funcionado. Hasta que de pronto la figura delgada de aquel hombre le pareció la de su padre. No podía ser... además, Kade no estaba allí. Miró más fijamente, vio cómo la figura era tirada al suelo y esposada y sí, se dijo que podía ser su padre. Corrió hacia la escena, primero con prudencia, aún cojeando, y al acercarse más y confirmar el parecido con su padre corrió más deprisa. Entonces se quedó horrorizado ¡Era su padre!

—¡Padre! —gritó— ¡Padre!

—Lo que faltaba, el cojo —dijo uno de los policías— ¡y mira cómo corre el canalla!

—Desazte de él, éste es el que buscábamos —dijo el otro, señalando al anciano Jusuf.

—Bien.

El primero tomó la moto y en un segundo llegó donde Yohan estaba. Lo paró, lo cogió de la ropa y lo tiró por el terraplén de arena que bajaba del arcén. Yohan cayó rodando, sintiendo un dolor tal en el hombro que se desmayó mientras rodaba cuesta abajo. Ésa fue la última vez que vio a su padre.

ಐಖ ಐಖ ಐಖ ಐಖ ಐಖ ಐಖ ಐಖ ಐಖ ಐಖ ಐಖ ಐಖ ಐಖ

—¡Joana!

Yanni la abrazó como un hermano, y ella a él. Estaba muy afectada por su breve estancia en España. Al llegar allí, la ausencia del abuelo Juan se había hecho sentir demasiado, habían sido tres días de duelo terribles.

—Joana... ¿qué ha pasado? Leí tu correo electrónico, diciendo que dimitías... ¿Por qué?

—Yanni, por muchas razones. Anda, compórtate como el árabe elegante que eres, invítame a algo...

Yanni hizo los honores en su habitación del Hotel Pancasila. Joana le explicó lo que había pasado en Moscú, cómo el contagio de la crisis a Brasil había sido la última gota que colmó el vaso, como seguía apoyando el proyecto al cien por cien, pero a la vez que necesitaba dar un paso adelante, investigar el porqué de aquellas crisis financieras para prevenirlas. No quiso ser muy derrotista sobre su trabajo, pues Yanni iba posiblemente a heredar su posición y no quería desanimarlo.

—Me sabe mal, Joana, si te vas el proyecto no va a ser lo mismo...

—Tonterías. ¡Espero que sea mucho mejor!

—Lo dudo, Janette Peres llamó ayer anunciando que habían aprobado que yo fuera tu substituto...

—No mi substituto. Eres el coordinador del Proyecto Global de los Impactos Sociales de las Crisis Financieras.

—Gracias a ti, Joana, Janette me dijo que tú habías recomendado que lo fuera.

—Te lo mereces.

Yanni preguntó qué era lo que Joana iba a hacer, exactamente. La verdad es que Joana no lo sabía aún, así que respondió vagamente. Había hablado muy brevemente por teléfono con Iwan y por supuesto la muerte de su abuelo había dominado la conversación. Pero Joana volvía con una misión, quería discutir el futuro con Iwan. Tenía suficientes ahorros como para no trabajar un tiempo. Mientras los hombres cenan en restaurantes, las mujeres profesionales suelen quedarse trabajando en sus habitaciones, comiendo fruta y galletas integrales, así que había ahorrado bastante. Ahora que Iwan se había decidido a empezar otra carrera en Indonesia quizás los dos podrían comenzar juntos. Joana investigando las causas de la crisis financiera y sus posibles soluciones, e Iwan explorando sus opciones, de momento. Un futuro incierto para ambos pero, a la vez, muy romántico. Había sobrevivido los días tristes en España evadiéndose, soñando en un futuro con su amante.

—Joana, tengo algo para ti —dijo Yanni, pasándole un sobre de las Naciones Unidas. Para su sorpresa, era de Merpati. Lo abrió. Merpati le escribía una nota cariñosa, invitándola a tomar un café juntas cualquier día.

—Ahora que lo pienso, me pregunto si necesitaré alguna firma de la Oficina de la ONU para liquidar mi contrato... Hoy es mi último día oficial.

—¡Puedo estar seguro que Chowdhury firmará con placer!

Rieron. Había tristeza en el aire, como siempre que algo se acaba. Pero la vida es así, nuevas etapas han de empezar. Apagaron la tristeza trabajando. Joana le pasó todos los materiales e información relevante de Moscú. Y se dijeron que no era el final, que seguirían en contacto.

၈ၥ၈ၥ ၈ၥ၈ၥ ၈ၥ၈ၥ ၈ၥ၈ၥ ၈ၥ၈ၥ ၈ၥ၈ၥ ၈ၥ၈ၥ ၈ၥ၈ၥ ၈ၥ၈ၥ ၈ၥ၈ၥ ၈ၥ၈ၥ ၈ၥ၈ၥ

Joana llegó a la Oficina de la ONU paseando por la avenida Jalan Thamrin. Ahora que había dimitido de su cargo veía la avenida de otra manera, más serena, más tranquila. Hasta bella.

Hacía sol y Joana dejó que la luz recorriera su sangre, trayéndole vida. Paró delante de un vendedor ambulante y le compró un vaso de *es cendol*, una bebida fría típica de leche de coco, azúcar de palma, trocitos de frutas y gelatina. Se tomó el *es* lentamente, mirando el tono verde intenso de las palmeras, la gente paseando, el color naranja de los *bajajs,* dando gracias a la vida por estar allí. Aún sentía la muerte de su abuelo Juan en los huesos.

Ensimismada, sorbiendo el *es cendol*, soñó que Iwan y ella alquilaban un pequeño apartamento. Se imaginó escenas cotidianas, cocinando la cena, visitando a Yanni, discutiendo algo acaloradamente con Iwan, haciendo el amor por la mañana…

Una vez en la Oficina de la ONU fue directamente a ver a Merpati, que la recibió con mucho cariño. La ayudó con las facturas y el contrato, y después, como había sugerido, la invitó a un café afuera.

Fueron a un local cercano. Pidieron dos *kopi susu*, café con leche, algo que le hacía verdadera falta a Joana por el *jetlag*. A su lado, Merpati parecía tan fresca, tan llena de optimismo, con sus cadenitas doradas que siempre brillaban y tintineaban…\

—¿Sabes, Joana? Siento mucho aquel incidente con Chowdhury, al principio de todo, cuando la conferencia de prensa... No nos ha permitido conocernos más y ahora ya te vas.

—Lo mismo digo, Merpati, me hubiera encantado conocerte mejor. Todo el mundo habla tan bien de ti...

—¡No, no! —dijo ella, con modestia— Pero podíamos haber salido con gente afín...

Merpati calculaba cómo sacar a Iwan de manera casual en la conversación, pero Joana desvió de pronto el tema hacia el trabajo. Una ocasión perdida, ahora debería forzar el diálogo de otra manera.

—...y las cosas están evolucionando de manera sorprendente en esta transición —decía Joana, sorbiendo su café.

—¡Y que lo digas! —siguió Merpati— Realmente están pasando cosas sorprendentes. Gente que no era nadie, subiendo como la espuma. Gente que lo eran todo, cayendo estrepitosamente...

—Supongo que es normal en las transiciones, son momentos inestables donde puede pasar cualquier cosa.

—Sí, sí, pero hay cosas inexplicables. Es como si la gente estuviera enfebrecida. Mira, por ponerte un ejemplo, ya que hablábamos de la conferencia de prensa aquella de cuando llegaste a Yakarta... ¿recuerdas a los moderadores de la mesa?

—Abdurachman Surdaso e Iwan Bolkiah.

—¡Buena memoria! —la halagó Merpati— Exactamente. Pues este joven, Iwan Bolkiah, era una de las promesas del país...

Joana se quedó mirándola, muy atenta a lo que decía.

—Iwan Bolkiah *era* una persona trabajadora, dinámica, dispuesta, con estudios fuera... Todo el mundo lo adoraba... ya ves que presidía conferencias internacionales de prensa con viceministros, a su edad...

—¿Era? —preguntó Joana.

Merpati suspiró.

—Sí, es lo que te digo, en esta transición la gente está como enfebrecida. Este hombre tenía una prometida indonesia, hija de un general de primer orden. Iban a casarse, lo cual era meritorio, pues Iwan Bolkiah es de un nivel social más bajo, y de origen chino. Y de pronto, lo sorprendente: Iwan Bolkiah se lía con una extranjera, además una mujer mucho mayor que él, lo que ha sido un auténtico escándalo en la sociedad indonesia...

Joana la miraba, con los ojos redondos.

—Y como es natural, se le cierran las puertas. Dejando abandonada a la mujer que le corresponde, que le abriría las puertas, hiriendo bajamente a la familia del General con un lío de cama barato con una extranjera, y para más escándalo una mujer mayor, Iwan Bolkiah no es comprendido ni querido por nadie. Dejan de pagarle los préstamos que le deben, hasta el punto de que ahora está investigado por fraude... No tiene futuro en el país, nada que hacer... Pero ahí sigue, con esa extranjera, en vez de volver con la familia del general y solucionar sus problemas. Ya te digo que la gente está perdiendo los referentes... Es algo inaudito en Indonesia. Como sabes ésta es una sociedad conservadora y ordenada...

Joana sintió que su corazón se encogía, como un papel arrugado.

—¿Estás bien? —preguntó Merpati, satisfecha internamente de ver el efecto que tenían sus palabras.

—No... Perdóname...

Joana fue al baño y vomitó. Iwan... Su Iwan-Yuan-Hanuman... Hundido por su culpa...

જી⟶Cર જી⟶Cર જી⟶Cર જી⟶Cર જી⟶Cર જી⟶Cર જી⟶Cર જી⟶Cર જી⟶Cર જી⟶Cર જી⟶Cર જી⟶Cર

Joana se despidió educadamente de Merpati y vagó un rato por Jalan Thamrin, sudando bajo el sol implacable de los trópicos. Sintió ganas de llorar. Se secó las lágrimas y se puso las gafas de sol. Ya se había imaginado que la diferencia de edad entre ellos iba a ser un problema en una sociedad tan conservadora como la indonesa. A lo que había que añadir el hecho de ser extranjera en un país muy nacionalista. Los comentarios de Merpati habían sido terriblemente agudos, atando cabos de lo que Iwan le había explicado, sus deudores no le pagaban, sus antiguos contactos ya no lo protegían... sólo que Merpati lo había presentado todo de manera más clara y concisa. Era, en parte, por su culpa. Le había abierto los ojos. ¿Se lo habría dicho Merpati sabiendo que era ella? Quizás. Fuera como fuera, Joana solo debía agradecérselo.

Después de un rato sintió irritación. ¿Por qué Iwan nunca le habría hablado de la hija del general? Supuso que sería aquella mujer atractiva que había venido a la conferencia de prensa internacional, cuando se conocieron. La recordaba bien.

La avenida Jalan Thamrin ya no era bella. Tuvo que volver al hotel porque se agotaba, la contaminación y el calor le aumentaban la angustia. Una vez en la habitación, muy a su pesar, decidió lo que iba a hacer.

Lo que debía hacer.

જી⟶Cર જી⟶Cર જી⟶Cર જી⟶Cર જી⟶Cર જી⟶Cર જી⟶Cર જી⟶Cર જી⟶Cર જી⟶Cર જી⟶Cર જી⟶Cર

Iwan miró el sobre, inquieto. Era una carta oficial. Sabía muy bien lo que eso significaba: había estado siguiendo el asunto en la prensa, con preocupación, y ya se habían cargado a doce personas como él, jóvenes financieros chinos con los que los grandes empresarios indonesios estaban endeudados. Catorce, si contábamos a sus amigos Santoso Wanandi y Lan Kho. Iwan sospechaba que el voyeurismo político que se había creado durante la transición exigía más víctimas. Abrió el sobre, nervioso, y era en efecto una notificación a tribunales. Sería juzgado por sus deudas, y encarcelado, como los otros doce.

Era el momento de aplicar el plan B. Ya había empezado a hacerlo, discretamente, sin siquiera decírselo a Joana, aunque hubiera sido ella quién le insinuara que tomara aquel camino. Había conseguido un pasaporte falsificado, algo no difícil en Indonesia, y había guardado algún dinero en dólares en la caja fuerte de su habitación del Hotel Pancasila.

Lo puso en un pequeño maletín que no despertara sospechas, dejando toda su ropa y pertenencias en la habitación, y salió del hotel. Parecía una maldición: Joana regresando de Rusia, después de estar varias semanas trabajando en dar apoyo a las victimas de la crisis, y él debía huir como un delincuente, causante de la crisis financiera. Se preguntó que hacia Joana con él, de alguna manera él buscaba la salvación en ella, pero ella... ¿que encontraba en él? Fuera como fuera, debía partir, sabia que no debía siquiera llamarla, no perder tiempo, no dejar rastros, no comprometerla. Ya se pondría en contacto con ella en cuanto estuviera a salvo en Singapur. Tomó un taxi al aeropuerto internacional Hatta-Sukarno, y allí mismo compró un billete con retorno dentro de tres días, como si fuera un viaje de negocios. Ése fue su error, comprarlo en ventanilla; la dependienta de *Singapur Airlines* pasó una copia a seguridad.

Iwan Bolkiah, Jendral Hasan en su documentación falsificada, estaba en el control de pasaportes cuando fue detenido. Fue una detención espectacular, al gusto de la época. Fue cacheado, tirado al suelo, esposado, y se llamó a las cadenas de televisión nacional. Un nuevo chino intentando escurrir el bulto.

Se lo llevaron en custodia. Allí fue filmado por las cámaras, mientras era de nuevo cacheado, tirado al suelo, sus datos tomados por la Comisaría Central de la Policía de Yakarta. Después, Iwan Bolkiah fue metido en una furgoneta, y trasladado a una prisión fuera de la ciudad.

Aquella fue su desgracia, pues hubiera estado mucho mejor en la cárcel de Cipinang, donde los metían a todos. Pero con Iwan se había decidido que ya estaba bien de privilegios, aquella vez iban a tener mano dura.

La última imagen que se vio de él era cuando lo llevaban en la furgoneta, y el comentarista de las noticias de televisión señalaba las férreas condiciones de vida en la prisión a la que se dirigía. Un castigo ejemplar, para evitar que otros culpables como Iwan Bolkiah, alias Yuan Chang, intentaran huir.

Ahora estaba realmente a solas.

Merpati llegó a casa orgullosa de su actuación aquel día, dispuesta a explicarle a Dewi la conversación con Joana Arteaga. Con un poco de suerte, aquella mujer quería a Iwan de verdad y se largaba, dejándolo en paz. Presentía que así era. Pero se encontró a una Dewi alterada, histérica, llorando sin parar en el sofá. Tenía los ojos como una rana, de tantas lágrimas.

—Pero ¿qué pasa?

—¡Ay, Merpati...! —respondió la madre, a un lado— Por Alá que las noticias de hoy son lo peor que podría pasar...

—¿Esta papá bien?

—Sí, sí, no es papá... Es Iwan.

—¿Qué ha pasado?

Le contaron entre lamentos e hipos lo sucedido hacía algunas horas. Se sentó junto a Dewi, que no paraba de llorar, y trató de consolarla. Pensó que era mejor callarse lo de la española, no parecía tener sentido en aquel momento.

Finalmente repitieron las noticias nacionales. Merpati se quedó de piedra. Allí estaba Iwan, con una expresión hostil, siendo cacheado, siendo esposado, siendo detenido por la policía. Su Iwan, el Iwan que siempre estaba cenando en casa, el Iwan que era casi un hermano para ella, el Iwan que su madre adoraba, un criminal... No daba crédito a sus ojos.

—...para prevenir futuras fugas en la búsqueda de los culpables de la crisis monetaria, se ha decidido que Iwan Bolkiah, alias Yuan Chang, no será será internado en Cipinang, sino en una prisión de mayor seguridad fuera de Yakarta. El gobierno piensa tener mano dura...

—¡Por Alá! —Merpati estaba boquiabierta.

—Sí, por Alá...

Se volvieron. Era el General Subianto.

—¡Papá! —Dewi se levantó y se echó en sus brazos— Papa, sólo tú puedes arreglar esto. ¡No puede ser verdad!

—Me temo, Dewi, que sí es verdad... Iwan iba por mal camino, ya te había dicho que era mejor olvidarse de él, que no era un buen partido...

—¡Pero yo lo quiero, papá! ¡Me da igual lo que digan los otros! He de ir a verlo...

—Hija —el General cogió a Dewi de la barbilla— Hija, una señorita bien educada como tú no va a una prisión para criminales y convictos. ¿Entendido?

—Sí, papá... —contestó Dewi, resignada— Pero dime que harás algo por él... Estoy segura que es un malentendido, sólo tú puedes salvarlo...

Siswono Subianto suspiró. No pensaba hacer nada por Iwan. Con Iwan en la cárcel, mataba dos pájaros de un tiro: un acreedor de la deuda de BKI y un testigo de la fuga de capital que había realizado un año atrás. Iwan Bolkiah estaba bien en prisión.

—Está bien, Dewi... —mintió a su hija— Veré lo que puedo hacer...

—¡Gracias, papá! —respondió Dewi, sonriendo por primera vez en todo el día, dándole un beso.

El General Subianto sintió el cuerpo duro y esbelto de su hija en sus brazos. Dewi no era como Merpati, era bella y atractiva, aún tenía posibilidades. Le buscaría un nuevo prometido, alguien indonesio, no chino, un joven con futuro en el que se pudiera confiar.

—Es que el mundo se está volviendo loco... —añadió la madre, por detrás— ¡Están hablando hasta de condenar a Suharto! ¿Cómo pueden hacer esto? Pandilla de patanes... Si el pobrecito es tan mayor, papaíto Suharto, casi ochenta años, es inocente y no se entera de nada...

&0C3 &0C3 &0C3 &0C3 &0C3 &0C3 &0C3 &0C3 &0C3 &0C3 &0C3 &0C3

La furgoneta llegó a la prisión de noche. El trayecto había sido larguísimo, Iwan estaba deshidratado de tanto sudar. Lo bajaron, sin que opusiera resistencia, y lo entraron para proceder con el registro.

Era muy tarde cuando Iwan fue dejado en una celda, a solas. La celda era una pequeña habitación mugrienta, con una mesa y un camastro. Bebió el cántaro con agua que le habían dejado de un tirón. Ya satisfecho de su sed, se sentó en el suelo. Aún estaba en tensión. Entraba luz de fuera, y podía oír voces y ruidos, eso lo mantenía en estado de alerta.

La puerta se abrió. Eran varios. Iwan se levantó inmediatamente.

—Ah, aquí está el chino... Qué alto... y qué bien hecho... —dijo uno, tocándole el brazo.

Iwan rechazó el contacto, con expresión hostil.

—Ya veremos cuanto dura... Venga ¡ponedle las esposas, y boca abajo!

Iwan se resistió. Pero no pudo con ellos, eran muchos. Lo esposaron, lo tumbaron boca abajo, sobre la mesa, y le bajaron los pantalones. Iwan no podía creer lo que le estaba sucediendo.

—¡Hijos de puta, soltadme! ¡HIJOS DE PUTA!

Apretó los dientes mientras lo penetraban, y pensó en matarlos a todos. Era lo único en que podía pensar.

ഇരുള ഇരുള ഇരുള ഇരുള ഇരുള ഇരുള ഇരുള ഇരുള ഇരുള ഇരുള ഇരുള ഇരുള

A Yohan le caían las lágrimas de desespero. Comprendía la acción heroica de su padre y sentía muchísimo amor por él. Pero no podía con la culpa: su padre encerrado por algo que él había hecho. Quería morir.

Kade, siendo pequeña y viendo a su padre llorar, comenzó también a hipar, y pronto Amir se unió. Yenni y Jana se miraron, con el llanto en los ojos.

Yohan no aguantó más y les contó la historia completa.

—Padre es un héroe... Se ha sacrificado por nosotros. Por mí. Porque la policía me buscaba, estaban buscando al ladrón de la carretera. Padre desvió la atención de ellos y se dejó prender, como si fuera él el criminal... —sollozó— Yo sólo lo hacía por vosotros...

La imagen de su padre, esposado en el suelo, no se le iba de la cabeza.

Nunca lo habían visto así. Yenni comprendió que debía tomar las riendas. Lo abrazó, suavemente.

—Yohan, deja de tener remordimientos. No por torturarte vas a cambiar las cosas, es demasiado tarde. Es duro, pero es así.

Yohan se dejó abrazar. Se sentía destrozado.

—Yohan, escúchame, hay que hacer que el sacrificio de tu padre merezca la pena -le levantó la cara, cogiéndolo por la barbilla-. Yohan, eres un hombre que vale mucho. Por eso tu padre se ha cambiado por ti, para que sigas adelantes, para que nos ayudes a todas nosotras. Yohan, no te puedes hundir. Vamos a ir ahora mismo a que te curen ese hombro, tiene un aspecto horrible.

—No tenemos ni tiempo ni dinero...

—Yohan, no vamos a repetir los mismos errores. Tu hombro es una prioridad, no sólo para ti, sino para todos nosotros. Vamos a arreglarlo, y no vas a volver a robar jamás en la carretera ¿prometido?

Vamos a ponernos sanos y estando fuertes lograremos vivir bien colaborando todos juntos. ¿Verdad, Jana, Kade?

Jana y Kade se abrazaron a él. Yohan las abrazó más fuerte. Aquella mujer era lo único sólido que tenía. Yenni, con su fortaleza, con su cariño, era la sal de la tierra, lo mejor que le había pasado en la vida después de sus padres.

Las besó en la cabeza, en las mejillas. Se dijo que tenía suerte de tener a su familia, que besar a aquellas mujeres era lo único que tenía sentido en el mundo.

Capítulo 32

A pesar de la muerte del abuelo, Joana sintió consuelo al entrar en el apartamento de sus padres. Hacía mucho tiempo que se había ido de casa, y abrir aquella puerta era como abrir una ventana al pasado. Nada había cambiado. Al entrar, el mismo olor a muebles antiguos y cocina hogareña, y el gran corredor lleno de libros y cuadros que comunicaba las habitaciones. Su padre siempre estaba en el sofá del comedor, leyendo el periódico o viendo la televisión, mientras su madre andaba haciendo cosas por la casa, y su hermano Miquel oía música en su cuarto. Era como volver a la infancia, como si Joana abriera la puerta después de venir de clase a los ocho años, trayendo los deberes y la merienda aún sin comer aplastada en el macutito del colegio; o a los trece años, con novelas de piratas y mosqueteros entre los libros de texto; o a los dieciocho anos, ya con los apuntes de la universidad en la mano y el mordisco de algún novio en el cuello. Ahora a los treinta y seis años entraba con una sonrisa, consciente del privilegio que era poder volver a un hogar.

Ahora Joana valoraba el lujo de poder volver a casa, de que su familia y su sociedad vivieran a salvo de crisis financieras, de abusos, de racismo, violencia y *pogroms*. Otros como Iwan, como Jusuf, no podían volver. Joana no podía dejar de comparar y saberse afortunada. Se decía que aquella estabilidad y desarrollo social debían mantenerse a cualquier precio.

Para celebrar el retorno de Joana, su madre había preparado una cena que le gustaba. Pescado emperador y *escalibada* de pimiento y berenjena, todo aliñado con un aceite de oliva fabuloso que sus padres iban a comprar con amor a los pueblos del interior de Castellón. La madre sirvió la cena en la vajilla de siempre de casa, mientras el padre abría una botella de vino, de las mejores, un blanco reserva envejecido en barriles de roble en la ribera del río Duero.

Como siempre, Joana se hizo la sorprendida de que le hubieran preparado su cena favorita, y su madre aseguró con modestia que aquello no era nada. Cenaron con la televisión puesta y los canarios cantando en su jaula, mientras todos hablaban de mil cosas a la vez. Y como siempre, todos se sintieron felices de estar juntos, sin hablar de nada importante.

Después de la cena, Joana se fue a la habitación del abuelo. Encendió la luz y se quedó mirando sus cosas, que sus padres aún no habían tenido el coraje de tirar. Se sentó en la cama y recordó cómo el abuelo escondía una botella de coñac Fundador en la mesita, y tomaba un trago de vez en cuando para ahuyentar las sombras. Como tantos hombres, había sufrido la jubilación como una puñalada de la que luego siempre estuvo malherido. ¿Qué otra cosa podía hacer? De golpe, al cumplir sesenta y cinco años, la sociedad te retira y te aparta del mundo, te dice que ya no vales, después que el abuelo había dado los mejores años de su vida al trabajo, a sus compañeros del sindicato. Abrió la mesita, y aún estaba allí, una botella de Fundador medio acabada. Joana se la llevó a los labios, dio un sorbo, tal como haría el abuelo Juan.

Junto a la botella, habían un montón de libretas con recortes de periódico y notas que su abuelo iba tomando. Comenzó a hojearlas. Noticias del sindicato, cartas que Joana le había enviado, poemas y textos copiados con la letra un poco temblorosa del abuelo. Uno le llamó la atención:

Hubo un tiempo en el que el hombre sabía por qué luchar. Acabó con la esclavitud y la aristocracia, peleó por la igualdad de razas y sexos, luchó por la libertad de palabra y voto, aprendió a unirse para conseguir un mundo mejor. Combatió por la justicia para todos, en vez del privilegio de unos pocos.

Pero ahora, en el nuevo milenio, el hombre ya no sabe por qué luchar. Anestesiado por el consumo, gobernado por manos invisibles y leyes de mercado, amodorrado por miles de productos en los supermercados, el hombre en Occidente está confundido, se siente aislado y no sabe muy bien ni a quién dirigirse, ni adónde ir.

Joana sintió que las lágrimas le venian a los ojos. Qué imbécil había sido, se había concentrado tanto en su trabajo que había relegado el estar más con los suyos, con los que eran realmente importantes en su vida. Ahora el abuelo Juan se había ido, ya no podría jamás hablar con él.

Volvió a sacar la botella de Fundador y tomó otro trago para anestesiar el dolor.

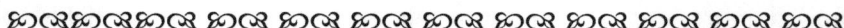

ഔരു ഔരു ഔരു ഔരു ഔരു ഔരു ഔരു ഔരു ഔരു ഔരു

Sabía que el mismo abuelo Juan la hubiera recriminado al verla ahogarse de pena, la hubiera obligado a hacer y pensar aquello que la alegrara. Así que prefería evadirse, paseando, pensando en Iwan.

Joana andaba mucho por la ciudad. En parte, por salir de casa, por escaparse del recuerdo del abuelo. En parte, por el placer de pasear, de reconocerse en la ciudad. Luego de un año y medio de caos y abigarramiento asiático, de *tuc-tucs* y *bajajs*, de *haze* y polución, de atascos y carritos vendiendo dulces y fritos; luego de un año y medio de Asia, Europa y el Mediterráneo la cautivaban.

Era una Joana enamorada. Enamorada de de las palmeras de la Gran Vía, enamorada de las palomas blancas volando sobre los tejados de la Plaza de la Virgen; enamorada de los palacios góticos, de la gente sentada en los bares tomando café, de los mercados modernistas, de las tiendas vendiendo morteros y paellas; enamorada de los naranjos y magnolios en las avenidas, de los azulejos del color del cielo y el mar. Veía Valencia con otros ojos, estaba embelesada por su ciudad. Sus raíces la fortalecían, la llenaban de algo que le había faltado durante tanto tiempo fuera.

Y, sí, era una Joana enamorada, atravesada por el mal de amores, por la tragedia de haber tenido que elegir entre su bien o el bienestar de la persona amada. Bastaba el recuerdo de él para hacerla volar, para que sus pies flotaran en vez de andar.

Había huido prácticamente de Indonesia, disparada aquella misma tarde del día en que Merpati le había dado a entender cómo ella misma era un lastre para Iwan, lo estaba hundiendo. Había regresado al hotel, comprado un pasaje a España para un vuelo que la obligaba a correr ya mismo hacia el aeropuerto, se había despedido a la carrera de un perplejo Yanni.

"¿A España? Pero si ayer dijiste que te quedabas aquí... ¿Y Iwan?" Joana no había querido hablar de ello, se hubiera puesto a llorar. Hizo un gesto como significando que todo se había acabado. Yanni comprendió. Así que era eso, mal de amores... La miró con otros ojos, reconociendo todos los signos del desamor. Cómo se sufre en esos momentos, cuanta angustia arrastran los que lo padecen, heridos internamente por el dolor de la tragedia... y sin embargo ¡todo parece tan ridículo desde fuera! Yanni la había abrazado, fuertemente. La eterna historia de amor. Yanni no tenía ni idea qué era lo que había pasado entre Iwan y Joana, pero se dijo que el argumento parecía repetirse en todos los romeos y julietas del mundo, siempre aparece un amante celoso, o una familia posesiva, o alguien con intereses materiales, en fin, las fuerzas negativas de la vida, interponiéndose entre los amantes, avivando la pasión y el deseo.

Antes de dejar el Hotel Pancasila, Joana habia dudado por unos instantes, y terminó llamando a la habitación de Iwan, pero no estaba. No pudo resistirse a subir y dejarle una nota. Entró con la llave que Iwan le habia dado, y al cruzar la puerta, tuvo muchas más dudas. Allí estaba la cama, bien hecha, donde habían hecho el amor tantas veces; la ropa de Iwan, pulcramente ordenada; la mesa donde habían desayunado, bebido, cenado... Ver la habitación vacía, sin Iwan, fue terriblemente extraño. Miles de recuerdos revoloteaban en el aire. Se acercó al armario, y dejó que sus mejillas acariciaran la ropa colgada, oliendo a Iwan. Se sentó en el escritorio, y escribió una nota de despedida; lo importante no era la nota, sino dejar al final la dirección y el teléfono de sus padres, "por si era necesario". Era la puerta a la esperanza, algo dentro de Joana soñaba que la llamara y le pidiera que volviera. Dejó la carta dentro de un sobre del hotel, metiendo también la copia de la llave que tenía, y salió por última vez de la habitación.

Pero Iwan no la llamó. Ahora, siempre al llegar a la casa de sus padres en Valencia, preguntaba si alguien la había llamado a ella, y siempre la respuesta era no.

—No, si ya sabes que aquí sólo llaman a tu hermano Miquel, parece que sea de la Telefónica... Oye, ya que tienes la chaqueta puesta, ¿por qué no te vas al Cabut y traes unas naranjas confitadas?

Joana sonreía, y por supuesto bajaba. Al volver, ése, o cualquier otro día, pasaba por las tiendas árabes, chinas y paquistaníes del barrio de Ruzafa. Ahora le encantaba mirarlos, le recordaban a Asia: objetos de decoración orientales, alfombras y textiles, carnicerías *halal*... Muchos hombres musulmanes estaban afuera de los comercios, conversando en el tono gutural y elegante de los árabes. Sorprendentemente, aquel barrio tradicional de la ciudad se había ido llenando de inmigrantes, y es que Valencia había pasado de ser una capital de provincias a una ciudad internacional. Como el resto de España, se había desarrollado de un tirón gracias a la democracia y la entrada en la Unión Europea. Ahora la población, mayoritariamente educada en un ambiente provinciano, tenía que vérselas con el siglo XXI, con la normativa comunitaria, el internet y las tiendas chinas. Al pasar por los comercios, Joana los saludaba y los orientales —más bien sorprendidos— la saludaban amablemente de vuelta. Aquella tarde Joana, limpiándose la mano de la pegajosidad de las naranjas confitadas, abrió el portal diciéndose que si la gente leyera o viajara más, no existiría el racismo.

—Gracias, *chiqueta*. Tu hermano ha llamado que tiene trabajo y que va a llegar tarde a cenar.

—Vaya... Podría darle la sorpresa de irlo a buscar al trabajo...

—¿Otra vez a la calle? Es increíble, no has cambiado con los años. ¡Te voy a tener que atar con un clavo al sofá!

—Un beso, mamá —contestó Joana con cariño, saliendo otra vez.

Otra excusa para evadirse. Cuando llegó al edificio, Joana reconoció la moto de su hermano aparcada en la esquina, y se quedó esperando de pie, fumando un cigarro junto a ella.

Miquel trabajaba como programador para una multinacional informática; era bueno en lo que hacía, se pasaba horas delante del ordenador. A Miquel le encantaba llegar a la compañía en su nueva moto, entrar con importancia en aquel edificio ultramoderno y ser saludado por las secretarias cada mañana. A pesar de que, como decía su padre amonestándolo, estaba sólo con un contrato temporal y sin seguridad social. Pero a Miquel le importaba poco, todos sus compañeros estaban igual, era lo normal. Miquel miraba el edificio moderno de mármol y cristal, y comparaba con sus padres. Comparado con el abuelo Juan, que era peón en la planta de autos Ford, él creía que había hecho un gran avance, que vivía en la modernidad.

Pero, ¿había avanzado realmente? Joana se dijo que el mármol y el cristal no eran más que maquillajes. Miquel, con su "contrato basura" a corto plazo, sin seguridad social ni beneficios, no estaba ni a la altura del abuelo. Vendía su trabajo por días, no era más que un obrero sofisticado. Su padre a su edad ya se había casado y fundado una familia. Con sus ahorros, Miquel solo había podido comprarse la moto, y eso porque aún vivía en casa de sus padres. Era la paradoja de nuestros tiempos.

—¡Joana! ¿Qué haces aquí?

—Una pequeña sorpresa —le dio un beso en la mejilla— Y mientras te esperaba, se me ha ocurrido una travesura. Mamá se va a enfadar pero... ¿Qué tal si nos escapamos por ahí, como cuando éramos pequeños? ¿Me dejas invitarte a cenar?

Quería a su hermano menor como a nada en el mundo, y hablar con él le fortalecía los huesos. A pesar de sus vidas distintas había una conexión muy fuerte entre ellos, un vínculo que los unía por una cuerda invisible a los demás.

—¡Estupendo! Pero deja que llame a casa, que si no nos matan mañana.

—Qué maravilla... cenar contigo... aún no me creo que estoy aquí —dijo Joana, mientras Miquel sacaba su teléfono móvil.

Había anochecido, las luces alegres y coquetas de los comercios estaban encendidas, la gente paseaba animada por la Gran Vía, llena de palmeras. Gente hablando, riendo, flirteando... gente paseando con sus familias, tomando café y refrescos, gente llevando bolsas de colores de mil tiendas... Joana no pudo dejar de admirar lo bonita que estaba la ciudad. A pesar de las fechas, hacía calor, y toda Valencia parecía un fruto maduro. El aire cálido, las palmeras iluminadas, las risas de la gente... era una noche inflamada de vida. Cerró los ojos y respiró hondo, queriendo que la imagen mediterránea de las palmeras y las farolas y la gente y las estrellas se quedara dentro de ella.

Era marzo, la época de las Fallas, una fiesta popular. La ciudad de Valencia se paralizaba, ya que el tráfico se cortaba para que grandes muñecos de cartón se construyeran en medio de las calles, caricaturas que se reían de la vida, satirizando a los políticos, a los famosos, al afán de lucro, a lo religioso... Una tradición que venía de la antigüedad romana. Las comunidades de vecinos de la ciudad tardaban todo un año en organizar la construcción de aquellos gigantescos muñecos de cartón que se reían de lo supuestamente importante en la vida, y en el medio del vino, la música, las paellas y el delirio de las fiestas, los quemaban todos la noche del 19 de marzo.

Cada año la gente venia de todas partes del mundo para ver las Fallas, aquella "irracionalidad", un vestigio pagano, dionisíaco, una industria que gastaba billones de pesetas y se quemaba en una sola noche, cuando la ciudad entera ardía en llamas extinguiendo lo que había llevado todo un año construir, en medio de risas, besos y fuegos artificiales. Quizás un despilfarro, pero al menos mucho más simpático que el gasto improductivo militar, pensó Joana. Hacía décadas, el economista Keynes había demostrado cómo la demanda pública generaba empleo y crecimiento económico; en el caso anglosajón —primero en el imperio británico y luego en el americano— gran parte de esa demanda pública se ha articulado a través del gasto en guerras, defensa y reconstrucción. Qué pena que Keynes no hubiera utilizado el ejemplo mucho más humano de Valencia, donde la inversión improductiva en lo lúdico también generaba millones de empleos e incrementaba el PIB. El puritanismo estúpido de muchos no les permite considerar el encanto de un lugar donde las políticas publicas priorizan la diversión, la risa, el pasártelo bien con los amigos y la familia.

Miquel llevó a su hermana Joana aquella noche a ver las Fallas más satíricas, y los dos disfrutaron como hacía mucho tiempo que no lo hacían. Se rieron de lo grotesco de las Fallas y de lo absurdo de sus propias vidas. Miquel se había enamorado de una fagotista y Joana de un especulador indonesio, se lo confesaron entre grandes risas. Brindaron con sangría, recordando montones de escenas familiares del pasado, y ambos se sorprendieron al darse cuenta de que ahora eran ellos los que guiaban el futuro de la familia, a pesar de que sus vidas parecían tan precarias, tan diferentes de las de sus propios padres. Muy inciertas.

ಶೃೕಶೃೕಶೃೕ ಶೃೕ ಶೃೕ ಶೃೕ ಶೃೕ ಶೃೕ ಶೃೕ ಶೃೕ ಶೃೕ ಶೃೕ

Aquel mes fue como un intermedio, una estancia en un sueño. Se sentía útil por poder estar con su familia en un momento en el que todos estaban tristes, añorando al abuelo Juan, notaba que su presencia aliviaba un poco el dolor. Y a pesar de la falta del abuelo, Joana recargaba energías, rodeada de recuerdos de la infancia, cautivada por la belleza de la ciudad.

Un día, despertó del sueño. Se dijo que ya era hora de poner los pies en la tierra, de poner sus energías a trabajar. Se había comprado unos libros, pero le faltaba el incentivo para leer, Asia parecía tan lejos... Así que se hizo un pequeño chantaje a sí misma, se dijo que llamaría a Iwan, sólo para oír su voz, sólo para mantener el contacto, y comenzaría a trabajar de verdad. Sabía que no debía agobiarlo, que debía dejarlo tranquilo y no obstaculizar su futuro en Indonesia, y que debía ser él quién sopesara la situación y decidiera quedarse con ella o no. Pero Iwan no había dado señales de vida y Joana lo echaba de menos con todo su ser. La simple idea de hablar con él la reanimó como una corriente eléctrica.

Llamó sintiendo un nudo en el estómago. Era extraño llamar a Yakarta desde su casa en Valencia, con su familia delante, se le hacía raro conectar aquellos dos mundos distintos.

—Hotel Pancasila —respondió una voz.

—*Selamat malam* —dijo respetuosamente en *bahasa*, viendo la diferencia horaria— ¿Podría hablar con *Pak* Iwan Bolkiah?

—Bolkiah... —la recepcionista seguramente miraba la pantalla del ordenador— No hay ningún Iwan Bolkiah en el hotel, señora.

—¿Cómo? ¿Puede buscar otro nombre, Yuan Chang?

—Chang... Me temo que tampoco es huésped.

—Uno de los dos debe estar en la suite...

—Tengo delante el listado no sólo de las suites sino de todas las habitaciones. Lo siento.

—*Pak* Iwan Bolkiah ha residido en el Hotel Pancasila durante más de un año y medio. Si le mando una nota, ¿ha dejado alguna dirección?

—No consta nada en el ordenador, señora. De nuevo lo siento mucho. Buenas noches...

Oyó el "click", atónita. Así que Iwan había dejado el hotel... Ahora sí que había perdido el contacto. Mierda. Ahora dependía completamente de que él quisiera llamarla, o de que contactara a Yanni en el Hotel Pancasila, suponiendo que alguna vez lo hiciera. Imaginaba que Iwan no debía haber comprendido las razones de su súbita partida, quizás se había enfadado con ella, quizás las cosas tenían un significado diferente para un asiático. Mierda. Se sintió completamente deprimida, aquello no lo esperaba para nada...

Cogió la chupa y bajó a la calle. Caminaba rápido, como queriendo quitarse el malestar de encima. Vagó y vagó por el casco antiguo de la ciudad, como siempre. Anduvo tan rápido que parecía que sus pies flotaran, pero no era de enamoramiento, sino de rabia. Anduvo, anduvo, y anduvo, hasta que fue a dar por casualidad con el bar La Pilareta, donde su abuelo Juan iba con frecuencia.

Abrió la puerta y se adentró en el bar, pisando las cáscaras de mejillones y servilletas de papel sucias tiradas por el suelo. Aquella era la costumbre local, echar los restos de las tapas de marisco a los pies, uno de los factores antihigiénicos por el que el bar La Pilareta era de los preferidos del abuelo. Bueno, ése y todos los demás: el tubo de neón lleno de mugre por arriba, los vasos de duralex deslucidos, las figuritas de santos encima de la radio, los calendarios viejos que nunca nadie se había molestado en descolgar. Se sentó en la barra, como su abuelo hacía, y se sintió aún más triste.

—Un Fundador.

El abuelo... Habían hablado de tantas cosas, pero nunca de amores, los hombres tienden a no hablar de ello. Cuando alguien querido se muere, siempre nos damos cuenta demasiado tarde de que tantas cosas importantes se quedaron por hablar... El abuelo Juan sólo le había dado una serie de consejos vagos, que amara de verdad, que nunca se fijara en el aspecto físico o en el dinero, y todas esas cosas. Inútiles, en la práctica. ¿Qué le hubiera dicho el abuelo de Iwan? No lo sabía. Desde luego, Iwan no era un sindicalista, ni escéptico como era tenía gran sensibilidad social. Era un pirata, alguien que Joana había encontrado en sus aventuras por los Mares del Sur, y del que se había enamorado perdidamente. Echaba de menos todo de él, sus explicaciones acerca de Asia, la tragedia que rodeaba a su persona, y sobre todo, hacer el amor con él. Se dijo que eso era precisamente lo que el abuelo le hubiera dicho: que hiciera el amor, que se dejara de moralinas y de hostias, que fuera feliz.

Ojalá hubiera podido. En su interior, en esa enajenación que tenemos al amar, siempre había creído que Iwan la seguiría, que la llamaría, que vendría a por ella. Había imaginado el reencuentro de mil maneras, la una más sentimental y cursi que la otra, y ahora sentía vergüenza de su embobamiento. ¡Ah, qué ciegos y ridículos somos cuando nos enamoramos! Debía haberse dado cuenta, se dijo con fatalidad. Una vez más en la vida, no había sabido ver que no era suficientemente correspondida. Una vez más, tenía otro desencuentro y el amor le pasaba de largo. Iwan no la llamó, no la siguió, no vino por ella. Peor aún, ella había perdido el contacto, y ni siquiera podía intentar jugar otra baza. Mierda, mierda, mierda. La idea de no volver a estar con Iwan la amargaba. La idea de que Iwan pudiera estar con otra, amándola con la misma pasión con que la había amado a ella, la llenaba de dolor.

—Otro, por favor.

El camarero se acercó limpiando un vaso y la miró.

—¿Estás segura? Tenemos un jerez fino que es una maravilla. Y acompañado de una tapita de mejillones, de *clóchinas...* —dijo, intentando tentarla.

Joana agradeció el contacto humano, el cariño que el camarero le daba sin conocerla de nada, algo tan entrañable, tan del país. Lo miró, también con afecto en los ojos.

—Venga, que sea eso —ya estaba bien de tomar Fundador y fustigarse con recuerdos.

—Muy bien, guapa —y chilló a la cocina— ¡UUUNA DEEE CLOOOCHINAS!

La hizo sonreír.

Debía cambiar, debía seguir adelante. Debía de dejarse de evocaciones y pensamientos sobre lo que hubiera podido ser. Era lo que era, no había vuelta atrás. Se había sacrificado, como Bogart en Casablanca, así que ahora le tocaba apechugar con la decisión y ahogar su heroísmo con jerez y mejillones, quizás menos romántico que en la película, pero ciertamente más español. Quizás algún día Iwan quisiera llamarla, escribirle. No había nada más que hacer.

Tomó el jerez y las *clóchinas*, y arrojó las cáscaras al suelo, como todo el mundo en el bar La Pilareta. Ya estaba bien de recuerdos, debían caer al suelo, como las servilletas, las cáscaras del marisco y los restos de las tapas. La vida ha de seguir, debía levantarse y continuar.

Salió del bar con otro estado de ánimo. Caminando por las calles estrechas del casco antiguo de Valencia, comenzó a hacer tabla rasa. Se había pasado un mes acompañando a su familia en duelo y descansando de un año y medio de acción sin parar. Estaba bien, no pasaba nada, aún podía permitirse extenderlo otro mes más. Pero debía planificar cómo continuar.

Pensó que alguna institución podía financiarle un estudio sobre las causas de la crisis financiera en Asia, dirigido a como prevenir futuras crisis. Tanto la ONU como la Universidad de Cambridge —donde había estudiado— se lo habían denegado, argumentando la conocida falta de recursos. No le importaba, tenía ahorros, podía continuar. Pero a falta de un equipo, de gente como Klaus y Yanni, necesitaba algún grupo que la estimulara, que la hiciera sentirse menos sola. ¿Quién?

Delante de una tienda de abanicos con rótulos en castellano, inglés y japonés, la respuesta apareció de pronto. La doctora japonesa Jun Nakajima. Recordaba muy bien aquella conversación en Seúl, no se le había ido de la cabeza. Algo había pasado entre los tres, entre John Mills Ford, Jun Nakajima y ella: había fluido entre ellos un entendimiento en torno a una preocupación común que antes Joana había compartido con muy pocas personas. La contactaría, aún guardaba su tarjeta. Quizás ella tuviera alguna sugerencia.

Se sintió mejor.

—Gracias, abuelo —le dijo al aire, supersticiosamente, como si el abuelo Juan estuviera a su lado.

Y lo estaba. Espoleada por el alcohol de la sangre, Joana pudo sentir sus pensamientos dentro de ella. *En el nuevo milenio, el hombre ya no sabe por qué luchar...*

"Te prometo que tu nieta capitana no te va a defraudar", respondió. "Te prometo que voy a hacer todo lo posible por dar con las causas y los culpables de las crisis financieras en Asia y exponerlos a la luz pública".

಼಴ಲ ಼಴ಲ ಼಴ಲ ಼಴ಲ ಼಴ಲ ಼಴ಲ ಼಴ಲ ಼಴ಲ ಼಴ಲ ಼಴ಲ ಼಴ಲ ಼಴ಲ

Sorprendentemente, Jun Nakajima contestó su correo electrónico pocos días después. Era un mensaje breve y positivo, escrito a la asiática, con un estilo muy honorable, cortés, a la vez que práctico.

Estimada Joana,

Por supuesto que recuerdo aquella noche en Seúl con John Mills Ford y contigo. Tuvimos una conversación interesante que me dio que pensar.

Será un honor que te vengas aquí con nosotros. El currículum que enviaste es impresionante, no puedo más que felicitarte y confirmar que eres bienvenida en la Universidad de Sussex.

Como catedrática y cabeza de departamento, sugiero que para formalizar esta relación te incorpores como investigadora invitada. Eso no te va a aportar ningún beneficio material, es más, me temo que te obligará a impartir algunas clases a los alumnos de pregrado, pero es una manera de que podamos pedir financiación oficialmente. El proceso administrativo es lento, por ello es importante iniciarlo cuanto antes.

Si te parece bien el plan, por favor envíame tu documentación académica, siguiendo los requisitos presentados en el anexo adjunto.

Esperando tu respuesta,
Cordialmente
Jun Nakajima

Capítulo 33

John Mills Ford hacía dibujos geométricos a un lado del papel. A su lado sus compañeros, gerentes medios de Ford Motor Company, miraban fascinados al nuevo director financiero.

—...tenemos grandes desafíos por delante. Ni el mercado americano ni el exterior absorben la oferta de vehículos, la sobrecapacidad de la industria... Factores como la crisis en Asia, Rusia y Brasil han deprimido completamente la demanda de vehículos en estos continentes. En Europa y Estados Unidos, nuestras proyecciones sobre la demanda de autos en gente de la tercera edad, jubilados, fueron demasiado optimistas, el nivel adquisitivo ha sido más bajo de lo esperado.

Tenían montones de autos almacenados, casi el 20% de lo que producían. Nadie los compraba. Las clases medias y bajas ganaban menos dinero que antes y el mercado estaba saturado por la competición entre marcas.

—Esta sobreoferta y la competencia nos obligan a mantener precios bajos y ofrecer descuentos. A lo que hay que añadir las medidas de seguridad, medioambientales y otras regulaciones que nos llevan a mayores costos de producción o a restricciones en las ventas...

El compañero de al lado le dio un leve codazo, indicándole que debía prestar atención. Pero a John le daba igual. El nuevo director financiero le repugnaba, a su modo de ver representaba todo lo malo que la compañía no necesitaba, un ejecutivo agresivo obsesionado con las finanzas y con levantar las acciones de la Ford, en vez de servir al cliente haciendo buenos autos. John siguió haciendo dibujitos, sin importarle que los demás lo notaran. Era consciente de que los otros decían de él que estaba en su cargo por ser un primo segundón de la familia Ford. Le daba igual, había aprendido a hacer su trabajo en silencio, a sobrevivir pasando de todos ellos.

—En los últimos 18 meses hemos conseguido ahorros de nada menos que 4.300 millones de dólares para la compañía, cortando costos innecesarios, eliminando puestos de trabajo superfluos en Estados Unidos, Europa y Sudamérica, y aumentando la eficiencia de nuestras operaciones ¡Y vamos a seguir así!

Hubo murmullos en la sala, 4.300 millones de dólares en sólo 18 meses... Algunos gerentes aplaudieron con timidez.

—Como sabéis, además seguimos con nuestra política agresiva de fusiones y adquisiciones. Como dice nuestro presidente CEO Jacques Nasser, somos demasiados en el mercado, demasiada competición, y no hay sitio para más de cinco o seis compañías. Hace unos días compramos la compañía sueca Volvo, siguiendo nuestra fusión con Chrysler y Daimler Benz hace unos meses, a lo que debemos añadir nuestras adquisiciones y fusiones anteriores...

El oligopolio, el monopolio, la tendencia natural de las fuerzas de mercado.

—...seguimos, además, teniendo una cartera de inversiones financieras importantes, que aportan la mayoría de los beneficios de la Ford. El año pasado, de los 22.000 millones de dólares de beneficios, 16.000 millones fueron hechos a través de nuestras inversiones financieras no relacionadas con los autos...

John siguió con sus dibujitos, sin alzar la vista. Era el mundo al revés. La Ford tenía más beneficios a través de una compañía financiera que no tenía nada que ver con coches, invirtiendo como cualquier banco privado en el mercado de capitales, en bonos y acciones de compañías no automovilísticas. Invertían en cualquier cosa, en acciones de empresas telefónicas, de quesos, de papel higiénico.

—Y como resultado, el precio de nuestras acciones ha subido enormemente. En marzo de 1997, nuestras acciones estaban a 11.2 dólares; en marzo de 1998 a 22.6 dólares, y hoy, marzo de 1999... ¡A nada menos que 31.8 dólares por acción! ¡Un incremento del 280% en sólo dos años! Eso son beneficios, y no lo que se pierde vendiendo autos...

Hubo una ovación en la sala. Algunos se levantaron, aplaudiendo. John Mills Ford tuvo que hacer un gesto con las manos. Muchos fueron a felicitar al director financiero, a hacerle preguntas, o simplemente a ser vistos. Aprovechando la confusión, John cerró el filofax donde tomaba notas y salió de la sala.

Bajó las escaleras, impasible por fuera, harto por dentro. Entró en su despacho, tomó su abrigo y se dirigió al parking. Montó en su auto; por supuesto, un Ford. Aún irritado, condujo fuera del recinto de la compañía.

Le gustaba conducir. A veces, se escapaba de todos, ponía música y conducía durante horas, por el placer de hacerlo. Como si oyera un concierto viendo los lagos, los campos y los bosques de

Michigan, alejándose de su vida diaria. Conducir su auto de nuevo lo tranquilizó, le permitió al menos aclarar sus ideas.

Sentía que aquello era una locura generalizada. Ellos eran una compañía de automóviles, su objetivo era hacer coches. Su objetivo no debería ser invertir como un banco, o subir de cualquier manera el precio de sus acciones, sobre todo si ello suponía despedir trabajadores; pues, al final, ¿quién tendría el suficiente poder adquisitivo como para comprar sus productos?

Recordó aquella conversación en Corea con la profesora japonesa y la española que trabajaba en Naciones Unidas. Se había acordado muchas veces de aquella cena accidental. "Es el síntoma de un mundo enfermo", había dicho la profesora japonesa.

Pues ahora ya no importaban los coches. Los autos estaban almacenados a toneladas, sin venderse, olvidados en hangares polvorientos. Lo importante era la parte financiera, comprar bonos, acciones y derivativas que no tenían nada que ver con los coches, especular en el mercado de capital. Lo importante era hacer fusiones y adquisiciones, re-estructuraciones y comunicados de prensa que mostraran beneficios extraordinarios cada trimestre, aunque no vinieran de los autos, de manera que inversores en Wall Street y en todas las bolsas del mundo pusieran sus ahorros en la Ford y las acciones subieran de precio. Era así como la industria obtenía beneficios, y no produciendo automóviles. Producir coches era sólo una fachada, una actividad complementaria.

Siguió conduciendo de Dearborn hacia el centro de Detroit. Tenía que ir a cambiar la consola de videojuegos de su hijo Tom, pues se había equivocado al comprarla.

Otro absurdo, pensó. Aquella generación estaba totalmente mimada. Cuando se la dio a su hijo, en vez de agradecerle el regalo, Tom había puesto una cara larga hasta el suelo y comenzado a llorar, pues su padre se había equivocado de modelo. John Mills Ford le hubiera dado un bofetón, pero ahí estaba, tragando como le toca tragar a todos los padres, tragando como le tocaba tragar con los de su empresa, yendo a cambiar la estúpida consola de videojuegos.

Aparcó en un parking público y fue al comercio donde la había comprado. Había perdido el recibo, quién sabe si se la querrían cambiar. Aunque suponía que el otro modelo sería más caro y posiblemente aceptarían.

Cuando volvió al parking con la nueva videoconsola, oyó unos gritos al fondo. No hizo caso, subió al coche y maniobró para sacar el auto. Al acercarse a la cabina donde estaba el hombre que cobraba los tickets, se dio cuenta de lo que ocurría.

Dos tipos estaban dándole una paliza. John reconoció a la víctima: era el indio que le había dado el ticket al entrar. Los dos hombres, blancos y de mal aspecto, estaban sacudiéndole patadas con tanta fuerza que pensó que aquello no era un simple robo, era violencia racista. Apretó el acelerador al máximo y detuvo el auto frente a los delincuentes, deslumbrándolos con las luces altas. Bajó del coche y gritó desde la puerta del auto:

—¡Alto! ¡Parad!

Se dio cuenta de su propia fragilidad. No tenía nada con que defenderse, sólo su actitud de autoridad. Si lo atacaban, pensó, se metería en el auto y los embestiría.

Fue el momento decisivo. Los dos hombres distinguieron a través de la luz de los faros la figura alta y fuerte de John Mills Ford y echaron a correr.

John se quedó vigilante junto al coche, temiendo que volvieran. Cuando el eco de los pasos pareció lejano, fue a atender a la víctima.

Los tipos habían roto el cristal de la cabina donde estaba el indio cobrando tickets y había sangre por todos los lados. Los cristales debían haberlo cortado. El indio estaba en el suelo, en posición fetal, intentando aún proteger su cuerpo. John se agachó junto a él.

—Ya está, ya se han ido ¿Estás consciente?

El indio se volvió, lleno de dolor y desconfianza.

Era Jhumar.

—No te asustes, no voy a hacerte nada. Estás muy malherido, voy a llevarte a un hospital.

—Nada de hospitales —murmuró Jhumar.

John comprendió por qué no quería ir a un hospital al oír el acento. Su inglés no era americano, debía ser un emigrante ilegal. Al tocarlo se dio cuenta de que también estaba muerto de frío, sus manos estaban congeladas. Sólo llevaba un par de jerséis finos, el uno sobre el otro, lo que era un abrigo muy insuficiente para el frío intenso de Detroit.

Jhumar se levantó como pudo. John lo sostuvo de debajo de los brazos.

—¿De dónde vienes, de Pakistán?

Jhumar lo miró. No le gustaban las preguntas. Se las había apañado para sobrevivir todos aquellos meses no llamando la atención. Pero los ojos de aquel americano casi parecían los de su amigo Ramesh. Sintió que podía confiar en él.

—De Bombay. Allí está mi familia.

—Así, ¿estás solo aquí? ¿Dónde vives?

Jhumar hizo un gesto al aire. Vivía donde podía.

—Eso es todo lo que tengo —contestó, señalando una bolsa de deporte en el suelo de la cabina.

John sintió compasión por él. A pesar de la desconfianza en la cara del indio, tenía aspecto de persona inocente. No pudo evitar comparar a aquel hombre muriéndose de frío con su hijo llorando porque no tenía la videoconsola más cara del mercado. Tuvo un impulso.

—Necesito un jardinero ¿te interesa un trabajo nuevo? Por supuesto, podrías dormir y comer en nuestra casa...

Jhumar lo miró. Estaba mareado, pero aquello era sin lugar a dudas lo mejor que había oído en los últimos meses. Una casa donde dormir y comer, con calor humano. Sus oraciones habían sido escuchadas. Se arrodilló a los pies de John.

—Sir, no sé cómo darle las gracias, ya me ha salvado la vida y un hogar me la salvaría dos veces...

—Por Dios, no te arrodilles... —John enrojeció— Con lo que debe doler al levantarte... Por favor... —lo ayudó a incorporarse— No es caridad. Empezaremos por un período de prueba; si trabajas bien, te quedas.

—Sir, yo era bracero en Maharashtra, y trabajo muy duro...

—No lo dudo. Y por favor llámame John, nada de Sir. Venga, vamos...

Salieron del parking. John tuvo que atarle el cinturón de seguridad, como si fuera un niño, pues el indio no sabía cómo hacerlo. Luego condujo hacia el suburbio de Detroit donde vivía, una zona muy residencial con mansiones de lujo. Por el camino, Jhumar le explicó a grandes trazos su vida, su origen dalit, intocable en Maharashtra, su mujer Joshita, su hijo muerto, su ida a Bombay, la vida difícil en la villa miseria en Dharavi, y el trayecto en barco hasta los Estados Unidos. Aunque se calló la muerte del capataz, y el haber tenido que robar para pagarse el trayecto. De todas maneras, John imaginó que no le estaba contando todo.

Al llegar a casa, Anne le gritó desde la cocina.

—¡Llegas muy tarde! ¿Lograste cambiar la consola de videojuegos?

John entró en la cocina, con Jhumar a su espalda.

—Anne, vamos a tener un jardinero... He pensado que podría dormir en la caseta de fuera... Se llama Jhumar.

—Buenas noches, señora.

Anne y la criada que vivía con ellos se quedaron petrificadas al ver a Jhumar en la puerta. Tenía un aspecto horrible, sucio y lleno de heridas, vestido con aquel jersey negro que llevaba la insignia de una discoteca de Delaware en el pecho.

—¿Qué ha pasado? Dios mío, John...

—Voy a llamar al doctor, que vengan a curarlo. Creo que es todo superficial, no parece tener nada roto.

—Señora —dijo Jhumar— Sir es muy modesto, me atacaron y Sir me salvó la vida...

Anne estaba furiosa con John. Se acercó a él, hablándole mientras John llamaba por teléfono.

—¿Estás loco? No lo conocemos de nada, este hombre es un extranjero, podría ser un asesino huyendo de la justicia, o tener el SIDA...

—Buena idea —dijo John, por toda respuesta— Que le hagan un análisis de SIDA también.

—John, yo no lo quiero en la casa.

—Tampoco yo quiero la maldita videoconsola, Anne —la besó levemente en los labios— No te pongas así, dale una oportunidad. Por una vez podemos hacer algo realmente bueno por alguien...

Capítulo 34

Yakarta, Indonesia, Abril 1999

Rupias por dólar americano: 9.158

Habían dejado a Iwan esposado, tirado en el suelo de la celda. Se había resistido, y en consecuencia lo habían golpeado con saña. Maltrecho en el suelo, todavía furioso, sólo la idea de matarlos a todos había logrado consolarlo.

Lo habían violado, como a Joana. "Es sólo el cuerpo", había dicho ella, "estoy viva, eso es lo importante". Era cierto, era sólo su cuerpo y tenía suerte de seguir con vida, pensó entonces él, consolándose. Recordó cuando lo habían hablado, abrazados en la cama. La violación es un crimen de poder, hecho para degradar a la víctima, para hacer sentir superior al agresor. En el caso de Joana, luego de terminar con ella, aquellos hombres pequeñitos se habían orinado sobre su cuerpo, la última humillación posible. Joana lo había superado a través del distanciamiento: aquél había sido un crimen contra su cuerpo, por ser de mujer, blanco; no había dejado que afectara a su persona. Él había admirado aquella capacidad de distanciarse, como admiraba casi todo en ella. Pero en cambio, él sentía cólera, rencor, y mucho dolor. Se había dicho que los denunciaría, los mataría a todos cuando saliera de allí. Con sus propias manos si era necesario. Hasta que al fin cayó agotado, sus ojos se cerraron y se durmió en el suelo.

Al día siguiente, al cabo de pocas horas, habían venido a sacarlo. Le dieron un par de patadas para despertarlo. Le dolía todo, apenas si podía sentarse. Lo levantaron por los brazos, lo arrastraron a otro lugar y le hicieron quitar la ropa, poniéndolo bajo el agua. Se plantó, asustado de que lo desnudaran, y recibió nuevos azotes. Golpes sobre golpes, golpes sobre un cuerpo magullado, lleno de contusiones. Después de la ducha le hicieron ponerse un pantalón largo, atado a la cintura. Por el calor asfixiante, no podría aguantar ninguna otra ropa encima.

Lo siguieron arrastrando por el medio de un patio, donde había más prisioneros, hasta un edificio bajo. Entraron con dificultad, ya que

308

él se resistía. Recibió un par de golpes más. Una vez dentro, lo soltaron sobre una esterilla, en una habitación pequeña. Su nuevo hogar.

Habían salido, dejándolo allí. No habían cerrado la puerta. Entonces él miró por primera vez la habitación. Las paredes, originalmente blancas, se habían quedado roñosas de ser manoseadas, sobre todo por la parte de abajo. Vio cuatro esterillas, extendidas sobre el suelo. Un par de cajas de madera mugrientas parecían servir de mesa. Salió de inmediato, temiendo nuevos incidentes en habitaciones cerradas.

Ahora recordaba aquel inicio con claridad. Lo que había seguido, no. Los días se sucedían unos tras otros, iguales.

Iwan se levantaba de su esterilla, donde apenas dormía, siempre vigilante, siempre en tensión. Apenas si había hablado con sus tres compañeros de cuarto, no quería amistad, quería temor y respeto. Se había peleado un poco con todos, empujones, gestos agresivos, simples señas para marcar territorio. No quería saber nada de aquellos hombres. Él no tenía nada en común con ellos. Alto como era y aún bien alimentado, era sin dudas el más fuerte de todos los prisioneros.

Había comprendido que resistir allí era una cuestión de supervivencia. La comida era escasa y estaba frecuentemente pasada. Traían los platos de comida dentro una caja gigante con letras pintadas, que según le habían dicho servía de ataúd cuando moría alguien. Los mejores platos eran los de arriba, los más valorados, los que se habían servido últimos, lejos de los insectos que andaban por el suelo, del riesgo de contaminación. Iwan no quería amigos, quería sobrevivir; apartaba a los otros convictos con sus grandes manos y se quedaba siempre con algún plato de arriba.

El lavabo era un agujero en el suelo, dentro de una letrina. Ir sólo dos veces al día era signo de estreñimiento.

En aquella primera temporada, los días eran tan iguales que no los sabía distinguir. Se levantaba y hacía una muesca en la pared mugrienta para contarlos. No decía nada a sus compañeros. Salía fuera y no quería ser molestado cuando se lavaba. También lavaba su vaso cuidadosamente, un tarro de conservas de cristal sin tapa, pues sabía que debía de intentar mantener la higiene todo lo posible. Pensar que hacía unos meses sólo tomaba agua embotellada...

A media mañana, cuando el sol más abrasaba, absurdamente, les daban instrucción en medio del patio. A veces ejercicio, a veces artes marciales. La mayoría de los prisioneros se agotaba. Con el tiempo, él que jamás había sido una persona deportiva, empezó a disfrutar del ejercicio físico. Mantener el cuerpo fuerte era bueno. Le hacía dormir mejor, le hacía pensar menos. Quizás, le podía ayudar a escapar. Así que forzaba los músculos como nadie lo hacía. Por primera vez en su vida no era la mente la que se imponía al cuerpo, sino el cuerpo el que guiaba a la mente.

Por las tardes, a veces, se paraba a pensar. ¿Cómo podía haberle pasado eso a él? A él, que había estudiado en Berkeley, que había hecho tanto o tan poco como muchos otros... Sabía que lo habían cazado como chivo expiatorio, por ser chino, por faltarle contactos, porque empresarios indonesios le debían grandes deudas. Había hablado con su abogado, pero los días pasaban y no confiaba en él. ¿Dónde estaría el General Subianto? ¿Dónde estaría Joana? ¿Por qué no venían a verle? ¿Se habrían olvidado de él?

Y de nuevo enloquecía, le venía la rabia, el rencor, la ira. Por eso, era mejor hacer ejercicio. Al menos, le permitía dormir.

෪෪ ෪෪ ෪෪ ෪෪ ෪෪ ෪෪ ෪෪ ෪෪ ෪෪ ෪෪ ෪෪

—¡Menuda sorpresa, *Pak* Iwan!

El abogado se quedó atónito al ver a su cliente con aquellos pantalones simples ceñidos a la cintura, sin camisa. Iwan estaba bronceado como el cobre, había perdido peso y ganado músculo. Parecía otra persona, un estibador, un bracero, un boxeador.

—Si no fuera por el tono de piel —comentó el abogado, pues en Asia no se valora el bronceado, sino el estar blanco— diría que estar aquí te sienta bien...

—Vete a la mierda —Iwan no podía ni bromear— Dame un cigarrillo.

El abogado se lo dio junto con un montón de papeles, la mayoría con sellos y estampas del estado.

—Bueno, la noticia sorpresa es que por el momento estás detenido ilegalmente...

—¿Ilegalmente?

—Sí, estabas detenido a corto plazo hasta el juicio. El juicio se ha pospuesto, así que de momento no hay ninguna orden que te retenga aquí...

—¿Puedo irme?

—No, las autoridades de la prisión me acaban de comunicar que no te van a soltar a menos que reciban autorización por escrito. Y sabes, pensándolo bien, te conviene ser víctima de la negligencia administrativa, serán puntos a nuestro favor el día del juicio...

—Quiero salir. Ahora mismo. Ya.

—Me temo que no puede ser, ya te lo he dicho...

Siguieron hablando. Con suerte, Iwan cumpliría una condena de pocos años. Si su suerte era mala, de muchos. Ése iba a ser el juego.

—Serán pocos meses, ya está todo preparado —el abogado había recurrido incluso al soborno— Pero me temo que evitar una condena es impensable.

—¿Y arresto domiciliario?

—Imposible, ya sabes que ahora buscan castigos ejemplares...

—¿Has contactado al General Subianto?

El abogado suspiró.

—El General Subianto ha rechazado todas mis llamadas.

—No puede ser... ¿Y Joana Arteaga?

—Me informan que salió del hotel.

Le sorprendió, pero no supo darle un sentido. ¿Lo habían abandonado todos? Y Joana… ¿Por qué había dejado el hotel? ¿Estaría aún en Rusia? ¿La habrían enviado a otro destino? ¿O quizás Joana había decidido dejarlo? Sintió que lo invadía una gran inseguridad, era perfectamente posible, Joana siempre había sido tan perfecta, como su madre, luchando contra la injusticia social… mientras que él estaba convicto precisamente por causarla.

—Dame otro cigarro –pidió a su abogado.

෨ඥ ෨ඥ ෨ඥ ෨ඥ ෨ඥ ෨ඥ ෨ඥ ෨ඥ ෨ඥ ෨ඥ ෨ඥ ෨ඥ

Iwan fue escoltado por los guardias de vuelta al patio. Se sentía realmente deprimido. Su condena era inevitable. Los Subianto no querían saber de él. Joana había desaparecido. Y encima estaba encarcelado ilegalmente desde hacía semanas, sin que ni un día fuera a valerle para el cumplimiento de su condena.

—Mira que cara pone... —dijo uno de los convictos— ¿Te ha venido a ver tu putita, chino?

Iwan lo miró con hostilidad. Eran varios y lo estaban rodeando.

—No busco pelea —contestó Iwan ariscamente, pasando entre ellos.

Pero no lo dejaron. Eran muchos y lo detuvieron con sus cuerpos.

—A nosotros no nos viene a ver nadie, chino. No tenemos putas como tú, no podemos pagarlas porque no hemos robado tanto dinero como robáis los chinos...

—¡Déjadme en paz! No quiero pelea.

—Ya es tarde para eso chino, no nos caes bien —el convicto escupió a Iwan y puso sus puños en posición de lucha— ¿Te crees que eres diferente, eh? ¿Te crees que eres superior? Vas a ver lo que hacemos con los señoritos chinos...

Iwan sintió que se le nublaba la vista. En unos instantes todo pasó delante de sus ojos: el racismo que había sufrido toda su vida, el estar detenido por ser chino, el frágil cuerpo de su madre muerto entre sus brazos...

Iwan se lanzó sobre el convicto. Comenzó a estrangularlo: el hombre intentó liberarse, tosiendo, aspirando aire. Iwan levantó el brazo y le machacó la cara, con tanta fuerza como si estuviera golpeando a los asesinos de su madre. Una, dos... diez veces. La cara del convicto se cubrió de sangre. Algunos saltaron sobre Iwan, pero él era un animal acorralado y devolvía cada golpe que recibía, bramando con ira. Era como si no fuera él mismo, era como si todo el dolor acumulado saliera de su interior, el dolor por la violación sufrida, el dolor por la condena inexorable, el dolor por la pérdida de Joana, de su posición, de su fortuna... Y por encima de todo, el dolor por la muerte de su madre.

La sangre de Iwan se confundía con la sangre de los otros. Cuando los guardias los separaron, se quedaron atónitos ante aquella carnicería. Muchos hombres estaban inconscientes, caídos sobre el polvo. Iwan era una masa ensangrentada en el suelo, pero aún tenía la mirada nublada y golpeaba torpemente al aire.

ഔൽ ഔൽ ഔൽ ഔൽ ഔൽ ഔൽ ഔൽ ഔൽ ഔൽ ഔൽ ഔൽ ഔൽ

Yohan tenía medio cuerpo vendado. Era muy caluroso vivir así en una villa miseria. Y dormir, una pesadilla. Apenas si había dormido en los últimos meses, desde la inundación y la ruptura de su clavícula.

Sobrevivían gracias a la distribución de alimentos del *posko*, gracias a los programas sociales de emergencia del Banco Mundial, del gobierno indonesio y de ONGs. Los productos eran pocos y muy básicos, pero al menos podían comprar arroz, aceite, pescado seco, fideos y galletas enriquecidas a aproximadamente un tercio del precio en el mercado.

Yohan había aprovechado su recuperación para intentar ofrecer su trabajo, el de Yenni o el de Jana, que era fuerte, dócil y trabajadora. Sabía que había esperanza con ella. Habían ido por todas las factorías que conocía, sin suerte. Había tantos hombres y mujeres sin empleo, dispuestos a trabajar por una miseria... Pero, finalmente, un día de abril el milagro había ocurrido. Era una pequeña empresa de confecciones textiles de la periferia de Yakarta. El dueño dijo que no lo necesitaba ni a él ni a su mujer, pero miró a Jana y dijo que la aceptaba por ocho mil rupias por jornada, menos de un dólar diario al cambio del día.

—¿Tiene más de catorce años?

—Por supuesto —mintió Yohan— Pero ocho mil es muy poco para una muchacha trabajadora como ella...

—La rupia sube y baja y no voy a correr el riesgo de pagar demasiado, el mes pasado el dólar estaba a ocho mil. Lo tomas o lo dejas, es así.

Se hizo un silencio. Era así.

—Bien, hay una vacante en el turno de noche. Si la quiere, a las siete.

Así que Jana empezó a trabajar en aquella pequeña empresa familiar ¡La pequeña Jana empleada! Yohan canturreaba cuando llegaron a casa, aquellas eran muy buenas noticias, aunque sólo fuera temporalmente. ¡Jana iba a sacar casi veinticinco dólares! ¡Doscientas mil rupias al mes!

Para Jana, aquello fue el descenso a los infiernos. Prefería mil veces hacer la carretera. Las jornadas eran de diez horas, en teoría, pero en la práctica siempre eran doce. Por la noche, al llegar a las siete, les daban un montón de ropa que debían coser, y si no conseguían acabarla, las obligaban a hacer horas extra hasta completar su remesa. Siempre salía a las siete de la mañana, cuando ya había amanecido.

—¡Mira como coses, torpe! Te estás cayendo de sueño, ya es hora de que te acostumbres al horario ¿qué te pasa? —le recriminaba constantemente el capataz.

El lugar era pequeño, y no tenía ventilación. Se asfixiaban de calor. Tenían muy poco rato para comer.

—¡Pero de verdad que sois inútiles! —gritaba el maldito capataz— Os salís a comer sin acabar la pieza... Si fuerais chinas, o coreanas, otro gallo cantaría... ¡Allí sí trabajan de verdad!

Jana pasaba horas y horas cosiendo, con sus pequeños deditos, soñando en llegar a casa con su madre y mal dormir unas horas, aunque fuera en el calor insoportable de la chabola bajo el sol de día. Eso era todo, ya no tenía más sueños. Ya ni siquiera soñaba con volver a jugar con sus amigas.

Para Jana, fue el fin de su infancia.

ೞೞ ೞೞ ೞೞ ೞೞ ೞೞ ೞೞ ೞೞ ೞೞ ೞೞ ೞೞ ೞೞ ೞೞ

—Yohan ¿no podrías encontrar otro trabajo para Jana? ¿Por qué no intentas en una de esas fábricas extranjeras? Dicen que allí pagan más de dos dólares al día y los sitios están bien...

Era verdad. Las multinacionales, por presión de sindicatos y ONGs, habían mejorado los estándares laborales. Seguían explotando el costo barato de la mano de obra, pero no por debajo del salario mínimo, como hacían las PYMES, la pequeña y mediana empresa nacional, la mayoría verdaderos "*sweatshops*", sudaderos locales.

—¿Pero cómo va a ir a una de esas fábricas extranjeras, si tiene menos de catorce años, mujer? Ningún extranjero la va a emplear, ellos son más estrictos.

Yenni no sabía. Sólo sabía que su hija Jana estaba triste. Jamás la había visto tan triste.

Jana estaba, de hecho, aterrorizada. El capataz nocturno de la fábrica de confección les pegaba. Buscaba cualquier excusa para llevárselas a un lado y castigarlas. La verdad es que no eran verdaderas palizas, eran oportunidades para tocarlas, pero sus ojos de niña pequeña veían aquello como una tortura. Jana, de cuerpo adulto pero mente infantil, no sabía por qué aquel hombre era tan malo, tan siniestro, sólo que la tenía aterrada.

Hasta ahora se había librado de ser castigada.

—Anda mujer, no le des más vueltas, que ya se le pasará. Tenemos suerte de que Jana haya encontrado algo, mientras yo estoy así...

Capítulo 35

Terminada la jornada laboral, tal como acostumbraba, Janette Peres revisaba correspondencia en su despacho de las Naciones Unidas. Aquel día estaba particularmente contenta.

Sonó el teléfono.

—Janette Peres —dijo, con su dulce acento argentino— ¡Papá! ¡Qué sorpresa! ¿Por qué me llamás al laburo?

Janette escuchaba a su padre, reclinada en la silla, jugueteando con un mechón de su pelo. Una canción de cuando era joven, de cuando vivía con sus padres y estudiaba en Buenos Aires, se le vino a la cabeza y comenzó a mover los pies con el ritmo.

—¡Ah, cómo extraño Buenos Aires! ¡Mirá que es linda nuestra ciudad! Contame, ¿qué comieron?

—Liviano, un poco de bife y unos zapallitos... Me estoy poniendo gordo así que suspendí los choclos…

Janette recordó el olor de la carne asada, el sabor de los calabacines y del maíz argentino... tan estupendos. Le trajo nuevos recuerdos de Buenos Aires, de sus calles elegantes, de sus cafés en las esquinas, de la nostalgia de sus rincones, de lo sentimental de su gente. Se imaginó a su padre comiendo en su apartamento de principios de siglo en la avenida Rivadavia. Suspiró, con melancolía.

—Bueno, Janette, y a tí ¿cómo te va todo?

—La verdad es que muy bien, papá.

Toda su cartera de proyectos estaba yendo sobre ruedas. Yanni Ben Younes había resultado ser un diligente sustituto y el proyecto seguía manteniendo alta visibilidad, a pesar de la falta de Joana Arteaga.

Pero la verdad era que no estaba contenta sólo por cuestiones profesionales. También lo estaba por la cita que tenía después del trabajo. Llevaba más de tres años viviendo en Nueva York, y aunque había salido con unas cuantas personas era la primera vez que se notaba así de nerviosa. Hacía un día espléndido de primavera y se preguntó adónde irían. Estaba tan contenta, que decidió decírselo a su padre.

—Papá, ya que llamás, te quiero contar que estoy saliendo con alguien... —Janette tuvo que parar y escuchar la explosión de su padre al otro lado del auricular— No te preocupés, de verdad que está bien...

Sí, sí, también es judío... Claro, por Dios, claro que sí tiene un empleo decente... No, no está divorciado... Papá, escuchá: el hombre está muy, pero muy bien. Si no, no te contaría... No, no, aún no hay nada formal, si apenas nos hemos visto unas pocas veces... pero tengo la corazonada de que éste va en serio... ya sabés, intuición femenina...

Janette miró el reloj y se dio cuenta de que ya se había hecho la hora. Tuvo que dejar a su padre; quería ir de nuevo al baño y retocarse por última vez el maquillaje, ni mucho ni muy poco, pero tenía que durar un buen rato, hasta la cena. Finalmente se dio el visto bueno. Respiró hondo, volviendo a sentir mariposas dentro suyo, y se dirigió al ascensor.

Aaron Goldstein la esperaba abajo, detrás de los controles de seguridad de la entrada DC1 de la ONU en la 1ª Avenida. Sonrió educadamente al verla, aunque interiormente sintió una ola de excitación. Aaron Goldstein nunca había experimentado un deseo como el que sentía por aquella mujer, aquella americana del sur que era a la vez cariñosa y ardiente, seria y trabajadora, con esa extraña mezcla de sangre latina y judía que tenía, sefardí.

Pero Aaron Goldstein venía de un mundo conservador donde jamás se dejaba entrever ninguna emoción en público. Así que siguió sonriendo y la recibió escuetamente con un breve saludo:

—Buenas tardes, Janette.

Capítulo 36

Cómo en cada traslado anterior, Joana se había adaptado con rapidez a Sussex. En sólo un par de semanas había encontrado alojamiento en Lewes, un pueblo cercano a la universidad, y había alquilado la parte de arriba de un cottage, una modesta pero entrañable casita rural inglesa. La dueña, Jane, profesora de arte en una escuela de la zona, la había decorado con sencillez y buen gusto, pero la tenía medio abandonada, con el jardín descuidado y las enredaderas cubriendo la fachada, lo que daba un aire aún más romántico a la casa. El lugar era realmente muy conveniente, cerca del autobús que la dejaba en la universidad, y Jane le había pedido muy poco dinero por el alquiler.

—Jun me ha explicado tu historia —le había dicho— y nunca he tenido a nadie en casa por dinero, sino para que traigan buena energía al cottage. Y tú tienes buena onda...

Joana había sonreído y no había mentido al decirle que era recíproco. Jane le parecía entrañable. Puso sus cosas en la habitación de la parte de arriba. Se había acostumbrado a vivir con poco; sólo había traído el ordenador, algo de ropa, unos libros, y su tapiz de *batik* indonesio enmarcado, un mono abrazando a un pez, que puso en el lugar de honor, sobre la chimenea.

Durante aquel tiempo conoció también a los miembros del departamento de Jun Nakajima. Se llevó la sorpresa de encontrar a Larry Wickliff, un antiguo compañero de estudios en Cambridge, ahora convertido en profesor en Sussex. Pero más importante fue el encuentro que tuvo con el investigador Ian Scott. Jun Nakajima había insistido en que debía presentarlos, sin embargo Ian venía lo mínimo a la Facultad y llevó un tiempo. Ian Scott era joven pero en poco tiempo había alcanzado una deslumbrante fama internacional. Joana imaginaba que administraría su tiempo celosamente, sin permitir que nadie le robara horas para investigar, y por ello debía venir no muy seguido a la facultad. Pero al verlo por primera vez, recogiendo su correo de la casilla, lo comprendió todo: Ian Scott iba en silla de ruedas.

—¿Ian Scott?

Ian se volvió, interrogándola con sus ojos pequeños y vivos.

—Mi nombre es Joana Arteaga.

—¡Arteaga! —se dieron la mano, cordialmente— Sí, Jun Nakajima me ha hablado mucho de ti...

—Igualmente. Aunque no tenía por qué, ya había leído varias de tus obras anteriormente, sobre todo las de la crisis financiera en México, realmente excelentes.

—Un poco pasado ya, y todo teórico —respondió él, con modestia— Tengo entendido que tú estuviste en el ojo del huracán en la crisis asiática...

—Una manera de decirlo —sonrió— Y de eso te quería hablar: quizás de algún modo podríamos combinar mi experiencia práctica y tu experiencia académica...

Ian Scott la miró, con sus ojos ardientes. No la dejó ni terminar, enseguida vio que estratégicamente aquélla era una alianza perfecta.

—Será un placer escribir algo juntos —dijo.

—Gracias, Ian. No sabía si tenía sentido preguntártelo...

—¿Por qué no?

—Verás, yo no soy académica, yo vengo del mundo del desarrollo, estoy acostumbrada al trabajo en equipo, lo encuentro más estimulante; pero aquí en la universidad la gente parece más acostumbrada a ir por su cuenta...

—Eso es porque no pueden trabajar en equipo, no hay quién les aguante sus estupideces... Ya verás, ya... —gruñó Ian, mientras iban por el pasillo— Cambiando de tema, Jun Nakajima me ha dicho que en el próximo curso vamos a compartir clases en dos asignaturas de pregrado, tenemos que discutir como dividirlas...

Y así, Joana había empezado una nueva vida. Al menos, en la superficie. Se levantaba por las mañanas, se tomaba su café mirando el jardín destartalado del cottage de Jane, tomaba el autobús de Lewes a la universidad y se pasaba el día en la biblioteca. A veces cambiaba un par de palabras con alguien del departamento, a veces no, y —sencillamente por tener algo de contacto humano— se iba a comprar a una de las tiendas de Tesco cercanas, volviendo siempre por la noche al cottage, donde la mayoría de veces cenaba sola, pues Jane tenía una vida social muy intensa. Así que Joana comía cualquier cosa y seguía leyendo hasta caer dormida.

Otros días Joana se quedaba leyendo los libros que sacaba de la biblioteca y el día se le iba lentamente, mientras miraba de tanto en tanto cómo la delicada luz inglesa cambiaba el tono de las hojas de los árboles en el jardín. Joana leía y sentía cómo aquel sol tenue y distanciado de Inglaterra se le metía en los huesos, le contagiaba un distanciamiento filosófico de la realidad según pasaba el día.

Era una vida casi monacal, si la comparaba al ajetreo de su vida anterior. Sobre todo, era una vida muy solitaria, Joana se dio cuenta de que la vida académica es extremadísimamente solitaria. Pero era lo que ella necesitaba en aquel momento. Tiempo para leer, para juntar los datos, para investigar por qué ocurrían aquellas crisis financieras y comenzar a pensar cómo prevenirlas. Aquel objetivo la quemaba por dentro, la obligaba a leer sin parar.

Y la primera gran sorpresa de Joana fue encontrar que aquello no era ningún secreto. La información estaba allí, al alcance de cualquiera. Cientos de personas habían escrito sobre el tema, no era ningún misterio: la historia, los causantes, los culpables, los instrumentos, las maneras, los tiempos. Muchas Joanas ya habían investigado sobre ello. No era ningún enigma. Y, lo que era peor, escribir sobre ello no había servido para nada.

Todo había empezado en Estados Unidos. La terrible experiencia del crack de 1929, con sus devastadoras consecuencias sociales durante la Gran Depresión en los años treinta, obligó al gobierno americano a no tomarse las finanzas a la ligera e imponer regulaciones estrictas sobre las actividades de los bancos. El objetivo fundamental de las leyes creadas en la época era la estabilidad financiera, proteger al consumidor y a los pequeños bancos del interior del país de las grandes instituciones financieras de Wall Street que habían causado la crisis con su especulación y su búsqueda de dinero fácil.

Pero los grandes bancos no iban a conformarse con dar pequeños préstamos a granjeros y negocios familiares provincianos. Los tiburones de Wall Street comenzaron a idear sistemas para saltarse las normativas e incrementar sus beneficios, más allá de las "anticuadas" normativas del gobierno americano. En los años setenta nadie se quería acordar de la Gran Depresión y las jóvenes hienas de las finanzas, acompañadas por unos cuantos abogados sin escrúpulos, comenzaron a inventarse nuevos instrumentos financieros que daban a lo prohibido una forma legal. Por ejemplo, si las regulaciones estatales limitaban las altas tasas de interés sobre préstamos a corto plazo para frenar la especulación, ellos resucitarían el negocio de las derivativas, seguros a muy corto plazo con altos tipos de interés debidos al alto riesgo asumido: en el fondo, casi apuestas de casino. La lista de nuevos instrumentos se fue ampliando con el tiempo, incluyendo creaciones tales como los bonos de alto rendimiento o bonos basura, *junk bonds*, entre otros productos de la innovación financiera.

La City de Londres les ofreció otra solución. En los años setenta, los hermanos británicos los recibieron con los brazos abiertos y la alfombrilla de bienvenidos. Aquélla era una relación prometedora. Inglaterra no tenía regulaciones financieras tan estrictas como América, pues había sufrido menos con la crisis del 29. Se creó el mercado de los eurodólares, que podían prestarse a altas tasas de interés a corto plazo sin que el gobierno británico objetara.

Y cuando el Presidente Nixon –republicano, faltaba más-, arruinado por una guerra absurda en Vietnam, dejó de pagar su deuda al resto del mundo, plantando a naciones y estados con dólares de poco valor al abandonar la convertibilidad del dólar, los gobiernos del resto del mundo, teniendo que tragar, tomaron medidas restringiendo duramente para los ciudadanos de sus países el acceso a préstamos en moneda extranjera. Un nuevo desafío para Wall Street: ¿cómo evadir esos nuevos controles? Pero no había nada imposible para ellos, lo lograron de nuevo, creando los *swaps*, contratos de *forwards*, futuros, opciones sobre monedas y préstamos *back-to-back* (créditos con garantía de otro crédito), que a pesar del vestido nuevo, de los nombres psicodélicos, no eran más que nuevas maneras de evadir impuestos, camuflar la contabilidad empresarial y especular con moneda extranjera, aumentando la inestabilidad del sistema financiero.

Estaba todo allí, explicado en los libros de la biblioteca, al alcance de cualquiera. Wall Street y las bolsas de los principales centros financieros del mundo, desde Londres, Singapur, Sydney y Frankfurt hasta Tokio, Madrid, Zurich y Chicago, habían aprendido a librarse de las leyes nacionales internacionalizando sus actividades y creando nuevos instrumentos. Aquel casino global movía 1.500.000 millones de dólares al día en 1998, y eso contando sólo las transacciones de moneda, pues en el mundo no se monitorean los nuevos instrumentos como derivativas y demás, ya que a Wall Street le molesta el control y el monitoreo de sus actividades podía traer malas ideas, podia hacer que los gobiernos intentaran regularlas. Mientras que el comercio de bienes y servicios en todo aquel año, en cambio, no había pasado de 6.500 millones de dólares. La comparación era elocuente.

Aquello había desvirtuado todo el sistema. Los inversores no son estúpidos: ¿para qué molestarse en invertir a largo plazo, aunque sea en una industria seria y dedicada, si los beneficios a corto plazo son tan grandes? Fondos de inversión, fondos de protección, *hedge funds, mutual funds* e incluso fondos de pensiones mueven capital a cada minuto, buscando beneficios un poco más altos, buscando esa décima más alta en el tipo de interés, esa pequeña diferencia en el tipo de cambio, comprando y vendiendo acciones o moneda en cuestión de días, horas, sin aportar nada en cambio a la economía real.

Así el cortoplacismo había dominado el mundo. Nunca mejor dicho, pues los grupos financieros de Wall Street, Londres, Frankfurt, Tokio o Chicago, repletos de dinero, no lo escatimaban cuando se trataba de asegurar que sus gobiernos no hicieran nada que pudiera perjudicarlos. El suyo era el más puro estilo del capitalismo crony. Llegaban a presionar a los Ministerios de Finanzas, a los Bancos Centrales o a la Tesorería para que forzaran a su vez a organismos internacionales como el Fondo Monetario y el Banco Mundial a abrir las cuentas de capital de las balanzas de pagos de los países en vías de desarrollo, lo que les permitía a su vez realizar en ellos sus apuestas de casino.

Por supuesto, el argumento utilizado no era aquél. Se explicaba que abriendo los controles de capital se permitía un mayor flujo de inversiones en los países pobres y por lo tanto era muy positivo. Hasta cierto punto era verdad, pero era un argumento manipulado, ya que el capital extranjero atraído por la ausencia de controles podía retirarse con la misma facilidad a la primera señal de crisis, empeorando gravemente la situación del país con el pánico financiero causado por su retirada, tal como había ocurrido en Asia. Además de que un país no tiene por qué eliminar todos sus controles de golpe; también puede hacerlo sólo con los de largo plazo, abriendo la puerta a los inversores serios, y mantener a la vez controles a corto plazo previniendo la especulación, los movimientos de capital de menos de tres días, como había sugerido el estupendo Premio Nobel americano James Tobin. Pero aquello iba contra los principios del casino global y no interesaba a Wall Street y a las bolsas del mundo, que se habían dedicado a promover a latigazos la liberalización total de las cuentas de capitales durante los años ochenta y noventa. Y a eso se debía la inestabilidad de la economía mundial: los flujos financieros eran muy volátiles.

Aquel panorama internacional explicaba la crisis asiática. Si se añadían las causas nacionales, la avaricia y la falta de visión de desarrollo de elites locales como la indonesa, era fácil dar con los culpables del desastre.

Pero no se han pedido responsabilidades públicas. Todos esos grupos siguen libres, haciendo lo mismo que hacían antes de la crisis: enriquecerse, aconsejar malas políticas públicas e incrementar la volatilidad financiera del mundo, a pesar de los grandes costos sociales que esto pueda ocasionar.

Joana veía con claridad cómo el peligro de nuevas crisis financieras que arrastrasen a todos estaba más presente que nunca.

Capítulo 37

Janette Peres iba cogida del brazo de Aaron Goldstein. Hacía muchísimo frío, pero los dos sentían calor en el cuerpo. Acababan de hacer el amor en el hotel, nada más llegar a Washington en el Amtrak. Era Janette quién había insistido venir en tren, era mucho más romántico. Habían estado juntos las tres horas que tardaba el trayecto de Nueva York, cogidos de la mano, leyendo el periódico, viendo pasar el paisaje. Luego habían llegado a la majestuosa Estación de la Unión, y se habían amado nada más entrar en la habitación del hotel, uno de los más lujosos detrás de la avenida Pennsylvania.

Janette sentía que más que andar, flotaba. Anochecía e iban por la gran avenida de la Constitución, con la Casa Blanca y el monumento a Washington a un lado y el imponente edificio del Capitolio al otro. Washington era una ciudad muy bella. La capital de Estados Unidos y así, en cierto sentido, también del mundo. Janette miraba la figura apuesta de Aaron Goldstein en su abrigo azul oscuro, miraba su elegante corte de pelo, su mirada firme siempre fija adelante, y apenas podía creer que aquel hombre era para ella. Era como si estuviera dentro de una película.

Llegaron a la calle 15, ya cerca de la Tesorería, el Ministerio de Finanzas de los Estados Unidos, y Aaron le abrió la puerta galantemente, para que entrara dentro de un antiguo restaurante, el *Old Ebbit Grill*.

—Es un sitio precioso... —dijo Janette, admirando la madera vieja, las antiguas lámparas de gas, los cuadros, el terciopelo decadente en los sofás.

Aaron se dirigió al *maitre* encargado junto a la entrada.

—Tenemos una mesa reservada en el gabinete... A nombre de Goldstein.

El *maitre* hizo una leve expresión de reconocimiento.

—Por favor, señor Goldstein, sígame.

Bajaron a una habitación reservada. Las paredes y el techo estaban recubiertos de madera de caoba oscura. Había también antiguos grabados, y lujosas alfombras en el suelo. Se sentaron en una de las mesas y pidieron un aperitivo. Su invitado no tardaría, la Tesorería estaba al lado.

Cuando llegó D.H., Aaron Goldstein y Janette se levantaron; Goldstein le dio la mano y lo abrazó con calor, como si fueran familia. D.H. besó la mano de Janette, mirándola a los ojos.

—Ahora comprendo porqué no vienes tan frecuentemente a vernos, Aaron...

—¡Si me tenéis aquí todo el rato!

Pidieron un menú de ostras: ostras de catorce tipos distintos, cangrejos de Maryland y langostas del Maine, acompañados por un vino *fumé blanc* exquisito, del valle de Napa en California.

—¿Qué tal una ensalada, para rebajar? La última vez que nos encontramos tuve el colesterol alto durante una semana... —bromeó D.H.

—Buena sugerencia... aunque el colesterol no se te sube por la cena, sino por las cosas de que hablamos...

Aaron Goldstein ya iba al grano. No era persona que se andara con rodeos.

—Como sabes, estamos en un período estupendo. Hacía muchos años que no habíamos visto una bonanza de este tipo. Y eso a pesar de la crisis asiática, la verdad es que hicisteis un trabajo estupendo, todo salió realmente bien. Sin embargo...

—¿Sin embargo? —dijo D.H., impaciente. Aquella gente de Wall Street se quejaba sin parar.

—Sin embargo existe el peligro de que la burbuja estalle. Se está invirtiendo irresponsablemente en un montón de pequeñas compañías, dot.coms que a penas tienen historia, y, para competir, las grandes compañías se están lanzando a hacer "contabilidad creativa", por llamarlo de alguna manera, mostrando beneficios imposibles cada trimestre para atraer a los accionistas...

—Lo sabemos, por ello se pasó el Acta Gramm-Leach-Bliley hace unos meses, que protege enormemente al inversor.

—Sí, sí, otro trabajo estupendo, ya lo sabes.

—Y, ¿entonces?

—Tengo información confidencial sobre la contabilidad de ciertas compañías, y es muy preocupante, más allá de lo previsto por ningún Acta Gramm-Leach-Bliley.

D.H. arqueó una ceja, preguntándole en silencio.

—Son compañías clientes, no puedo revelar más —siguió Goldstein— pero la cuestión es qué pasa si el castillo de naipes se derrumba.

—Pues ya lo sabes perfectamente. Sería el crack de 1929. Otra vez. Y la Gran Depresión...

—No puede pasar. Hay que prevenirlo a toda costa.

—Sí, claro, claro, por supuesto —respondió D.H., irritado por la obviedad.

—A todo precio —lo miró a los ojos— ¿me entiendes?

—Creo que sí, pero me parece un tanto prematuro lo que estás sugiriendo...

—Cierto, es prematuro. Como siempre, tienes razón. Pero quería asegurarme que estamos en la misma onda.

—Aaron, sabes que siempre hemos estado en el mismo barco.

Brindaron, con aquel excelente *fumé blanc*, y D.H. aprovechó para cambiar de tema Pidieron otra botella, Aaron Goldstein nunca escatimaba, y aquél restaurante era bastante módico en comparación con otros que frecuentaba. Dio una ojeada a Janette para asegurarse de que estaba bien y siguió hablando con D.H.

Janette tenía los ojos vidriosos. Menudo aburrimiento de conversación. Había desconectado hacía rato y pensaba en otras cosas. Debía leer un borrador del trabajo de Yanni Ben Younes y João Almeida sobre las consecuencias sociales de la crisis financiera en Brasil. Lo había traído a Washington, aunque sabía que no iba a mirar ni una hoja mientras estuviera con Aaron.

Aaron... Janette se fijó en sus manos, elegantes. Se fijó en sus brazos, masculinos, cruzados por venas gruesas, enormemente sensuales. Se fijó en sus expresiones al hablar con D.H., un tanto agresivas. Aaron era un tipo de persona nuevo en su vida, una persona muy ejecutiva, nunca se había sentido atraída por alguien así. Pero, extrañamente, había perdido la cabeza por él. Completamente.

Quizás eran las diferencias entre ellos lo que la atraía. Quizás era aquel enajenamiento, la sensación de estar permanentemente dentro de una película. Quizás era la falta de control. Aaron la poseía, con aquella manera enérgica y potente de amarla, con sus apariciones sorpresa y el poco tiempo que tenia para ella, dada su agenda de trabajo tan apretada. Janette no sabía que estaba cruzando al lado peligroso de la vida: el que más ama, menos controla, y acaba jugando un juego que no es el suyo, un juego en el que está destinado a perder.

De pronto oyó la palabra "pensiones", algo en lo que ella trabajaba como parte del sector social, lo que la sacó de su ensimismamiento.

—...la privatización es una gran idea, movilizar los ahorros individuales de las pensiones y ponerlos a trabajar en el mercado de capitales. ¿Qué hacen sino esos ahorros? Se los queda el estado y los malgasta.

—Eso es discutible, en principio no los malgasta, los utiliza para pagar pensiones.

—Sí que los malgasta, en último caso porque pierde la oportunidad de mayores retornos. Eso sin contar temas de malversación de fondos y otros. Además, ¿por qué no promover un sistema que tenga sinergias positivas para el mundo de las finanzas? Así, todo el mundo gana...

—Eso también es debatible, hay grandes riesgos en los fondos de pensiones dadas las fluctuaciones de los mercados de capitales. Y luego están los altos costos administrativos. Aaron, ésta es una administración demócrata, una medida de este tipo, privatizar las pensiones, mejor os la guardáis para una administración republicana...

—Comprendo —tuvo que contestar Goldstein; solo estaba probando, como las compañías de seguros y otros muchos, que seguían haciendo lobby y presionando a la Tesorería americana sin parar.

—Pero como sabes, a nivel internacional todo está muy avanzado. Ya se han privatizado las pensiones de toda América Latina y Europa del Este —y añadió con sorna, pues la codicia de gente como Goldstein molestaba a D.H.— Así que ya tenéis las pensiones de los bolivianos, salvadoreños, polacos y rusos, entre otros muchos, invirtiéndose en Wall Street...

Pero a Goldstein le importaba poco la sorna de D.H. Él y muchos como él sólo pensaban en una cosa, constantemente: cómo fortalecer el casino global para que siguiera aquella bonanza. Por eso estaban convencidos que movilizar los ahorros de las pensiones y ponerlos a trabajar en las bolsas del mundo era mucho mejor que dejarlos en las arcas del estado. A pesar de los riesgos que ello pudiera entrañar para los pensionistas, o para quien fuera, pues Goldstein y los suyos también estaban en riesgo, riesgo permanente de aquella burbuja estallara, de que el castillo de naipes cayera, de un nuevo crack del 29. Por eso era un círculo vicioso, había que asegurarse de que nuevos inversores siguieran alimentando el sistema. Sin parar, sin parar. Una vez uno tiene sus ahorros metidos dentro del casino global, uno necesita que los demás también inviertan, para que las acciones sigan subiendo de precio. Sin parar. Hasta los pensionistas que tenían sus ahorros invertidos en fondos de pensiones estaban atrapados, también ellos necesitaban que nuevos inversores siguieran nutriendo el sistema.

—Y por si te interesa saber qué pasa en Asia y África —siguió D.H., dando otro sorbo de *fumé blanc*—, como ya sabes, tienen sistemas menos sofisticados, pero los bancos de desarrollo están en ello, moviendo progresivamente la administración de las pensiones del gobierno a fondos privados. Como te puedes imaginar, el gran interés son las pensiones en China, claro; las compañías de seguros están presionando mucho para acceder al mercado chino pero el gobierno en Beijing sigue cerrado. Aunque —repitió maliciosamente—, querido Aaron, de momento también tenéis las pensiones de kazakastanos y libaneses invertidas en Wall Street.

Janette se quedó sorprendida. Después, cuando salieron de una larga y más bien tediosa cena, no pudo evitar comentarle a Aaron sobre el tema.

—Aaron, no quise decir nada durante la cena, pero no estoy de acuerdo con lo decías sobre las pensiones.

—Lo sé, cariño —dijo él, sin escucharla.

—Te hablo en serio. No olvides que yo trabajo en sectores sociales. Uno no diseña sistemas de pensiones para beneficiar a las instituciones financieras. Uno diseña sistemas de pensiones para que todas las personas jubiladas en una sociedad tengan ingresos seguros después de retirarse.

—¿Y qué más da si se logran las dos cosas juntas?

—Es que hay mucha evidencia en América Latina de que la reforma de los sistemas de pensiones no ha funcionado; para empezar, la mayor parte de la población está sin cobertura. Los fondos de pensiones son caros, y al sector privado no le interesa servir a los pobres, que tienen pocos ingresos y de manera irregular. Y, de todas maneras, es una cuestión de principios. ¿Por qué han de utilizarse las pensiones de los bolivianos o de los kazakastanos en acciones de bolsas extranjeras, como Wall Street, Londres o Madrid, cuando sus países necesitan desesperadamente fondos para el desarrollo?

Janette no se enteraba de nada, pensó Aaron. Estados Unidos es un país en el que las compañías y los grupos de interés mantienen a la estructura política, y a su vez la elite política concede favores y beneficios de distintos tipos a las corporaciones, en una entente cordial.

Exactamente igual que en Indonesia, tal como denunciaba Transparencia Internacional, sólo que en vez de pagar bajo la mesa después de recibir un favor, se daban "donaciones" y se acordaban favores mutuos por anticipado, durante las campañas electorales.

A Aaron le irritaba profundamente la falta de entendimiento de Janette respecto a cómo funcionaban las cosas e hizo un gesto de desprecio, de no querer hablar más.

A Janette no le gustó ese gesto. Pero el amor es ciego.

Capítulo 38

Aquella noche, Joana había sido invitada a una cena en casa de Larry Wickliff, su antiguo compañero de Cambridge. Larry Wickliff vivía en otra casita en Lewes, no muy lejos de donde Joana había alquilado parte del cottage de Jane. Sorpresa, sorpresa, Larry vivía con una antigua alumna suya, Giovanna, muy bella, una chica mucho más joven que él. Por supuesto era ella quien había preparado la cena para todos, pues él estaba enormemente ocupado en el departamento y como siempre el tiempo de las mujeres se consideraba menos importante.

Había varios invitados, incluida la cabeza del departamento, Jun Nakajima, cosa que alegró a Joana pues en aquella vida monacal y aislada tenía pocas ocasiones de hablar con ella de cosas personales, de manera relajada. Sin embargo, la japonesa estuvo huraña y poco comunicativa durante la velada. Ian Scott no estaba, cosa que Joana comprendió al cabo de un rato.

Después de un aperitivo en la sala, Joana se sentó con los otros a la mesa, donde les sirvieron una típica cena inglesa: unas rodajas finas de ternera al horno sin ningún condimento, *roast beef*, y unos vegetales insípidos al vapor, también sin ninguna especia. Por supuesto a Joana no le importaba realmente, así que elogió las aptitudes culinarias de Giovanna, comprendiendo que la chica se había esforzado por ellos.

Pero aquella cena fue terriblemente mediocre, y no por los alimentos sino por la conversación. Pronto Joana tuvo instalada su mejor expresión de esfinge egipcia, con su sonrisa hierática ausente. No tenía el menor de deseo de escuchar aquella cascada de cotilleos sobre el departamento y el mundo académico inglés. Aquella gente, y Larry Wickliff era el peor de todos, sólo estaba interesada en su pequeño mundo. Joana se sentía cada vez más distanciada de ellos, como si hubieran colocado un cristal entre ella y los demás.

Masacraron el trabajo de Ian Scott, que no estaba presente. Joana estaba atónita. A las claras, Ian Scott estaba luchando en solitario por intentar traer luz a un tema oscuro, aclarar hechos complicados del mundo financiero. Y en vez de apoyarlo, o de señalar los aspectos que podrían mejorarse con una actitud positiva, aquellas personas lo machaban, remarcando lo negativo... Larry Wickliff y los suyos habían perdido los referentes, la necesidad urgente de hacer un frente común contra las elites que mangoneaban el mundo como querían. Al final de la cena, cuando ya se pudieron levantar de la mesa, se acercó a Jun Nakajima y se lo comentó discretamente.

—Joana, la tendencia a la crítica es una propensión académica. En este caso además ellos están perdiendo perspectiva pues, como dices, deberíamos apoyarnos unos a otros y hacer un frente común —dijo con frialdad; claramente deseaba irse— Y ahora, si me perdonáis, me voy a retirar, me despierto muy temprano por las mañanas...

La catedrática se fue sola y Joana aprovechó para irse también, no tenía nada más que decir ante aquella gente. Le agradeció a Giovanna una vez más por la cena y, mientras salía, vio que Larry Wickliff servía licores de sobremesa y se reía.

"¡Cristo, que coñazo de compañía!" se dijo mientras cerraba la verja del jardín. Sintió la necesidad de pasear, de respirar aire limpio.

"¡Oh, noche, hazme al menos sentir la ilusión de que soy diferente!"

Anduvo sin rumbo, dejando que la noche penetrara en su piel. Llegó a un río, el río Ouse, y se quedó admirando la plata de la luna sobre el agua. La oscuridad estaba tan radiante aquella noche, los volúmenes de los árboles tan plenos, el aire tan fresco...

"Ojalá estuvieras aquí" se dijo, pensando en Iwan. Aún lo echaba terriblemente de menos. Recordó la sensación de arder en deseo entre reuniones en Yakarta, esperando que Iwan la amara pasionalmente al llegar la noche. Se acordó cómo Iwan la abrazaba con sus manos grandes, cómo le hacía el amor... aún podía sentir el recuerdo en su cuerpo.

Pero debía olvidarlo, no la había llamado, ni había intentado contactar a Yanni en Yakarta. A pesar de todas las As de Joana, una vez más, el Amor le había pasado de largo. Como la última vez, y la vez anterior. Una vez más, estaba sola. Nadie había luchado por quedarse con ella. Nadie la apreciaba lo suficiente. Así que, una vez más, debía utilizar aquella armadura que la protegía del dolor del desamor: el Alejamiento.

Suspiró, mirando el río. La luna, la plata... Qué lejos parecía Yakarta... Dejó que los recuerdos de Iwan se fueran con el agua. Debía empezar una nueva vida.

ΣΟΟΣ ΣΟΟΣ ΣΟΟΣ ΣΟΟΣ ΣΟΟΣ ΣΟΟΣ ΣΟΟΣ ΣΟΟΣ ΣΟΟΣ ΣΟΟΣ ΣΟΟΣ ΣΟΟΣ

Al día siguiente se levantó sintiéndose extraña. Había tenido otro de esos sueños que no paraba de tener. Las heridas mal curadas supuran y el desamor, la soledad, la muerte del abuelo Juan y el recuerdo de la violencia en Yakarta, de su propia fragilidad, la consciencia de lo fácil que era morir y matar, se repetían en sus sueños, seguían apareciendo en su vida, como un pus venenoso, mal curado.

Tenía un montón de libros de la biblioteca por leer. Nada como la razón para alejar a los fantasmas. Leería, y así pasaría el día.

Otro día, como el espeso día de ayer, como el denso día de mañana. Estaba acostumbrada a una vida tan intensa, tomando aviones, dirigiendo proyectos, dando conferencias de prensa, amando a Iwan... Ahora sus días pasaban en cámara lenta.

Se hizo un café en la cocina, y se lo tomó en silencio, mirando por la ventana. Sintió que el silencio le dilataba la sensibilidad. Sorbiendo el café, comenzó a oír los misteriosos crujidos de la casa, se estremeció con el viento moviendo los árboles, sintió el frío esconderse en las paredes.

Allí en Sussex, después de haber pasado años en el ojo del huracán, se sentía alejada de la vida. Y es que las experiencias intensas, las pasiones, te llevan con ellas, te alejan del mundo. Es el precio que hay que pagar por implicarse, por enraizarse y amar la vida: envejecer, desencantarse, sentirse distante cuando todo acaba.

Una sensación extraña para Joana. Pues Joana era una mujer triple A. No A, no AA, sino AAA. Había tenido todas las As del mundo: Amor, Acción, Apasionamiento, Aplausos, Aeropuertos... Pero entre todas aquellas As, había una A que aún le faltaba: el Alcohol.

No pudo aguantar más aquella sensibilidad dilatada, el silencio, el crujir de las paredes, su soledad. Abrió el armario, sacó una botella de whisky, y se tomó un vaso de buena mañana.

Capítulo 39

Yakarta, Indonesia, Noviembre 1999

Rupias por dólar americano: 7.423

Fue una mañana cuando todo cambió. Eran demasiados meses de tortura, dolor, soledad.

Los guardias trajeron la despensa-ataúd con los platos de comida. Iwan se dirigió adelante, ahora muchos ya se alejaban, dejándolo pasar. Iwan, como cada día, apartó a los que quedaban sin compasión, y tomó un plato de arriba.

—Hijo —dijo una voz cascada.

Iwan lo miró con los ojos ardiendo. No tenía ningún interés en que le hablaran. Era un hombre pequeño, con barba blanca, con *sarong* en vez de pantalones, y aires de santón musulmán.

—Hijo, ¿te parece bien tirar a un anciano al suelo?

Iwan se volvió y se dio cuenta de que entre los que había empujado, había un hombre muy mayor que había caído el suelo. Era Jusuf, el padre de Yohan.

Y entonces sucedió algo. Nunca supo que fue exactamente, quizás la voz comprensiva de aquel hombre, la paz que transmitía, quizás la imagen del anciano Jusuf caído, quizás el recuerdo de su propia madre. Se le cayó la venda de los ojos y se vio a sí mismo. ¿Qué hacía, tirando a ancianos al suelo? ¿En qué animal se había convertido? El santón musulmán lo cogió de la mano. Aquel contacto lo conmovió tanto que las lágrimas comenzaron a resbalarle por las mejillas.

Se las secó y fue junto a Jusuf, ayudándolo a levantarse con cuidado. Le dio su propio plato de arroz, el mejor de todos, y le pidió disculpas.

El santón le dio la mano, ofreciendo su amistad. Iwan, con lágrimas en los ojos, algo inexplicable en él, le dio su mano también. El santón se acercó aún más, y lo abrazó. "Está bien, está bien..." repetía mientras lo abrazaba.

Luego de aquella catarsis, el santón lo había ayudado a serenarse. Lo llevó a un lado y le habló suavemente, con voz comprensiva, con la mano en el corazón. Le dijo a Iwan que el sufrimiento era bueno, que era la llave del aprendizaje. Que todo aquel sufrimiento no había sido en vano, que le iba a hacer profundizar en la verdad de las cosas, que lo iba a convertir en un hombre de verdad. Pues si a alguien le fuera todo siempre bien en la vida, sería como un niño gordito, feliz y mimado. Que para los sufíes, el sufrimiento era un regalo de Dios, el mejor presente de Alá, aunque el regalo viniera con un papel de envolver doloroso.

Le habló de como el dolor nos da los límites de las cosas. Es el dolor en el cuerpo el que nos recuerda que hemos de cuidarlo. Es el dolor de la soledad, de la autotortura, de los días oscuros, el que nos muestra el valor de la amistad, del amor, del cariño. Es el dolor de la pérdida, la miseria del fracaso, el miedo a la caída, los que nos hacen limitar las ambiciones y desear la tranquilidad, la armonía, el descanso. Es el dolor el que nos da el valor de las cosas. Y por ello, con tanto sufrimiento, Iwan estaba aprendiendo por primera vez en su vida.

ഇ෪ ഇ෪ ഇ෪ ഇ෪ ഇ෪ ഇ෪ ഇ෪ ഇ෪ ഇ෪ ഇ෪ ഇ෪ ഇ෪

La amistad del santón cambió la vida de Iwan en la cárcel, aunque Iwan no fuera religioso. Pero aquel hombre era sensible, tenía una humanidad y una comprensión de las cosas poco común que Iwan admiraba.

El santón le enseñó una prisión que Iwan no conocía a pesar de haber pasado allí muchos días. Fue como pasar de ver las cosas en blanco y negro, a color.

Iwan fue presentado a un montón de convictos, que lo saludaban con respeto puesto que aún le temían. Entró en muchas celdas, y se dio cuenta de las diferencias. Algunos prisioneros tenían dinero y compraban comida de estraperlo de los guardias. Algunas habitaciones tenían hasta alfombras sobre el suelo, posters en las paredes. A Iwan le sorprendió que no hubiera fotos de mujeres, algo que le hubiera parecido normal, pues la represión de la sexualidad era un verdadero problema para todos en aquella cárcel. La mayoría eran recortes de periódico, políticos.

Su mismo amigo el santón, que se había vuelto un radical fundamentalista, mataría a su propia madre por lograr asesinar a Suharto, y su sueño era morir mártir. Se quedó muy impresionado cuando supo que los días de Suharto estaban contados, que se rumoreaba que iría a prisión.

—Lo meterán en la cárcel de Cipinang en Yakarta, allí viven una vida de lujo, como en un hotel, las habitaciones tienen baño adosado, televisión, tienen hasta un equipo de fútbol...

—Una prisión es siempre una prisión.

—Nah, nah...

El pobre llevaba mucho tiempo encerrado. Aquello, por supuesto, había acentuado su radicalismo.

—Fíjate —le dijo, un día que acababan de llamar al *mu'ha-din*— El *mu'ha-din* comienza en la isla de Mindanao, al sur de las Filipinas, por la mañana. Alguien se levanta y comienza a cantar la omnipresencia de Alá, llamando a los fieles a la oración. Pronto sigue expandiéndose en Indonesia, miles de *mu'ha-din*s se cantan en las islas Java, de Borneo, y después siguen en Sumatra. La diferencia horaria entre estas islas es de una hora y media. Cuando unas terminan, otras empiezan. Entonces pasa a Malasia. Y cuando Malasia termina, Bangladesh comienza a cantar la omnipresencia de Alá, en un contínuo. Y de ahí, pasa a Pakistán, y de Pakistán al Yemen, a los Emiratos Árabes, a Kuwait, a Irak, a Irán, y a Egipto. Y de ahí el *mu'ha-din* va a Somalia y a Sudán, de un lado, y a Libia, Túnez, Argelia, y Marruecos por el otro. Así el mundo entero proclama la omnipresencia de Alá, durante nueve horas seguidas, cada día, desde Filipinas e Indonesia, hasta Sudán y Marruecos. No hay ni un momento durante nueve horas que el planeta no canta la unicidad de Alá y las profecías de Mahoma ¿No me digas que no es bello?

El altavoz de la mezquita seguía cantando el *"Allaaabu Akbaaaar... Allaaabu Akbaaaar..."*

—El pensamiento es bello, sí.

Iwan no quería defraudarle, pues lo apreciaba sinceramente. Comprendía que aquella era su manera de interpretar la vida, posiblemente resultado de un origen humilde, de un mundo sin oportunidades y sin más esperanza que la religión. Tal como era el cristianismo al principio, cuando era una religión de esclavos y gente humilde, dándoles fé para resistir el abuso y la injusticia del mundo.

Aunque a Iwan Bolkiah le preocupaba mucho el incremento del fundamentalismo en su país. Había sido fomentado por los perros de Suharto, y por la misma CIA en el mundo entero, una espita social preferible al comunismo. Pues el comunismo era siempre más directo, metía el dedo en la llaga donde le dolía a las elites, cuestionando la distribución de la riqueza, por eso había sido brutalmente reprimido. La religión, aunque se convirtiera en oposición radical, tendía a ser más abstracta y confusa, y por lo tanto preferible.

"Ash'hadu an laa ilaaha illallaah... Ash'hadu anna Muhammadar-rasulullaah..."

Iwan se preguntaba qué crimen debía haber cometido el santón, y qué pensaría de él si supiera todo el dinero que había sacado del país, si supiera todos los préstamos y especulación financiera que había realizado. El Corán critica duramente la usura. Iwan sospechaba que lo sabía, que se lo imaginaba, pero que con su increíble humanidad hacía ver como si no importara. Estaba encarcelado como él, le otorgaba el perdón. Sea como sea, había agradecido su buena naturaleza, la falta de preguntas.

Iwan lo dejó con sus oraciones. Aquel hombre tenía algo limpio dentro de él, lo hacía sentirse bien, lo llenaba de paz.

"Haya 'alas-salaah... Ilaya 'alal falaah... Laa ilaaha illallaah..."

Con el tiempo, uno se hace a todo. Iwan se hizo a la vida en la prisión, a los ejercicios a mediodía, a esperar la comida, a hablar en las habitaciones de vez en cuando, a pasear por el jardin y contar los geckos que cantaban al atardecer, más de siete decían que traía buena suerte. Se hizo a una vida simple lo mismo que los monjes se hacen al ascetismo.

Su abogado le pasaba algo de dinero y aquella era una manera de suplementar su dieta con algo más de proteína, que los guardias le traían discretamente en contenedores de plástico. Suponía que los platos los debían cocinar sus propias esposas y era una manera de hacer un sobresueldo.

Dejó de fumar, aquel vicio estúpido y absurdo, y aprendió hasta a apreciar los distintos sabores del agua.

෨ඥ ෨ඥ ෨ඥ ෨ඥ ෨ඥ ෨ඥ ෨ඥ ෨ඥ ෨ඥ ෨ඥ ෨ඥ

Una noche que Jana cosía en la fábrica, sucedió el incidente que más temía. Se le rompió la aguja de coser. Quiso morir. Sabía que capataz vendría y le pegaría una paliza, además de descontarle el costo de la aguja de su salario. Sus padres la reñirían. Quiso morir.

Siguió un rato allí, fingiendo que cosía, sin saber que hacer, sin atreverse a respirar. Su instinto le decía que debía correr, correr a casa. Pero no se aventuraba a moverse.

Finalmente, pasó el capataz. Vio como Jana estaba fingiendo trabajar, había roto la aguja. Se relamió los labios, a aquella jovencita aún no la había podido tocar, pensó que se la podría sobre las piernas, sintiéndole el pecho, pegándole por detrás...

Jana estaba aterrorizada. Con su mente aún no formada del todo, no sabía de qué iba aquel pequeño abuso sexual, Jana pensaba que le iba a caer encima la peor paliza de su vida. Y entonces sacó valentía de no sabía donde. Se levantó de su puesto, fue al capataz y lo empujó con tanta fuerza que el hombre perdió el equilibrio y cayó atrás. Jana corrió, corrió con toda su alma, salió del local, cruzó el *kampung,* cruzó la noche.

—¡Mamá, mamá!

Entró en la chabola, donde estaban todos dormidos. Su madre se asustó de verla allí, en medio de la noche.

—¿Qué ha pasado?

Yohan se despertó, y temió lo peor. Jana sólo lloraba, abrazada a su madre.

—Dime que te han hecho, hija... Dime quién ha sido...

Jana lloraba y lloraba, y decía que no con la cabeza. Sabía que no podía volver a aquel local, y sabía que sus padres la iban a reñir cuando se enteraran de lo que había hecho. Yenni y Yohan intentaron tranquilizarla, para que hablara. Finalmente, Jana contó, hipando, lo que había pasado.

—Ven aquí —dijo Yohan, serio— Ven aquí.

Jana se temió lo peor, su padre pegándole una paliza. Pero Yohan le cogió la barbilla y le dijo, mirándola a los ojos:

—Quiero que sepas que estoy muy orgulloso de ti, Jana. Has hecho lo que debías hacer. Lo has hecho instintivamente: Rebelarte, evitar que abusen de ti. Estoy realmente orgulloso de que seas mi hija...

La abrazó. Jana se sintió en el cielo, en el paraíso. Después de la tragedia, todo había salido bien aquella noche. Abrazó a su madre, y volvió a llorar en sus brazos, ahora de alegría. Su madre le dio unas palmaditas en la espalda y se fue a dormir, junto con Yohan.

Ella se quedó pensando, en penumbras. No podía dormir puesto que estaba acostumbrada a trabajar en el turno de noche. Se acostó en su esterilla en el suelo, oyendo el ladrido de los perros a lo lejos. Ya no volvería a aquella horrible fábrica. No podía ser más feliz

Capítulo 40

A principios de diciembre, un acontecimiento conmovió al mundo. Joana recordaba verlo en la televisión, sobrecogida por la potencialidad de la protesta ciudadana. Por primera vez en más de veinte años, los americanos se lanzaron a la calle y se manifestaron enérgicamente en Seattle. Salieron para quejarse contra la manera en que la globalización se estaba realizando, aprovechando una de las reuniones de la OMC, la Organización Mundial del Comercio, en la ciudad. Miles de personas protestaron indignadas por aquella imposición del libremercado y de sus consecuencias sociales y medioambientales negativas, paralizando las negociaciones de la OMC.

Los conservadores han aprendido una estrategia efectiva: justificarse con un par de ideas simples que la gente pueda repetir fácilmente. "El libremercado es bueno, las fuerzas de mercado funcionan". Pero no es verdad, es una manipulación. No hay ninguna evidencia de ello. El libremercado crea distorsiones terribles. Crea, para empezar, inestabilidad, volatilidad; con el tiempo crea monopolios y oligopolios, dado que la competición hace que sólo los fuertes ganen. El libremercado necesita ser controlado, regulado, conducido, de manera que se asegure el bien público, el de la mayoría, y no el de unos pocos millonarios.

La idea de la libre competencia sin favoritismos de la OMC beneficia a los poderosos, pues es una ley primitiva, arcaica: la ley del más fuerte. ¿Cómo van a competir las pequeñas compañías de un país pobre con multinacionales de países ricos? Es como si se pusiera a unos niños en un ring, junto con unos hombres corpulentos y rudos, y se les dijera: "A competir libremente, que gane el mejor". Los hombres matarían a los niños es un instante, les romperían los huesos con facilidad. Después los hombres se pelearían entre ellos, quedando o bien un gran ganador, el más bruto, o bien varios, que se aliarían entre ellos para no morir todos en la competición. El monopolio, el oligoligopolio.

En Seattle el mensaje fue fuerte y potente: la gente no quiere un orden mundial escrito por los grupos financieros y por las grandes corporaciones.

Aquella pretensión de desregulación del comercio, anulando leyes nacionales en nombre del libremercado, era en realidad una re-regulación de un nuevo sistema que beneficiaba a los fuertes. Pues el libremercado sólo es útil para los que pueden competir y ganar. ¿Cómo podrían competir las pequeñas industrias locales de países como Mongolia o Uganda con las grandes empresas multinacionales de los Estados Unidos o de Alemania? Sencillamente, no pueden. Las reglas del juego de la OMC no están diseñadas para beneficiar a la pequeña industria, la que genera empleo a nivel local. Para ello, se requeriría lo contrario del libremercado, un sistema que discriminara a su favor, que desarrollara la empresa local y la generación de empleo, que la ayudara a crecer, a coordinarse y a aprender de las mejores standards multinacionales y, sobre todo, que la protegiera, que le diera un nicho en el mercado mundial. Algo que ha sido fuertemente reclamado por activistas en muchas otras manifestaciones, en Praga, Génova, Porto Alegre, Davos, Londres, Washington, Quebec, Evian, París o Cancún.

Pero lo más interesante del argumento conservador del libremercado es que no existe. Es una falacia, un cuento de hadas. Los países desarrollados de Norteamérica, Europa y Japón protegen a sus industrias a capa y espada. Protegen incluso la agricultura, una de las pocas cosas que los países en vías de desarrollo pueden producir y en la que son más eficientes. Lo único que se liberaliza es lo que el G-8 y los países ricos quieren, a través de acuerdos bilaterales o de la OMC. Y así, los países pobres o de ingreso medio se tragan el bulo, liberalizan sus economías, y los productores locales no pueden competir con un mar de importaciones subsidiadas de mejor calidad, sus empresas han de cerrar y se genera más desempleo. Es un caso vergonzoso de doble moral.

Joana recordó lo que Iwan, con su brutal escepticismo, había tratado de decirle: en el fondo, el mundo entero es un sistema de capitalismo crony. No sólo Indonesia, sino también el G-8, Europa, Japón y Estados Unidos.

ເວຊ ເວຊ ເວຊ ເວຊ ເວຊ ເວຊ ເວຊ ເວຊ ເວຊ ເວຊ ເວຊ ເວຊ

El 31 de Diciembre de 1999, el mundo entero se detuvo durante 24 horas. Todas las razas y culturas de la Tierra se unieron para dar la bienvenida al nuevo milenio. Comenzó en Micronesia y siguió por Australia. Luego los tambores y fuegos artificiales resonaron en Japón, Corea, Beijing, Viet Nam y se fueron extendiendo por toda Asia. Horas después millones platos de comida de mil colores se servían en la India y poco más tarde en Oriente Medio, para llegar a las Pirámides de Egipto, que brillaban de luz, magníficas a pesar de sus cuatro mil años. Seguidamente Londres inauguraba con champagne un carísimo Domo para recibir al milenio, continuando en Nueva York y Río de Janeiro, bañadas de una lluvia de alegría y papeles de plata.

Niños de todas las razas miraban con sus ojos grandes llenos de ilusión el paso del reloj, mientras hombres y mujeres deseaban en distintos idiomas un futuro mejor para todos.

Por primera vez en la historia del mundo, la familia humana entera celebraba unida el comienzo de un nuevo milenio. Uno de esos momentos únicos en que las diferencias y los abusos entre los hombres parecieron desaparecer por unos instantes.

ഇൻ൝ ഇൻ൝ ഇൻ൝ ഇൻ൝ ഇൻ൝ ഇൻ൝ ഇൻ൝ ഇൻ൝ ഇൻ൝ ഇൻ൝ ഇൻ൝ ഇൻ൝

Joana caminaba por el campus de la universidad, dirección a la biblioteca. Todo menos quedarse en casa sintiendo el silencio y el frío subir por las paredes. Era enero y estaba helando, el campus parecía deshabitado, Joana oía sus propios pasos al caminar. El sonido de sus pasos en el vacío de aquellos edificios modernos daba al campus un aire verdaderamente irreal.

Como muchas otras universidades, Sussex se había expandido durante los años setenta, una década valiente. Se habían construido edificios cuadrados, futuristas, llenos de espacios vacíos y de innovación, animando a estudiantes y profesores a pensar y crear nuevas sociedades, un futuro mejor para todos. Luego la Inglaterra conservadora de Margaret Thatcher recortó brutalmente los presupuestos de educación, y los edificios progresistas se cubrieron de hongos y moho, se quedaron ahí, extrañados, abandonados en medio de la campiña inglesa. Los profesores se marcharon o se acostumbraron a trabajar con pocos medios. Y aquellas construcciones modernas permanecieron allí erguidas, renovándose poco a poco a medida que había presupuesto, un paisaje irreal en medio de la conservadora sociedad británica.

Joana entró en la biblioteca, uno de los edificios más nuevos, funcional, hecho de hormigón, cristal y ladrillo. Saludó en la entrada y se dirigió arriba, a su espacio preferido, donde había más luz. Dejó sus cosas, sacó sus libros y su libreta de tomar notas.

Las bibliotecas son lugares silenciosos y solitarios, donde permanecen la memoria y las palabras de miles de personas, encerradas dentro de libros. A veces el tiempo parecía detenerse dentro de la biblioteca, con su aire denso, sólo interrumpido por los ecos de los pasos de algún otro lector solitario. Cuando pasaba entre los cientos de estanterías, Joana acariciaba los lomos de los libros, mirando los títulos. Libros hechos por otros hombres, encuadernados por otras manos en otros tiempos. Libros grandes y pequeños, oscuros y claros, batallas de la razón para comprender el mundo, consuelo de visionarios solitarios como ella misma. *La decadencia de Occidente, Una indagación en la naturaleza y causas de la riqueza de las naciones, El retraso económico en perspectiva histórica...* Certeros o equivocados, Joana imaginaba toda la esperanza que los escritores debían haber puesto al escribir sus libros, destilando lo mejor de sus pensamientos para intentar cambiar el mundo.

Tal como ella lo intentaba. Cuando no leía o escribía de acuerdo con la meta que se había propuesto para ese día, se castigaba quitándose alguno los pequeños placeres de la vida, como fumar, o tomar un dulce. Así había terminado convirtendo su vida en un retiro monacal, en una especie de cárcel abierta, sin ningún lujo. Pero era mejor trabajar que pensar, era mejor forzarse a producir que no enloquecer sintiendo el crujir de las paredes, el viento mover los árboles, el silencio y la soledad.

ഈരു ഈരു ഈരു ഈരു ഈരു ഈരു ഈരു ഈരു ഈരു ഈരു ഈരു ഈരു

Sonó el teléfono. Joana abrió los ojos y se preguntó dónde estaba. Se había quedado dormida en el sofá del salón, en la parte de abajo de la casa. La botella estaba vacía, sobre la mesa, junto al ordenador aún encendido. Le dolía la cabeza por el alcohol de la noche anterior, y el teléfono sonaba y sonaba...

—¿Diga? —dijo, en castellano, carraspeando.

—*May I speak to Joana Arteaga?* —preguntó una voz de mujer.

—Sí, soy yo —respondió Joana, ya en inglés.

Era Jun Nakajima. La invitaba a tomar té en su casa. Colgó y se sentó sobre el sofá. Tenía resaca. Miró el reloj, eran ya las nueve de la mañana pasadas, imaginaba que su voz dormida no debía haber causado muy buena impresión. Mierda. Se duchó con agua muy caliente, para despejarse y eliminar el dolor de espalda que tenía por dormir en el sillón. Luego engulló un montón de comida de mala manera, como siempre que bebía, y ya recuperada, partió a encontrar a la catedrática.

Jun Nakajima tenía una casa inglesa que había decorado a lo japonés, y la mezcla era realmente elegante. De hecho, toda ella era elegantísima, con aquella discreción y amabilidad oriental.

Normalmente se hubieran puesto a hablar de cosas profesionales nada más verse, pero siendo domingo y habiendo ido a su casa, Jun le preguntó por su vida personal, por cómo pasaba los días. Joana dudó qué responder y finalmente decidió decirle la verdad.

—La verdad, no muy bien. La vida académica es muy solitaria. Y no puedo dejar de pensar que mientras nosotros estamos aquí, trabajando en silencio en nuestros pequeños artículos, dando clases a un puñado de estudiantes, ahí afuera está el enemigo que denunciamos, unos listillos en las bolsas de Wall Street, Chicago, Londres, Frankfurt, Madrid, Sydney o Tokio, unos hijos de perra que siguen disfrutando de la ola del mundo, groseramente, especulando, ganando millones a cualquier costo, creando más inestabilidad financiera y riesgo para todos. Y los de abajo siguen muy abajo, la mitad de la población del mundo aún sigue por debajo de la linea de pobreza, en la miseria, sin que nadie haga nada por ellos…

Jun Nakajima daba vueltas lentamente a la tetera, le estaba haciendo el honor de un pequeño ritual del té.

—Ya lo he notado, y aprecio que hayas sido sincera. Quizás —dijo, dando otra vez la vuelta a la tetera—, quizás deberías aprender a tomar más té.

Joana la miró, con su cara de esfinge. Se preguntó si se había dado cuenta de que bebía. Jun no lo sabia, pero sí había percibido la enorme soledad y tortura interna de Joana.

—En Japón intentamos llevar una vida simple. Verás, ser infeliz, afea. Y ser muy feliz atonta.

Jun Nakajima echó más agua dentro de la pequeña tetera.

—La vida trae insatisfacciones y sufrimiento, a unos más que a otros, pero en general, la pérdida de los seres queridos, los sueños que no se cumplieron, y todo ese largo etcétera nos golpea la cara como un boxeador. En nuestra sociedad, muchos se atontan con consumismo, antidepresivos, videos, deporte o sexo fácil, según sus valores, da lo mismo, se anestesian con momentos de felicidad artificial, la mayoría exacerbando el narcisismo, cosas que les digan que sus vidas son buenas, que merecen la pena.

Jun limpió la tetera con un pequeño pincel, mientras siguió hablando.

—En Japón, en la tradición budista, creemos que la felicidad constante y permanente tiene que ver con la negación, con el desprecio de la vida, con la inapetencia, con el nirvana. La clave de la felicidad está en la simplicidad, en la línea donde trazamos nuestras aspiraciones: alguien que no sueñe mucho no sentirá insatisfacción, alguien que no sea narcisista y que no desee muchas cosas será feliz consiguiendo poco. Y una de las técnicas budistas es recrearse en pequeñas acciones, pequeños rituales cotidianos como tomar el té.

Joana no dijo nada, respetuosa.

— Puedes hablar, Joana. Te noto escéptica...

—Si quieres que sea sincera, sí. Vengo de otra cultura, un tanto más pasional, más impaciente... creo que a mi eso no me funciona. Sin ponerlo de manera tan trascendental, comprendo perfectamente lo que dices. Anestesiarme comprando un capricho, saliendo con amigos, viendo televisión, no me funciona; de hecho, a pesar de darme un chispazo de bienestar, muchas veces me deja con una sensación peor, de haber perdido el tiempo. Pero no es por desprecio a la vida, sino al revés, quizás por pensar demasiado en ella. Creo que tengo la capacidad de mejorar las cosas, no solo para mí sino para muchos, y eso es lo único que parece importante, que parece dar sentido a mis días, y alejar el dolor de la pérdida de los seres queridos...

—Un sueño. Como cualquier otro. No por rasgarte las ropas de desesperación, a solas, el mundo va a cambiar. Tu capacidad de cambiar el mundo es muy limitada.

—Quizás...

—Sigue.

—Te lo puedes imaginar. Quizás nuestra capacidad es limitada, pero creo que merece la pena intentarlo. Como dicen en Nicaragua, quién lucha puede perder, pero quién no lucha ya ha perdido. Y mejorar las cosas no es un sueño: es el instinto humano más básico, del que depende la supervivencia de la especie, lo que ha movido a hombres y mujeres desde el principio del los tiempos. En fin, Jun, no es por ponerlo en términos culturales, creo que tú también tienes ese sueño dentro de ti, toda esa otra parte *samurai*. Comprendo lo que me quieres decir, pero si te soy sincera, con los años, en vez de volverme más paciente haciendo té, es al revés, me he vuelto impaciente, cada vez tolero menos lo que me hace perder el tiempo...

Joana pensó que no se arrepentía de sus errores, de meter la pata, de haberse equivocado. Con el tiempo todo eso se olvida. Sólo se arrepentía de sus silencios, de lo que no había hecho, de las oportunidades para hacer cosas importantes que dejó pasar. Jun Nakajima sonrió, mirando el té.

—Cierto, muy pasional. De hecho, te he llamado por algo relacionado con eso.

Sirvió té en las dos tacitas.

—Como sabrás, Larry Wickliff ha conseguido un proyecto de investigación por un millón de libras, sobre indicadores de gobernabilidad y buena gestión de proyectos en países post-conflicto. La universidad lo ve como un gran logro, Larry Wickliff se consolida así como el sucesor de mi cátedra, cuando me jubile dentro de poco. Todo el departamento va a tener que colaborar en la investigación...

— ¡Pero si es un tema marginal!—se quejó Joana— Lo que tendríamos que hacer es estudiar cómo regular la falta de gobernabilidad y orden global, estudiar alternativas a las políticas de desarrollo que beneficien a la mayoría de países y ciudadanos del mundo, no solo a zonas post-conflicto. ¡Joder, Jun, si querías sacarme de mis casillas lo has logrado! Recuerda la conversación en Seúl, la primera vez que nos conocimos, y el motivo por el que me vine aquí contigo. Hay miles de cosas por hacer pero no son las de Larry Wickliff.

—Pues presenta una propuesta de investigación alternativa y logra que te la acepten.

Joana la miró.

—Jun, yo no he dejado un buen puesto internacional en la ONU para dedicarme a traer fondos a la Universidad de Sussex... Y no quiero pelearme con Larry Wickliff, no es que lo que él haga esté mal, sencillamente no puedo perder el tiempo en eso; de hecho, no quiero ni relacionarme con él, su mundo no me interesa para nada.

—Es el mundo en que vives ahora. Y como bien sabes, la univerdad inglesa ya no es lo que era, los fondos públicos se han ido cortando y es necesario encontrar nuevas fuentes de financiación. Tienes varias opciones. Puedes traer fondos a la universidad haciendo trabajos de consultoría de desarrollo, restableciendo tus contactos con las Naciones Unidas y el Banco Mundial. O puedes presentar una propuesta de investigación alternativa y esmerarte en que la elijan. Si no, me temo que tendrás que trabajar en la anodina investigación de Larry Wickliff.

Joana sintió que necesitaba un trago. Todas las dudas volvieron a ella otra vez. Qué complicado es moverse en la vida. ¿Había hecho bien dejando la ONU? ¿Qué estaba consiguiendo en el mundo académico? Ahora ni siquiera la dejarían investigar en lo que creía importante. A falta de alcohol, se tomó la tacita de té de golpe. Miró a Jun Nakajima.

—Lo haré con una condición: Que sea un proyecto conjunto con Ian Scott y contigo.

Jun Nakajima sonrió.

—Es precisamente lo que había pensado. Tienes todo mi apoyo. Ya ves, mi lado *samurai*. Por eso te he invitado hoy, quiero que sepas que considero que tanto Ian como tú sois los que merecéis ser los sucesores de mi cátedra. Pero habréis de demostrarlo. Mientras tanto, no desprecies la opción de hacer trabajos de consultoría de desarrollo, especialmente para el Banco Mundial que paga muy bien. Es la manera de que te dejen en paz y no te obliguen a comenzar inmediatamente con Wickliff.

Joana bajó la mirada. Pensó en Jan Håkansson, y la memoria del sueco le trajo recuerdos agradables. Pero ¿debía trabajar para el Banco Mundial? ¿Debía aceptar colaborar con una institución que había servido a las elites en vez de a la gente necesitada, que seguía causando sufrimiento en vez de evitarlo? No tenía ninguna duda de que Håkansson era una persona íntegra y honesta que estaba luchando por una mayor justicia social. Sin embargo, había visto como el lado conservador del Fondo y del Banco lo habían toreado durante la crisis asiática. Peor aún, lo habían utilizado para dar una cara más humana al Banco Mundial, mientras por detrás seguían haciendo de las suyas, a piñón fijo, endeudando a países con programas mal diseñados que beneficiaron a muy pocos pero que debían de ser pagados por la mayoría. Si colaboraba con Håkansson, las probabilidades de que su trabajo fuera utilizado de la misma manera eran muy altas.

Jun Nakajima la miraba fijamente, esperando una contestación. Joana le contó sus dudas.

—Correcto —respondió la catedrática— Pero si no colaboras con Håkansson lo estás abandonando a su suerte, en vez de ayudarle a luchar junto con Joseph Stiglitz, Ravi Kanbur y la gente progresista que están intentando renovar al Banco Mundial desde dentro. Y aunque sea poco, algo van consiguiendo. Además, el Banco Mundial tiene tantos fondos que un proyecto de ellos tiene más impacto que cien de los pequeños proyectos de las Naciones Unidas o de la Universidad de Sussex.

Joana volvió a casa paseando, pensativa. Qué hacer… ¿Reforma o revolución? ¿Transformación desde dentro del sistema, o ruptura desde fuera? Siempre nos sentimos atraídos por el romanticismo de la rebeldía, pero Joana sabía cuán lejos estaba de cualquier oposición organizada. Estaba, de hecho, más sola que nunca. ¿Qué estaba haciendo en la Universidad de Sussex? Soñaba silenciosamente con cambiar el mundo, con mejorar las cosas, pero a pesar de las ideas radicales, la verdad es que lo único que estaba moviendo eran papeles, notas y libros. ¿Qué estaba logrando? Nada.

Llegó al cottage. Estaba a oscuras, Jane habia salido. Encendió la luz de la sala y se quedó mirando por la ventana. Sentía desasosiego, no sabía qué hacer. Fue a la cocina a hacerse un té, como le había dicho Jun Nakajima. Puso el agua a calentar y, mientras esperaba, comenzó a oír los misteriosos crujidos de la casa, el viento moviendo los árboles, el frío escondiéndose por las paredes.

A ella no le funcionaba. Dejó el té y abrió una botella de vino.

Después de un par de copas y mucho pensar, llamó a Jan Håkansson en Washington. El sueco se alegró mucho de volver a oírla. Necesitaba aliados, buenos guerreros que lo ayudaran en la batalla. Le comentó que necesitaban a alguien para un trabajo en África y Joana quedó en enviarle su currículum y sus últimos artículos.

Al colgar, se sirvió más vino. Qué pensaría Håkansson de ella si supiera que se pasaba muchas noches bebiendo, qué sucedería si supiera que dudaba del trabajo que él estaba haciendo en el Banco Mundial y, peor aún, de la vida que ella misma tenía en la Universidad de Sussex. Pero por más vueltas que le daba, por más que cuestionaba las cosas, siempre llegaba a la misma conclusión: Había hecho bien dejando el trabajo asistencial de la ONU. Quizás había hecho mal yéndose de Yakarta, quizás si se hubiera quedado con Iwan seria feliz y no dudaría tanto de las cosas. Pero, para bien o para mal, él no había vuelto por ella; el amor no era una opción, sino sólo un sueño. Quizás mejor así, quizás el amor sólo hubiera sido otra manera de anestesiarse, haciéndole dedicar su energía a un solo ser humano, desviando su atención de la capacidad de mejorar la vida de muchos otros. Debía enfocarse en su trabajo, comprar tiempo para seguir investigando y escribiendo. Eso era lo único que daba sentido a su vida, lo único a lo que parecía merecer la pena dedicar los días, por más que vinieran acompañados de soledad y sufrimiento: servir a una causa mejor que ella misma. Debía seguir luchando, intentando dar a conocer y difundir lo que sucedía en el mundo.

Capítulo 41

La familia de John Mills Ford cambió la vida de Jhumar. Le dieron protección, un hogar. Fue la primera vez que comió bien desde que pisó América; bueno, excepto cuando hacían hamburguesas a la parrilla en el jardín ¡nada menos que con carne de Vaca Sagrada triturada! ¡Ganesh los proteja! Pero a pesar de algunas de las costumbres bárbaras y primitivas de los Ford, la familia le dio cobijo y calor. Fue como pasar de ver las cosas en blanco y negro, a volver a percibir algo de color en la vida.

Jhumar se volvió indispensable. No sólo hacía el jardín, sino que pintaba paredes, arreglaba cañerías, reparaba el tejado, traía cajas, limpiaba la piscina, ordenaba la habitación de Tom, ayudaba en lo que fuera necesario. Jhumar era trabajador y discreto, viviendo en la caseta del jardín, donde le habían dado no sólo muebles y una estufa, sino además una televisión para él solo.

Aunque a Jhumar, en el fondo, todo aquello le daba igual. Él seguía echando de menos a Joshita. Muchas noches salía al jardín, y se quedaba mirando las estrellas, sabiendo que ella también las miraría en la India. Era su única manera de comunicarse con ella.

Les mandaba dinero cada mes. Anne Mills Ford le había llevado a un banco, y quiso enseñarle como hacerlo. Jhumar decía que sí, intentando memorizarlo todo, pidiéndole que por favor le diera una copia del papel. Fue entonces cuando Anne se dio cuenta de que no sabía escribir, el indio estaba intentando memorizarlo todo para repetirlo literalmente. Así que tomaron un montón de hojas para transferencias bancarias, y Anne venía con él cada mes.

Jhumar se sentía enormemente orgulloso de enviarles su salario. La primera vez que salió la transferencia, sintió ganas de llorar. Misión cumplida, lo había logrado, había hecho las Américas. Fue una de las sensaciones más bonitas de su vida. Sabía que su familia se pondría contenta, y que Joshita estaría muy orgullosa de él.

Una noche de junio, Jhumar tuvo una idea mirando las estrellas en el jardín.

Fue a la habitación de Tom, el hijo de los Mills Ford, que estaba muy contento pues ya había acabado su último examen en el colegio.

—¡Jhumar! Pasa, pasa ¿has visto el último videojuego que tengo?

Jhumar no entendía de nada de eso.

—Vengo a pedir un favor —dijo Jhumar, siempre parco de palabra.

Menudo fastidio... Tom tuvo que interrumpir el juego, no sin antes acabar aquel tanto. Miró a Jhumar.

—¿Podrías ayudarme a escribir una carta a mi mujer?

Tom se quedó extrañado.

—¿A escribir una carta? Bueno, pues claro... ¿ahora?

—Si puede ser...

Tom cogió papel y un lápiz, y le hizo un sitio en la mesa donde estudiaba, indicándole que podía sentarse. Jhumar lo miró.

—Tom, yo no sé. Has de escribir tú.

—¿Qué no sabes escribir?

Tom se quedó atónito. Un hombre enorme como Jhumar, y no sabía escribir. ¡Él sabía más que aquel adulto! Aquella idea le hizo reír.

Jhumar vio como el niño se reía de él. Se sintió inferior, inadecuado, de otro mundo. Se sintió terriblemente mal. Dio la vuelta y bajo las escalera a toda prisa, a refugiarse en su caseta, incapaz de responder a aquella risa.

John Mills Ford estaba leyendo el periódico en la sala, y se sorprendió de ver a Jhumar bajar de estampida y salir corriendo de la casa. Imaginó que algo había pasado arriba. Subió, y sintió alivio de ver que su hijo Tom estaba bien.

—¿Qué ha pasado?

—Papá, papá... Es que Jhumar no sabe escribir ¡Con lo mayor que es! —dijo el niño riéndose, el hecho le parecía increíble.

John Mills Ford miró el papel y el lápiz sobre la mesa, e imaginó lo que había ocurrido.

—Tom, ven aquí —dijo, muy serio— Ven.

Tom se temió lo peor, un castigo de algún tipo, aunque no sabía por qué.

—Tom, has de aprender que no todo el mundo vive igual que tú en este mundo. ¿Sabes de dónde viene Jhumar? —cogió un globo terráqueo que su hijo tenía— Jhumar viene de muy, muy lejos, del otro lado del planeta, de la India. Un sitio donde la mayoría de la gente es muy, muy pobre. Déjame que te explique como vive la familia de Jhumar. Viven en una casa de barro más pequeña que tu habitación, el suelo es de tierra, allí duermen, cocinan, hacen de todo. La cocina es un fuego sobre unas piedras, en un rincón de la habitación. No tienen televisión, ni electricidad, ni teléfono, ni ordenador, ni siquiera agua que salga de un grifo. Son pobres porque tienen muy poco ¿comprendes?

Tom asintió. Había visto programas de televisión que salía gente así, sabía lo que era, aunque no se le hubiera ocurrido pensarlo de Jhumar. Para él, Jhumar pertenecía a la caseta del jardín, no tenía pasado. Ahora se daba cuenta de que era una persona con sentimientos, con una familia y con una historia triste a sus espaldas.

—Si hubieras nacido allí, dormirías sobre el suelo porque no tendrías una cama...

—¿Y se subirían los insectos por encima? —como todos los niños, Tom siempre se fijaba en los aspectos escabrosos.

—Sí, los insectos suben por encima, porque uno está en la tierra.

—Aghh...

—Por eso, Tom, por eso no está bien reírse de Jhumar. Él era muy pobre cuando era pequeño, por eso no pudo ir a la escuela. Tampoco tenía juguetes o una videoconsola como tú tienes, tenía que trabajar en el campo, arando la tierra, no tenía tiempo para aprender a leer. Mucha gente pobre en el mundo hace éso, Tom, tú y tus amigos sois todos unos privilegiados, tenéis mucho que comer, muchos zapatos, muchos juguetes, no habéis de trabajar, pero no debes olvidar que la mitad de la gente del planeta es pobre.

Tom comprendió. Se sintió mal.

—Papá, yo no sabía...

—Ya lo sé, Tom, ya sé que tú no sabías nada. Pero ahora que lo sabes, ¿no crees que deberías ir a la caseta de Jhumar y pedirle perdón? ¿No crees que es justo?

Tom asintió, mirando el suelo.

—Mañana vas y lo haces, ¿de acuerdo?

Anne había estado escuchando desde la puerta. Se acercó a John y lo abrazó por detrás, delante de Tom.

—¿Sabes que tengo el mejor marido del mundo? —susurró— Te quiero...

സ്റ്റൽ സ്റ്റൽ സ്റ്റൽ സ്റ്റൽ സ്റ്റൽ സ്റ്റൽ സ്റ്റൽ സ്റ്റൽ സ്റ്റൽ സ്റ്റൽ സ്റ്റൽ സ്റ്റൽ

Al día siguiente Tom llamó a la puerta de la caseta en el jardín. Jhumar abrió.

—Perdona, Jhumar.

El indio hizo un gesto de no querer hablar del asunto.

—He traído papel —dijo, levantándolo para que lo viera— es un papel especial, mira que bonito, con árboles en relieve, lo guardo sólo para ocasiones especiales. ¿Puedo ayudarte a escribir la carta?

Jhumar aceptó, y lo invitó a pasar. Se sentaron.

—A ver, qué quieres decirle.

—No sé, nunca he escrito una carta...

Tom comprendió, y se sintió peor aún.

—"Querida..." ¿cuál es el nombre de tu mujer?

—Joshita.

—¡Qué nombre tan raro! Jo... shi... ta... Ya está. Así se escribe ¿ves? Bueno, y ahora ¿qué?

Jhumar se encogió de hombros, no sabía realmente.

—Dile que espero que esté bien de salud.

—No, hombre, no. Has de decirle que la quieres mucho, eso es lo que mis padres siempre se dicen, y lo que hacen en todas las películas...

—Bueno. Dile además que el viaje en barco fue muy largo y que me costó mucho encontrar un buen empleo, pero que ahora estoy bien aquí con vosotros.

—Okey.

—Dile que si recibe el dinero todos los meses, yo lo mando siempre. Y que encuentre a alguien que le ayude a escribir una carta, pero no en hindi o en marathi sino en inglés, y que me escriba a esta dirección.

—¿Jindi? ¿Maraci?

—Hindi y marathi son idiomas de la India, Tom.

—Ah... Yo te ayudaré a escribirlas todas las otras cartas, Jhumar.

El indio miró al niño.

—Dile también que miro las estrellas y la echo mucho de menos.

Capítulo 42

Kampala, Uganda, Octubre 2000

"Milton Muwanga, Director Departamento de Planificación y Presupuesto, Ministerio de Finanzas; Jackson Okello, Director Adjunto; Aloysius Walugembe, Banco Central de Uganda..." Joana leía la lista de personas que iba a encontrar, sentada en la parte de atrás de un taxi del hotel. "Milton Muwanga, Milton Muwanga, Milton Muwanga..." repitió para sí.

Miró el cielo azul de Kampala. Un azul increíble, limpio, como debía haber sido el cielo en la antigüedad en el resto del mundo, cuando aún no había fábricas y polución. Tuvo ganas de bajar y andar por la ciudad, pobre pero llena de árboles, bajo aquel cielo azul índigo. No pudo dejar de comparar con la contaminación de las ciudades Europeas y Asiáticas, recubiertas de una permanente neblina.

Claro que, como la mayoría de países de África, la falta de polución se debía a la ausencia de actividad económica. Uganda seguía siendo un país muy pobre, a pesar de ya haber pasado muchos años desde la guerra civil tras el horrendo gobierno de Idi Amin Dadá. De nuevo, Joana comparó con Asia. Mientras que Asia se desarrollaba rápidamente a través del un capitalismo crony, a través de apaños y chanchullos de amiguetes enchufados y militares en las elites, el modelo africano había probado ser mucho peor. En África se daba la alternancia de elites corruptas. Un grupo llegaba al poder y chupaba del bote todo lo que podía, se quedaba con todo. Con los años se formaba una oposición que reemplazaba a la elite en el poder, bien a través de elecciones o bien a golpe de machete y fusil, y de nuevo robaba todo lo que podía.

Las políticas neoliberales de la década de los ochenta y noventa habían hecho el resto. "Las décadas perdidas", como las llamaban... Los países africanos habían sido ahogados por una deuda externa heredada de gobiernos anteriores, forzados a implementar planes de austeridad, a liberalizar la economía, y a imponer el pago de tasas por el uso de servicios de salud y educación. De esta manera el hambre, la pobreza, las enfermedades y la miseria habían incrementado por toda África. La esperanza de vida al nacer era sólo de 43 años en Uganda.

Uganda aún pagaba 120 millones de dólares al año en pagos de su deuda externa, mientras que sólo gastaba 54 millones en salud y 12 millones en agricultura. ONGs como Jubileo 2000 u Oxfam denunciaban correctamente que el pago de aquella deuda era al costo de dejar a los niños de Uganda morirse en la miseria.

La historia de la deuda externa en el Tercer Mundo tenía bemoles. Aquella era una deuda heredada de gobiernos anteriores, que la habían despilfarrado en sus cronys. Ahora los nuevos gobiernos democráticos debían pagar, y era tal lo que se debía, que muchos países pobres del Tercer Mundo transferían más fondos a los países ricos que al revés. Un absurdo, países empobrecidos pagaban más que recibían.

Había habido cientos de manifestaciones de activistas y múltiples reuniones internacionales. Retomando una idea bíblica, la idea de los *jubileos* o el perdón de las deudas que se hacía de tanto en tanto en la antigüedad, la ONG Jubileo 2000 propuso una cancelación excepcional de la deuda atrasada de las naciones más pobres, como un gesto de buena voluntad para marcar el inicio del nuevo milenio, los dos mil años del nacimiento de Cristo. Aquella fue una buena campaña. Al final, bancos acreedores y países acordaron la iniciativa de los Países Altamente Endeudados, por la cual las deudas eran reducirlas y transferidas al Fondo Monetario y al Banco Mundial. Pero no canceladas. El argumento oficial para no cancelar la deuda era incentivar a los gobiernos a ser responsables, evitar que se volvieran a endeudar pensando que después les perdonarían sus acreedores. Había otros argumentos de fondo, como que el Banco Mundial quería tener más poder para realizar reformas internas, y doblegar los grupos de interés cronys en los países más pobres. Joana comprendía aquel argumento muy bien, lo había vivido en la piel en Indonesia; en aquellos países tercermundistas no había pobreza por accidente, sino porque las clases altas tenían como objetivo primordial el mantenerse en el poder para preservar su riqueza, en vez de servir al bien público.

Pero ¿qué sentido tenía que los pobres ugandeses pagaran aquella deuda? ¿Qué eran 120 millones de dólares para los bancos o el Fondo Monetario? Aunque se había intentado renegociar la deuda externa de Uganda y de muchos países africanos, aquello no era suficiente, era necesario eliminar la deuda completamente e invertir el dinero en el desarrollo del país.

Joana suspiró, dentro del taxi. Miraba las calles de Kampala, y las ventanas de su memoria se abrían, un montón de recuerdos que parecían olvidados aparecían de nuevo, evocaciones de cuando estuvo enseñando de joven en una zona al este de Kampala, en Mubende.

Se preguntó que habría sido de Juma, su alumno preferido, el muchacho de los ojos grandes y vivos. Cómo había cambiado todo para ella desde que había venido a Uganda como voluntaria. Ahora había vuelto contratada por Jan Håkansson, como consultora del Banco Mundial. Posiblemente las cosas también habrían cambiado mucho para Juma: debía estar casado, tener un montón de hijos. Miró todos los documentos que tenía para leer, del Fondo Monetario, del Banco, de las Naciones Unidas... Si tenía tiempo, intentaría ir ese mismo fin de semana a ver como estaba el lugar donde dio clases. Luego se liarían demasiado las cosas, empezarían las visitas oficiales a otras provincias, sería imposible escaparse al pasado, a volver a visitar su escuela, a reencontrarse con Juma.

ഇരുട ഇരുട ഇരുട ഇരുട ഇരുട ഇരുട ഇരുട ഇരുട ഇരുട ഇരുട ഇരുട ഇരുട

El jeep iba salvando piedras y obstáculos por una carretera de tierra. Al conductor no le había hecho ninguna gracia traer su coche allí. Nada más uno sale de la carretera principal, el camino es terrible. "¿Está segura que no prefiere ir al Lago Victoria?" había preguntado varias veces, hasta que Joana le explicó el motivo por el que quería ir a aquel conjunto de aldeas pobres en las colinas del distrito de Mubende.

Tardaron mucho en llegar, no sólo por la lentitud del viaje, sino porque Joana apenas podía recordar los sitios, todas las aldea parecían iguales, y muchos grupos eran seminómadas y cambiaban de lugar con los años, sobre todo si agotaban el medio ambiente a su alrededor. El paisaje era precioso, aunque también irreconocible, aquella sabana verde de Uganda, guardada por algún baobab majestuoso y algún hormiguero gigante de tanto en tanto.

Cuando llegaron a una de las escuelas donde Joana había enseñado, estaban cubiertos de polvo. Joana, ayudada por el conductor que hacía de traductor, saludó al maestro y a los niños, que la miraban con curiosidad y risitas, y les explicó su historia, como hacía muchos años había dado clases en varias escuelas de la zona, pero como su corazón se había quedado prendado de aquella, la más pobre, y que aún recordaba a algunos de sus mejores alumnos, como Juma.

El maestro les dio la bienvenido e hizo que los niños hicieran lo mismo. Los niños chillaron la bienvenida, cantando. La escuela estaba casi igual, con paredes de madera, sostenidas por un sólo muro de piedra, la brisa y las moscas entrando por las ventanas. Aunque ahora tenía el techo de uralita, una mejora, así no habría goteras.

—Le he traído unos materiales para la escuela... Espere.

Joana y el conductor fueron al jeep, y sacaron varias cajas con cuadernos, lápices y otros materiales escolares. Joana sabía que hasta la tiza era un problema. Dos de las cajas contenían vitaminas y comida, galletas de chocolate y botes de leche condensada; aunque no era muy sano para los niños, Joana pensó que sería un lujo que no tendrían normalmente.

—¡Oh, qué amable! —dijo el profesor— Esto es estupendo, no sabe lo que lo necesitamos... Las familias de los niños no tienen para nada. Ni siquiera para comer...

Algunos de los niños andaban kilómetros para llegar a la escuela, descalzos pues no había ni para zapatos, y llegaban sin almuerzo. A veces se desmayaban en clase. El profesor y algunos de los otros niños se solidarizaban y les daban algo de su comida. Cuando había mucha necesidad, se quedaban en la aldea, no venían a la escuela dadas las distancias.

—Voy a dejar también algo de dinero... confío que se utilizará para lo que sea más necesario.

El profesor explicó que lo gastaría en libros, cada libro se compartía entre siete niños de edades similares, la mayor parte de la enseñanza seguía siendo oral. Luego siguieron hablando un rato, en el que Joana evocó un montón de recuerdos. Finalmente, ella le preguntó si podría preguntarles a los niños si alguien conocía la casa de Juma, que ahora debería tener unos veinte años pero también había ido a aquella escuela, quizás alguno era pariente de él.

El profesor lo hizo. Los niños se miraron entre ellos, algunos cuchichearon, finalmente el maestro detectó por la mirada de uno que sabía algo. Le ordenó que hablara. El niño se levantó y con extrema timidez explicó algo. Otro niño a su lado lo apoyó. El maestro y el conductor intercambiaron unas frases, Joana supuso que le estaba explicando donde estaba la casa de Juma.

Se despidieron, los niños cantando y diciendo adiós con la mano, y partieron hacia donde les habían dicho, por el camino de tierra.

Al llegar a la aldea, Joana se sintió mal. Era un sitio realmente pobre, un conjunto de chozas con paredes de barro y piedra, y tejados de paja. La gente vivía prácticamente como en el Neolítico. Varios salieron de las casas, niños fundamentalmente, y hasta los perros vinieron a mirar, pues Joana, el conductor y el jeep eran algo excepcional en la aldea, como si hubieran bajado de una nave espacial venida del planeta Marte.

Joana sonrió, para demostrar buenas intenciones, y le pidió al conductor que por favor preguntara por la casa de Juma. El conductor se dirigió a un hombre más mayor, el único que parecía haber en la aldea. El hombre asintió, hablaron un momento, y señaló una de las cabañas.

Una mujer estaba sentada en el suelo, sobre una esterilla, trenzando cestos. Se acercaron a ella y la mujer, al notar su presencia, se puso nerviosa, siguió trenzando más rápidamente, sin levantar la mirada. El conductor le preguntó si ella era pariente de Juma, que debía tener unos veinte años y fue a la escuela donde habían estado.

La mujer no respondió. Estaba muy incómoda, no se atrevía a hablar. Tradicionalmente, las mujeres tienen un rol muy secundario, no pueden heredar nada, ni tener nada a no ser que sea del marido, y tampoco tienen voz, no hablan en público. Así que la mujer se levantó, dejando los cestos sobre la esterilla, y se metió en la choza.

El conductor le habló desde fuera, disculpándose, y explicándole la situación. Todo el pueblo estaba alrededor de ellos, mirando, incluidos los perros, la presión sobre la mujer debía ser enorme. Finalmente salió, con timidez.

—Dígale que le agradezco mucho que salga a hablar —dijo Joana— que fui profesora de Juma hace muchos años, que nos conocemos de antes, y que me gustaría saber como está.

Joana se fijó en ella. Era mayor, y parecía muy pobre. Tenía una enfermedad en la piel, y un ojo dañado, que parecía estar quedándose ciego. Llevaba un trapo a modo de falda, y una camiseta que anunciaba un producto ya ilegible, deslucida de tanto lavarla. Iba descalza y llevaba el pelo recogido en un pañuelo de colores atado a la manera africana.

Fue allí cuando Joana fue informada que Juma había muerto hacía tiempo. El SIDA había diezmado la población de Uganda.

৪৩৪৩ ৪৩৪৩ ৪৩৪৩ ৪৩৪৩ ৪৩৪৩ ৪৩৪৩ ৪৩৪৩ ৪৩৪৩ ৪৩৪৩ ৪৩৪৩ ৪৩৪৩ ৪৩

Joana fue al jeep y sacó las cajas que había traído para la familia de Juma. Aceite, huevos, azúcar, té, leche condensada, chocolate, galletas, arroz, latas de comida y un abridor. Celebró haber tenido la idea de incluir un abrelatas, claramente aquella gente no tenía ninguno.

La cabeza de Joana hervía. Estaba furiosa. Estaba irritada consigo misma, por no haberlo pensado antes. Era ahora al ver a aquella pobre mujer que sentía el bofetón de la realidad en la cara. Se había pasado días leyendo todos aquellos documentos del Fondo Monetario Internacional, del Banco Mundial, un montón de cifras macroeconómicas que no tenían ningún sentido. ¿Inflación? ¿Producto interior bruto? ¿Exportaciones? Todas aquellas cifras pertenecían al

10% de los ugandeses, los de la clase alta. El 90% de la población de Uganda vivía en zonas rurales, y una gran mayoría por debajo de la línea de la pobreza. Allí no había ni inflación ni nada, sencillamente no había dinero, todas aquellas aldeas estaban desmonetizadas. Vivían de la autosubsistencia, cultivando judías y maíz con instrumentos neolíticos, con suerte teniendo un par de gallinas, cocinando en cacharros de barro y cestos de paja que hacían ellos mismos, viviendo en cabañas que construían con sus propias manos. Si toda aquella población moría mañana, de SIDA o de lo que fuera, su desaparición no tendría ningún impacto en las cifras macroeconómicas, pues no consumían ni ganaban dinero, estaban completamente excluidos del lado moderno de la sociedad. Era un pensamiento terrible.

La mujer se llevó las manos a la cabeza de ver aquel botín en las cajas, sin saber qué decir. Joana la abrazó y le pidió que por favor no le agradeciera nada, que era lo menos que podía hacer por Juma, su mejor alumno.

Al dejar las cajas dentro de la cabaña, Joana imaginó a un Juma adulto muriendo allí dentro, cubierto de sudor, mirando el cielo a través del agujero que hacía de puerta.

Recogidos dentro de la cabaña, escapando por un momento de las miradas de todo el pueblo, Joana le dio algo de dinero a la mujer para que fuera a un médico y que le mirara el ojo y la piel. Joana imaginaba que además debía padecer malaria, posiblemente todos en aquella aldea debían tenerla, pues la malaria era endémica. La mujer se llevó la mano a la cara y la miró con su ojo enfermo, dándole las gracias porque la clínica era muy cara y estaba muy lejos, por eso no había podido ir.

Joana bajó la mirada con verdadera mala conciencia y no pudo evitar pensar en la crueldad de las políticas de salud y educación conservadoras de los años ochenta y noventa, exigiendo tasas y pagos por ir al médico o a la escuela: las agencias de desarrollo habían condenado a esta gente a más pobreza y miseria.

La mujer les ofreció que se sentaran en la esterilla fuera de la cabaña, y Joana y el conductor se sentaron. Otra mujer vino corriendo de una cabaña más lejana, y les ofreció dos vasos de plásticos roídos con agua. No parecía haber ninguna fuente en la aldea, quién sabía de donde venía el agua, así que el conductor la rechazó cortésmente. Pero a Joana le supo mal rehusarla, se llevó a los labios y fingió beber.

—¿Quieren comer? —preguntó la mujer suavemente, pues la tradición africana es enormemente hospitalaria.

A pesar de que tanto el conductor como Joana educadamente dijeron que no tenían hambre, la madre de Juma miró a las otras mujeres y estas trajeron algunas cosas, posiblemente restos de la comida. Yuca hervida, y *ugali,* un puré de maíz muy espeso con una salsa que tenía unos pocos vegetales verdes. Su generosidad conmovió a Joana, pues a las claras no les sobraba la comida.

—Dígale que aprecio mucho su hospitalidad —dijo, cogiendo un poco de *ugali* con los dedos a la manera africana, mientras todos se reían de ver lo mal que lo hacía.

Las mujeres hicieron gestos de modestia, sin dejar de reírse.

—Cuando murió su marido —traducía el conductor— los familiares se quedaron con las tierras, y ella con los huérfanos y sin nada.

—Por eso hace cestos... —dijo Joana, mirándola a los ojos— Son muy bonitos.

Lo eran. La mujer sonrió, con timidez, escondiendo su ojo enfermo.

—...y al morir la mujer de Juma y luego Juma, luego también tuvo que quedarse con sus hijos...

Joana suspiró. Ésa era la situación de muchas mujeres mayores en África, se tenían que hacer cargo de los hijos de sus hijos, pues el SIDA había barrido la generación del medio.

—...dice que Juma heredó la pobreza de su padre, y que los hijos de Juma también la han heredado...

Heredar la pobreza. Joana se dijo que debían vivir la miseria como una enfermedad, los había invadido y no sabían qué hacer para salir de ella. En medio de ningún lugar, sin comunicaciones, sin dinero, sin instrumentos para hacer nada, estaban solos, indefensos, resignados a morir en pobreza. Lo que había descrito el excelente pedagogo brasileño Paolo Freire: los pobres terminan aceptando su destino, internalizando que son inferiores, que el mundo importante no es de ellos, subsistiendo en culturas de pasividad y silencio.

Joana odiaba la mala conciencia, pero ahí estaba, en mayúsculas, dándole latigazos. Se sentía estúpida, un ser mimado y despreciable, viviendo entre lujos mientras otros sufrían de aquella manera.

Aunque sabía que aquella visita, nada más empezar su trabajo en Uganda, era crítica. A partir de ahora los latigazos la harían luchar por la familia de Juma, y por todos los que eran como ella. Lo único importante era conseguir que aquella gente fuera menos miserable.

¿Cómo reducir la pobreza en Uganda? Joana volvía a Kampala indignada. Aunque ya sabía de la desigualdad y de la exclusión de estas sociedades, había sido al revivirlo, al sentirlo en la carne, que había sentido el bofetón de la realidad. Aquella era una sociedad que sólo funcionaba para el 10% de sus ciudadanos, los más ricos, que vivían en las ciudades o se dedicaban a la exportación de grandes cosechas como el café ¿Cómo cambiar ese patrón de desarrollo? ¿Cómo hacer que se invirtiera en el 90% de la gente, que estaba excluida de los beneficios del desarrollo?

Joana había pasado el viaje en silencio, tolerando mucho mejor los baches y las piedras que los latigazos que sentía. Para cuando entraban en Kampala, que después de la visita a los distritos parecía una gran metrópolis, llena de luces de colores, comercios, restaurantes y gasolineras, Joana ya lo había hilado todo.

El gobierno tenía una estrategia para la reducción de la pobreza, pero claramente no era efectiva. La iban a remodelar, a mejorar, a incrustarla a todos los niveles del gobierno. Iban a hacer que cada ministerio y cada departamento tuvieran que trabajar para reducir la pobreza. Reducirían los gastos de los sectores que beneficiaban a las elites. Aumentarían el gasto en desarrollo para la mayoría, particularmente los sectores que beneficiaban a los pobres.

Menos defensa, menos rescate de bancos y ajuste estructural, como se demostró en Indonesia, nada de aquello beneficia a los pobres. Más inversión social y en agricultura, pues era esencial que familias como la de Juma tuvieran acceso a útiles de labranza que no fueran neolíticos, a fertilizantes, a más animales domésticos y ganado, a créditos, a sistemas de transporte que les permitieran ir a los mercados cercanos y vender sus productos. Era esencial que las aldeas tuvieran una fuente de agua potable y electricidad, y acceso a servicios médicos. Y había que asegurarse que mujeres como la madre de Juma se beneficiaban de ello, haciendo campañas que levantaran a las mujeres, que convencieran a las comunidades de sus derechos y su potencial, que les permitieran tener tierras y voz en vez de tenerlas calladas en estado de semi-esclavitud.

Con el tiempo, Jan Håkansson se sintió profundamente orgulloso del trabajo de Joana Arteaga. Costó muchas batallas, en el gobierno, en el Banco Mundial, con el Fondo Monetario, con las clases privilegiadas ugandesas y sus marionetas dentro del gobierno. Pero en Uganda se redujo la pobreza. La pobreza más abyecta pasó de afectar el 50% de la población al 35% en muy pocos años.

El presupuesto y el gasto público pasaron a beneficiar a muchos más ciudadanos que antes. Se abolieron las tasas y pagos en educación y salud, de manera que hubo una mayor utilización de los servicios sociales: las familias iban al médico, enviaban a todos sus hijos e hijas a las escuelas. Las escuelas rurales recibieron un incremento de fondos del 90%. Se construyeron más escuelas, de manera que la distancia media que los niños debían andar a la escuela pasó de dos kilómetros a algo más de un kilómetro, y el 81% de los niños y niñas de Uganda completó su educación básica. Las clínicas urbanas a las que iba la clase alta vieron sus presupuestos cortados en un 50% y hubo una tremenda expansión de los centros de salud en zonas rurales pobres, a una media de 5 kilómetros de distancia de cada aldea, con personal médico y medicinas esenciales. A través de una gigantesca campaña de información pública, el SIDA se redujo a la mitad; pasó de afectar un 20% de la población a sólo un 10%. El 65% de los caminos rurales fue rehabilitado y la red de *matatus* o taxis colectivos expandida. El porcentaje de aldeas rurales con acceso a agua potable pasó del 24% al 55%. Y todo ese enorme progreso tuvo lugar en muy pocos años.

Uganda fue además el primer país del mundo al que se le cancelaron sus deudas bajo la iniciativa de Paises Altamente Endeudados. Fue un gran triunfo para los activistas de la deuda en el mundo entero. Organizaciones laicas y religiosas celebraron con razón aquella merecida victoria.

No había sido fácil lograr aquellos pequeños cambios. Había llevado muchas batallas, muchas luchas en reuniones acaloradas a través de los años. Y muchas manifestaciones de la sociedad civil, que luchó increíblemente, incansablemente, valientemente por sus principios. Aquellos logros no se hubieran conseguido sin su presión constante, tanto en Kampala como en Occidente. Pero más que nada, aquel extraordinario progreso social se debía a la voluntad de los gobiernos. Aun quedaba mucho por hacer, pues claramente Uganda no estaba desarrollada. Pero, si hay voluntad, la pobreza puede reducirse.

Capítulo 43

John Mills Ford se había decidido a dar el paso, a hablar con William Ford, su primo lejano y el nuevo presidente de la junta de directores de la Ford Motor Company. Era de noche, aquel había sido el único momento que la secretaria le había podido dar.

—¿Will? —preguntó John, abriendo un poco la puerta del despacho.

—Pasa, pasa... —dijo William Ford, cerrando un informe.

—Perdona que haya insistido en verte, sé que estás muy ocupado...

—John —contestó con su habitual energía, mientras se daban la mano— sabes que me gusta hablar con todo el mundo en la compañía y oír los problemas desde todos los ángulos... ¿qué sucede?

John se sentó, pensando lo que tenía que decir.

—Will, vengo a comentarte un par de cosas. La primera es transmitirte mi preocupación sobre como está yendo la compañía. No me refiero al corto plazo, sino al largo. Como el resto de la industria, producimos más que se consume. Y como el resto de la industria, intentamos subsanar este exceso de capacidad haciendo beneficios a corto plazo a través de una compañía financiera que no tiene nada que ver con los automóviles.

Lo miró.

—Will, nosotros somos una empresa de autos, no un banco. Nuestra obligación es producir coches que satisfagan al cliente. Coches buenos, seguros, que contaminen menos el medioambiente. Y no invertir en el mercado de capitales y cortar costos sin parar, a cualquier precio, despidiendo trabajadores y cerrando plantas. ¿Sabes cómo llaman a nuestro presidente CEO, Jacques Nasser? "Jac el Navaja", dado que lo suyo es cortar.

Will Ford suspiró.

—Ya lo sé. Y comparto todas estas preocupaciones contigo. Todas absolutamente, desde el medioambiente hasta el cierre de plantas...

Y añadió, cambiando de tono, con decisión:

—Sé que hemos de corregir esta situación. Y pronto.

—Will, nuestro bisabuelo Henry se enfrentó a dilemas muy parecidos. Primero, al hecho de cortar costos, eso trae beneficios en el corto plazo pero no en el largo, y el viejo Henry fue un visionario, miró al largo plazo, decidió doblarle el salario a los obreros, de manera que pudieran comprar nuestros coches, incrementando tanto la productividad como la demanda. Segundo, él también estuvo rodeado de "malas compañías", recuerda lo que hizo con sus socios, los que sólo querían dividendos en el corto plazo, mientras que el bisabuelo Henry quería expandir el número de plantas...

—...se los quitó a todos de encima —cerró Will Ford, que sabía perfectamente la historia. Su bisabuelo había sido un empresario imparable, tanto en las buenas como en las malas.

—Quizás algo que pensar, Will.

Will lo miró a los ojos.

—Te agradezco tu sinceridad —nadie se atrevía a hablar así en la empresa; y añadió, con tono personal— ¿Cómo está Anne? ¿Y tú? Háblame de ti, de cómo va todo.

—Yo... Creo que debo irme a hacer otras cosas, Will. Eso es lo segundo que te tenía que decir, quería que lo escucharas de mí personalmente, y no al ver mi resignación en un frío papel.

—¿Te vas, John? ¿A dónde?

—No lo sé aún, pero necesito un cambio de vida. Ya no aguanto más a Jacques Nasser y los suyos...

ಶಿ೦೪ ಶಿ೦೪ ಶಿ೦೪ ಶಿ೦೪ ಶಿ೦೪ ಶಿ೦೪ ಶಿ೦೪ ಶಿ೦೪ ಶಿ೦೪ ಶಿ೦೪ ಶಿ೦೪ ಶಿ೦೪

Cuando John Mills Ford salió al parking, más que andar, flotaba. Había dado el paso decisivo, hacer la noticia pública. Se sentía libre, más libre que nunca. Era el primer día del resto de su vida.

Condujo en un estado de euforia. Hasta parecía que las luces de los comercios y de los autos brillaran más. Cuando llegó a su casa, bajó del coche y cerró la puerta de golpe, tarareando una canción de su juventud. Era feliz.

—¡Anne!

Su mujer estaba en la cocina. John fue y la besó.

—Mmm... ¿Qué te pasa a ti hoy?

—Vamos a celebrarlo...

Anne se arregló el pelo y se quitó el delantal, veía que John estaba sacando una de sus mejores botellas de vino, reservada para alguna ocasión especial.

—¿Celebrar el qué?

—He hablado con Will y le he dicho que me marcho de la compañía... —dijo, sirviendo dos copas.

—¿Qué le has dicho qué? —preguntó ella, con tono agresivo.

John la miró, sorprendido.

—Le he dicho lo que hemos hablado tantas veces, Anne... que necesito irme, cambiar.

—¿Y ya tienes otro empleo?

—No. Pero creo se lo debo, como jefe y como persona de la familia... De todas maneras él no va a tomar represalias conmigo, confío plenamente en él.

—Pero ¿cómo se te ocurre?

—Pero Anne... si lo he hablado contigo muchas veces...

—¡Eso eran sueños para compensar momentos de crisis! ¿Qué te iba a decir?

—La verdad, no entiendo tu actitud.

—¿Mi actitud? ¿Te has parado a pensar que no eres sólo tú? ¡Somos tres! Tom y yo también contamos ¿O no? ¿Adónde vamos a ir?

—A una vida mejor, así de claro.

—Será para ti... Tom ya tiene a sus amigos en el colegio, y ya sabes lo traumático que es cambiar para un niño. Y yo ya me había hecho la idea de quedarnos y envejecer en esta casa, John, no sabes el trabajo que he puesto en ella...

John bebió un trago, sin brindar. Se sirvió una segunda copa y la bebió también. El ambiente se llenó de una terrible energía negativa. La criada entró, y al notarlo volvió a salir, supo que estaba de más.

—Lo siento, Anne. Es también mi vida, ya estoy harto de tragar. Tengo que cambiar, no tengo el lujo de tener otra vida.

—John, abre los ojos ¿Quién va a contratar a un ejecutivo de tu edad? ¡Ya sabes cómo está el mercado laboral!

—¡Me importa un pito! ¡Ya te he dicho que no quiero ser un esclavo de mi salario! ¡Me importa un pito la casa, y la piscina, y los zapatos y toda la mierda que compramos! ¿No ves que nada de esto es realmente importante?

—¡No digas que no te importa la casa!

—No, no me importa. Me importa mi vida. Necesito hacer algo con ella, Anne. Ya no me quedan muchos años.

—¡Bah! Parece increíble que vengas con estas cosas... esa es la típica depresión de los cuarentones, de sentirse en la mitad de la vida... ¿Por qué no te compras un Ferrari, o te tiñes el pelo, como los demás?

John Mills Ford no podía creer lo que oía, no parecía Anne. Se sirvió otra copa.

—Anne, me da igual que me degrades de esa manera. No sé si te das cuenta de que llevo años trabajando para los demás, tragando las imbecilidades del trabajo sin decir nada. Tragando para que compréis la consola de videojuegos y otros muchos caprichos idiotas. Sin decir nada. Ahora necesito tiempo para mí. Creo que llevo años sin pedir nada, llevando una vida vacía, de conveniencia. Ni siquiera hacemos el amor, Anne ¿cuando fue la última vez?

Anne bajó la vista. Era verdad, desde que se quedó embarazada de Tom, apenas si habían tenido relaciones sexuales. Como tantas parejas, la pasión había caído con la convivencia. Pero a pesar de aquellas cosas, ella había llegado a convencerse de que su matrimonio era perfecto. Anne sintió lágrimas en los ojos y comenzó a sollozar. John cogió la botella de vino con un gesto cansado, y se fue para la sala.

Hay un momento en la vida en que ya nadie quiere saber de tus problemas. Ni siquiera tenía un amigo con quién hablar, a quién explicarle sus dudas. John dio otro trago, y pensó que la personalidad y los problemas personales son un juego que se permite cuando no se tienen, en la juventud; entonces uno se los explica a los amigos con emoción y dramatismo. Cuando más carga lleva uno sobre los hombros, cuando más golpes te dan, ya todos te consideran maduro y no quieren saber de ti.

La soledad se había hecho doble con la edad. Sus padres y sus referentes habían envejecido, y John había tenido que tomar su lugar y dar a los demás sin haberlo pedido. Dar a Tom, dar a Anne, dar al trabajo, dar a sus padres que se habían convertido en niños.

Solo, cansado de la carga, John había pasado años intentando buscar fuerzas de donde sea, para llevarla. Volvió a los lugares de la juventud, a escuchar aquella música, a ver a aquel amigo ya lejano, pero lo único que encontró de aquella fuerza de su juventud es que se había ido. Envuelto en pesar, en aquel bar, con aquel amigo, comprendió que había envejecido.

Dio otro trago. John había comprendido que nada posee fuerza excepto nosotros mismos, que fue él mismo el que llenó la vida de energía cuando era joven. Fueron sus ojos los que tiñeron de color aquel bar, los que dieron emoción a aquella amistad. Por eso necesitaba volver a abrir los ojos, a dejarlos soñar, porque la manera de no envejecer nunca es superar los problemas con nuevos sueños. Su cuerpo entero se resistía a sentirse acabado, a resignarse a envejecer en aquella casa, con aquel trabajo. Necesitaba sentir la tensión de la vida en la sangre, levantarse con ilusión por las mañanas, pensar que lo que hacía merecía la pena.

Y deseaba hacerlo con Anne y Tom, compartir con ellos una vida con más calidad, aunque con menos lujos. A pesar de que ellos no parecían interesados.

⁢ℬ⇜ ℬ⇜ ℬ⇜ ℬ⇜ ℬ⇜ ℬ⇜ ℬ⇜ ℬ⇜ ℬ⇜ ℬ⇜ ℬ⇜ ℬ⇜

John Mills Ford llamó a la puerta de la caseta del jardín. Jhumar abrió la puerta.

—Sir...

—Ah, Jhumar, cuantas veces te tendré que decir que me llames John... —dijo, entrando en la habitación con dos tazas grandes de té— Toma, he traído un poco de té...

—Gracias, Sir... perdón, John.

John se sentó, y le alargó una taza de té.

—Siéntate, por favor. Tengo que hablarte de algo importante. Verás, voy a dejar mi trabajo. Aún no sé adonde voy a ir, pero muy posiblemente va a ser un trabajo peor pagado. Tendremos que dejar esta casa, mudarnos a un lugar más modesto. Y me temo que no podremos pagar a un jardinero...

Jhumar sintió horror, el fin de su existencia.

—Pero no te voy a dejar así, de cualquier manera. Por algún motivo siento que algo nos une. Eres muy buen hombre, Jhumar, me alegro de haberte conocido.

—Lo mismo digo, Sir, no sé como darle las gracias y no sabe lo que voy a echarlos de menos... Son familia para mí.

—Jhumar, voy a proponerte una cosa ¿por qué no te vuelves a Bombay, con tu verdadera familia?

—Sir... John, no hay nada que quisiera más que volver a estar con mi mujer Joshita, pero no puedo volver, la familia me pagó el viaje y ahora yo debo trabajar y enviarles dinero...

—Jhumar, tú me contaste que te rebelaste de ser tratado como un esclavo, como un paria en Maharashtra ¿verdad?

—Sí, Sir, así fue, por eso nos tuvimos que ir a Bombay.

—¿Y ahora te vas a dejar esclavizar por la familia y por el dinero? Jhumar bajó la vista. No sabía.

—Sabes, Jhumar, uno de los motivos por los que dejo mi trabajo es porque estoy harto de ser esclavo del dinero. Si tú piensas igual, quería proponerte lo siguiente: ¿Por qué no aprendes un negocio que pudiera funcionar en la India, y yo te pago el viaje de vuelta y un pequeño capital para abrir tu propio negocio en tu país?

La solución contra la emigración ilegal está en desarrollar los países pobres, de manera que la gente tenga oportunidades en los lugares donde nacieron, y no emigren. John lo veía claramente, pero por supuesto no tenía la capacidad cambiar la política de desarrollo mundial. Sin embargo, había hecho números y se dio cuenta de que cambiar la vida de Jhumar costaría muy poco. El vuelo 700 dólares, el negocio unos 4.000, calculó. Eso no era nada para él, mucho menos de lo que él cobraba en un par de semanas en su trabajo.

—Creo que es lo mejor —siguió John Mills Ford— así no serías esclavo de nadie, sino tu propio dueño. Además, ¿qué vas a hacer aquí? ¿volver otra vez a cobrar tickets en un parking?

Jhumar no lo tenía que oír dos veces. Para él, la vida se había vuelto en blanco y negro desde que pisó suelo americano, siempre llovía y hacía frío, se pasaba los días solo, en general la gente era amable pero distante, hasta la comida no tenía sabor. No había nada que deseara más que volver a sentir el color de la India con Joshita.

—Sir, yo no sabría como agradecérselo... —contestó, con los ojos húmedos de la emoción.

John se levantó, y lo abrazó.

—No me has de agradecer nada. Has trabajado un montón todos estos años, más horas que yo cada día, y sin embargo, como este mundo es absurdo, a mí me pagan mucho más. Es justo y te lo mereces.

—Sir...

—¡John! Me llamo John. Además pienso ir a visitarte.

—John, mi casa es su casa.

Los dos se abrazaron, fuertemente.

Capítulo 44

Un hecho conmovió al mundo en diciembre del 2000: la elección de George W. Bush. Joana lo vio por televisión, sobrecogida, con la piel erizada de indignación. Aquella fue una elección tercermundista, donde mucha gente había sido eliminada de las listas de voto, donde las papeletas habían sido inutilizadas, donde se habían perdido urnas electorales, y donde una cadena de televisión ultraconservadora y sin escrúpulos, la Fox, declaró la victoria de su candidato preferido ilegítimamente, desencadenando la opinión de que había sido así. El verdadero ganador de aquellas elecciones, el demócrata Al Gore, fue dejado de lado por unos jueces que debían favores a los republicanos, y el mundo entero se tuvo que tragar a un líder que promovía la guerra y el gasto militar, las grandes corporaciones, las finanzas del casino global, la intolerancia religiosa. El mundo entero se tuvo que tragar al líder de los neoconservadores americanos, que avasalló a las Naciones Unidas, desmembró el lado progresista en el Banco Mundial, y derrumbó al poco progreso que se había conseguido en cuestiones sociales y medioambientales a nivel mundial.

El siglo XXI empezaba mal.

ॐ ॐ ॐ ॐ ॐ ॐ ॐ ॐ ॐ ॐ ॐ ॐ

Jun Nakajima, Joana Arteaga y Ian Scott entraron en el gran salón de actos de la Universidad de Sussex. Por una vez habían hecho algo personal juntos, habían ido a comer a un restaurante accesible en Brighton, a celebrar la publicación del segundo artículo de Joana y Ian sobre la crisis asiática. Habían tenido que terminar corriendo, para llegar a tiempo a su propia conferencia.

Una diapositiva proyectaba el título de la conferencia sobre el escenario: "La Deuda Americana, por Jun Nakajima, Joana Arteaga e Ian Scott, Universidad de Sussex". Jun Nakajima se había interesado por el tema desde los años setenta, cuando se dio cuenta de que los japoneses, siempre ahorradores, financiaban el consumo de los Estados Unidos. Su investigación le había dado renombre mundial. Ahora había actualizado su trabajo con sus jóvenes colegas, Joana y

Ian. Y los dos habían inyectado una fuerza enorme a la investigación, habían ido mucho más allá que Jun Nakajima, habían convertido un trabajo árido en un arma para el activismo, al denunciar uno de los hechos más inaceptables de nuestros tiempos: que los países pobres financian a los ricos.

Pues la deuda mayor de la historia es la deuda de Estados Unidos. La conferencia empezó con una diapositiva de los mayores deudores y acreedores del mundo, basándose en el déficit/superávit de las cuentas corrientes, en el año 2000:

DEFICIT/DEUDORES

Estados Unidos	445.000 millones
Brasil	25.000 millones
Inglaterra	25.000 millones
Alemania	19.000 millones
México	18.000 millones
España	17.000 millones
Australia	15.000 millones
Portugal	11.000 millones
Argentina	9.000 millones
Total	584.000 millones

SUPERAVIT/ACREEDORES

Japón	117.000 millones
Rusia	46.000 millones
Suiza	32.000 millones
Singapur	21.000 millones
Francia	20.000 millones
China	20.000 millones
Holanda	14.000 millones
Malasia	12.000 millones
Corea	11.000 millones
Tailandia	9.000 millones
Total	302.000 millones

Siempre se habla de la deuda externa de los países en vías de desarrollo, de África, de América Latina, y se olvida que la gran deuda es la norteamericana. En el año 2000, el déficit de la cuenta corriente era de 445.000 millones de dólares. Eso quiere decir los americanos viven muy por encima de sus posibilidades, que importan mucho más que exportan. Dejan que los ahorros de otros les paguen relojes y videos japoneses, ropa de lujo europea, vacaciones en el Caribe... El mundo entero está financiando su consumo. Particularmente, los asiáticos —tan ahorradores— los japoneses, los chinos, los malayos, los coreanos, los tailandeses... También los excedentes y la generosidad de algunos países ricos, como Suiza, Francia y Holanda. Pero no es suficiente para pagar el gran déficit americano, los números no cuadran, el resto del mundo también financia el consumo de los Estados Unidos al mantener las reservas en los bancos centrales en dólares y bonos de la Tesorería americana. A lo que hay que añadir todo el capital que las elites locales del Tercer Mundo fugan de sus países e invierte en las bolsas de Wall Street, Londres, Madrid o Frankfurt o Sydney... Y así tenemos un flujo negativo, una transferencia de fondos de los países pobres a los ricos.

En un mundo normal, se esperaría que los países ricos transfirieran fondos a los países pobres, que el capital fluyera de los países prósperos a los países en vías de desarrollo. Pero en el mundo que nos ha tocado vivir, es al revés.

Exactamente como en Indonesia, la gente normal, la gente de la calle financia los abusos de las elites, de clases altas. Mientras hablaba en la conferencia, Joana volvió a tener esa sensación de que el mundo era una gran Indonesia. Cuando estuvo en Yakarta, miraba las cosas desde arriba, como si ella viniera de un mundo mejor y aquellos indonesios fueran todos susceptibles de ser cronys corruptos. Ahora se daba cuenta con horror que el sistema mundial estaba basado en los mismos principios corruptos de injusticia y desigualdad.

Y no sólo el consumo de Estados Unidos. Países como Inglaterra, Alemania, España y Australia también estaban chupando del bote, viviendo de los ahorros del mundo. Era una vergüenza que los chinos, trabajando sin parar en fábricas inhumanas, cargando sacos, pegando zapatos, tiñendo trapos, estuvieran pagando a los americanos sus coches, sus caprichos de moda... Una vergüenza que los rusos, necesitados tras la crisis, muriéndose de frío en sus dachas, estuvieran pagando el consumo de otros países... Los Estados Unidos, Inglaterra, Australia, Alemania o España, estaban viviendo por encima de sus capacidades. Los Estados Unidos son los que más se benefician, al ser el dólar la moneda internacional, les permite tener el déficit más grande de la historia.

Y lo que es peor, lo que aún no se podía saber en aquella sala, era que el gobierno Bush iba a descabellarlo todo. No sólo iba a dejar que aquel déficit comercial se desbocara, sino que iba a crear un déficit gemelo, el déficit público, que iba generar una deuda mucho mayor. Paradójicamente, se acusa a las administraciones socialdemócratas de irresponsables porque "derrochan" en gastos sociales, invierten en la gente de su país. Sin embargo, los demócratas americanos habían sido buenos administradores a nivel nacional, la administración Clinton había dejado unas cuentas públicas equilibradas. La Administración Bush iba a hacer lo contrario, despilfarrar en gastos militares, a la vez que cortar los ingresos del estado, reduciendo impuestos a los ricos, los cronys que lo apoyaban. Irresponsablemente, con necedad, sin considerar el bien público. Exactamente igual que la corrupta elite indonesa, protegiendo a sus cronys y militares, dándoles subsidios, perdonándoles los impuestos a sus amiguetes enchufados ricos; el ciudadano de a pié puede pagar.

En el año 2002, basándonos en la deuda externa acumulada, cada norteamericano iba a deber 7.300 dólares al mundo, mientras que los ciudadanos de los países pobres sólo unos 500 dólares, como media. La deuda de Estados Unidos subió a más de $2 trillones de dólares, lo mismo que la deuda del Tercer Mundo. En otras palabras, 300 millones de americanos debían al mundo lo mismo que los 5.000 millones de habitantes de todos los países en vías de desarrollo.

Mientras que la gente se moría de miseria en África, en Asia, sus gobiernos guardaban sus reservas en dólares, y así los países pobres mantenían el déficit de los Estados Unidos. Y existía la posibilidad de que con aquella egoísta administración republicana en el poder, se repitiera la historia de Nixon, el riesgo de que Estados Unidos no pagara su deuda era alto, dejando a los países pobres con papel mojado en las reservas de sus bancos centrales.

La Tesorería americana presionaba al Fondo Monetario y al Banco Mundial para que obligaran a países pobres como Indonesia o Tailandia o Uganda a hacer planes de ajuste y que pagaran su deuda externa. Sin embargo ¿quién les obligaba a los Estados Unidos a hacer un plan de ajuste estructural para reducir su déficit, el más grande de la historia, y pagar a sus acreedores? Nadie. Otro terrible caso de doble moral.

ഇരുൽ ഇരുൽ ഇരുൽ ഇരുൽ ഇരുൽ ഇരുൽ ഇരുൽ ഇരുൽ ഇരുൽ ഇരുൽ ഇരുൽ ഇരുൽ

Joana anduvo un rato antes de llegar a casa, a pesar del frío. Se sentía deprimida.

No podia quitarse de la cabeza la audiencia que los habia escuchado. Para empezar, el gran salon de actos estaba medio vacio. Habian puesto todas sus energias en dar una conferencia para un puñado de estudiantes y un par de jubilados. Decepcionante.

Al llegar a casa puso mecánicamente la televisión y vio en las noticias que un concierto de las *Spice Girls* había atraído a más de cien mil personas. Sintió que su depresión crecía y se tomó un trago. Aquél era un mundo orwelliano. Cien mil personas interesadas en las *Spice Girls*. La comparación con el puñado de estudiantes jubilados que había ido a oír los resultados de años de investigación sobre lo que sucede en el mundo era espeluznante. Menos de cien. Se sirvió otro trago.

Se dijo que debía hacer algo más que escribir artículos académicos y dar conferencias con Jun Nakajima e Ian Scott. Se dijo que debía contactar a alguien en la prensa. Debía escribir sobre lo que sucedía en los medios de comunicación.

Fue entonces cuando recordó a aquel joven ruso, con aspecto de águila, de la conferencia de prensa en Moscú.

"Mi nombre es Iván Yablokov" le había dicho, dándole una tarjeta "Quisiera que siguiéramos en contacto. Si alguna vez te decides a escribir sobre éstos temas, podríamos intentar publicar un artículo común". Recordaba que era el corresponsal local de un periódico americano.

Aún guardaba todas las tarjetas de aquel periodo. Le escribiría esa misma noche.

Dejó el abrigo en el perchero y vio un paquete postal para ella en la mesa, lo debería haber entrado Jane. Lo abrió. Era un libro. "Las consecuencias sociales de la crisis financiera en Asia" por el Dr. E.R. Chowdhury y Yanni Ben Younes. Tenía una pequeña nota de Yanni, diciendo sencillamente "Lo siento, Chowdhury no nos dejó poner tu nombre. Un abrazo, Y.".

Joana sonrió, con amargura. Sabía internamente que había hecho bien yéndose de la ONU, e intentar luchar por descubrir a los causantes de las crisis financieras. Aunque no lograra mucho. Aunque estuviera muy sola. Aunque le doliera que otros se llevaran la gloria de lo que ella había iniciado. Ya sabía los riesgos cuando tomo la decisión de quemar sus naves y dejarlo todo, sencillamente debía dejar ir aquel sentimiento, y seguir adelante.

Echó de menos a Yanni. Miró el reloj, eran las cinco de la tarde, aún podía llamar a Yakarta. Cogió el teléfono y llamó al Hotel Pancasila. Una muchacha en recepción le pasó a la habitación de Yanni.

—Yanni Ben Younes —dijo una voz somnolienta.

—¡Yanni! Perdona que llame tan tarde —dijo, con mucho cariño en la voz— Acabo de recibir la publicación, y me apetecía hablar contigo...

—Perdona lo de no poner tu nombre, ya sabes lo puñetero y difícil que es Chowdhury...

—Ni lo menciones ¿Cómo va todo?

Hubo un silencio. Joana intuyó que algo no iba bien, pero prefirió no forzarlo.

—¿Cómo está João Almeida?

—Muy bien, ha vuelto a Brasil y está trabajando con el PT, el Partido de los Trabajadores, parece que Lula está ganando mucha popularidad luego de la crisis financiera. Ya sabes, eso es precisamente nuestro estudio, las consecuencias sociales de la crisis han sido devastadoras en Brasil.

—Sí, es terrible. Me alegro por João.

—Y tú, ¿sabes algo de Klaus Helsenberg?

—Sí, no sé si te dije que Klaus me invitó a la Universidad de Berlín a dar una conferencia... Conocí a su familia, encantadora. Fue bonito volverlo a ver, recordamos los viejos tiempos en Asia.

Se hizo otro silencio.

—Yanni ¿me vas a contar qué pasa o no?

—Mmm... Me temo que un drama. La vida es muy trágica para mí en estos momentos. Cómo sabes, el contrato y el proyecto se acaban ahora en diciembre, y me voy de Yakarta...

—¿Y?

—¡Ay, Joana, no sabes la suerte que tienes de ser heterosexual! Ya ves, ni siquiera piensas en estas cosas, vosotros os podéis casar, pero nosotros no tenemos ningún derecho... Me voy, y Reza no puede venir conmigo. Ni tampoco yo puedo quedarme aquí, siendo argelino se me termina el permiso de trabajo y ya está, he de salir del país. Siendo Reza indonesio, sólo puede venir a Argel con un visado corto de vacaciones...

—Lo siento mucho, Yanni —respondió ella, después de un silencio— Ha de ser terrible, lleváis juntos un montón de años ¿tres?

—No me lo digas, que no sabes lo que me duele...

—Bueno, al menos tienes la seguridad de que alguien te quiere.

—¡No me digas que aún sigues pensado en el chino! —y como no añadió nada más, Joana supo que Iwan no había intentado contactarlo, Yanni se lo hubiera dicho.

—¡No me riñas! —se quejó Joana— Si es que no encuentro a nadie... no sé que me pasa.

—¡Anda, no me vengas con cuentos!

—En serio. Claro que he tenido un par de rolletes, pero la verdad, no tenían ni pasión, ni vida, ni nada. No había por donde cogerlos.

—¿De verdad no hay nadie en la universidad? No me lo puedo creer...

Claro que había mucha gente en la universidad. Joana había salido con varios. Hombres estupendos, educados en los mejores sitios del mundo, con una lista de publicaciones increíbles; hombres considerados, comprensivos y amables; es decir, posibles parejas perfectas para Joana. Pero he aquí la ironía: el cuerpo de Joana no le decía nada. No había tensión, aquella sensación extraña y poderosa. Había hecho el amor con algunos, pero Joana siempre terminaba levantándose y vistiéndose. Joana no quiso decirle nada a Yanni, era largo y complicado de explicar, decidió que era mejor cambiar de tema.

—Oye ¿qué vas a hacer al llegar a Argelia? ¿Tienes otro contrato?

—No. Ya está bien de contratos, estoy harto de viajar tanto, de ir con maletas, de estar en hoteles con tarifas baratas... Piensa que llevo años viviendo tres semanas en Brasil, tres en Rusia, tres en Indonesia, dos en Tailandia... ahora necesito estabilidad, volver a mis raíces. Creo que he tenido todas tus antiguas dudas, ¿es tan útil el trabajo que hacemos? ¿cúal es nuestro valor añadido? Así que voy a seguir tus pasos. No sé si conoces la organización ATTAC...

—Por supuesto, la Asociación para la Tasa Tobin, el impuesto sobre el capital especulativo que defendió el Premio Nobel americano James Tobin, es una ONG estupenda.

—Pues estás hablando nada menos que con el director de ATTAC Argelia... ya lo he negociado, voy a abrir una delegación en mi país.

Joana sonrió, con una especie de orgullo de familia.

—Felicitaciones, Yanni. Es una idea excelente. Maravillosa. Me siento muy, muy orgullosa de ti.

—¡Ay, no hables así que me emociono! Que llevo unos días muy flojo con esto de decir adiós a Reza...

෨෬ ෨෬ ෨෬ ෨෬ ෨෬ ෨෬ ෨෬ ෨෬ ෨෬ ෨෬ ෨෬ ෨෬

Iván Yablokov contestó su correo electrónico al cabo de unos días.

Joana:

Gracias por tu mensaje. Sí, estoy interesado. Dado que tú eres la experta, por qué no me envías un borrador de la estructura de lo que quieres escribir, y te mando mis comentarios. A más largo, más difícil de publicar, quizás podemos presentarlo como una serie de artículos, como periodismo de investigación.

Has de saber que ya no estoy en Moscú, sino trabajando directamente para el diario en Nueva York. Más conveniente, desde todos los punto de vista. Si sigues trabajando con las Naciones Unidas y vinieras a Nueva York, espero que podamos encontrarnos.

Saludos,
Iván Yablokov

Capítulo 45

Yakarta, Indonesia, Febrero 2001

Rupias por dólar americano: 8.379

El santón tuvo razón. Todo el sufrimiento que Iwan había pasado hizo que comenzara a cuestionar su vida.

Desde que tenía uso de razón, Iwan Bolkiah había ido en busca del mundo de su padre. Absurdamente, todo había empezado por aquellas postales que le mandaba su padre en sus viajes de negocios. Singapur, Tokio, Nueva York, Zurich... El pequeño Iwan se pasaba horas y horas mirándolas, tocándolas con sus pequeños deditos, imaginando a su padre viviendo cosas realmente importantes en aquellos esos lugares lejanos. Iwan se evadía de la monotonía de la vida diaria imaginando el glamour del reino de su padre. Un reino donde el padre era rey y él tenía el derecho a ser su príncipe heredero. Toda la adolescencia de Iwan fue un largo cabalgar y luchar para conseguir su trono, no iba a aceptar nada menos. Aquello le dio una fuerza interna increíble; ganó todos los premios del colegio, estudió en el extranjero, triunfó en su trabajo, amasó un capital importante, consiguió mujeres, y coches y brillo. Aunque nunca se vanaglorió de ello, ni se fijó en la envidia de los demás, Iwan siempre había estado por encima de todo, y es que el objetivo no eran los premios, los éxitos o los triunfos. El objetivo era seguir subiendo, seguir luchando para alcanzar el reino de su padre.

Ahora, de adulto, habiendo conocido el mundo de su padre, Iwan se daba cuenta que lo importante era el reino de su madre. Aquél era un feudo suave y tranquilo, que hablaba de amor y comprensión, donde la vida era simple pero completa, donde había armonía y felicidad. Aquello era, en el fondo, lo único importante de la vida. Cuanto más hostil era su presente y a más incierto era su futuro, más añoraba la estabilidad del mundo materno, de los referentes del pasado de cuando su madre y el hogar de su infancia existían, de la sensación de tiempo eterno que tenía de niño, del olor de la comida preparándose en la cocina, de ese mundo que parecía sólido, permanente y lleno de amor.

Lo que más le dolía a Iwan era que, de adulto, había despreciado el cariño incondicional de su madre, su visión del mundo que lo había alimentado y hecho crecer. Quizás porque las mujeres dan tanto, no se las valora. Mientras que a los padres se los ha de ganar, siempre están exigiendo, un poco escépticos de la capacidad de los hijos. Pero a la mierda los hombres y su escepticismo. Eran las mujeres las que hacían todo el trabajo real, las que gestaban y parían niños; las que los alimentaban, bañaban, vestían; las que los fortalecían con amor y sueños y educación.

Era aquello lo que realmente costaba volver a encontrar, y no el desquiciamiento y las dentelladas del mundo paterno. Pero ¿quién le iba a abrir las puertas del reino de su madre? ¿Quién tenía la llave de la felicidad y la armonía? ¿Quién le iba a traer la comprensión, el amor de verdad? Iwan se daba cuenta de lo equivocado que había estado en la vida, había utilizado a las mujeres como una distracción, como un coche, como un reloj. Ahora que estaba solo, sabía que había encontrado a una sóla mujer que mereciera la pena, aquella española que simbólicamente había regalado la caja blanca de la muerte a su madre, reemplazándola.

Joana... Se preguntó donde estaba.

Había anochecido e Iwan paseaba por el patio de la prisión. Su cuerpo estaba encerrado, pero había aprendido a evadir la mente.

Se quedó admirando la plata de la luna, sintiendo la noche en todos los poros.

"Ojalá estuvieras aquí" pensó. La echaba terriblemente de menos. Quizás también estuviera mirando las estrellas, pensando en él en alguna parte del mundo.

La luna, la plata... La oscuridad estaba tan radiante aquella noche, los volúmenes de los árboles tan plenos, el aire tan fresco... Era como si Iwan fuera parte de la noche, un árbol más, una piedra cualquiera.

Cerró los ojos, y se sintió libre.

ಎಲ ಎಲ ಎಲ ಎಲ ಎಲ ಎಲ ಎಲ ಎಲ ಎಲ ಎಲ ಎಲ ಎಲ

Pero Indonesia seguía apaleada, maltratada, pisoteada, esclavizada como siempre. En el año 2001, los fuegos en Kalimantan seguían ardiendo con la misma fuerza que ardían en 1997.

Una terrible tragedia ecológica. Borneo es la segunda selva más grande del mundo, es el segundo pulmón del planeta, produciendo oxígeno vital para la Tierra. De 1982 a 1997, los incendios cubrieron unos 106.000 kilómetros cuadrados de jungla y pantanos, y un territorio del tamaño de Bélgica y Portugal desapareció bajo las llamas. Los terribles incendios de 1997 a 1999 siguieron quemando más de

97.000 kilómetros cuadros de tierra, una superficie mayor que Holanda, Suiza y Luxemburgo juntos. Pero no era el final. En el par de años que siguieron al milenio, el planeta volvió a perder un trozo de pulmón, esta vez los fuegos arrasaron un territorio del tamaño de Dinamarca. Y los fuegos seguían, sin que nadie hiciera nada efectivo para pararlos. Cada año un pedazo de pulmón de la Tierra moría.

El humo producido ya no era sólo preocupante por el efecto del *haze*, sino que el dióxido de carbono emitido al quemarse tanta selva se convirtió en una de las causas del recalentamiento del globo. Científicos de todo el mundo señalaron que el continuo uso del fuego como forma de limpiar zonas cultivables de Borneo era inaceptable, y que se debían cambiar las políticas de explotación del suelo inmediatamente. Pero ante la falta de una mejor gobernabilidad global, de un gobierno mundial que velara por los intereses colectivos del medioambiente, no se hizo nada. Los agricultores, los militares en el negocio de la madera en Kalimantan, y los oficiales de gobierno pringados, no hicieron el más mínimo caso, a ellos les importaba un comino el recalentamiento del planeta.

Y así, el apocalipsis de la Tierra siguió.

Las tribus *dayaks*, indignadas por años de maltratos y discriminación, se tomaron la justicia por su mano. Se lanzaron contra *los nuevos*, los emigrantes traídos por los programas de transmigración del gobierno. Alienados por las políticas de modernización de Suharto, que asumían que las tribus *dayaks* vivían en la Edad de Piedra, y que debían cambiar o morir, los *dayaks* se reafirmaron en la identidad primitivista y las leyendas macabras del pasado por las que eran temidos por los musulmanes.

Prácticas que habían dejado de existir fueron resucitadas, como el canibalismo y la caza de cabezas, las últimas víctimas documentadas eran de 1894. Aquella reinvención de lo *dayak* tenía mucho del fascismo de los nacionalismos, les dio fuerza para ser más crueles que nunca. Ahora ya no eran los *dayaks* inocentes de la comunidad Barito donde enseñó la madre de Iwan, ahora eran cazadores de cabezas, más agresivos que nunca al ser reinventados, llenos de violencia, de sed de poder y venganza.

Supuestamente guiados por el *mandau*, el puñal invisible de sus antepasados, enardecidos por el aceite mágico que decían que los hacía entrar en trance y ser poseídos por los espíritus, los *dayaks* acuchillaron, violaron, quemaron, degollaron, comieron corazones y bebieron la sangre de los emigrados.

Unas dos mil víctimas en los últimos años. Algunas fueron matanzas de las más espantosas, como la de la villa de Parenggean, donde tomaron a 120 emigrados musulmanes, los encerraron en un campo de fútbol, y los fueron cortando a machetazos, sin matarlos, dejando que fueran cayendo heridos, sólo cortándoles la cabeza al final, en un suelo lleno de sangre, de zapatos perdidos, de trozos de cuerpos de hombres, mujeres y niños. Una carnicería, una orgía de sangre siniestra y oscura.

La brutalidad y la bestialidad humana desatadas de nuevo.

ഹൽ ഹൽ ഹൽ ഹൽ ഹൽ ഹൽ ഹൽ ഹൽ ഹൽ ഹൽ ഹൽ ഹൽ

—¡Tommy Suharto es buscado por la policía! ¡Tommy Suharto es un fugitivo!

Alguien trajo las noticias a la prisión; llegaban con retraso, pero de alguna manera llegaban. Los convictos salieron al patio, comentando el hecho fascinante de que Tommy Suharto, el hijo del dictador, fuera buscado por la policía.

Era la continuación del circo romano, los juegos más faustos y espectaculares que la nueva elite dominante indonesa ofrecía a las masas. Iwan Bolkiah podía imaginar quien estaba por detrás, empresarios como A.S., burócratas como Wiradikarta, fomentando aquel voyerismo político del cual él mismo había sido víctima, una cortina de humo para seguir manteniéndose en el poder.

Hacía unos meses, en junio, el mismo Suharto había sido llevado a tribunales. Se decía que la riqueza de Suharto, sin contar lo que tenía el resto de su familia, superaba toda la deuda indonesa con el Fondo Monetario y los bancos internacionales. Pero los médicos dieron la excusa, siguieron el ejemplo de Pinochet cuando iba a ser juzgado por el bravo juez Garzón, y a sus ochenta años Suharto fue declarado no apto para el juicio.

Como no pudieron con Suharto, habían seguido con Bob Hasan, ex-ministro y uno de los principales cronys de Suharto, condenado por prácticas corruptas en el sector maderero.

Y ahora le tocaba el turno a Tommy, el hijo playboy del dictador, uno de los familiares más odiados y que daría más que hablar en su caída.

Aunque estaba muy bien que los Suhartos fueran condenados, Bolkiah no se engañaba, aquello era un circo, eran los hijos comiéndose al padre, eran los nuevos empresarios sacrificando a la vieja generación, pues ya no les eran útiles.

Un pequeño cambio para que nada cambiara, para que todo siguiera igual.

ഇന്ദ ഇന്ദ ഇന്ദ ഇന്ദ ഇന്ദ ഇന്ദ ഇന്ദ ഇന്ദ ഇന്ദ ഇന്ദ ഇന്ദ ഇന്ദ

Porque para la mayoría, todo seguía igual, a pesar de la democracia.

Para Yohan y Yenni, la vida seguía igual de dura. Era como el mito de Sísifo, cuando parecía que lograban subir la montaña, volvían a caer para atrás y debían volver a escalarla. Era una condena despiadada. Sobrevivir era un ejercicio pesado y agotador.

Miraban desmayados su chabola, con el agua por las rodillas. De nuevo otra inundación, como pasaba frecuentemente durante el monzón, en la época de lluvias. Gastarían todo su tiempo y ahorros en reparar su casa, hasta que nuevas lluvias volvieran a inundarla.

Era la historia de nunca acabar. Yohan y Yenni estaban agotados.

Yohan abrazó a Yenni, notando que estaba extenuada, y le cogió Amir de los brazos, pues con cuatro años ya pesaba bastante.\

—¿No estarás embarazada?

—No, no... Sólo estoy cansada...—respondió ella, tosiendo.

Aquello era un eufemismo. Yenni estaba exhausta, desfallecida, decaída, deprimida. Sostener muchos años de pobreza es agotador, y a su cuerpo se le hacía cada vez más difícil, había perdido bastante peso recientemente. Ya eran pobres antes de la crisis, pero la crisis los había hundido en una miseria abyecta, insostenible.

—¿Quieres que vaya a ver si encuentro los platos flotando, papá? —dijo Kade, con voz cantarina.

Los platos... otra vez lo habían perdido todo.

—Jana, porqué no vas con tu hermana Kade, a ver si veis algo... toma unos plásticos... Pero tened cuidado, hay mucha agua.

—No te preocupes, papá.

Cuando salieron sus hijas, Yenni se derrumbó emocionalmente y se puso a llorar.

—Que Alá tenga piedad de nosotros... —sollozaba.

Yohan apoyó su cabeza en su hombro, y notó las lágrimas caer por su pecho.

Capítulo 46

Yanni entró en su apartamento. Suspiró, pues era un Yanni enamorado. Luego de tanto tiempo en Asia, Argelia y el Mediterráneo lo cautivaban.

Caminaba por su ciudad, y se sentía enamorado. Enamorado de las palmeras, de los edificios blancos, de la arquitectura medio árabe y medio francesa, del color azul del mar. Enamorado del calor y el afecto de las personas, de oír su idioma, del couscous de pollo y azafrán, de la gente sentada en los cafés tomando té y fumando *nargile*. Veía Argelia con otros ojos, estaba embelesado por su ciudad. La ciudad blanca. Sus raíces lo fortalecían, lo llenaban de algo que le faltaba luego de tanto tiempo fuera.

Y sí, era un Yanni enamorado, atravesado por el mal de amores, por la tragedia de haber tenido que dejar a su amado Reza en Indonesia. Bastaba el recuerdo de él para hacerlo volar, para que sus pies flotaran en vez de andar.

Tiró las llaves en la mesita de la entrada de su apartamento, y se dirigió a la cocina. Bebió un vaso de agua, y se sentó apesadumbrado junto a su ordenador, en la sala. Otra vez a solas, en el silencio de sus recuerdos. Volvió a suspirar.

Aún tenía el lugar medio vacío, sin apenas nada. Encendió el pequeño flexo de la mesa, y se puso a revisar su correspondencia, conectándose a *internet*. Al menos el trabajo lo distraía, le hacía no pensar.

Todo pasó muy de prisa, sin darle tiempo a reaccionar.

Derribaron la puerta y entraron en la habitación, tres, cuatro, quizás más. Yanni se levantó pero ya uno de los hombres barbudos le había colocado una cuerda alrededor del cuello.

Intentó liberarse, inútilmente, lo sujetaron. A pesar de las barbas, eran mucho más jóvenes y fuertes que él. Mientras forcejeaba, le subieron la cuerda al nivel de la boca, de manera que no pudiera hablar.

—En el nombre de Alá, El Más Clemente y Misericordioso, y del Sagrado Corán que nos ordena limpiar la suciedad del mundo ¡Arrepiéntete! ¡Sométete al deseo de Alá!

Vió el brillo de un cuchillo, y sintió un terrible dolor, una puñalada en el costado. Luego otra, y otra, y otra.

El dolor fue insoportable. Siguió resistiéndose, pero pronto los esfuerzos se tornaron en convulsiones, mientras veía su propia sangre caer, su vida escaparse.

Hasta que no vio nada.

Dejaron su cuerpo muerto sobre la silla, junto al pequeño flexo y al ordenador, junto a sus sueños y proyectos de como mejorar el mundo.

El lado oscuro de los hombres. Una víctima más de la bestialidad humana desatada.

Una víctima más del radicalismo fundamentalista, de la ira de muchos contra la injusticia del mundo; de la amargura contra lo occidental, contra la riqueza y el abuso, contra lo diferente y lo liberal.

Una víctima más de la frustración que sufren tantos musulmanes por vivir en un mundo que no les ofrece nada, excepto el desempleo, la desigualdad y la miseria, como la familia de Yohan que no tenía nada, quedándoles sólo la fuerza de unos valores religiosos arcaicos.

Un anticipo de la carnicería y la brutalidad que iba a estallar un 11 de septiembre en América, un 12 de octubre en Indonesia y un 11 de marzo en España.

Aunque Occidente olvida que las principales víctimas del radicalismo fundamentalista son los propios musulmanes. Sólo en Argelia, se estima que cien mil personas han sido asesinadas por fanáticos islamistas: intelectuales, periodistas, sindicalistas, médicos, abogados, activistas de izquierda, gays; o simplemente mujeres por querer estudiar en la universidad, negarse a llevar el velo *hijab*, usar maquillaje, salir en minifalda, o nadar en una piscina pública.

Víctimas de la brutalidad, del fanatismo y la intolerancia. Una pesadilla de sangre, represión, sufrimiento y muerte.

Capítulo 47

Estados Unidos había quedado en estado de shock tras los brutales atentados terroristas del 11 de septiembre. Radicales fundamentalistas habían secuestrado aviones regulares de pasajeros y los habían estrellado contra edificios insignes en Wall Street y el Pentágono. En unos instantes, tres mil personas perdieron la vida. Entre fuego y escombros, el mundo entero presenció el lado oscuro de la humanidad, la brutalidad y la bestialidad desatadas de nuevo. En un soplo, tres mil vidas se fueron. Una pequeña cantidad de gente, comparada con las víctimas en otros países, pero, aún asi, una gran cantidad de norteamericanos. La prensa no dejaba de preguntarse el por qué, de lamentar aquella matanza atroz, inhumana, execrable, descrita por muchos en otros lugares.

Y los Estados Unidos habían quedado también en estado de guerra, contra Afganistán, donde se hallaban algunos líderes de los fundamentalistas radicales islámicos. Estaba en estado de máxima alerta. Había habido amenazas de ántrax, cierres de aeropuertos y hasta del mismo Congreso. Y luego, el lado más oscuro, cientos de personas habían desaparecido de la noche a la mañana, detenciones secretas violando derechos humanos básicos, "desaparecidos" como en Argentina durante la peor dictadura militar. El segundo terror, el de la Administración Bush, estaba empezando en América.

Jan Håkansson miró su correo, abierto y destripado por los de seguridad, ahora todo se revisaba mil veces en busca de ántrax. Suspiró. No sabia que hacer. ¿Debía tirar la toalla y volverse a Suecia? Mucha gente se estaba yendo del Banco Mundial, de los Bancos Regionales de Desarrollo, de la Tesorería, habían dimitido de sus cargos o habían pedido excedencias. Las cosas están más difíciles cada día.

Al principio, la Administración Clinton, apoyada por los gobiernos europeos, había intentando reformar los organismos internacionales. Se luchó porque el Banco Mundial se centrara en reducir la pobreza. Se contrató a gente progresista como Joseph Stiglitz, Ravi Kanbur o el mismo Jan Håkansson, abriendo las puertas al cambio. Gente brillante, precisamente ese año Joseph Stiglitz fue galardonado en Suecia con el Premio Nobel de Economía. Pero la

Administración Clinton ya no estaba, a Stiglitz y Ravi Kanbur se los habían cargado, los habían despedido, y no tenia ningún apoyo de la Administración Bush, que como todas las administraciones republicanas no tenía el más mínimo interés en el desarrollo, ni le importaban ni los pobres, la miseria, la injusticia o el multilateralismo. Peor aún, la Administración Bush no tenía la más mínima vergüenza de utilizar a los organismos internacionales como si fueran suyos, para apoyar los intereses cronys de sus corporaciones y el Pentágono en el corto plazo, sin visión de futuro. Lo único que parece interesarles de la ONU son los Cascos Azules, que son militares y no personal de desarrollo. Y con respecto al Banco Mundial, era un retroceso a los tiempos de la guerra fría, ahora sólo quieren que invirtieran en sus países "amigos" y que les limpiaran la mierda que habían creado en Afganistán.

Aquel año, la Reunión Anual del Fondo Monetario y el Banco Mundial había ocurrido en Washington, en medio de grandes manifestaciones. Activistas de todo el mundo habían reclamado justamente que querían que el Fondo y el Banco de verdad se concentraran en reducir la pobreza y en cancelar la deuda del Tercer Mundo. Las ONGs denunciaban que en general el Fondo y los Bancos eran unas agencias subsidiarias de la Tesorería americana, haciendo política económica internacional para los Estados Unidos. Ni siquiera para los americanos de la calle, sino para Wall Street y las grandes corporaciones.

Aquellas manifestaciones eran un gran apoyo para el trabajo de Håkansson y los pocos que quedaban del lado progresista reformador dentro del Banco Mundial, pero eran insuficientes para promover el cambio. La reforma desde dentro era factible mientras Håkansson y los suyos tenían apoyo político. Si Håkansson se quedaba, ya no era para hacer avanzar la agenda progresista, sino para defenderla, para evitar que la mataran todos sus enemigos. Los departamentos de finanzas, infraestructura y energía, a los que les rechutaba la reducción de la pobreza. Ahora el poder volvía a manos de los viejos perros bulldogs, los defensores del *establishment* conservador, los que tenían a gala ser "duros", los oscuros Inquisidores del neoliberalismo.

Y los bulldogs volvían llenos de rabia, dispuestos a hacer trizas el progreso conseguido. Iban a utilizar cualquier argumento para cortar el gasto social y de agricultura, manipulando la opinión pública, lanzando una Cruzada Santa contra la inversión en reducción de pobreza, argumentando que la corrupción en los gobiernos del Tercer Mundo y el despilfarro en gasto social era un obstáculo para el crecimiento económico. Acusarían al lado progresista de ciego, de querer anular el crecimiento económico. Cuando nada de aquello era cierto, el gasto en agricultura, desarrollo urbano, agua, educación, salud y protección social del Banco Mundial nunca había sobrepasado el 40% del total, siempre había sido menor, y lo que se defendía era un crecimiento económico de mejor calidad, asegurando el empleo y mejores condiciones de vida a la población. Es más, el gasto en agricultura era tan bajo, que unos años después estallaría una crisis alimentaria mundial. Pero los bulldogs del sistema eran ideológicos y siniestros, y no atendían a razones en su Cruzada Santa, venían furiosos, con la boca llena de espuma, dispuestos a atacar y descuartizar a dentelladas el poco progreso conseguido, para así retomar su antiguo lugar.

Jan Håkansson tenía cara de lobo de mar cansado, de ser dejado en un buque que se hunde. Que complicado es moverse en la vida. ¿Había hecho bien intentando apoyar una reforma del Banco Mundial? No. Ésa era la terrible respuesta, años de su vida habían sido perdidos, como lo fueron los de sus aliados, Joseph Stiglitz, Ravi Kambur, o profesionales más jóvenes pero igualmente comprometidos con mejorar las cosas, como Joana Arteaga. Todas las energías que habían empeñado en cambiar las cosas eran ahora intentos abortados. Habían perdido el tiempo miserablemente, dejado que los utilizaran. La idea de la reforma no había servido para nada, en un mundo tan conservador como en el que vivian. Todos sus esfuerzos de años no servían para nada.

Jan Håkansson, como buen nórdico, contemplaba la opción del suicidio. Había perdido mucho tiempo de su vida, era ya mayor, le quedaban pocos años de vida profesional, y no sabía que hacer con ellos. Si se quedaba en el Banco Mundial, solo era para defender un pequeño avance logrado.

Jan Håkansson y los suyos se consolaron durante unos meses pensando que quizás los europeos se unirían. Europa en su conjunto contribuía más al desarrollo que nadie en el mundo. Quizás podrían formar una oposición al conservadurismo de la Administración Bush. Quizás los europeos presionaran por elegir a un presidente del Banco Mundial más progresista y con más conocimiento de desarrollo que Wolfensohn. Pero, para vergüenza de todos los ciudadanos europeos, sus gobiernos no hicieron nada. Poco después, la Administración Bush designó al Presidente del Banco Mundial, y no lo eligió por sus cualidades profesionales. Con un completo desprecio por la mitad de la población del mundo que aún vive en la pobreza, pero con la aprobación de Europa y Japón, la Administración Bush designó a un Vice Secretario de Defensa, un hombre del Pentágono, sin ninguna experiencia en desarrollo o en reducir la pobreza. Un experto en temas militares, responsable de miles de muertes y asesinatos, el arquitecto de la guerra de Irak: Paul Wolfowitz.

No hizo falta suicidarse. Jan Håkansson y los suyos murieron virtualmente en sus despachos del Banco Mundial. Los enterraron bajo un montón de papeleo y trabajo irrelevante.

Capítulo 48

El padre de Janette Peres miraba por la ventana desde su apartamento en la avenida Rivadavia. Estaba desesperado. Aquella mañana el Ministro de Economía Domingo Cavallo había impuesto restricciones en la cantidad de dinero que uno podía retirar de los bancos. Doscientos cincuenta dólares, eso era lo máximo que podía sacar de todos sus ahorros.

En la calle vio a un grupo de jóvenes pasar dirección a la Plaza de Mayo, golpeando cacerolas. Un avance de los enormes disturbios que iban a ocurrir en Argentina en sólo unos días.

El padre de Janette suspiró. Al menos le quedaba el apartamento. Aquél era un apartamento antiguo y elegante, de la gran época de Buenos Aires a principios de siglo. Lo había heredado de sus padres, y su mujer, con muy buen gusto, había mantenido el aire clásico y burgués. Claro que si volvía a haber una crisis, o si el peso se devaluaba enormemente como se temía que iba a pasar, el apartamento perdería todo valor. Como sus ahorros de toda la vida: se quedarían en nada.

Se sentía muy cansado. Ya era demasiado mayor para vivir más catástrofes, ya había vivido demasiadas en su vida. Hiperinflaciones que habían hecho perder el valor del dinero, golpes de estado y dictaduras militares, liberalizaciones económicas que habían acabado con su empresa... hasta ahora se las había ingeniado para seguir siempre de pié, para sobrevivir bien a pesar de todo. Quizás ahora se había relajado con la vejez...

Miró la foto de sus padres, una foto muy antigua en blanco y negro que estaba junto al *menorah*, el candelabro de siete brazos. Recordó la mirada humana de su viejo: "La vida es una lucha constante, hijo, nunca aflojes, nunca te fíes de nadie, siempre mira más allá". Y ciertamente para sus padres la vida había sido una lucha constante, huyendo de la pobreza y del antisemitismo de Europa, estableciéndose en un nuevo país en el que no conocían a nadie, y logrando una buena posición a pesar de todo.

Sus ojos buscaron mecánicamente la foto de su mujer, en busca de consuelo. Ah, si su mujer aún viviera... Lo que daría por estar unos momentos con ella, por poder tenerla otra vez en sus brazos... Miró sus rasgos dulces, aquel rostro que tanto se parecía al de su hija Janette.

Janette... Fue al teléfono y marcó su número en Nueva York.

—Janette Peres—respondió ella, ya con acento norteamericano.

—¡Hija! ¡Ay, hija, que bien que doy contigo! Las cosas están tan mal...

—¿Papá? ¿Por qué llamás?

—¿No has leído las noticias de Argentina?

—No, perdona... ¿Qué pasa?

—¡Ay, Janette, otra crisis financiera! El gobierno no puede mantener el cambio del peso al dólar y ha congelado todos los depósitos en los bancos... Desde hoy no podemos sacar más que doscientos cincuenta dólares a la semana. ¡De nuestros propios ahorros!

—Dios mío... —Janette sintió un escalofrío al otro lado de la línea, sin saber que decir— Dios mío...

—Es una pesadilla, Janette... ¿Qué voy a hacer?

—¿Vos sólo tenés doscientos cincuenta dólares?

—Tengo algo más que saqué la semana pasada, como todo el mundo... Las cosas han ido muy mal recientemente, hay rumores que el Presidente de la Rúa va a caer, la gente ha estado sacando dinero sin parar de los bancos, por eso han impuesto esta medida...

Los rumores, la mera posibilidad de que las cosas fueran peor, habían extendido el pánico financiero. El efecto rebaño que ya conocemos de la crisis asiática. El 30 de noviembre los bancos del país habían perdido 1.300 millones de dólares, y las reservas netas del banco central se habían reducido en 1.700 millones de dólares. Inversores extranjeros y la clase alta argentina fugaron capital del país a sus cuentas en Miami, Madrid y Zurich. De la noche a la mañana el país, que había sido el alumno aventajado del Fondo Monetario Internacional y hecho todo lo que le decían los organismos internacionales, estaba en bancarrota.

—Y así ¿tenés lo suficiente?

—Hija, tengo muy poco... me he vuelto viejo, estoy cansado, no lo vi venir... Si devalúan el peso, nos vamos a quedar con papel mojado...

—No te preocupes, que nos vamos a apañar ¿Por qué no te venís aquí conmigo?

—Creo que es mejor que me quede aquí a cuidar de los ahorros, por lo que pueda pasar, sacarlos nada más quiten las restricciones. Además ya soy muy mayor para a esa ciudad terrible donde vives, prefiero la nostalgia de Buenos Aires...

—Papá ¿cómo te puedo mandar dinero?

—No sé, hija... Yo no quiero que me mandes dinero, yo he ahorrado por mí mismo toda mi vida...

El padre estaba tan abatido, que de pronto se empañaron los ojos, se le congestionó la mente.

—Son unos chorros, unos ladrones...

—¿Papá?

—No te preocupes, hija... —respondió él, con la voz quebrada.

—Papá, no sé qué decirte... Le pediré ayuda a Aaron, el trabaja en Wall Street, seguro que él ha de saber como poder ayudarte...

Janette oyó sollozos al otro lado de la línea, y sintió que su corazón se rompía de oír a su padre llorar.

ꙮ ꙮ ꙮ ꙮ ꙮ ꙮ ꙮ ꙮ ꙮ ꙮ ꙮ ꙮ

Pero el padre de Janette no tenía ni idea de lo que iba a venir. Argentina no sólo iba camino a una crisis financiera: fue empujada al abismo. Unos días después, el 5 de diciembre, el Fondo Monetario Internacional rechazó desembolsar 1.300 millones de dólares con la excusa de que el déficit aún era alto y se debían recortar aún más los gastos públicos, una de las condiciones del préstamo. Aunque era cierto que el gasto provincial era alto y debía contenerse, el argumento tenía narices, cuando Estados Unidos tenía el déficit más grande no sólo del mundo sino de la historia, además el Fondo Monetario hacía admitido excepciones en muchos otros países del mundo, en Rusia, en Brasil, en Asia y en todos los lados. La razón real: Argentina no era Indonesia, tenía pocas inversiones americanas, mayoritariamente eran españolas y europeas, así que por una vez el Fondo tomó una línea dura, dejó de hacer excepciones y de apoyar a los inversores. No hubo suficientes Aaron Goldsteins en Wall Street pidiendo salvar sus inversiones en la Argentina. La Tesorería Americana bajo la Administración Bush dio su veredicto al Fondo: daba igual, podían cortar la transfusión de sangre a un paciente enfermo de muerte. Dejaron que Argentina se hundiera, con plena conciencia de que el país iría a la bancarrota.

La deuda externa argentina acumulada era de 132.000 millones de dólares, se calcula que la mayoría era capital fugado fuera del país. ¿Por qué apoyar a los inversores? Aquél era un círculo vicioso y absurdo, a más se sostenía la deuda argentina con préstamos de los países del Norte, más capital se fugaba del país. Sin embargo, la solución no era dejar que el país fuera a la bancarrota. La solución correcta sería apoyarlo temporalmente, salvándolo de la crisis, y asegurarse que después se pusieran controles para evitar que el capital se fugara de aquella manera, así como ayudar a Argentina a encontrar mercados y apoyar actividades productivas que generaran empleo y desarrollo. Pero eso no le interesaba a la Tesorería y a Wall Street, lo importante era mantener las finanzas completamente liberalizadas para poder invertir en la Argentina cuando les viniera en gana.

El gobierno argentino intentó sostener el peso durante cuatro semanas, en las que se tomaron medidas extremas. El 6 de diciembre, el Ministro Cavallo anunció que las pensiones argentinas se convertían automáticamente en bonos del estado. El 17 de diciembre se presentó el presupuesto nacional con recortes del gasto público del 20%. No sirvió para nada: Argentina fue a la bancarrota el 6 de Enero, sin poder pagar el plazo de su deuda externa.

Los costos políticos y sociales fueron también extremos. El 13 de diciembre los sindicatos llaman a una huelga general, y unos días después los argentinos se echaron a la calle en todas las grandes ciudades del país, Buenos Aires, Chubut, Mendoza, San Juan, Santa Fe, Tucumán, Salta. El Presidente de la Rua y sus Ministros de Economía y Finanzas tuvieron que dimitir.

Argentina era un país muy empobrecido. Dos décadas de neoliberalismo absurdo habían deteriorado a una clase media próspera como la familia de Janette. Como en Rusia, el desempleo se había extendido como un cáncer, los salarios y las pensiones habían sido reducidos a niveles ridículos mientras que el coste de vida había subido sin parar. Los servicios públicos se habían privatizado y poca gente podía pagarlos. El 56% de los argentinos vivía por debajo de la línea de la pobreza, estimada en 110 dólares al mes; cada minuto que pasaba, 12 argentinos se volvían pobres. Por la noche, las calles de Buenos Aires eran recorridas por más de 100.000 cartoneros, recogiendo basuras para sobrevivir. El mundo se había vuelto un cambalache, había ingenieros trabajando como guardias de seguridad, médicos conduciendo taxis, señoras de la limpieza que vivían sólo de la propina que se dejaba en los lavabos públicos. Argentina se había tercermundizado. Como en Rusia, ahora todos se estaban muriendo lentamente.

En diciembre la gente se echó a la calle, harta de que su gobierno no defendiera sus intereses, sino los intereses de una minoría rica, los inversores argentinos y extranjeros. Los argentinos salieron con cacerolas y sartenes, con indignación y con esperanza, protestando contra los políticos negligentes que no los representaban, con pancartas que gritaban "QUE SE VAYAN TODOS, QUE SE QUEDE LA DEMOCRACIA, QUE VENGA LA JUSTICIA".

Al cabo de los días se empezó a atacar supermercados, la gente robaba comida, como en Yakarta. Y luego del peso se devaluó dramáticamente, de manera que los billetes se convirtieron en papel mojado, y los ahorros de las personas de toda la vida perdieron todo su valor.

Otra crisis financiera.

La pesadilla volvía a empezar.

Capítulo 49

Se sentía muy sola aquella tarde desde que Aaron había vuelto a cancelar su cita. La sombra de su ausencia envenenaba las horas de Janette.

Tanta educación no le servía para nada. Janette se sentía impotente para reparar el cariño de Aaron porque no sabía bien que era lo que se había perdido. La mirada de Aaron estaba ausente cuando lo besaba. Quisiera hacerlo reír, pero sus palabras ya no lo divertían, y los silencios eran tan densos que todo perdía sentido.

Ahora que lo estaba perdiendo, Janette se daba cuenta de que sólo los que han sufrido saben amar de verdad, sólo los han estado solos y han sido heridos saben del valor del amor. Y Aaron era tan fuerte —el Triunfador, el Poseedor— que no la valoraba.

Al principio Janette no había querido verlo, y se dejó engañar por la idea de que sus encuentros hacían vibrar a Aaron tanto como a ella. Pronto sus citas se distanciaron, y a más se engrandecían las ausencias, más se sentía empequeñecer. Janette se torturaba pensando con su regreso. Porque no hay nada peor que saber que alguien te quiere, pero no lo suficiente. Y a más intentó llamarlo, extrañada de sus ausencias, más lo fatigaba y más se alejaba Aaron de ella.

Todos nos enamoramos buscando una cualidad que no poseemos: el solitario aliviar su soledad con compañía, el feo poseer un cuerpo bello, el triste alegrar sus días con una sonrisa. Como un perfume, nos envolverá su aroma, más nunca llegaremos a poseer esas cualidades que no son nuestras. A más las necesitamos, el perfume envenenará nuestras horas de esencia de amargura. A más necesitaba Janette estar con Aaron, más le faltaba él. De qué servían más reproches, más dolor, si Aaron ya había descubierto la composición del perfume de ella y perdido el interés por Janette.

Pero la racionalidad sirve de muy poco cuando uno está asolado por el desamor. Sonó el teléfono, y el corazón de Janette dio un vuelco. Quizás fuera Aaron. Quizás iba a aparecer, en una de sus visitas sorpresa. Sólo el oír su voz de nuevo le devolvería la vida.

Pero no. Era su padre, que le iba a sorprender con la noticia de la crisis en Argentina.

—¡Hija! ¡Ay, hija, que bien que doy contigo! Las cosas están tan mal...

෨෬ ෨෬ ෨෬ ෨෬ ෨෬ ෨෬ ෨෬ ෨෬ ෨෬ ෨෬ ෨෬ ෨෬

Aaron Goldstein miraba las luces de la ciudad por la cristalera de su oficina. Nueva York, la ciudad que nunca dormía. Tampoco él había dormido en las últimas 48 horas.

Dejó que su frente se apoyara en el frío cristal. Se sentía agotado de pensar lo que se le venía encima... Se sentía estresado, angustiado, alarmado. Se sentía en medio de arenas movedizas.

Se preguntó que hubiera hecho su padre. Sus ojos fueron automáticamente a una foto colgada en la pared, de cuando su padre aún vivía. Padre...

Sólo un día después de la crisis en Argentina, otra crisis había estallado en Estados Unidos: el mayor escándalo corporativo de la historia. ENRON, el gigante multinacional de la energía, una de las diez mejores compañías del mundo, según *Fortune 500*. La Comisión de Valores y Cambio había estado investigando sus irregularidades contables, y el 2 de diciembre, la dirección de ENRON tuvo que admitir oficialmente que había exagerado los beneficios de la compañía para mantener alto el precio de las acciones.

Aaron Goldstein estaba pringado hasta la médula. ENRON caía, y él podía caer con ENRON. El escándalo sólo estaba empezando. Se estaban encargando de destruir todos los documentos, cínicamente, incluso delante de las cámaras de televisión, pero Goldstein sabía, intuía, que algo quedaría por algún lugar, evidenciando el fraude que habían cometido.

Había ayudado a sus clientes en sus ejercicios de "contabilidad creativa", camuflando préstamos que les daban como líquido, para mostrar que ENRON tenía beneficios en vez de pérdidas y así sostener el precio de las acciones, defraudando a los inversores.

A su favor estaba el hecho de que aquel fraude había sido cometido de manera muy sofisticada, a través de la creación de compañías intermediarias ficticias, y el uso de derivativas y otros instrumentos financieros muy complejos que dificultaban comprender los balances de la compañía. Pero Goldstein imaginaba que la Comisión de Valores y Cambio estaba al tanto de aquellas prácticas.

Y aquello no era lo peor. Aquello probablemente llevaría a su banco a ser penalizado, posiblemente una multa de unos 100 millones de dólares. Les costaría la reputación, pero su banco podía pagar sin problema, aquellas multas eran ridículas, simbólicas, insignificantes para Wall Street.

Lo peor estaba por venir. Porque Aaron Goldstein trabajaba con otras treinta y seis compañías con las que hacían exactamente lo mismo que con ENRON, "contabilidad creativa". Y no sólo él, sino que todos sus compañeros llevaban otras tantas cada uno. Todo Wall Street lo hacía con todas sus empresas clientes... El sistema era así, todas las corporaciones hacían lo mismo que ENRON.

ENRON podía ser la punta del iceberg, el principio de la catástrofe, arrastrando a todo el mundo corporativo americano con ella. El castillo de naipes derrumbándose. Otro crack del 29, el principio de otra Gran Depresión.

Sonó el teléfono.

—Goldstein —respondió, estresado.

—No hay nada que podamos hacer —dijo la voz de D.H.

—Sí lo hay ¿recuerdas nuestra conversación hace un tiempo?

—Sí.

—Ha llegado el momento. Se debe hacer lo que sea, ¿comprendes? ¡LO QUE SEA! Otro ataque terrorista si es necesario, otra guerra como la de Afganistán, pero hay que taparlo como sea. ¡Esto es sólo la punta del iceberg! ¡Toda América va a caer!

Hubo silencio.

—Ya se está en ello. No puedo hablar más.

Oyó el "click" al otro lado de la línea.

෴ ෴ ෴ ෴ ෴ ෴ ෴ ෴ ෴ ෴ ෴ ෴

Aaron Goldstein entró en su apartamento. Vio luz. No... Debía ser la pesada de Janette. Ahora no podía aguantar sus tonterías cursis y sentimentales. No... La verdad es que no podía más con ella.

—Janette —dijo, secamente.

Janette se levantó, y corrió a él.

—¡Aaron! Llevo un montón de horas intentando localizarte...

—Un día largo, eso es todo —contestó él, sin ganas de hablar.

—Aaron, tengo que hablar contigo, es muy importante ¿Has leído lo que está sucediendo en Argentina? ¡Mi padre está en la bancarrota! Se teme lo peor... Aaron, has de ayudarlo...

Goldstein siguió caminando, quitándosela de encima, y se quedó mirando la ciudad por el ventanal de la sala de su apartamento.

—Aaron, es muy importante, mi familia necesita ayuda...

—También yo —respondió él, secamente— Janette, hoy no es el día. Llevo muchas horas sin dormir.

—¡Aaron! Por Dios...

—Janette... Vete.

Siguió sin volverse. Janette no podía comprender la actitud de Aaron. ¿Era acaso que no quería que su familia lo conociera?

—Aaron, esto no tiene que ver nada con lo mal que pueda estar yendo nuestra relación, de verdad, te pido que ayudes a mi familia como judía, como hermana de raza...

Él siguió sin volverse.

—Deja la llave al salir —respondió, fríamente.

—Aaron...

Janette sintió que su corazón se rompía.

ಶಾ ಶಾ ಶಾ ಶಾ ಶಾ ಶಾ ಶಾ ಶಾ ಶಾ ಶಾ ಶಾ ಶಾ

Joana Arteaga leía el *New York Times* en avión, y no daba crédito a sus ojos. Llamar escándalo a lo ENRON era un eufemismo, aquella era la crónica de robar y desfalcar por excelencia.

Había empezado con la crisis artificialmente creada en California, donde ENRON había generado apagones y cortes de energía a propósito para conseguir mejores contratos, a alto costo para el gobierno, los contribuyentes y la industria.

Seguía con la "contabilidad creativa" y el fraude, en los que también estaban pringados bancos y compañías auditoras.

Y terminaba con los directivos de la compañía, que se habían ido con pagas y bonos de cientos de millones de dólares, mientras que los 4.200 trabajadores de ENRON perdieron no sólo su empleo sino sus pensiones, recibiendo sólo una miserable compensación de 5.600 dólares por cabeza.

Suspiró. Capitalismo crony a la indonesia. Como siempre, sintió asco, decepción por el mundo. No sabía el chasco que la esperaba.

Iba a Nueva York a reunirse con uno de los directores del diario que les iba a publicar los reportajes escritos con Iván Yablokov. Era sólo una escala, aprovechando su vuelta a Europa, después de terminar el trabajo para el Banco Mundial. Les había llevado bastante tiempo terminar los artículos, dado que los dos trabajaban oficialmente en otras cosas y aquello tomaba menos prioridad.

Iván Yablokov la esperaba en el aeropuerto Kennedy de Nueva York.

—¡Iván! Qué sorpresa, no tenías por qué venir a buscarme...

Iván la miró. Joana supo inmediatamente que algo iba mal.

—Es lo mínimo que podía hacer. He estado intentando llamarte todo el día pero no pude dar contigo.

—¿Qué ha pasado?

Iván miró de lado, su mirada de águila estaba turbia, no sabía como empezar.

—No nos lo publican.

—¿Cómo?

—Que nos han rechazado los artículos en el último minuto. Pero no pude encontrarte y decirte que no vinieras... Lo siento.

Ahora fue Joana la que miró de lado, cansada, decepcionada.

—Bueno, ya que estoy aquí... invítame a tomar un vodka. Mi vuelo a Londres sale pasado mañana.

Iván la ayudo con la maleta, hasta el parking donde tenía el auto. Joana se fijó en las maneras de Iván. Iván llevaba la tragedia rusa en la sangre, como tantos otros rusos que parecen hacer las cosas asqueados de la vida, como si no quisieran estar allí. Pero había más. Joana lo notó, Iván no le estaba explicando toda la historia.

—Iván —dijo— ¿hay algo más?

Iván evitó su mirada. Siguió conduciendo marcha atrás, haciendo maniobra para sacar el auto.

—Mujeres —dijo secamente, con su acento ruso— No sé cómo, os enteráis de todo...

Siguió conduciendo.

—No sé que sabes del mundo de las medios de comunicación, de cómo se trabaja, de cómo está organizado.

—Nada.

—Si tienes alguna imagen romántica de periodistas descubriendo la verdad y escribiendo sobre ella, olvídate. Es un negocio. Lo que originalmente era pequeños periódicos, cadenas de noticias de televisión, se han ido adquiriendo unos a otros y fusionando entre ellos, hasta convertirse en unos pocos gigantes que lo dominan todo. Hasta tienen estudios cinematográficos... La *Time Warner, News Corporation, Walt Disney, Viacom...* El mundo de los medios de comunicación se ha corporatizado, y se mueve por el precio de sus acciones.

Joana suspiró.

—Déjame darte un ejemplo, supongo que sabrás de Rupert Murdoch, ¿no? Este tipo es un australiano que heredó el *The Adelaide News* de su padre, y hoy es un magnate mundial de la comunicación. En Estados Unidos, posee la superconservadora cadena de televisión

Fox, los estudios de la *Twenty Century Fox*, y *The New York Post*. En Europa, tiene la televisión por cable *Sky* y el diario de *The Times*. En Australia, más del 50% de la tirada de periódicos es suya. Y en Asia tiene la cadena *Star* y *Phoenix*. Es tal su poder, que crea opinión. Por ejemplo, creó una imagen satánica del Presidente Clinton por haber manoseado a la tonta de Mónica Lewinsky, en vez de informar sobre cosas importantes. O el ejemplo siempre citado es que su cadena, la Fox, declaró a Bush ganador de las elecciones, cuando no era verdad, pero aquel farol hizo precipitar la decisión. ¿Te haces una idea?

—Una mala idea, sí.

—Siendo tan conservador, sus medios de comunicación ahora apoyan al cien por cien a la Administración Bush. Y si algo va mal, se dedican a distraer la atención pública, con noticias sobre algún escándalo en Hollywood, la vida de los bomberos de Nueva York, como ponerse una máscara de gas en caso de un nuevo ataque terrorista, o los avances de la exploración del espacio.

—Lo imagino ¿Y que tiene que ver eso con nosotros? Tú no trabajas para la Fox...

—¡Espero no hacerlo jamás! Pero sí tiene que ver con nuestros artículos. Pues me temo que la prensa, al estar corporatizada, tiene la prioridad puesta en sus acciones en bolsa, y no en contar la verdad.

Joana lo miró.

—Hay una contradicción inherente entre informar la verdad, un servicio público, y obtener beneficios vendiendo noticias. Las noticias que más venden son las simples, las que reafirman a la gente en sus prejuicios, las que cuentan lo que la gente quiere oír. A la gente no le gustan cosas muy nuevas ni complicadas... sus ojos se empañan si les hablas de la estructura del sistema financiero... prefieren mucho más oír de las pequeñas cosas de su ciudad, o de cosas que les son familiares. Así que la corporatización de los medios de comunicación ha llevado a una pérdida brutal de calidad de la información.

—Que beneficia al poder... puesto que esconde lo que realmente pasa...

—Y en nuestro caso hay algo más. Algo muy específico del momento.

Cogió el periódico que Joana llevaba.

—ENRON. Todos informan sobre ENRON, como si fuera un caso corrupto, y sus directores unos estafadores malvados. Pero la realidad es que todas las grandes empresas americanas con acciones en bolsa funcionan de la misma manera que ENRON, todas hacen "contabilidad creativa" con la ayuda de bancos y compañías auditoras. Es el sistema el que está impregnado de corrupción y malversación.

—Correcto.

—Están asustados de que comiencen a destaparse escándalos en otras empresas, y que todo el sistema se derrumbe. Porque podía ser la hecatombe, otra gran crisis de la bolsa, como en los años 30. Y por ello los gigantes de la comunicación están asustados, sus propias acciones caerían y perderían valor. Van a informar, pero sólo lo suficiente.

—Y así —cerró Joana— no les interesan unos artículos como los nuestros que denuncian las contradicciones del sistema financiero.

—*Jarashó* —afirmó Iván en ruso.

Paró el auto en una calle anodina, de esas que sólo tienen un par de tiendas abiertas las 24 horas y una lavandería. Pasó un negro con unas bolsas de plástico.

—Espera un momento.

Bajó del auto, y se metió en uno de los comercios. Joana se quedó pensando en lo que acaba de oír. Se acordó de una cerveza con Iwan en el Lounge del Hotel Pancasila, Iwan le había hablado de como la agencia Indoprom controlaba la información en Indonesia. Y ella, creyéndose venir del mundo libre, de un mundo mejor, se había sorprendido de que aquellas cosas pasaran en 1997... Cuando el mundo occidental era igual de controlado, sólo que con modos más sofisticados, pero al igual que en Indonesia, la información servía los intereses de los poderosos.

Iván abrió la puerta. Entró un frío glacial. Llevaba una bolsa de papel, con una botella dentro.

—No es por ser barato —dijo, pasándole la botella de vodka— ahora te voy a invitar a un restaurante ruso que hacen los mejores *golubtsis* del mundo, ya sabes, rollos de col rellenos de carne picada. Y ya verás el esturión ahumado y los *blinis* de nata agria que tienen, como en Rusia en los viejos tiempos, te vas a chupar los dedos. Lo del vodka ahora... Es algo un poco ruso, me gusta la transgresión. Nada como beber en el coche, en un país donde está prohibido.

Joana sonrió. Supuso que Iván debía estar acostumbrado a correr por Moscú chutándose de todo en las venas, y sabría conducir sin que se le notara. Bebió, dejando que el vodka le quemara la garganta. Iván arrancó el auto, no sin dar otro trago antes.

—¿Sabes? El problema de esta gente americana es que son una población inocente, se creen que son el país de la libertad, y que sus medios de comunicación son libres. En Rusia nadie cree eso, todo el mundo sabe perfectamente que la información es propaganda. Hemos sufrido zares despóticos, dictaduras férreas, y ahora mafiosos. Por eso ningún ruso cree en nada de lo que le dicen. Pero esta pobre gente, como ha tenido una vida feliz, pues se lo creen todo, inocentemente...

Joana bebió.

—Iván... ¿hay algo más, verdad?

—Mujeres... —maldijo en ruso— Sí, mierda, sí que hay algo más.

—¿Y...?

Se hizo un silencio. Claramente estaba pensando como decirlo. Volvió a dar otro trago de vodka.

—Verás, quizás sí existe una pequeña posibilidad de que se publicaran los artículos. Habría que luchar por ello, pasar por encima de mis jefes, ignorar sus opiniones, pues me han dicho que lo olvide, desobedecerlos e intentarlo en otro departamento del periódico. Y exponerme a lo peor, a que me despidan, en un momento que todos mis colegas hacen lo contrario, están más prudentes que nunca, autocontrolándose por temor, al ver el vuelco neoconservador de la Administración Bush...

Volvió a beber.

—El caso, Joana, es que yo no puedo hacerlo —la miró— Mi madre es una anciana y vive en una dacha congelada, tendrías que ver sus manos, son unos muñones llenos de bultos rojos del frío, no tiene calefacción. Mi familia en Rusia depende de mí, de los dólares que les envío desde América, tienen suerte de tenerme... Y mis jefes aquí no se lo pensarán dos veces en despedirme si hago algo mal, para ellos yo sólo soy un ruso de mierda...

Joana sintió pena por todo. Le cogió la mano.

—Está bien, Iván... no te preocupes, de verdad.

Bebió otro trago de vodka de la botella. Cuanto costaba avanzar las cosas... era un paso adelante, y dos hacia atrás.

෧෯ ෧෯ ෧෯ ෧෯ ෧෯ ෧෯ ෧෯ ෧෯ ෧෯ ෧෯ ෧෯ ෧෯

Aaron Goldstein observó con alivio que las cosas se resolvieron aceptablemente bien.

La Administración Bush puso las cosas en marcha, el "lo que sea" que gente como Goldstein quería. Y no se anduvieron con chiquitas. Siendo el país más poderoso del mundo, se celebraron los más fastuosos juegos romanos de los tiempos contemporáneos: la guerra de Irak, y no sólo ésta, sino una guerra permanente, total, orwelliana: la Guerra contra el Terror, un miedo persistente que asegurara un gasto militar incontrovertible.

Una gran cortina de humo, necesaria para ocultar la realidad, necesaria para distraer la atención de lo que estaba pasando en el mundo corporativo y financiero, para no evidenciar la realidad, la explotación, el robo y el saqueo que ocurría en el planeta.

Una guerra conveniente, además, dados los intereses de los cronys de Bush en el petróleo iraquí, y la amistad de siempre con los militares, que habían vivido un insoportable recorte presupuestario durante la Administración Clinton al terminar la guerra fría. Se reinventaron una nueva guerra fría, ahora el enemigo eran unos tipejos vestidos con turbantes polvorientos, los fundamentalistas islámicos que la misma CIA había apoyado hacía años para detener el avance del comunismo. El gasto en defensa volvió a subir, a nada menos que medio trillón de dólares en el año 2003, treinta veces lo que los Estados Unidos invierten en desarrollo en el Tercer Mundo, siete veces por encima de lo que todos los países ricos juntos contribuyen al desarrollo de los países pobres. A más se gastaba en defensa, más inseguro se volvió el mundo.

Aquella era la combinación perfecta. Teniendo a la gente entontecida con el consumo financiado por déficits, y teniendo los medios de comunicación informando sobre el terror y las guerras, aquello fue el "*Panem et Circensis*", pan y circo para las masas.

El sistema financiero se tambaleó por un momento, hubo más escándalos corporativos, World Com, Xerox en América, Vivendi, Parmalat en Europa. Los inversores, y con ellos los fondos de pensiones de personas que tenían allí depositados los ahorros de toda su vida, perdieron enormemente. Pero se logró pasar el huracán, a nadie le interesaba una crisis en la bolsa, nadie quería que el castillo de naipes se derrumbara.

Los presidentes de los países afectados hicieron declaraciones públicas mostrando indignación contra aquellos directivos corruptos, como si fueran los únicos. En Estados Unidos, la Comisión de Valores y Cambio penalizó a los implicados. El banco de Aaron Goldstein tuvo que pagar 125 millones de dólares, una miseria dado lo que su banco ganó aquel año —nada menos que 14.500 millones de dólares netos—, pero se hicieron los compungidos ante las cámaras, informando arrepentidos de lo mucho que habían mejorado sus sistemas de auditoria y contabilidad financiera.

Un pequeño cambio para que nada cambiara, para que todo siguiera igual.

Capítulo 50

Rupias por dólar americano: 8.421

Iwan Bolkiah, alias Yuan Chang, había cumplido su condena.

Se despidió del santón, emocionado. Dijo adiós a sus conocidos, y fue a presentarle respetos al anciano Jusuf. Sabía que iban a morir allí, encerrados entre aquellas paredes, por romper ventanillas de coches, por robar para comer; los peores, por matar a una persona. Mientras que los verdaderos criminales del mundo, los que robaban millones, los que mataban a miles de personas con sus malas decisiones políticas, no eran castigados. Sintió pena por ellos. De nuevo, la injusticia humana, él tenía el privilegio de poder salir de prisión, y ellos no.

Los guardias le dieron sus antiguas ropas, el traje que Iwan llevaba el día que iba a volar Singapur y fue arrestado, el mismo atuendo de la noche que había sido violado. Iwan se vistió y notó lo mucho que había cambiado, ahora aquellas ropas le iban enormes, se le caían, tuvo que ajustarse mucho el cinturón. Le dieron algo de dinero, lo suficiente para tomar un autobús de línea a Yakarta, y lo acompañaron fuera del recinto, cerrando detrás de él la puerta. Era libre. Dejaba atrás el peor episodio de su vida.

Después de tres años en prisión, se hacía muy extraño cruzar la barrera al mundo exterior. Iwan siguió andando, a pleno sol, sintiéndose como dentro de un sueño irreal.

No conocía el lugar, preguntó a alguien donde paraba el autobús a Yakarta y esperó sentado en el suelo. Cuando llegó el vehículo, un autobús de tercera mano sin aire acondicionado, Iwan se fue a uno de los asientos de plástico del final. Abrió la ventanilla y dejó que el aire le diera en la cara. Se sentía libre, más libre que nunca. Era el primer día del resto de su vida.

Tardaron varias horas en llegar a Yakarta. Una vez en la capital, Iwan quiso andar y disfrutar su libertad. Siendo su ciudad, casi cada esquina tenía un recuerdo. Anduvo y anduvo, sin rumbo fijo, sintiendo miedo al principio por el tráfico desordenado, por la prisa de la gente, por la contaminación agobiante que cubría el cielo, por un ritmo acelerado al que ya no estaba acostumbrado.

Hasta que llegó al Hotel Pancasila. Se quedó sobrecogido. El Hotel Pancasila había cerrado. Era un edificio gris y olvidado, vacío, con los cristales rotos, recorrido por las ratas.

Iwan se sintió envejecido, otro episodio de su pasado acabado. Se quedó allí, mirando el edificio abandonado y oscuro, imaginando sus pasillos desiertos, antes llenos de vida, ahora apagados y habitados por cucarachas. Otra víctima de la crisis, como tantas otras construcciones abandonadas de Yakarta, que daban a la ciudad un aire fantasmagórico e irreal.

Se preguntó qué hacer. Anochecía. Realmente, no tenía a nadie a quién acudir, sólo conocidos, nadie realmente íntimo. Podía ir a su abogado, pero prefería reservarlo para después. Se encontraba agotado, no tenía dinero para cenar nada. Cruzó al otro lado del la avenida Jalan Thamrin, y se quedó adormilado apoyado en una pared, mirando el Hotel Pancasila, recordando escenas con Joana.

ᔥᖯ ᔥᖯ ᔥᖯ ᔥᖯ ᔥᖯ ᔥᖯ ᔥᖯ ᔥᖯ ᔥᖯ ᔥᖯ ᔥᖯ ᔥᖯ

—*Ibu* Merpati —susurró el bedel de las Naciones Unidas— *Ibu* Merpati, hay un hombre muy extraño en la entrada que pregunta por usted. Lo tienen detenido los de seguridad...

—¿Ha dicho su nombre? —preguntó Merpati, sin levantar la vista, arreglando unos papeles.

—Ha dicho que se llama Iwan Bolkiah.

Merpati se quedó paralizada. ¡Iwan Bolkiah!

Se levantó, dirigiéndose a recepción ella misma. Fue entonces cuando lo vio. O mejor dicho, vio lo que quedaba de él. No pudo reprimir un grito de asombro, nunca lo hubiera reconocido, ajado, con el pelo largo y barba.

—Merpati, perdona que haya venido así, sin avisar, a tu trabajo...

—¡Iwan! —Merpati lo cogió por las manos, mirándolo con cariño.

Lo abrazó, bajo la sorpresa del bedel y de los guardias de seguridad. Merpati tuvo que contener la respiración, Iwan no sólo tenía mal aspecto, sino que estaba sucio y apestaba. Notó que su estómago hacía ruido, e imaginó que no debía haber comido.

—¿Sabes? Vámonos fuera, a hablar, déjame que te invite a desayunar...

Volvió a su escritorio, tomó su bolso y avisó que tenía que salir urgentemente. Una vez fuera del edificio cuadrado de la ONU, Merpati le hizo cruzar Jalan Thamrin, entrando en los almacenes *Sarinah*, pensó que los buffets de la planta baja le gustarían a Iwan.

Iwan, de hecho, se quedó apagado. Llevaba tres años llevándose arroz blanco a la boca. Ni siquiera supo qué hacer, qué coger de aquella enorme selección de comida, lleno de alimentos de todos los colores, de lujos y sabores que había olvidado.

Merpati notó su indecisión, y tuvo que animarle a coger cosas en su plato. Se sentaron en una mesa. Iwan comía rápidamente, mientras ella observaba con tristeza cuanto había envejecido. Su Iwan, el Iwan que era casi un hermano para ella, el Iwan que tanto había estado en casa hace años. Como puede torcerse una vida...

Merpati supuso que él no querría hablar de la prisión, así que le contó tonterías de la familia, que estaban todos bien, su padre y su madre algo más viejos pero aún activos, que ella seguía en la ONU, y... sintió que debía decírselo allí mismo, por si Iwan tenía alguna esperanza. Y que Dewi se había casado con un joven empresario indonesio que le había presentado su padre, y que iba a tener dentro de poco su segundo bebé.

Iwan hizo el cálculo en meses, mientras seguía comiendo, sin levantar la vista. Eso significaba que Dewi se había casado poco después de que él fuera encerrado en prisión.

Se limpió la boca con la servilleta, sintiéndose mejor, y la miró.

—Gracias, Merpati. Siento mi estado, acabo de salir de la prisión. He venido a pedirte un favor.

—Lo que quieras.

—Ayúdame a buscar a Joana Arteaga. Ella trabajaba para vosotros hace tres años...

Merpati sintió que el corazón se le encogía. ¡Arteaga! Aún pensaba en aquella mujer... Merpati se sintió mal, terriblemente culpable. Recordó el día que la había invitado a tomar un café y la indujo a partir. Por uno segundos pensó que no debía ayudarle, Joana le contaría la conversación que tuvieron. Pero recapacitó y le pareció ruin. Aquel hombre ya había sufrido demasiado.

—Está en una universidad inglesa, te buscaré los teléfonos y su dirección.

—Gracias.

—¿Tienes dinero? —preguntó Merpati, aún con culpabilidad.

—Algo debe quedar, he de ir a ver a mi abogado, si me pudieras prestar para un taxi... Lo que no tengo es pasaporte ni visado; cuando has mencionado Inglaterra, me preguntaba si existe el riesgo de que la embajada británica me niegue el visado al ser un ex-convicto, no sé, esta es una nueva situación para mí. Si pudieras ayudarme a gestionarlo desde la ONU...

—No te preocupes, Iwan.

—Hay algo más.

Merpati lo miró.

—Prométeme que no vas a contar a nadie de tu familia que me has visto. Ni a Dewi, ni a tu padre, ni a tu madre. Por favor...

Ella sintió más pena por él.

—Prometido, no te preocupes. Esta conversación ha sido sólo entre nosotros.

ഹരു ഹരു ഹരു ഹരു ഹരു ഹരു ഹരു ഹരു ഹരു ഹരു ഹരു ഹരു

Era de noche. Yenni se despertó primero, inquieta, sudando con aquella fiebre que tenía recientemente. Había oido gritos. Despertó a Yohan. Yohan siguió tumbado hasta que oyeron el primer disparo. Entonces se puso de pié dentro de la chabola, nervioso.

—¿Qué hacemos? —susurró Yenni.

—Despierta a las niñas, pero que no hagan ruido.

Yenni tuvo de pronto uno de sus ataques de tos, imparables. Yohan la miró, recriminativamente, rogándole que se mantuviera en silencio, y salió afuera.

Los gritos aumentaban. Una bala de goma pasó por su lado, y vio a gente corriendo.

—¡Rápido, rápido! —gritó Yohan, entrando en la chabola— Hemos de correr, hay hombres armados. Yo llevo al niño, Yenni. ¡Jana, cuida de Kade y de tu madre!

Salieron, con los pelos despeinados de dormir y la cara de sueño. Fuera, era el terror. Paramilitares vestidos con camisas negras y cintas al brazo, guardias de seguridad y policía disparaban al aire, pegaban a las familias con porras para que corrieran, empujaban con sus botas las chabolas, destrozándolas. La gente corría en todas direcciones, gritando de espanto, sin saber por donde ir.

—¡Por aquí, Yenni, Jana! —gritó Yohan, pensando que el río sería lo más oscuro y escondido.

Corrieron entre el laberinto de chabolas. De pronto un guardia de seguridad apareció de un lado, y golpeó a Yenni con su porra.

Yohan dejó a Amir en el suelo, y saltó junto a Yenni. Jana se reconoció en su padre. Yohan sacó fuerzas de no se sabe donde, y empujó con tal violencia al guardia de seguridad que éste perdió el equilibrio y cayó atrás, golpeándose seriamente. Yohan atendió a

Yenni, que estaba de rodillas en el suelo, atontada, mirándose las manos llenas de sangre que le caía de la cabeza.

—¡Yenni! Yenni, por Alá, ven, hemos de correr...

Pero Yenni no reaccionaba. Yohan se la cargó al hombro, y siguieron adelante. El guardia parecía aún caído y no los seguía de momento, pero debían huir rápidamente. Amir lloraba de ver la sangre de su madre, y se dejó coger por Jana, su hermana mayor, con la que siempre se sentía protegido. Llegaron al río.

—¡Al agua, Jana! Cuida del niño y de tu hermana...

Se metieron en el agua. Mucha otra gente había pensado lo mismo, e intentaban correr río arriba. Yohan descargó cuidadosamente a Yenni y le echó agua sobre su cabeza. Con el contacto frío, Yenni pareció reavivarse.

—¡Yohan!

—Déjame ver...

En la oscuridad, no podía ver nada. La cabeza sangraba, rezó porque fuera un corte superficial. Echó más agua. Yenni tuvo otro de sus ataques de tos.

—Jana, Kade, vamos a subir rio arriba con todo el mundo. Si nos perdemos, hay que ir hasta donde no estén los hombres armados ¿entendido? Corréis hasta estar seguras, ya nos encontraremos después, con tu madre voy más despacio.

—Sí, papá —dijeron Kade y Jana.

Se juntaron a la masa de gente remontando río arriba, muchos lloraban apagadamente. Seguían escuchando los disparos y los gritos de horror dentro de la villa miseria. Yenni seguía atontada pero se movía mecánicamente, Yohan la llevaba cogida del hombro. Jana y Kade iban delante, con Amir.

Fue entonces cuando oyeron las máquinas. Tac-tac-tac-tac-tac-tac... Primero a lo lejos. Luego, poco a poco, acercarse a ellos. TAC-TAC-TAC-TAC-TAC-TAC...

Eran excavadoras, con fuertes focos, derribando las chabolas, pasando por encima de todo como tanques, aplastando casas, pertenencias, enseres, tirando los escombros hacia el río, donde andaban.

—¡Rápido, rápido! —gritó Jana.

Los escombros caían por la ladera del río. Yohan se cargó a Yenni al hombro de nuevo, como si fuera un saco, pues Yenni no podía más. Salieron a la orilla por el otro lado, y siguieron corriendo como pudieron, no había tiempo para pensar, la vida era correr y seguir adelante. La gente chillaba, presa del pánico, cayéndose, levantándose, tirando las cosas que llevaban para poder correr más.

TAC-TAC-TAC-TAC-TAC-TAC...

Una excavadora monstruosa apareció por la derecha, tirándoles escombros, a pesar de la muchedumbre lograron evitarlos. Siguieron corriendo por la orilla, debían ser rápidos y salir de allí como fuera.

Corrieron y corrieron, hasta tener flato, hasta sentirse agotados. Finalmente salieron de la pesadilla. Llegaron a un lugar fuera de la villa miseria que parecía a salvo de los paramilitares y la policía. Jana, Kade y Amir cayeron exhaustos sobre el suelo, respirando pesadamente.

Mucha gente se iba acercando, llorando, cojeando, llamando a familiares perdidos. Yohan llegó al cabo de unos momentos, rezagado por la carga pesada de Yenni al hombro, y se paró donde estaban sus hijos.

Se agachó para dejar cuidadosamente a Yenni en el suelo, pero notó que Yenni no reaccionaba, era como un fardo, su cuerpo parecía inerte.

—¿Yenni?

Yohan la cogió como pudo de la nuca, y la dejó sobre la tierra. El cuerpo de Yenni parecía muerto. Jana gritó de horror al ver a su madre inerte, con las facciones macilentas, los ojos hundidos, los labios descoloridos. La herida de la cabeza seguía sangrando.

Yohan se dejó caer de rodillas, horrorizado, junto a su mujer. Se le abrieron los ojos y la boca, del horror, sin poder emitir ningún sonido. Se agachó junto a ella, y le besó suavemente los labios, aquellos labios que lo habían amado tantas veces. Al contacto con su piel, se le vino el agua a los ojos. La atrajo hacia sí, abrazándola.

— ¡NOOOOOOOOOOOOOOOOOO!

Bramó, lleno de dolor, lleno de desesperanza. Bramó su dolor al cielo y a la tierra y a los hombres, pidiendo a Alá que su mujer volviera al mundo, que no lo abandonara, que no lo dejara solo.

Yenni tosió. Primero fue una pequeña tos. Luego, el terrible carraspeo que tenía desde hace unos meses.

—¡Yenni!

—¡Mamá!

Yohan la reclinó de medio cuerpo para que pudiera respirar mejor, llorando y riendo al mismo tiempo de ver a su mujer viva. Yenni seguía tosiendo fuertemente, ahora ya no salían los esputos amarillentos de otros días, ahora tosía sangre. Pero eso era lo de menos, todos lloraban de alegría, era un milagro, Alá les había devuelto a su madre.

Yohan y su familia se quedaron allí, sobre el suelo, abrazándose y llorando felices, intentando recuperarse del agotamiento. No sabían que Yenni tenía tuberculosis en estado muy avanzado. Y lo que era peor, se la había contagiado a su hijo Amir, que estaba debilitado por una alimentación muy pobre. Ambos tenían los días contados. En unos meses, los dos morirían tosiendo esputos ensangrentados, debilitados por la fiebre, con los pulmones destrozados.

Yenni y Amir iban a pasar a ser parte de los millones de personas que murieron prematuramente por la crisis. Como muchos que sufrieron hambre, enfermedad, analfabetismo, por causas invisibles, ocultas, que los hundieron más en la pobreza. En cualquier lugar de Occidente, hubieran tenido una vida larga y feliz. Su tragedia fue haber nacido en el lugar equivocado del mundo.

ෆ෦෬ ෆ෦෬ ෆ෦෬ ෆ෦෬ ෆ෦෬ ෆ෦෬ ෆ෦෬ ෆ෦෬ ෆ෦෬ ෆ෦෬ ෆ෦෬ ෆ෦෬

Cuando Jana abrió los ojos, se preguntó donde estaba. La mañana clareaba, estaba durmiendo al aire libre y no sobre la esterilla en su casa ¿Qué hacía allí? Entonces recordó la evicción la noche anterior.

Amir estaba junto a ella, tendido con un dedito metido en la boca, como solía hacerlo, y Kade junto a él. Jana se incorporó del suelo, desperezándose. Vio a su madre tumbada algo más lejos, tosiendo de aquella manera terrible como hacía desde un tiempo. Fue junto a ella. Aún tenía las ojeras hundidas y las facciones macilentas, había pasado otra noche de fiebre y parecía muy debilitada. La sangre se había secado en la cabeza, Jana miró la herida y se dijo que no parecía grave. Pensó que era mejor que su madre siguiera durmiendo e intentara descansar.

Se dio cuenta de que faltaba su padre. Miró alrededor, no pudo verlo. Subió hasta un montículo de desechos, para localizarlo desde la altura.

Su padre estaba sentado allí cerca, sobre un montón de basura. La imagen era apocalíptica. Toda la villa miseria había sido derribada. Lo que hacía unas horas era un hormiguero humano donde estaba su chabola, su hogar, ahora era un páramo de escombros, cenizas, maderas rotas y chatarra.

Jana se sentó a su lado, sobre las basuras. Su padre le pasó el brazo sobre el hombro, atrayéndola hacia él.

—Nadie nos quiere, Jana. No nos tratan como personas, sino como animales.

El dueño del terreno debía haber decidido edificar. O quizás venderlo. Sea como sea, las autoridades habían respondido y habían procedido con la evicción de los ocupantes ilegales. Ahora habían perdido su casa, su hogar, el único sitio que tenían en el mundo. Luego de gastar todos sus ahorros en reparar la chabola después de las últimas inundaciones. La suya era una vida durísima, un desastre tras otro, subsistían en permanente vulnerabilidad, así era imposible salir de la miseria.

—No le importamos a nadie.

Jana apoyó la cabeza sobre el hombro de su padre, para consolarlo.

—Tú me importas a mí, papá...

Yohan cogió a su hija de la barbilla.

—Escúchame. Tú has salido luchadora, como yo. Sigue así. No te dejes aplastar. Hemos de luchar porque nadie nos quiere, Jana. Si morimos mañana, da igual. Nadie se preocupa por nosotros.

Siguieron allí, sentados sobre las basuras. Vieron el amanecer sobre aquel mar de escombros, sin saber ni qué comerían, ni donde irían aquel día.

Capítulo 51

Sussex, Inglaterra, Enero 2002

Iwan bajó del tren de Gatwick a Brighton. Estaba nervioso, estaba agotado de apenas dormir en el avión. Pero sobre todo estaba nervioso. Había llamado a los números que Merpati le había dado antes de venir. Primero, a la casa de Joana, donde no había contestado nadie. Después, a la Universidad de Sussex, donde le confirmaron que Joana Arteaga estaba allí, pero no podía ponerse pues estaba dando un seminario. No quiso dejar ningún mensaje. Finalmente, había vuelto a llamar a la casa muy pronto por la mañana, y la voz de una Joana adormilada había contestado el teléfono. Al oír su voz, un millón de recuerdos frescos se despertaron dentro de él. No supo que decir. Se había quedado allí, con el auricular en la mano, sin hablar. Finalmente colgó.

No saber qué decir era un problema. Pero lo peor era no querer saber de ella. La última vez que se habían visto era en 1999, hacía tres años. Daba por hecho que una mujer como Joana debía estar con otro hombre. Sabía que era normal, que era comprensible, pero todo él se encogía de dolor, se negaba a aceptarlo. Se había imaginado mil escenarios posibles en el avión. Iwan venía dispuesto a luchar por ella.

Entró en el quiosco de la estación de Gatwick, y compró agua y algo de comer, para llegar energizado. Un niño rubio se lo quedó mirando fijamente, dejó lo que estaba cogiendo y salió corriendo hacia las piernas de su madre, que estaba pagando en la caja. Iwan se dio cuenta de que lo había asustado. Su aspecto no era el mejor, sin afeitar, con el pelo largo aún de la prisión, y un pequeño saco en la espalda que contenía todo lo que poseía. Y en Inglaterra era un *alien*, un extranjero racialmente diferente, además de ser un ex-convicto.

Tomó un taxi hasta la dirección que Merpati le había dado, en Lewes. Al llegar, comprobó el número del domicilio. Hacía mucho frío, pero se quedó un rato mirando aquella pequeña casita, le parecía irreal, cubierta por la hiedra, con una puerta antigua roja, y un buzón junto a la verja. Dentro había luz, luz amarilla y cálida en contraste con el frío y la humedad de fuera, y distinguía figuras que se movían en la parte de abajo. Más de una, Joana no estaba sola. Estaba verdaderamente nervioso.

—Joana —dijo Jane— hay un tipo ahí afuera que me está poniendo realmente nerviosa. Nos está mirando...

Joana se había acostumbrado a aquellas percepciones de Jane. Dedicada al arte, la dueña de la casa era enormemente sensible a impresiones y energías.

—Seguro que no es nada, Jane.

—No, no, míralo, sigue ahí. Parece un espíritu...

Joana dejó el libro a un lado y fue a la ventana, junto a ella. Primero sólo vio a un hombre, en frente de la casa. Luego el corazón le dio un vuelco. No podía ser, se dijo, era imposible.

—Es un espíritu... —murmuró, asustando verdaderamente a Jane.

Joana salió decidida de la habitación. Abrió la puerta de la calle, y se lo quedó mirando, mientras sentía el frío morderle la piel. Por unos momentos creyó que la figura era un fantasma y desaparecería con su presencia. Pero Iwan siguió allí.

Joana avanzó por el jardín, sin perder de vista la imagen de aquel hombre. Al llegar a la verja sus labios se apretaron en un mohín triste, y sintió como el agua le nublaba los ojos. Iwan...

Iwan seguía de pié, en medio del frío, también con agua en los ojos. Cuando ella se acercó a él, la abrazó, sintiendo su cuerpo otra vez, sintiendo el calor en medio del frío. La abrazó con todas sus fuerzas para decirle lo que sus labios no podían.

Joana le cogió la cara y lo miró a los ojos, como preguntándole dónde había estado todo aquel tiempo, sorprendida de ver los rasgos muy envejecidos de Iwan.

Iwan la miró, sus ojos oblicuos parecían mucho más humanos, llenos de pequeñas arrugas. Sí, tenía mucho que contarle, muchísimo. Pero ahora Iwan sólo sentía la proximidad magnética de los labios de Joana. La besó. Y con aquel beso quiso decirle lo mucho que la había echado de menos, lo mucho que la quería, lo mucho que la deseaba. Y con aquel beso, Joana quiso decirle a Iwan lo mucho que lo había echado de menos, lo mucho que lo quería, lo mucho que lo deseaba. Siguieron besándose, abrazados, fundidos en un sólo cuerpo.

Dentro, Jane se había quedado fascinada viendo la escena desde la ventana. Tenía la piel erizada de la impresión. Podía sentir el calor de aquel beso en la fría noche inglesa, podía sentir la pasión entre aquellos dos cuerpos impregnando la casa, la calle, el pueblo. Sintió que le caían lágrimas de los ojos. Hacía tiempo que no veía nada tan bello.

✂ ✂ ✂ ✂ ✂ ✂ ✂ ✂ ✂ ✂ ✂ ✂

Joana trajo a Iwan dentro de la casa.

—¡Jane! Jane, menuda sorpresa, éste es Iwan, un amigo de hace mucho tiempo...

Iwan sintió que gran parte del nerviosismo desaparecía. Así que la otra figura que había visto desde fuera no era un hombre, sino una mujer. La saludó escuetamente, aún temiendo lo peor, que alguien más apareciera de dentro de la casa. Pero nadie vino, no había ningún hombre viviendo con Joana. Sintió un gran alivio.

—Bienvenido, bienvenido a casa... —dijo Jane, y añadió, imaginando que iban a hacer el amor— Joana, yo estoy muy cansada, me voy a la habitación.

—Como quieras, Iwan y yo tenemos mucho que hablar, nos subimos arriba...

Joana tiró del brazo de Iwan y lo subió por las escaleras, a su habitación. No se podía creer que Iwan estaba allí, con ella. Cerró la puerta de su cuarto, y volvió a abrazarlo, como si temiera que se fuera a escapar.

Se besaron de nuevo. Iwan se quitó el abrigo, sin dejar de besarla, y sintió el cuerpo de Joana a través de la ropa. Era la primera vez en tres años que sentía la suavidad de un cuerpo femenino entre sus brazos. Y encima era el cuerpo de la mujer con la que soñaba. Joana... Al tocar y oler su pelo largo, al pasar su mano por las caderas, Iwan notó una oleada de testosterona y adrenalina recorrerle la sangre.

Le hizo el amor allí mismo, en el suelo. Sin hablar. Sin desvestirse. Necesitaba poseerla y hacerla suya. Pensó que haciendo el amor desharían la maldición que parecía haberlos separado.

✂ ✂ ✂ ✂ ✂ ✂ ✂ ✂ ✂ ✂ ✂ ✂

Iwan cayó agotado sobre ella después de hacer el amor. Joana se quedó acariciándole el pelo, aquel cabello negro que ahora tenía canas. Aún estaba asombrada de ver a Iwan allí. Hacía apenas una hora, Joana estaba leyendo un libro y tenía una noche anodina delante de ella. Ahora Iwan había aparecido, como por arte de magia. Y era un Iwan cambiado.

—Iwan —susurró dulcemente, sin saber por donde empezar a preguntarle— ¿de dónde vienes?

—De Gatwick —murmuró Iwan, adormilado— Acabo de aterrizar de Indonesia.

—¿Y eso es todo lo que traes? —preguntó Joana, viendo la pequeña bolsa que Iwan había traído.

—Eso es todo lo que tengo.

Joana auguró tragedia. Iwan parecía suscitar la tragedia. Algo que, la verdad, siempre la había atraído. Tenía mil preguntas en la cabeza, pero pensó que sería mejor preparar un café. Aunque tuvo de miedo de irse a la cocina y que Iwan desapareciera. De alguna manera, seguía siendo una aparición fantasmagórica.

Le propuso darse una ducha mientras ella preparaba alguna cosa. Cuando volvió, Iwan ya estaba duchado y volvía a parecer lleno de energía. Se había vuelto a vestir y curioseaba los libros y los papeles sobre el escritorio, reconociendo el desorden de Joana.

—Aún leyendo sobre finanzas, y aún escribiendo sobre la crisis asiática —dijo Joana, mientras dejaba la bandeja en el suelo, invitándolo a sentarse en la cama— ¿Cómo se vive el coletazo de la crisis en Indonesia?

Iwan la miró, distante.

—No sé.

Se fijó en la bandeja. Joana había traído un termo con café, unas pastas, así como una botella de vino con dos copas.

—Hace tres años que no pruebo el alcohol... —dijo, ensimismado— Como hacía tres años que no había estado con una mujer...

Se sentó junto a ella en la cama.

—Joana, no sé por donde empezar. Me he preguntado tantas veces que había sido de ti en estos tres años...

—Si vieras las veces que me lo he preguntado yo... —respondió una Joana dolida— ¿por qué no llamaste a mi familia o contactaste a Yanni...?

Iwan le cubrió los labios con un beso, haciéndola callar, y cuando Joana iba a seguir, la volvió a besar, diciéndole que no suavemente con la cabeza.

—Shhh... He venido porque te quiero más que nada en este mundo. No quisiera empezar así, con recriminaciones. Quisiera que expliquemos que pasó hace tres años. La última vez que hablé contigo estabas en España, había muerto alguien de tu familia...

Iwan explicó su historia. Como al día siguiente de su llamada había recibido la notificación a tribunales y como había sido detenido al intentar salir del país. Como había sido arrestado, llevado a una prisión lejos de Yakarta, violado la primera noche. Iwan lo explicó con su tono aséptico de siempre, sin emociones, intentando dar un recuento rápido y objetivo de la realidad. Siguió con la dureza psicológica de los primeros meses, cuando no podía dejar de preguntarse por qué le había sucedido aquello a él, él que había estudiado en Berkeley, él que siempre lo había hecho todo bien, y no era ni más ni menos culpable que tantos otros en su país. Luego vino la aceptación de que había sido uno de los chivos expiatorios de la transición, la aceptación y el dolor de sentirse solo, la pérdida de referentes, la lucha por mantenerse cuerdo.

Joana se quedó horrorizada. Intentó abrazarlo pero él rechazó su compasión, se limitó a aceptar un par de cafés, quería mantenerse frío y distante mientras contaba su historia, pues la lucha por la cordura seguía siendo una lucha diaria, algo que omitió a Joana.

Pero Joana no había nacido ayer y reconoció los ojos rojos del monstruo de la locura, reconoció la oscuridad, el dolor y la tortura en él, y supo que estaba luchando consigo mismo por no abandonarse en ella, por mantenerse sereno y cuerdo, por reconstruirse en el Iwan que era antes.

Joana había sentido muchas veces la locura, particularmente estando aislada, como cuando leía en la casa y el día se iba lentamente, en silencio, oyendo el crujir de las pareces, sintiendo el viento estremecer los árboles. Aquella soledad era como estar enterrada viva. Entonces había de librar dos batallas de la razón, la una para concentrarse en lo que leía, la otra, para recomponerse y mantener su espíritu cuerdo, de una pieza.

Aquellas eran las peores heridas que Iwan traía, las cicatrices de dentro. Su lado animal lleno de dolor, bramando venganza, su personalidad descompuesta después de cuestionarlo todo, de perder todos los referentes. Así que Joana ayudó a Iwan y a ella misma manteniendo la conversación en el campo de la racionalidad, de la inteligencia. Sirvió otro café y comenzó su historia.

Le explicó como había dimitido de su posición en la ONU en Moscú, como había sentido que su trabajo sobre las consecuencias sociales de las crisis era absurdo. Al caer Brasil contagiado, Joana no podía hacer otro trabajito como si la crisis fuera normal, necesitaba cambiar, dejarse de mitigar síntomas y efectos, como si las crisis fueran inevitables, necesitaba dedicarse a estudiar por qué sucedían las crisis financieras para prevenirlas antes de que pasaran, lo mismo que uno intentaría prevenir una enfermedad. Es por ello que estaba en la Universidad de Sussex. Pero volviendo a Febrero de 1999, y Joana no tenía que hacer ningún esfuerzo por recordar, puesto que había revivido aquellos días mil veces intentando explicarse lo inexplicable, Joana expuso como no había logrado dar con Iwan en el Hotel Pancasila, ahora sabía por qué, porque había sido arrestado. Explicó como al ir a liquidar su contrato en la ONU, Merpati la había invitado a tomar café, y como aquella conversación la había hundido en la miseria, la había hecho ver que debía abandonarlo pues ella era la causante de sus problemas, Merpati le había explicado como Iwan había cortado la relación con la hija de un General con la que debía casarse, y cómo ella, siendo extranjera y mayor que él, había hecho que la conservadora sociedad indonesa le cerrara las puertas.

—Merpati... —murmuró Iwan, con los dientes apretados.

Pensó en matarla. Muchas veces el dolor y la locura se desataban dentro de él, como un animal rabioso, y sólo se consolaba con el pensamiento de matarlos a todos, a los carceleros que le habían violado, al General Subianto, y ahora mismo a Merpati, aunque le hubiera ayudado con los papeles y el visado. Joana sintió la tensión y las sombras dentro de él. Lo abrazó y le obligó a mirarla.

—Escúchame, ahora tenemos la suerte de estar juntos, de tener toda la vida por delante. Olvida la venganza, no merece la pena, son sólo seres estúpidos y mezquinos, la vida está llena de ellos, hay que aprender a saltar obstáculos y seguir adelante, poner las energías en lo importante, en lo que merece la pena, en lo que te hace feliz ¿comprendes?

Merpati... Iwan la miró, con dolor en los ojos. Aquella era la pieza del puzzle que le faltaba, que lo explicaba todo.

Se habían desatado las fuerzas de la irracionalidad dentro de él. Joana supo que el café y la inteligencia ya no servirían para nada. Comenzó a besarlo, intentando aliviar la tensión de aquel cuerpo. Joana le besó la cara, los ojos, el pelo...Empezó a quitarle la ropa, lentamente, notando que la respiración de Iwan cambiaba, se avivaba, que el dolor se iba yendo ahuyentado por el deseo. Le quitó el jersey, excitada de volver a sentirlo, y comenzó a palpar su piel bajo la camisa.

Fué entonces cuando se quedó paralizada. Iwan lo notó, y bruscamente apartó su mano de él. Se echó el pelo atrás, aquel gesto que hacía cuando estaba preocupado, y Joana vió la expresión de dolor de sus facciones. Iwan se levantó de la cama, mirándola con expresión desafiante, y se quitó la ropa él mismo, delante de ella, quedando desnudo y mostrando en lo que se había convertido.

Iwan era un esqueleto humano, un conjunto de costillas raquíticas, una pelvis huesuda, unas piernas demacradas y enjutas.

Joana sintió que su corazón se encogía como un papel arrugado. Iwan era la esencia de lo que era, había perdido la carne, la voluptuosidad, la vida. Se había transfigurado realmente en un espíritu, un fantasma de sí mismo. Aquel cuerpo era la imagen viva del sufrimiento pasado, un nervio tenso y doloroso.

Lo abrazó, con cuidado, como si se pudiera romper. Lo abrazó con verdadero amor y ternura. Iwan... Joana se dio cuenta de que en fondo sí le había causado la ruina, aquel hombre que siempre había sido inteligente y hábil en la vida se había quedado más de lo necesario en Indonesia por esperarla, entontecido por su amor. Sino fuera por ella posiblemente hubiera salido antes de Yakarta, hubiera volado a Singapur mucho antes de que lo hubieran llamado a tribunales. Iwan...

—No te preocupes —dijo él con dureza, sin necesitar su protección— Estoy bien. Estoy vivo.

Se la quitó de encima, pero ella no se dejó, lo siguió abrazando.

—Ya se que estás bien, y que estás vivo. Esto es sólo apariencia, la caja externa del cuerpo, y va a cambiar en unas semanas, vas a ver.

Le cogió la cara con las manos, y le dijo:

—Estás aquí, eso es lo importante. Nada me va a quitar la alegría del reencuentro, la felicidad de volver a estar contigo... Lo he soñado tantas veces, Iwan...

Lo besó. Iwan, desnudo y torturado, se dejó besar, y sintió que aquella mujer era lo mejor que jamás le había pasado en la vida.

ℰ☙ ℰ☙ ℰ☙ ℰ☙ ℰ☙ ℰ☙ ℰ☙ ℰ☙ ℰ☙ ℰ☙ ℰ☙ ℰ☙

La mañana clareaba. Joana vio el cuerpo abandonado de él durmiendo a su lado. Parecía tan indefenso, tan cansado... Algo en ella se estremeció, y lo abrazó para protegerlo. Sus dedos acariciaron su cabello, su rostro curtido, y se conmovieron de ternura al notar los surcos de las arrugas alrededor de los ojos.

Ámame, que no se que va a ser de nosotros.

Necesito que me abraces, que me digas que todo lo pasado está bien y que todo tiene sentido. Ámame, que siento desamparo. Dime que me amas, dime que siempre te despertarás a mi lado.

Y ámame...

411

Capítulo 52

Era de noche, y volvían de un concierto de música clásica en Glyndebourne, algo a tono con el entorno histórico de Lewes. Iwan conducía un auto pequeño que habían alquilado, pues en Indonesia se conduce por la izquierda como en Inglaterra. Llovía, y se sentían protegidos dentro del coche, oyendo el sonido repetitivo del parabrisas.

Iwan aparcó el auto fuera de la casa. Apagó el motor y las luces, y se quedaron dentro, en penumbras, oyendo las gotas de lluvia sobre el capó y los cristales del auto. Iwan levantó el brazo y atrajo la cabeza de Joana sobre su hombro. Le gustaba sentirla a su lado. Se quedaron así, pensativos y felices un buen rato.

Aquella noche en el concierto, Joana había pensado que el placer de la música no se encuentra en la melodía, sino en predecir las notas que van a ser tocadas y embriagarse al sentirlas de nuevo. En dejarse cautivar por la cadencia, en entregarse y paladear las pequeñas diferencias en la interpretación de un movimiento que conocemos y hemos decidido volver a escuchar.

Y así, es al vivir lo que hemos imaginado que sentimos placer, que nos sentimos embriagados por la vida. No es amar, viajar, conocer, triunfar, lo que realmente da felicidad a las personas, sino la sed de amor, de viajes, de éxito o conocimiento. El placer viene de vivir los sueños, de repetirlos haciéndolos realidad.

Aquellos estaban siendo unos meses muy felices en sus vidas. Los dos habían deseado aquel reencuentro durante años. Los dos se habían torturado en soledad; los dos habían sufrido el abandono, la muerte de seres queridos, la pérdida de referentes; los dos habían soñado con el otro. Y ahora se tenían. Ahora estaban viviendo un sueño.

Sentían placer guisando una tontería en la cocina, comentando las noticias, notando el cuerpo cálido del otro dormido en la cama, haciendo el amor. Sentían placer leyendo juntos, encontrándose a tomar una cerveza en un pub, yendo en el pequeño auto, y haciendo el amor. Sobre todo haciendo el amor. Hacían el amor sin parar, en la cama, en el suelo, en la ducha, en el sofá, en la cocina...

Iwan había sugerido que dejaran la casa, y se mudaran a otro lugar. Pero cuando Joana se lo dijo a la dueña, Jane se quedó horrorizada. Les rogó que por favor se quedaran, que aquella casa no había vivido una pasión así desde hacía años, y la estaban llenando de la mejor energía creativa. Jane se había dedicado a pintar cuadros munchianos de cuerpos fundiéndose en un beso, rodeados de azul y frío invernal, la imagen de su encuentro que se le había grabado en el alma. Jane les rogó que hicieran el amor por toda la casa, hasta en su propia cama. Y así habían seguido los tres juntos, en la casa cubierta de enredaderas y amor.

—Iwan...— dijo Joana, consciente de romper la magia de aquel momento — Venga, entremos, que hace frío...

Salieron, del auto, mojándose mientras buscaban las llaves para abrir la vieja puerta roja. Dijeron hola a Jane, que estaba dibujando bocetos, comentaron brevemente el concierto, y subieron a la habitación.

Se quitaron la ropa mojada. Joana se secó el pelo con una toalla, de pié, mientras miraba el *batik* del mono abrazando al pez.

—¿Te has dado cuenta de que la leyenda se ha cumplido?

Iwan fue junto a ella y la abrazó por detrás. Miraron la escena del Ramayana, y repitieron la leyenda, con ese deleite que suelen tener todos los viejos amantes, contándose y recontándose su propia historia de amor.

—Tú siempre fuiste la reina de los peces y el mar, queriendo detener la brutalidad de los hombres en la tierra...

—Y como el mito, lo hice de una manera absurda. La reina del mar se desespera de ver la violencia en el mundo, no sabe como parar las guerras, así que sale del agua por las noches y roba las piedras de los castillos de los guerreros, de manera que los hombres se han de pasar el tiempo reconstruyéndolos, en vez de hacer la guerra. Pero su estrategia no elimina las causas de la violencia...

Iwan le besó el pelo, sintiendo una ola de ternura por lo que acababa de oír, por el inacabable idealismo de Joana.

—Entonces llega uno de los capitanes más destacados, Hanuman el mono, el héroe del Ramayana, lleno de triunfos, conquistas y éxitos...

—...y Hanuman se da cuenta de que sus victorias y riquezas no son importantes, y cae perdidamente enamorado de la bondad e inteligencia de Suvarnamatsya, la reina de los peces y el mar.

—Pero a pesar de estar enamorados se separan. Hanuman ha de volver a sus batallas, a matar ogros, a cortar cabezas, a ser quemado

413

y encarcelado... Cómo tú las has hecho. Cortaste la cabeza de un ogro paramilitar que nos iba a matar la noche del *pogrom* chino de Yakarta, no puedo pensar en nada peor que aquellos monstruos. La casa de tu madre fue quemada y escapamos con suerte ¿recuerdas? Y fuiste encarcelado por años... pero escapastes, como el capitán-mono. Exactamente igual que Hanuman. Y después de todas tus aventuras y desventuras vuelves con tu amor, la reina de los peces y el mar.

Iwan sonrió.

—Mmm... No lo había pensando...

—Y dime, ¿cómo terminaba la leyenda?

Iwan la miró, sin dejar de sonreír. El final. El final estaba muy lejos, la historia era larga y complicada. Prefirió dejarlo ahí.

—En la cama. Como terminan todas las historias de amor. Ven aquí...

ഐരു ഐരു ഐരു ഐരു ഐരു ഐരു ഐരു ഐരു ഐരു ഐരു ഐരു

Los días pasaban muy rápido, volando. Joana iba a la universidad, aunque en aquella época hizo muy poco, sólo lo mínimo, no hacía más que pensar en volver a casa y estar con él. Daba igual. Todo era enormemente positivo para Joana. Trabajar menos no era realmente importante, había trabajado mucho más que la mayoría de sus colegas durante los últimos años.

Iwan preparaba el desayuno por las mañanas, café para Joana y té para Jane y él, y salía a correr por Lewes. No había querido ir a un gimnasio, los sitios cerrados aún le desagradaban luego de tanto tiempo en prisión. Hacía *jogging* por las calles del pueblo, por los campos. Le gustaba ir libremente por cualquier sitio, sentir el aire fresco de la mañana en los pulmones, cortándole la cara, aunque lloviera. Le encantaba pasar por las viejas casas de Lewes, construidas de piedras musgosas o de ladrillo victoriano, cubiertas por la hiedra y por los años; casas antiguas, irregulares, espigadas o achaparradas, con puertas grandes o pequeñas, pero siempre desiguales, como salidas de un cuento de Lewis Carrol.

Era la primera vez que estaba en aquel país, y realmente le gustaba. En Europa se respira el pasado, y correr por aquellas calles era un ejercicio de reflexión histórica. Como en el *pogrom* de Yakarta, mucha gente había muerto quemada y asesinada en Lewes, rebeldes, radicales o simples víctimas, sacrificados por la brutalidad humana. Mucha gente había pensado como mejorar el mundo en aquellas calles, como Thomas Paine mientras trabajaba de consejero para el gobierno, un "consultor" de la época como Joana lo era, antes de partir a América y dedicarse a escribir. Iwan corría y corría y dejaba que su mente flotara, empapándose de aquellas sensaciones, poniendo las cosas en perspectiva, reconstruyendo su mente y su cuerpo.

Había ganado peso con rapidez, pero la cuestión era ganar músculo. Quizás lo único positivo que la prisión le había dado era valorar su cuerpo tanto como su mente, algo que no hacía antes. Corría y repetía muchos de los ejercicios que practicaban en patio de la cárcel. Le encantaba irse a dormir notando dolor en los músculos. Le hacía sentirse mejor, pensar menos.

Porque Iwan seguía torturándose. A pesar del sueño que era vivir con Joana, los pensamientos se movían turbulentos dentro de él. Sabía que aquel período era sólo un intermedio, una pausa. Pero la cuestión era ¿un entreacto hacia dónde? Su futuro era totalmente incierto. ¿Quién iba a trabajar con un ex-convicto indonesio? Ser un ex-prisionero era una terrible lacra en la sociedad, que oscurecía cualquier mérito. Daba igual que Iwan hubiera estado más años en Berkeley que en prisión, daba igual que hubiera pasado más años dirigiendo su propia empresa que en la cárcel. Lo único que la gente vería es que era un ex-convicto.

Y luego estaba Joana. La quería más que nada en el mundo, pero ¿qué le podía ofrecer? Ni siquiera podía contribuir en la casa. Iwan siempre había sido muy generoso con todos en la vida, y sabía que su situación actual era pasajera, pero no tener dinero y depender de ella le hacía sentir muy incómodo. Y más cuando se enteró de lo que Joana ganaba como profesora e investigadora en la universidad ¡Una autentica vergüenza, un fontanero cobraba más en Inglaterra!

Por eso corría, corría por los campos, corría por las calles, saltaba verjas y tapias, lloviera o hiciera sol, aspirando aire nuevo en los pulmones, sintiendo el aire fresco cortarle la cara. No tenía soluciones.

ഇൻ ഇൻ ഇൻ ഇൻ ഇൻ ഇൻ ഇൻ ഇൻ ഇൻ ഇൻ ഇൻ ഇൻ

Joana llegó al pub donde habían quedado. Iwan la esperaba leyendo el *Wall Street Journal,* sentado en una de las mesas.

—Parece que en vez de tres años encerrado haya estado treinta —gruñó, plegando el periódico— El mundo ha cambiado tanto... Es sencillamente increíble, es peor que los apaños cronys de Indonesia. Sin esta conveniente Guerra contra el Terror, Bush tendría que estar dando explicaciones al mundo de las irregularidades de como fue elegido y de escándalos como el de ENRON o World Com... Esta absurda guerra le permite no sólo desviar la atención pública de la realidad, sino de incrementar diez veces el presupuesto militar... ¡En Indonesia no se atreverían!

—Mmm... Los cronys indonesios, los conservadores americanos, todos son de la misma madera... ¿Te acuerdas de la primera vez que cenamos juntos, en el Café Batavia?

—Como no.

—He pensado muchas veces en aquella conversación después. Tú me explicabas los tejemanejes de enchufados cronys y militares de Indonesia, y yo lo miraba todo un poco desde arriba, como si viniera de un mundo mejor. Me has de perdonar por aquella actitud. Ahora me doy cuenta de que el mundo es una gran Indonesia.

— Tú no tienes que pedirme perdón por nada, boba.

— Quería decírtelo, eso es todo —Joana miró las bebidas en la barra— En fin, ¿quieres algo?

—Tráeme un mundo mejor.

—Marchando...

Joana fue a la barra y pidió, pagando inmediatamente como es la costumbre en los pubs, volviendo a la mesa con dos cervezas.

—Se les había terminado el stock de mundos mejores, pero te he traído media pinta.

—Qué se le va a hacer.

Se sentó.

—Hay algo que tampoco te he dicho —vió como Iwan la miraba— Te he metido en una encerrona, he aceptado una cena con gente del departamento, y estás invitado.

Iwan miró a un lado, con expresión disgustada. No le apetecía nada.

—Iwan, alguna vez habrás de dar la cara ¿no? Jun Nakajima, Ian Scott, son buenas personas, y tengo ganas de que las conozcas.

—Buenas personas... No tengo tiempo para "buenas personas"...

—¡Ah! —dijo Joana, cruzando los brazos y fingiendo enfadarse— ¿Debo entender que soy clasificada en el lado malo del planeta?

Iwan siguió sin mirarla, finalmente añadió:

— No me hagas caso. Estoy huraño y no me apetece ver a nadie, a veces pienso que estoy completamente recuperado pero otras me doy cuenta que no.

— Claro que estás recuperado… Anda, no te rompas la cabeza con esas cosas. ¿Por qué no damos una vuelta? Hace un día estupendo.

Salieron. Realmente era un día magnífico. El sol teñía la tarde de color dorado, y doradas eran las hojas de los árboles, y los tonos ocres de los campos. Subieron al auto.

—¿A dónde vas? —preguntó Joana, viendo que Iwan pasaba la desviación de casa.

—No lo sé.

Iwan cambió de marcha y siguió adelante, disfrutando andar sin rumbo, disfrutando su libertad.

—Muchas veces vengo por aquí corriendo por las mañanas, siempre me he preguntado a donde debe llevar el camino... Y de todas maneras no tengo ganas que termine la tarde, estoy demasiado bien hablando contigo.

El camino llevaba por unos campos preciosos, los mismos campos de Thomas Hardy había descrito hacía un siglo, los mismos campos ingleses de hacía cuatrocientos, seiscientos, mil años atrás.

Iban conduciendo, sin destino, ensimismados en sus propios pensamientos. Era uno de esos momentos mágicos, yendo juntos, en silencio. Era como si fueran parte de la campiña inglesa, un árbol más, una nube cualquiera.

Joana pudo imaginar tantas manos labrando aquellos campos, tantas vidas pasadas naciendo y muriendo allí. Cerró los ojos y vio momentos de todos esos pasados, una mujer segando, un bebé llorando, un árbol floreciendo, una olla cociendo, una manos llenas de callos, un hijo que parte, una mujer rezando, un hombre arando, una mujer pariendo...

Joana se estremeció, se sintió insignificante. Se vio desde fuera, desde las nubes; los vio a los dos, a Iwan y ella, frágiles e insignificantes dentro de aquel pequeño auto, como dos niños indefensos en medio del desorden del mundo, y sintió la necesidad de que alguien los protegiera.

Qué poco eran, sólo unas vidas pasajeras en medio de tantas otras vidas, de tantos hombres y mujeres que habían pasado por aquella campiña inglesa. Que corta era la vida humana en comparación con la vida de la tierra. Iwan y ella también pasarían, y sólo quedarían aquellos campos.

Se dijo que la felicidad que sentía con Iwan era lo único importante en su vida. Y no debía terminar.

Iwan cogió su mano, ausentemente, mientras conducía pensativo. De nuevo Joana se preguntó cuantas otras parejas se habrían cogido las manos en otras tardes de primavera... Siguió sintiéndose insignificante, vulnerable. Sintió que la vida era ir en aquel pequeño auto, con Iwan a su lado, sin destino, sin saber donde iban a terminar.

A medida que pasaba la tarde, el paisaje iba cambiando, se iba endureciendo. Cruzaban campos más yermos, más rocosos, casi páramos. Joana seguía ensimismada, contemplando la belleza desnuda de aquellas llanuras, y se preguntó lo que venía preguntándose desde hace tiempo, qué hacía trabajando en la Universidad de Sussex, dejando ir días preciosos de su vida. Si quería utilizarlos para mejorar el mundo, aquél no era el lugar. La realidad era que, como decía su abuelo, no sabía a quién dirigirse, adónde ir.

—Iwan, vámonos de Inglaterra, empecemos juntos en algún otro lugar.

Iwan la miró.

—Iwan... —Joana carraspeó, sin saber como empezar— Iwan, los días pasan tan rápido y es tan maravilloso estar juntos, que tengo la sensación de que ninguno de los dos queremos afrontar la realidad.

Iwan paró el auto, en medio de un páramo solitario. Debían estar cerca de la costa, el aire arreciaba afuera. Se volvió, y se quedó mirándola.

—No he querido presionarte preguntándote sobre el futuro, Iwan. Pero hay algo que debo decirte de mi parte. Este periodo en Sussex ha sido una transición, una pausa después de los tiempos alocados de la crisis asiática. Necesitaba leer, necesitaba conocer por qué sucedían las cosas, pensar en soluciones. Mi período en Inglaterra está terminado. De hecho terminó hace tiempo, me he quedado aquí por no tener donde ir. Estoy dispuesta a partir mañana mismo, nada me ata a este lugar. Iwan, vámonos de aquí. Empecemos juntos en un nuevo lugar...

Iwan la abrazó, fuertemente. No había otra cosa que deseara más en el mundo. Pasó sus dedos entre su cabello, la estrujó entre sus brazos, sintiéndola, queriendo transmitirle lo mucho que la quería.

—No paro de pensar en ello, Joana... pero no veo el camino. Ven.

Salieron. El aire les golpeó la cara, sacudiendo las ropas y el pelo. El sol había caído y era ese momento irreal de la tarde donde aún hay luz sin ser de noche, que los ingleses llaman *twilight*. Ahora el páramo parecía realmente duro y desnudo, existencial. Iwan la abrazó, y se colocó de espaldas al viento, protegiéndola del frío.

—Mírame. Soy un ex-convicto. Un ex-convicto indonesio. Y tú una mujer europea Triple A. No A, no AA, sino AAA. Déjame hablar. Da igual que yo estudiara en Berkeley, da igual que haya dirigido una compañía, nadie va a querer trabajar conmigo, lo único que la gente va a ver es que soy un ex-convicto. Mi vida profesional ha fracasado, está terminada. Mientras que tú puedes tener un futuro brillante. Porque te quiero, estoy obligado a decirte que sólo voy a ser un obstáculo en tu vida. ¿Adónde vamos a ir, que yo pueda camuflar mi pasado? ¿A Filipinas, a Panamá? ¿Qué vas a hacer tú allí, Joana? No tengo nada bueno que ofrecerte.

Joana lo miró, contenta internamente de que al fin se hubiera destapado a hablar, pues Iwan —como la mayoría de hombres cuando tienen problemas— se había encerrado en sí mismo y evitado ninguna conversación personal todos aquellos meses.

—Debes dejar de hablar así, Iwan —le habló Joana, comprensiva— Es cierto que has caído, que tu vida se ha truncado. Pero tú has pagado por ello, y además has cambiado, el Iwan de ahora es mucho más humano. Y eso quiere decir mucho. Iwan, mucha gente fracasa, comete errores en la vida, y vuelve a empezar otra vez. ¿Por qué no tú? Es parte del ciclo de la vida: tropezar, caer, levantarse, andar... y a veces volver a caer. La gente lo hace todo el rato. Y tú eres un luchador. Así que ahora has de recoger tus pedazos, levantarte y volver a andar. Tienes una segunda oportunidad en la vida.

Iwan sintió que las palabras de Joana limpiaban su alma como la lluvia. Pensó que aquella mujer era lo mejor que le había pasado en la vida. Joana era mejor que nada que nunca hubiera merecido.

—Piensa de manera pragmática. ¿Qué vas a hacer en un lugar remoto del planeta? Te voy a arrastrar donde no debes ir. No tengo nada bueno que ofrecerte.

—De verdad, si piensas que eso me importa...

Iwan imaginó que Joana debía haber usado la misma expresión cuando se lanzó a buscarlo en Glodok, en medio de la violencia en Yakarta, sin pensar en las consecuencias, sin prever que podían asaltarla. Joana ingenua, Joana inconsciente... Joana sentimental y enamorada. Por eso la quería, pero no podía aceptar.

—Joana, estoy intentando ser racional, y te aseguro que me cuesta. Tu vida puede ser agradable como los prados suaves de la campiña inglesa que veíamos antes, o como esto —dijo, señalando el páramo— una vida árida, áspera y dura...

Joana se apartó de él.

—Estoy harta, debes de dejar de protegerme. Como antes, que me protegías del viento y del frío. No me importan para nada.

Se alejó unos pasos, levantó los brazos y dio una vuelta, aspirando el aire frío, disfrutando el viento en su cuerpo. Era una imagen existencial, su piel blanca y cálida en medio del páramo desierto y oscuro.

— No soy una de tus chicas indonesas, nunca he buscado el confort. Recuerda que de joven me fui sola a una aldea de África, que nos hemos conocido luchando por cosas, y que vivo con un sueldo de fontanero. Nunca he buscado lo cómodo, sino las cosas de verdad. Aunque la verdad sea árida, áspera y dura... A la mierda la campiña inglesa, un aburrimiento de vida. No tengo la menor duda. Te quiero, con tu tragedia, con tu dureza, con la felicidad que me das. Te quiero como eres. Te quiero sin saber dónde vamos.

No había otra cosa que Iwan deseara escuchar más en la vida. Estaba agotado de no encontrar soluciones, estaba sediento de olvidar su pasado, de empezar de nuevo en algún lugar. Deseaba más que nada una nueva oportunidad, una vida de verdad con la mujer que quería. Se acercó a ella, y la abrazó fuertemente.

Le hizo el amor sobre el suelo árido, su mejor manera de decir que la quería, y el viento llevó todo su amor por el páramo yermo.

෩ ෩ ෩ ෩ ෩ ෩ ෩ ෩ ෩ ෩ ෩ ෩

La solución a cómo seguir adelante llegó el día de la cena con el departamento de la Universidad de Sussex. Fue entonces cuando Iwan lo vio todo claro. Hasta ahora, Iwan sólo había estado con Joana; fue al encontrar a los demás que comprendió que él no pertenecía a su mundo. Pues muchas veces las identidades se construyen cuando nos damos cuenta de lo que no somos, a donde no pertenecemos, a donde no vamos.

Aquella gente, como Joana había dicho, eran una personas estupendas. Gente encantadora, gente dedicada, gente que trabajaba con sueldos de fontanero, intentando traer luz a la oscuridad del mundo... Sucedió algo inesperado: aquella gente lo hizo sentirse bajo y despreciable en comparación. La comprensiva profesora japonesa, Ian Scott en su silla de ruedas, aquellas personas no habían roto un plato en su vida. Mientras que él... Él tuvo que mentir nada más presentarse, ocultando su pasado en prisión, engañándolos con un bulo. Iwan se sintió terriblemente diferente, parte de la oscuridad del mundo, se sintió como el día que había llegado a Inglaterra y un niño rubio se asustó de verlo en la estación, él era una aberración, un monstruo en aquella sociedad.

De regreso a casa, Joana comentaba la velada en el auto, animada. No había notado nada, puesto que Iwan había estado correctísimo y elegante, como siempre que hablaba en público.

Pero él estaba inquieto. No hicieron el amor, ni aquella, ni las noches siguientes. Iwan se mantuvo distante, pensativo. Una ola de recuerdos de lo que era él, el Yuan Chang, el Iwan Bolkiah de hace años, volvieron a él. Era como si una nueva sangre comenzara a correr por sus venas, curtiéndole de pragmatismo. Hasta que se armó de fuerzas para lo que iba a hacer.

Lo que debía hacer.

Todo había pasado en unos pocos días. A veces, la vida nos marca en unos momentos. Iwan tenía dos opciones delante de él, pero nisiquiera las pensó muy bien. Era el instinto el que lo guiaba. Podía quedarse con Joana, pero un sentido hondo e intenso dentro de él lo hacía irse. De nuevo fue un acto reflejo, irreflexivo, del que después se iba a arrepentir mil veces, como cuando abandonó a su amigo Santoso a su destino en una calle de Yakarta.

Se levantó de madrugada, antes de que saliera el sol. A penas si había dormido. Metió un par de prendas en su pequeña bolsa, cogió su pasaporte del escritorio, y salió de la habitación. Muy a su pesar, dio una última mirada a Joana, dormida en la cama.

Nunca había querido a nadie como a aquella mujer. Joana era la luz, le traía la vida al despertarlo por las mañanas, le hacía sentir ilusión por las cosas, lo estimulaba con su conversación o con sus dudas. Joana lo conocía mejor que nadie, sabía de su pasado, de su familia ya desaparecida, sabía de su mundo y otros mundos. Y por encima de todo, la amaba. Joana...

Se le rompió el corazón al cerrar la puerta. Pero debía dejarla. Sabía que ella pasaría un mal rato al principio, pero luego encontraría a un hombre mejor, un hombre limpio, sin pasado, un hombre que la mereciera, que la apoyara a subir en vez de arrastrarla abajo como él.

Bajó las escaleras con un nudo en la garganta. Las palabras de su madre se le vinieron a la cabeza "Nos separamos queriéndonos, por amor, por no arrastrar al otro donde el otro no debía ir... Sé que tu padre no quiso a nadie como me quiso a mí. No tengo la más mínima duda. Cuando nos separamos, estábamos dolidos el uno con el otro pero seguíamos enamorados"

Se detuvo en los últimos escalones. ¿Habría pasado lo mismo entre su padre y su madre? ¿Estaría su padre metido en negocios sucios, y tuvo miedo de arrastrar abajo a su madre? ¿Había dejado su padre a su madre siguiendo enamorado de ella, y con los años tomado una secundona, a la que importaba menos hundir porque venía de abajo, y a la que nunca quiso de verdad?

¿Estaba repitiendo inconscientemente la historia de sus padres?

Lo pensaría después, ahora no era el momento. Ahora debía partir rápidamente sin ser notado, no sería capaz de decirle adiós a Joana. No había podido ni escribirle una nota, no sabía qué decir. Le mandaría dinero. Mucho dinero, siempre había sido generoso con los que le ayudaban. Y por encima de todo, era una manera de demostrarle que la quería.

Pues iba a por un tesoro. Iba a robar la Bounty. Aquella iba a ser su venganza por tres años de prisión. Había llamado al banco en Singapur y le habían informado del monto total en la cuenta. El General Subianto aún no había tocado los varios millones de dólares que Iwan le había fugado de Indonesia, de hecho, paleto como era y poco familiar con cosas de bancos, no había tocado nada, tal como Iwan se imaginaba. Iwan ya había pensado lo que iba a hacer. Ilegalmente, por supuesto. Con la autorización que tenía para gestionar los fondos, delegada por el General Subianto, Iwan podía modificar la cuenta a su placer. No la cerraría, dejaría 5.000 dólares, lo suficiente para que siguiera pagando los costos de mantenimiento por unos años, sin levantar sospechas. El resto, lo transferiría a otra cuenta que iba a abrir en Hong Kong, bajo el nombre de una nueva compañía domiciliada en cualquier otro paraíso fiscal, quizás las Islas Bermudas, o las Cook. Y después de recibir el dinero, volvería a repetir el proceso desde el banco de otro país, posiblemente una cuenta numerada en Suiza. Con dos transacciones internacionales y una cuenta secreta numerada, el dinero sería intrazable.

Aquella sería su venganza contra los Subianto. Les robaría lo que ellos mismos habían robado de Indonesia, se llevaría los ahorros que el General esperaba disfrutar con sus hijas Dewi y Merpati. Se llevaría el dinero que le debía BKI, pero Bolkiah no pensaba devolver ninguna de sus propias deudas, sino utilizar aquellos millones como compensación por sus años en prisión, como una justa venganza.

Y entonces desaparecería en algún lugar remoto del planeta.

FINAL: EL LECTOR ELIGE

Final 1:   Apatía

Sussex, Inglaterra, Julio 2002

Joana luchaba contra el dolor de su ausencia. Una vez más en su vida el desamor, el desencuentro. Y una vez más en su vida, lo superaró a través del alejamiento.

Entró en un gran letargo, ni bueno, ni malo, una gran nube de apatía. Se le enfriaron las manos, los pies, se le enfriaron los días. Daba clases maquinalmente, pasaba innumerables horas en la biblioteca, trabajando más que nunca.

La apatía la protegió del dolor, acalló mil lamentos ahogados dentro suyo, mil gritos que chillaban lo que la vida podía ser y nunca fue. Hasta que la apatía apagó también sus días. Perdió algo que ni siquiera sabía que era, pero que con el tiempo tampoco podía encontrar. Observaba a los estudiantes reír en la facultad, a sus compañeros hablarle, pero la vida le era ajena, como si la viera detrás de un cristal. Así que dejaba pasar los días mecánicamente, mientras iba de casa a la universidad, de la universidad a la casa.

Aprendió a sonreír a todo con tal de que la dejaran en paz, y sólo era libre por dentro, soñando con una vida y un mundo mejores. Iwan le había mandado una burrada de dinero, pero no sabía ni qué hacer con él. Se compró un coche y conducía por la campiña inglesa, o por páramos existenciales, reviviendo el pasado, protegida de todos los peligros externos en una cárcel de pensamientos y recuerdos secretos.

Al menos aquel dinero le permitió continuar más desahogadamente en la universidad, escribiendo artículos sobre los abusos del mundo financiero. Pero Joana no tenía ningún impacto: sus ensayos eran criticados por sus colegas de universidad, publicados en editoriales especializadas, pero apenas leídos por nadie.

Como tantas otras personas, Joana se quedó anulada, inutilizada en su aislamiento, mientras los poderosos seguían disfrutando la ola del mundo, especulando con el dinero de los demás, creando armas y guerras, explotando la miseria humana, ciegos a la pobreza y a la degradación del planeta.

Como tantas otras personas, Joana era consciente de lo que realmente sucedía. Leía las noticias y sentía disgusto por el mundo en que vivía.

Veía como la prensa corporativizada confundía al mundo informando sobre pequeños robos y crímenes pasionales, en vez de sobre los grandes fraudes empresariales. Se sentía indignada cuando cualquier conflicto era utilizado para justificar más gasto militar, o cualquier error en desarrollo para reducir el poder de las Naciones Unidas. Se irritaba al oír a los noticieros pregonar grandes progresos en la exploración del cosmos y del espacio, en lugar de centrar la atención pública en el triste estado de la tierra y así obligar a los políticos a mejorar la salud de nuestro planeta, a invertir en medio ambiente, a acabar con el hambre y la pobreza.

Como tantas otras personas, Joana no sabía bien qué hacer, ni a quién dirigirse. Notaba que estaba perdiendo, que el mundo no tenía por qué ser así, que le estaban tomando el pelo, pues toda aquella pretensión de orden era ficticia, una cortina de humo para justificar y mantener a las elites en el poder.

Aunque Joana tenía bastantes ideas, no se sentía con fuerzas para luchar, parecía una tarea descomunal. Se sentía demasiado sola y aislada.

Joana aprendió a hacer té, como Jun Nakajima, y a aceptar que su capacidad de cambiar las cosas era limitada. Se hacía una tetera y la sorbía lentamente, intentando no pensar. Muchas veces se evadía viendo películas en el sofá, intentando no sentir como el silencio le dilataba la sensibilidad, no oir el misterio de los crujidos de la casa, no estremecerse con el viento cuando movía los árboles.

Después llegó el otoño y la apatía le cubrió los ojos de hojas amarillas.

Final 2: Esperanza

Joana agradeció que su familia la recibiera sin preguntar nada. Eso es lo espléndido de las familias, de los amigos de verdad: pase lo que pase, siempre están ahí, te acogen con un abrazo y una sonrisa. Aunque uno llegue dolido, destrozado, deprimido; aunque uno llegue herido y con el alma en otro lugar. Ellos recibieron a Joana con los brazos abiertos, sin preguntar.

Se sentía rota por dentro. Pero el instinto de supervivencia prevaleció. Debía ser optimista, no había otra alternativa. Comenzó a aferrarse a cualquier cosa que le diera esperanza, fuera racional o no. Por ejemplo, un día mirando el *batik* del mono abrazando al pez, recordó que la leyenda era más larga y complicada, que no terminaba allí, y aquel pensamiento le dio fuerzas. Supo que Iwan iba a volver. Lo imaginaba pirateando por Asia. Le había mandado una auténtica fortuna a su cuenta de banco. Dado que hacía unos meses Iwan no tenía nada, Joana prefería no preguntarse el origen de aquel dinero rápido. Ella no lo iba a defraudar; como la reina de los peces y el mar, lo iba a utilizar para intentar mejorar la tierra.

Por eso había vuelto a Valencia. Desde siempre, cuando andaba por el casco antiguo de la ciudad los pensamientos de Joana se aclaraban, se simplificaban, se reordenaban. Quizás el contacto con sus raíces la ayudaba a poner las cosas en perspectiva. Quizás no; a Joana no le importaba, el caso es que supersticiosamente se dirigió a la calle de la Bolsería, al bar La Pilareta.

—Un Fundador —dijo, sentándose en la barra.

—En seguida, guapa.

Dejó que el coñac le quemara la garganta, mientras se fijaba de nuevo en el desorden del local, los restos de las tapas por el suelo, la nevera y el neón mugrientos, las figuritas de santos encima de la radio, los calendarios viejos que nadie se había molestado en descolgar.

Se preguntó que hacía allí, en aquel bar. Pidió un segundo Fundador, y ahora sí sintió el alcohol correrle por las venas. Se le vinieron a la cabeza aquellas frases garrapateadas con la letra un poco temblorosa del abuelo en una libreta:

Hubo un tiempo en el que el hombre sabía por qué luchar. Acabó con la esclavitud y la aristocracia, peleó por la igualdad de razas y sexos, luchó por la libertad de palabra y voto, aprendió a unirse para conseguir un mundo mejor. Combatió por la justicia para todos, en vez del privilegio de unos pocos.

Pero ahora... en el nuevo milenio, el hombre ya no sabe por qué luchar. Anestesiado por el consumo, gobernado por manos invisibles y leyes de mercado, amodorrado por miles de productos en los supermercados, el hombre en Occidente está confundido, se siente aislado y no sabe muy bien ni a quién dirigirse, ni adónde ir.

Joana se dio cuenta de que aquel pensamiento ya no quemaba. Después de todo lo vivido aquellos años, sí sabía por qué luchar.

Miró el fondo del vaso. Se dijo que las crisis financieras no debían ser olvidadas, mucha gente aún sufría por ellas. Como los grandes errores en la Historia no son olvidados. Brutalidades sangrientas como la conquista de las colonias, el holocausto nazi, las guerras... O atrocidades más veladas pero igualmente devastadoras, como la explotación durante la revolución industrial, el hambre en Irlanda, en la India, en África, donde millones de personas habían muerto por causas invisibles, bestialidades así, con sus culpables y sus víctimas, no pueden ser olvidadas, dejan un pasado de dolor y venganza.

Ahora sabía perfectamente que la injusticia seguía ahí, en el presente, y que la necesidad de luchar para corregir la injusticia social estaba más viva que nunca. Pues existen culpables. El mundo sigue dividido entre opresores y oprimidos, entre privilegiados y pobre gente abandonada a su suerte. Y esa tensión entre víctimas y culpables no es una lucha de clases esquemática, como pensaba su abuelo, cambia constantemente, es la historia del sufrimiento en carne viva, es la historia de cómo las elites dominantes justifican sus privilegios y los mantienen a pesar de hundir a otros en la miseria.

Las crisis financieras del siglo XX debían ser añadidas a la lista de atrocidades humanas. Y debían ser vengadas, evitadas, corregidas. Algo que las elites sabían muy bien y por ello hacían lo posible por ocultarlas. Mejor dejar aquello como algo muy complejo, y mantener a las personas aisladas y confundidas, anestesiadas por el consumo, amodorradas frente al televisor, preocupadas por guerras sin sentido, gobernadas por manos invisibles y oscuras leyes de mercado.

Ahora Joana tenía la capacidad de articularlo todo de manera muy clara. Y ella iba a utilizar esa capacidad, denunciándolo. Pues al poder no le gusta ser evidenciado, la transparencia es peligrosa, lo expone demasiado. Por eso o bien se justifica con leyes divinas por encima de los hombres, o bien se camufla con el disfraz de la confusión, de las cortinas de humo. Igual que en el pasado las elites habían intimidado a la gente haciéndoles creer que estaban allí por gracia divina —los faraones, los hechiceros, los reyes feudales— ahora las elites nos hacen creer que estamos gobernados por la inevitabilidad de las leyes económicas. Nos hacen ver que esta caricatura de globalización es una fatalidad, un destino ineludible de la modernidad, cuando todo podria ser de otra manera. Es la política de la despolitización, de cortarnos las alas, de someter a gobiernos y ciudadanos a unos dictados que los benefician sólo a ellos.

Pero los asuntos económicos no son cuestiones tecnocráticas, puesto que afectan a todas las personas. La economía y el desarrollo son demasiado importantes para dejárselas a los economistas. El desarrollo en Occidente no vino de ninguna teoría económica de libremercado, vino de presiones políticas, de la voluntad de eliminar la miseria humana, de apoyar actividades económicas que generaran empleo y levantaran países, de acabar con la servidumbre y la esclavitud, de evitar que los niños trabajaran en las fábricas, de luchar para que las mujeres no murieran de parto, de presionar para que los hombres no fueran explotados y tuvieran un trabajo digno con que sostener a sus familias.

Las elites lo estaban haciendo muy bien. Habían aprendido a internacionalizar sus actividades para saltarse las incómodas leyes nacionales que los controlaban, moviéndose a escala global donde no hay regulaciones ni un gobierno mundial que los controle. A nivel internacional solo había un vacío político, no existía ninguna estructura a la que la gente pueda acudir. Y lo que era peor, las elites habían aprendido a presionar a los gobiernos nacionales para que no hicieran nada, para que protegieran su afán de lucro, justificándose en abstractas leyes de mercado.

En el pasado, Occidente también había estado repleto de otras elites ineptas y despóticas sin interés alguno por sus gentes. Occidente había logrado deshacerse de esas aristocracias cronys antes, había logrado un debate sobre el bien público, crear instituciones y políticas que apoyaran el bien de la mayoría de sus habitantes. Y aquella victoria de la mayoría no había sucedido accidentalmente. Había sido una lucha sangrienta, de siglos, de cientos de años, de levantamientos comuneros aplastados, de sindicalistas asesinados, de activistas y escritores encarcelados, de intelectuales y pensadores perseguidos, de guerras, de cortar cabezas, de revoluciones. Pero se había conseguido. Y ese esfuerzo de nuestros antepasados no debía perderse. La lucha contra la codicia de los poderosos, contra su afán de poder, ese paso adelante en el progreso humano no debía olvidarse. Debía seguirse mejorando, para asegurar la prosperidad de los pueblos, el bienestar de la mayoría en vez del bienestar de las elites.

Ahora veía muy claro que era necesario luchar contra la política actual de disuasión, de apatía, de anulación. Y para ello se necesitaba una nueva política. Una política de la globalización, un debate público para un nuevo mundo global. Era preciso unir fuerzas, organizarse y oponerse a esa concentración de poder, mostrar los ganadores y perdedores de la globalización, acabar con la falta de control y regulación de la economía internacional, frenar la inestabilidad financiera, los abusos corporativos y del "casino global", incrementar de verdad la ayuda al desarrollo, fomentar el empleo digno y aumentar el gasto social, cortar gastos militares y guerras, proteger el medioambiente. Era necesario que los partidos introdujeran nuevas políticas globales en sus agendas electorales. ¿Por qué nos han de imponer los políticos los temas a votar? ¿Por qué hemos de aceptar sus cortinas de humo? ¿Por qué vamos a dejar que hagan lo que quieran con los impuestos que nosotros pagamos? ¿Es éste el mundo en que queremos vivir? ¿Es éste el mundo que queremos que hereden nuestros hijos?

Joana pagó y salió. Ahora se sentía como el abuelo Juan, cuando se perdía en sus rondas; era como si estuviera allí, con ella. Alejó la vista y se quedo abstraída viendo las luces de los coches y los semáforos en el Mercado Central. Tomó la dirección opuesta, hacia la calle de Caballeros.

Sus ojos se quedaron hipnotizados viendo la luna llena sobre la ciudad. Siguió la luna hasta el pequeño jardín de la Generalitat y se quedó embriagada por el aroma de los naranjos en verano. Se paró a mirar las palomas blancas sobre los tejados viejos de la catedral, el agua de la fuente en medio de la plaza de la Virgen, la escultura de San Miguel junto a los pinos y cipreses mediterráneos.

Se fijó en la representación de San Miguel. No era el guerrero vencedor del Mal, el exterminador de la Bestia, de lo demoníaco, que contaba la leyenda. No. Aquel era un guerrero preocupado, con un gesto serio y triste, como recordándonos lo lenta y difícil que es la lucha contra la maldad, la bestialidad y la codicia de los hombres. Joana se preguntó por qué aquella lucha era tan lenta y difícil, si claramente era muy necesaria.

Se dijo que era esencial hacer una campaña para dar poder a los ciudadanos del mundo, para organizarse y oponerse a esa globalización apocalíptica, para construir una globalización justa y equitativa para todos. Buscaría las alianzas necesarias, debía haber muchos más como ella. Ahora tenía el dinero que le había mandado Iwan, y podría hacerlo de manera independiente.

Y para ello era necesario diseminar lo que pasaba en el mundo de manera sencilla, la gente debía saber lo que sucedía. No escribiendo artículos académicos aburridos que nadie leía, no, sino volviendo a intentar publicar en periódicos, revistas... lo que fuera que la gente leyera.

Una novela, si era necesario.

Se quedó mirando la luna. Sí... eso haría.

.

www.ingramcontent.com/pod-product-compliance
Lightning Source LLC
Chambersburg PA
CBHW021546210326
41599CB00010B/328